Contraste insuffisant

NF Z 43-120-14

58550

RÉPERTOIRE

DE LA

LITTÉRATURE

ANCIENNE ET MODERNE.

IMPRIMERIE DE E. POCHARD,
RUE DU POT-DE-FER, N° 14, A PARIS.

RÉPERTOIRE

DE LA

LITTÉRATURE

ANCIENNE ET MODERNE,

CONTENANT :

1° LE LYCÉE DE LA HARPE, LES ÉLÉMENTS DE LITTÉRATURE DE MARMONTEL, UN CHOIX D'ARTICLES LITTÉRAIRES DE ROLLIN, VOLTAIRE, BATTEUX, etc.;

2° DES NOTICES BIOGRAPHIQUES SUR LES PRINCIPAUX AUTEURS ANCIENS ET MODERNES, AVEC DES JUGEMENTS PAR NOS MEILLEURS CRITIQUES, TELS QUE :

D'*Alembert*, *Batteux*, *Bernardin de Saint-Pierre*, *Blair*, *Boileau*, *Chénier*, *Delille*, *Diderot*, *Fénelon*, *Fontanes*, *Ginguené*, *La Bruyère*, *La Fontaine*, *Marmontel*, *Maury*, *Montaigne*, *Montesquieu*, *Palissot*, *Rollin*, *J.-B. Rousseau*, *J.-J. Rousseau*, *Thomas*, *Vauvenargues*, *Voltaire*, etc.;

Et MM. Amar, Andrieux, Auger, Burnouf, Buttura, Chateaubriand, Dussault, Duviquet, Feletz, Gaillard, Le Clerc, Lemercier, Patin Villemain, etc.;

3° DES MORCEAUX CHOISIS AVEC DES NOTES.

TOME VINGT-SIXIÈME.

A PARIS,
CHEZ CASTEL DE COURVAL, LIBRAIRE-ÉDITEUR,
RUE DE SAVOIE, N° 6, ET RUE DE RICHELIEU, N° 87.

M DCCC XXVI.

RÉPERTOIRE

DE LA

LITTÉRATURE

ANCIENNE ET MODERNE.

Sarrazin (Jean-François), né en 1604 à Hermanville-sur-Mer, dans le voisinage de Caen, fut élève et imitateur de Voiture. Doué d'une imagination brillante, il travaillait avec une extrême facilité, et ses talents lui valurent des succès à la ville et à la cour. Il était secrétaire et favori du prince de Conti. Le maire et les échevins d'une ville étant venus pour haranguer le prince, l'orateur resta court à la seconde période; Sarrazin saute aussitôt du carrosse, où il était avec le prince de Conti, se joint au harangueur et poursuit la harangue, l'assaisonnant de plaisanteries si fines et si délicates, et y mêlant un style si original, que le prince ne put s'empêcher de rire. Le maire et les échevins remercièrent Sarrazin de tout leur cœur, et lui présentèrent, dit-on, par reconnaissance le vin de la ville.

Ce poète s'étant mêlé d'une affaire qui déplut à son protecteur encourut sa disgrace; et l'on prétend qu'il en mourut de chagrin. Ce fut à Pézénas qu'il termina sa carrière, en 1654, dans sa cinquante et unième année. Pellisson, son ami, passant par cette ville, en 1658, se transporta sur sa tombe, l'arrosa de ses larmes, lui fit faire un service, fonda un anniversaire, tout protestant qu'il était alors, et célébra ses talents dans cette épitaphe :

> Pour écrire en styles divers
> Ce rare esprit surpassa tous les autres ;
> Je n'en dis pas plus ; car ses vers
> Lui font plus d'honneur que les nôtres.

On a de Sarrazin des *Odes*, parmi lesquelles on distingue celles sur la bataille de Lens et sur la prise de Dunkerque; des *Églogues*, des *Élégies*, des *Stances*, des *Sonnets*, des *Épigrammes*, des *Vaudevilles*, des *Chansons*, des *Madrigaux*, des *Lettres*; un poème en quatre chants, intitulé : *Dulot vaincu, ou la Défaite des Bouts-Rimés*, qui jouit encore de nos jours d'une sorte de célébrité, et dont Boileau, dans son *Lutrin*, et Pope dans sa *Dunciade*, paraissent avoir tiré quelque parti. On a aussi de Sarrazin quelques ouvrages mêlés de prose et de vers, comme la *Pompe funèbre de Voiture*, production qu'on a beaucoup vantée autrefois, et qui ne paraît aujourd'hui que bizarre. En général il y a de la facilité dans ses poésies, et quelquefois de la délicatesse ; mais elles manquent de correction, de goût et de décence. Quelques morceaux de ses ouvrages offrent de vraies beautés, et respirent le bon goût de l'antique ; mais il ne se soutient pas assez. Boileau disait

que « ce poète avait en lui la matière d'un excel-
« lent esprit, mais que la forme n'y était pas. » La
Harpe le met au-dessous de Racan et de Maynard :
« Sarrazin, écrivain faible et inférieur à ces deux
« poètes, dit-il, osa pourtant prendre en main la
« lyre de Malherbe, et en tira même quelques sons
« assez heureux. Dans l'ode sur la bataille de Lens,
« on a remarqué cette strophe, la seule qui en effet
« soit belle, et qui, de plus, a été imitée par l'au-
« teur de *La Henriade.*

> Il monte un cheval superbe
> Qui, furieux aux combats,
> A peine fait courber l'herbe
> Sous la trace de ses pas.
> Son regard semble farouche;
> L'écume sort de sa bouche;
> Prêt au moindre mouvement,
> Il frappe du pied la terre,
> Et semble appeler la guerre
> Par un fier hennissement.

« Voltaire a dit :

> Les moments lui sont chers; il parcourt tous les rangs
> Sur un coursier fougueux, plus léger que les vents,
> Qui, fier de son fardeau, du pied frappant la terre,
> Appelle les dangers et respire la guerre.

« Cette description est rapide; mais elle est, si
« j'ose le dire, moins énergique et moins animée
« que celle de Sarrazin. *Appelle les dangers* ne me
« paraît pas aussi beau qu'*appeler la guerre*; et ce

« vers, *par un fier hennissement*, est un trait qui
« dans l'imagination achève le tableau. »

Les ouvrages en prose de Sarrazin sont: l'*Histoire de la Conjuration de Walstein*, production chargée d'antithèses et pleine d'esprit, mais dénuée de cette simplicité noble qui convient au genre de l'histoire; un *Traité du nom et du jeu des Échecs*; l'*Histoire du siège de Dunkerque par Louis de Bourbon, prince de Condé*. Ses œuvres furent recueillies par Ménage, en 1656, Paris, in-4°, et 1683, 2 vol. in-12. Le discours préliminaire est de Pellisson.

MORCEAUX CHOISIS.

I. Walstein.

Albert Walstein eut l'esprit grand et hardi, mais inquiet et ennemi du repos; le corps vigoureux et haut, le visage plus majestueux qu'agréable. Il fut naturellement fort sobre, ne dormant quasi point, travaillant toujours, supportant aisément le froid et la faim, fuyant les délices, et surmontant les incommodités de la goutte et de l'âge par la tempérance et par l'exercice; parlant peu, pensant beaucoup, écrivant lui-même toutes ses affaires; vaillant et judicieux à la guerre; admirable à lever et à faire subsister les armées, sévère à punir les soldats, prodigue à les récompenser, pourtant avec choix et dessein; toujours ferme contre le malheur, civil dans le besoin; d'ailleurs orgueilleux et fier; ambitieux sans mesure; envieux de la gloire d'autrui; jaloux de la sienne; implacable dans la haine; cruel dans la vengeance ; prompt à la colère ; ami de la magnificence, de l'ostentation et de la nouveauté; extravagant en apparence, mais ne faisant rien sans dessein, et ne manquant jamais de prétexte du bien public, quoiqu'il rapportât tout à l'accroissement de sa fortune; méprisant la religion, qu'il faisait servir à la politique ; artificieux au possible, et principalement à paraître désintéressé ; au reste, très curieux et clairvoyant dans les desseins des autres, très avisé à conduire les siens, sur-tout adroit à les cacher, et d'autant plus impénétrable, qu'il affectait en public la candeur et la liberté, et blâmait en autrui la dissimulation dont il se servait en toutes choses.

Cet homme, ayant étudié soigneusement la conduite et les maximes de ceux qui, d'une condition privée, étaient arrivés à la souveraineté, n'eut jamais que des pensées vastes et des espérance trop élevées, méprisant ceux qui se contentaient de la médiocrité. En quelque état que la fortune l'eût mis, il songea toujours à s'accroître d'avantage ; enfin, étant venu à un tel point de grandeur qu'il n'y avait que les couronnes au-dessus de lui, il eut le courage de songer à usurper celle de Bohême sur l'empereur ; et, quoiqu'il sût que ce dessein était plein de péril et de perfidie, il méprisa le péril qu'il avait surmonté, et crut toutes ses actions honnêtes, outre le soin de se conserver, en les faisant pour régner.

Conjuration de Walstein.

II. Dulot vaincu, ou la Défaite des Bouts-Rimés [*].

CHANT PREMIER.

Je chante les combats, l'héroïque vaillance,
Et les faits glorieux des poèmes de France;
Et comme, sous les murs de la grande cité,
Tomba des mauvais vers le peuple révolté;
Lorsque, pour détrôner la bonne poésie,
Sous l'orgueilleux Dulot, durant sa frénésie,
Du royaume des fous vinrent les bouts-rimés,
Et couvrirent nos champs de bataillons armés :
Un seul jour décidant, aux plaines de Grenelle,
Par les mains du Destin, leur célèbre querelle.

Illustre demi-dieu, digne sang de nos rois,
Si parmi les travaux de tes nobles exploits,
Si parmi les horreurs des tempêtes civiles,
Les fureurs des soldats, les tumultes des villes,
Et les grands accidents de ton fameux parti,
Les neuf savantes sœurs t'ont toujours diverti ;
Maintenant qu'à tes vœux les astres sont propices,
Que tu fais de la cour les plus chères délices,
Que les Parques pour toi filent un meilleur sort,
Et qu'un vent plus heureux met ton navire au port ;
Reçois de ces neufs sœurs, comme un nouvel hommage,
Les folâtres discours de ce petit ouvrage,
Attendant que leurs chants, qui t'égalent aux dieux,
Accompagnant partout ton char victorieux,

---

[*] Dulot, rimeur du milieu du XVIIe siècle, passe généralement pour l'inventeur des bouts-rimés. Sarrazin, voulant couvrir de ridicule ce genre pitoyable, dans lequel toutefois il s'était exercé, publia, à titre d'expiation, son poème de *Dulot vaincu*, badinage ingénieux que, à cause de son peu d'étendue, nous avons cru devoir reproduire ici en entier.

F.

Te conduisent brillant de splendeur et de gloire,
Vainqueur des nations, au temple de Mémoire,
Et que, par leur moyen, tes gestes éclatants
Percent de longs rayons l'épaisse nuit des temps.

Quand l'illustre Herty [1] fut privé de la vie,
Dulot, son fils, pressé d'une plus noble envie
Que de vieillir oisif proche de ses tisons,
Et borner son empire aux Petites-Maisons,
Tenta de renverser, par ses vers frénétiques,
Le trône glorieux des poèmes antiques ;
De les chasser de France et mettre sous ses lois,
En dépit d'Apollon, le Parnasse françois.
Il tenta sans succès cette entreprise vaine ;
Ses vers furent défaits sur les bords de la Seine ;
Phébus le déclara rebelle et criminel,
Et l'on le dépouilla du sceptre paternel.

Vaincu, désespéré, détestant sa fortune,
Dulot fuit, se retire au monde de la lune,
Où les poètes fous sont les plus estimés,
Et descend au pays des puissants bouts-rimés ;
Peuple étrange [2], farouche, et qui demeure ensemble
Sans coutume et sans loi, comme le sort l'assemble ;
Étrange à regarder, tel que les visions
Dont Antoine au désert eut les illusions,
Ou que l'affreuse gent, qu'au bout de la marine
Le paladin Roger vit en l'île d'Alcine [3],
Reconnaissant pourtant Phébus pour souverain,
Mais se rongeant le cœur d'un dépit inhumain,

[1] Le Herty était un fou des Petites-Maisons.

[2] Les bouts-rimés sont d'ordinaire composés des rimes les plus bizarres, et qui ont le moins de rapport ensemble.

[3] *Voyez* l'Arioste, chant VI :

Alcun' dal collo giù d'uomini han forma,
Col viso altri di scimie, altri di gatti; etc.

Et sans cesse troublé de froide jalousie,
De le voir mieux aimer la bonne poésie.

Dulot, que son destin a chassé de ces lieux,
Conseille la révolte à ces audacieux,
Les excite, les presse, exalte leur vaillance,
Méprise insolemment les poëmes de France,
Demande à les conduire, et leur promet dans peu
De perdre nos bons vers par le fer et le feu.

On l'écoute, on le croit; on veut descendre en terre;
On le choisit pour chef de cette grande guerre :
Sous lui les Bouts-Rimés sont partout enrôlés,
Et par tout le pays à combattre appelés.

Mais pendant que le peuple en tumulte s'apprête,
Dulot veut par la ruse avancer sa conquête :
Il dépêche soudain quatorze Bouts-Rimés[1],
Pour les plus hasardeux justement estimés ;
Il veut que dans Paris leurs charmes ils étalent,
Qu'ils se glissent partout, que partout ils cabalent.
Ils font ce qu'il commande, et comme ils sont adroits,
Ils gagnent les esprits presqu'en tous les endroits.
Paris les voit, allant par toutes les ruelles,
Charmer également les blondins et les belles ;
Ceux même qui des rois dispensent les trésors,
Pour les faire admirer font d'aimables efforts.
Partout de ces sorciers la force se découvre,
Et la garde, en un mot, n'en défend point le Louvre[2];

---

[1] Les quatorze rimes d'un sonnet sur le perroquet : nous croyons devoir faire observer à nos lecteurs qu'à cette époque le sonnet étant en grande vogue, ce n'était que sur ce genre de poésie que l'on s'escrimait.

[2] Allusion aux vers de Malherbe :

> Et la garde qui veille aux barrières du Louvre
> N'en défend pas nos rois

Leurs desseins cependant aux mortels sont secrets;
Ils marchent entre nous en forme de sonnets,
De Sainte-Menehould nous disent les nouvelles,
Et d'un perroquet mort content cent bagatelles [1]

Après qu'ils sont partout chéris et souhaités,
Dulot en un instant les voit à ses côtés;
Devant son pavillon leur nation armée
Est de nouveau par eux au combat animée;
Ils disent à leur chef comment ils sont traité;
Que contre les bons vers le monde est révolté,
Qu'ils ont de leur parti les têtes les plus fortes,
Et que Paris enfin leur ouvrira les portes.
Ces grands commencements au camp sont publiés;
Dulot les fait passer aux peuples alliés;
Tout retentit de joie, et la gent infidèle
Honore de cent feux cette heureuse nouvelle.

Soudain pour déloger flottent les étendards.
Dulot fait sur l'autel un sacrifice à Mars;
Il offre une victime à la Bonne-Fortune,
Et ses troupes après abandonnent la lune.

Par le silence, ami d'une profonde nuit,
Elles marchent en ordre, et descendent sans bruit;
Elles veulent se rendre aux plaines de Grenelle
Avant que les bons vers en sachent la nouvelle,
Et les surprendre tous dans Paris renfermés,
Dépourvus de soldats faibles et désarmés.

Comme lorsque l'hiver verse au haut des Cévennes
La neige à gros flocons aux campagnes prochaines,
Ces flocons sans relâche, à l'envi se pressant,
Et, tombant l'un sur l'autre, aveuglent le passant;

[1] C'était les deux principaux sujets des bouts-rimés.

Plus épaisses encor, fendant l'air et les nues,
Descendaient sur nos champs ces troupes inconnues.

Mais ce dieu lumineux, cet œil de l'univers,
A qui du monde entier les secrets sont ouverts,
Découvrant le dessein des bouts-rimés rebelles,
Souvent le fit savoir aux poëmes fidèles.
Leur cœur en fut surpris, mais non pas abattu,
Et, dans ce grand péril recueillant leur vertu,
Ils invoquent ce dieu qui préside aux batailles;
Ils s'arment sans tumulte, ils sortent des murailles,
Et ceints de corps-de-garde avancés à l'entour,
Près des feux allumés ils attendent le jour.

CHANT SECOND.

L'aurore cependant, éclairant toutes choses,
Commençait à semer l'horizon de ses roses,
Lorsque les bouts-rimés, plus prompts que les éclairs,
S'avancent vers Paris pour perdre les bons vers.
Dulot voit à l'instant ses troupes repoussées
Par le vaillant effort des gardes avancées,
Et les bons vers marchant en épais bataillons,
Au combat acharnés, couvrir tous les sillons.

Sa fureur toutefois de rien ne s'épouvante;
Il rassure les siens d'une voix éclatante:
Par son ordre on les voit en bataille rangés;
Et d'un ferme courage au combat engagés,
Il se jette au milieu des piques hérissées,
Suivi d'une forêt de piques abaissées.

Muse, raconte-moi sous quel héros fameux
Marchèrent au combat ces peuples belliqueux.

Une fière amazone apparaît la première;
Les cieux la firent naître aussi laide que fière;

On l'appelle *Chicane* [1]; autour d'elle pressés,
Sous son commandement marchent mille procès,
Ils sont armés de sacs, et cette gent maligne
N'attaque point de lieu qu'elle ne le ruine.

Le cruel *Capot*[2] suit, qui, sans donner quartier,
De peuple rouge et noir conduit un monde entier.
Quatre rois[3], ses vassaux, pompeux et magnifiques,
Ont leurs soldats de cœurs, trèfles, carreaux et piques.

Pot[4] vient le pot en tête, et l'on l'appelle ainsi,
Parce que tout son gros porte le pot aussi :
Leur valeur surpassant la valeur ordinaire,
Il les faut enfoncer lorsqu'on les veut défaire;
Et l'on les combattrait vainement tout un jour,
Si l'on ne s'amusait qu'à tourner à l'entour [5].

Soutane [6] avance après; elle est noire, mais belle :
C'est du fameux Dulot la compagne fidèle[7].
L'honneur la fait armer; car pour elle jamais
Elle n'a souhaité que le calme et la paix [8].

Une autre légion aussitôt on contemple
Des gens tels qu'on en voit aux verrières d'un temple :
Ils sont tous transparents, tous peints de pourpre et d'or;

---

[1] C'est la première des quatorze rimes sur lesquelles on avait tant fait de vers.

[2] Seconde rime.

[3] Les quatre rois des cartes, à cause que capot est un terme de piquet.

[4] Troisième rime.

[5] Allusion au proverbe *Tourner autour du pot*.

[6] Quatrième rime.

[7] Dulot était toujours en soutane.

[8] La soutane est opposée d'ordinaire à l'épée.

Leur chef aussi bien qu'eux, est *Diaphane* [1] encor,
Et leur cœur est si grand, que, faibles comme verre,
Ils hasardent pourtant de se trouver en guerre.

Tripot [2] à leur côté marche plus hardiment ;
Sur sa bande et sur lui l'on frappe vainement :
Tous sont vastes de corps, mais tous noirs et tous sales,
Tous craignant en trois lieux des blessures fatales.
Paume [3] qui dans le Styx en naissant les plongea,
Par le vouloir des dieux ces trois lieux négligea ;
Grille, *dedans* et *trou*, qui, dans notre manière,
Sont le bas du plastron, les reins et la visière.

Du bord de cette mer, qui paraît [4] à nos yeux,
Quand avec la lunette on voit la lune aux cieux,
Vient la gent maritime, à face monstrueuse,
Du troupeau de Protée engeance incestueuse ;
Ils font peur au regard, et leur prince Nabot
A sur un corps humain la tête d'un *chabot*.

[1] Des soldats diaphanes et transparents comme ceux qu'on voit aux verrières des églises. Ils sont conduits par Diaphane, leur chef, qui est la cinquième rime.

[2] Sixième rime.

[3] La paume ayant produit le tripot, elle est prise ici pour sa mère. Le reste est une allusion à la fable d'Achille, qui fut plongé dans le Styx par Thétys sa mère, ce qui le rendit invulnérable. Mais comme elle le tenait par les pieds, son talon n'entra point dans l'eau ; c'est pourquoi il pouvait être blessé en cette partie.

[4] Il faut se souvenir que toutes ces troupes viennent du royaume de la lune. Le poëte feint que *Chabot*, qui est la septième rime, et tous ses soldats, sont des hommes monstrueux à tête de chabot ; qu'ils habitent proche de cette mer qu'on voit ou qu'on croit voir dans la lune avec les lunettes de Galilée, et qu'ils sont nés dans l'infâme société des hommes avec les monstres marins qui composent le troupeau de Neptune, et dont la garde est commise à Protée. *Voyez* Homère en son *Odyssée*, liv. IV, et Virgile en ses *Géorgiques*, liv. IV.

Les Cyclopes nouveaux, sous leur géant *Profane*[1],
Habitants de la lune en dépit de Diane,
Font le huitième gros, et marchent en ces lieux,
Méprisant fièrement les hommes et les dieux.

Six corps restent encor : l'un, le peuple des Cruches,
Portant sur leurs cimiers des panaches d'autruches :
Cette gent est fantasque, et leur chef *Coquemart*[2],
Abandonné des siens, fait souvent bande à part.

La troupe qui succède est pesante, et se treuve
Couverte richement d'armures à l'épreuve.

Jaquemart[3] la conduit, et chacun aujourd'hui
S'estime fort heureux d'être armé comme lui[4].

Deux *Barbes*[5] vont après, qui, grandes et hideuses,
Mènent deux bataillons de barbes belliqueuses ;
Ainsi que Don Quichotte, elles portent bassins[6],
Et paraissent de loin barbes de capucins.

Enfin, *Débris* s'avance, et, sans ordre[7] égarée.
En cravate combat sa troupe séparée.

Puis le dernier de tous, marche le beau *Lambris*[8] ;
Son harnais est partout bruni d'or de grand prix.

---

[1] Huitième rime.

[2] Le peuple des *Cruches* est conduit par *Coquemart*, qui est la neuvième rime. Il fait souvent bande à part, parce que, d'ordinaire, les coquemarts sont auprès du feu seuls, et fort éloignés des cruches.

[3] Dixième rime.

[4] On dit, *armé comme un Jaquemart.*

[5] *Barbe* fait la onzième et la treizième rimes.

[6] Elles sont armées comme Don Quichotte, quand il prit le bassin du barbier pour l'armet de Mambrin. *Voyez* son histoire, 1re part., chap. 16.

[7] Cela est fort propre à *débris*, qui est la douzième rime.

[8] Quatorzième rime.

Il est environné de troupes romanesques,
De visage et de port étrangement grotesques ¹.

Tels sont des bouts-rimés les chefs pleins de fureur.
Le nombre des soldats donne de la terreur :
Moins épaisses voit-on sortir de leurs tanières,
Aux travaux de l'été, les fourmis ménagères,
Et de leurs cris confus, et du bruit des clairons,
Auteuil et Vaugirard tonnent aux environs.

Contre eux, d'autre côté, va le *Poème épique*,
Armé superbement d'armures à l'antique ².

L'*Ode*, l'armet orné de myrte et de laurier ³,
D'un air noble et charmant suit ce fameux guerrier.
Les *Stances* vont après, et cette troupe brave
A, sous divers harnais, le port galant et grave ⁴.

Formidable aux grands rois, mais toujours malheureux ⁵,
Foulant avec orgueil un cothurne pompeux,
Marche sévèrement le *Poème tragique*,
Suivi de son cadet, le *Poème comique*,
Mais condamnant pourtant ses entretiens moqueurs,
Et traînant après soi cent et cent braves *Chœurs*,

¹ Les grotesques de *lambris*.

² L'armure à l'antique est attribuée au *poème héroïque*, à cause de la gravité, qui fait même que les façons de parler anciennes y ont quelquefois bonne grace.

³ L'amour et la guerre, qu'on désigne par le myrte et le laurier, sont également propres à l'*ode*.

⁴ Le caractère le plus ordinaire des *stances* est d'être galantes et sérieuses tout ensemble.

⁵ Le *poème tragique* représente toujours les malheurs des rois et des princes. Le cothurne était la chaussure des Anciens, lorsqu'ils représentaient des tragédies. Ils en prenaient une autre plus basse et moins riche pour la comédie. Les *chœurs* sont particuliers à la tragédie. Ici, en les appelant *braves*, on joue sur le mot de *chœurs*.

La plaisante *Chanson*, l'*Élégie amoureuse*,
Et la double *Satire*[1], ou sévère, ou railleuse

Les *Madrigaux* polis[2], les légers *Impromptus*,
Font front en divers lieux, de leurs armes vêtus.

Au *Sonnet*[3] difficile est l'*Épigramme* jointe;
Tous deux accoutumés à frapper de la pointe.

En un grand bataillon vont les aventuriers;
Ces vers se sont entre eux nommés *Irréguliers*[4],
Inégaux par le nombre, inégaux par la taille;
Braves, mais combattant sans ordre de bataille.

Enfin, ce que la France admire de bons vers,
S'y trouvent tous rangés en des postes divers.

CHANT TROISIÈME.

Mais Dulot cependant, pour terminer la guerre,
Laisse sur le *Sonnet*[5] tomber son cimeterre :
Le *Sonnet* étonné branle sur ses tercets[6];
Mais il prend sa revanche avec pareil succès.

---

[1] La *satire* peut avoir deux caractères différents, ou de déclamer sévèrement contre le vice, ou de le rendre ridicule.

[2] La politesse est très propre aux *madrigaux*, et la légèreté aux *impromptus* qu'on fait sur-le-champ, et qui passent comme des éclairs.

[3] Le propre du *sonnet* et de l'*épigramme* est de finir par quelque trait piquant.

[4] Les vers *irréguliers*, connus plus particulièrement sous le nom de *vers libres*.

[5] Il y a apparence que le *sonnet* est mis le premier à cause qu'on ne faisait presque que des *sonnets* sur des bouts-rimés, ainsi que nous avons eu déjà occasion de le dire.

[6] Les tercets du *sonnet* sont les six derniers vers, qu'on divise en deux parties, chacune de trois vers. *Branle sur ses tercets*; c'est, à mon avis, comme s'il disait : *Branle sur ses étriers du grand coup qu'il a reçu.*

Dulot, atteint du coup que le *Sonnet* lui donne,
Chancelle par trois fois, et son camp s'en étonne ;
Mais il se raffermit, et, d'un bras sans égal,
Jusque dessous les dents il fend un *Madrigal*.
Le *Madrigal* sans force, et plus froid que la glace,
Tombe d'un coup si rude étendu sur la place.

    Les autres *Madrigaux*, animés du danger,
Se jettent sur les *Pots* afin de se venger ;
Ils en cassent le haut, ils en cassent les anses,
Et de coups redoublés ils leur ouvrent les panses.
Capot vient au secours, et criant : *C'est assez* ;
Traîtres, vous payerez, dit-il, *les pots cassés* [1].
Les rois vont devant lui [2] ; mais le *Poëme épique*
Les arrête, et d'un coup perce le *roi de pique*.
Il charge encor *Capot*, qui perd les étriers,
Et tombe entre ces *rois*, qui sont faits prisonniers.

    Il attaque *Chicane*, enflé de sa victoire ;
Soutane à son secour pousse sa bande noire [3] ;
Elles frappent cent coups en un même moment.
L'*Épique* les méprise, et rit amèrement [4].
Plus ferme qu'un rocher qui présente sa tête
A l'effort violent d'une rude tempête,
L'écu soutient leurs coups sur son bras qu'il raidit,
Et l'acier repoussé vers les cieux rebondit ;
Il lâche son épée [5] ; et, d'une main guerrière,
Il prend par le collet *Chicane* prisonnière.

    [1] C'est une façon de parler proverbiale dont l'application est très ingénieuse en ce lieu.

    [2] Les quatre rois de cartes dont il a été parlé.

    [3] La *soutane* vient au secours de son amie.

    [4] Comme de choses fort au-dessous de lui.

    [5] Il faut concevoir cette épée attachée à son bras avec une chaîne.

Le lâche *Procès* fuit, jetant par les chemins,
Afin de mieux courir, et sac et parchemins;
Jusqu'au bord de la mer va cette gent maudite,
Et le seul Océan peut arrêter sa fuite,
Aux rives où la Seine à Thétis fait la cour [1] :
C'est là que de tout temps *Procès* fait son séjour.

Soutane sans secours maudit sa destinée,
Et, comme sa compagne, elle est emprisonnée.

Les *Impromptus* ailleurs voltigeants et courants,
Du corps de *Diaphane* éclaircissent les rangs.
Diaphane lui-même est brisé comme verre,
Et sous un *Impromptu* donne du nez en terre.
Dulot voit ce désordre, et frémit de dédain :
Il renverse un *Quatrain*, un *Sixain*, un *Dixain*;
Profane fait tomber la plaintive *Élégie*;
Mais quoique de son sang la terre soit rougie,
Le coup n'est pas mortel, et ce fâcheux état,
Sans l'ôter aux amants, la met hors de combat [2].

Les monstres [3] de la mer poussent la *Comédie*;
On la voit en danger, mais l'*Ode* y remédie :
Elle les tourne en fuite, et Seine sous son flot
Les cache avec leur chef à tête de *chabot*.

Deux *Chansons*, d'un bel air, sur de vives alfanes,
Leurs notes à la main [4], attaquent les *Profanes*;
Et, pour rendre le chef et les géants vaincus,
L'une invoque l'Amour, l'autre invoque Bacchus;

[1] La Normandie.

[2] A cause qu'elle n'est pas propre à décrire les actions militaires.

[3] Les hommes à tête de *chabot*, dont il a été parlé.

[4] Armées de notes de musique. *Alfanes* est un mot italien qui veut dire cavales de grande taille, déchargées, et propres à la course et à la fatigue.

L'amour et le vin sont deux sujets ordinaires des *chansons*.

Profane s'en indigne, et vomit cent blasphêmes :
Je voudrais que ces dieux combattissent eux-mêmes,
Dit-il ; ils en mourraient, ces deux lâches garçons
Qui, chez moi, comme vous, passent pour des chansons[1].
Il dit, et de ses mains menant sa lourde masse,
Un coup horrible et fier suit sa fière menace ;
Ce coup est détourné par le vouloir des dieux,
Qui punissent l'orgueil de cet audacieux :
Il tombe terrassé par leurs divines flèches,
Qui dans son bataillon font de sanglantes brèches.
Ici l'un va par terre ; et là, d'étonnement,
L'autre n'a plus de mains, ni plus de mouvement ;
Et deux faibles *Chansons*, ô force souveraine !
Les prennent prisonniers, les mettent à la chaîne.
Apprenez, ô mortels, de leur témérité,
Le respect que l'on doit à la Divinité[2].

Comme on voit les essaims abandonner les ruches,
De même en un instant le bataillon des *Cruches*
Se vient rendre au *Sonnet*, et trahit son parti ;
Coquemart quitte encor le grand fils du Herty[3] ;
Le *Sonnet* les reçoit, les met sous bonne garde,
Et comme des coquins tout le camp les regarde.

L'*Épique* cependant, presque égal au dieu Mars,
Comme un noir tourbillon fond sur les *Jaquemarts* :
Il y fond à propos, car leur troupe hardie,
De massacres cruels troublait la *Tragédie*[5].

[1] C'est un discours digne de *Profane*.

[2] Allusion au vers de Virgile :

Discite justitiam moniti, et non temnere divos.

[3] Dulot.

[4] Les massacres sont propres à la tragédie.

SARRAZIN.

Ses derniers vers gisaient, et des coups de leur flanc
La plaine se couvrit de longs fleuves de sang :
En vain les braves *Chœurs*[1], comme guerriers fidèles,
Tâchaient à détourner ces atteintes mortelles ;
De leurs corps en cent lieux les champs étaient jonchés ;
Du bataillon *Tragique* ils étaient retranchés[2].
Ah ! s'écria l'*Épique*, ah ! canaille inhumaine,
Oser devant mes yeux ensanglanter la scène[3] !
Vous transgressez la règle, et vous mourrez aussi :
Sa colère redouble en discourant ainsi.

Il frappe *Jaquemart* : l'effet suit la menace ;
Sur le haut de l'armet tombe la lourde masse.
Jaquemart sous ce coup trébuche en un moment ;
Tout son peuple reçoit un même traitement.
Avec le même bruit qu'aux forêts éloignées
Tombent les chênes vieux sous l'effort des coignées ;
Et vite comme on voit sous la faux de Cérès
Tomber les épis mûrs sur les dos des guérets,
On seconde l'*Épique* ; on les saisit sans peine,
Et l'on les charge tous d'une pesante chaîne.

Mais les *Barbes* encor, et *Débris* et *Lambris*,
Combattaient fièrement près des murs de Paris.
Contre les *Barbes* vont mille *Stances* nombreuses ;
Tout fait jour à l'effort des *Stances* valeureuses,

---

[1] Il en a été parlé ci-dessus.

[2] C'est à peu près à l'époque où ce poème parut, que l'on commença à retrancher les *chœurs* de nos tragédies.

[3] Les règles du théâtre défendent d'ensanglanter la scène, c'est-à-dire de faire tuer personne devant les yeux du public :

Nec pueros coram populo Medea trucidet.

HORACE, *Art poétique.*

Et les *Barbes* partout tombent à grands monceaux,
Sous l'effort des rasoirs et l'effort des ciseaux [1].

Des vers *Irréguliers* qui combattent en foule,
Le bataillon épais vers le *Débris* se roule;
Le *Débris* est tué, ses soldats morts ou pris,
Et rien ne reste plus de ce vaste *Débris*.

Lambris, qui voit des siens hâter mal les affaires,
Se rend lui-même enfin, fait rendre ses *Chimères* [2],
Après avoir jonché la campagne de corps,
Et signalé son nom par le nombre des morts.

Ainsi les braves vers, pleins d'honneur et de gloire,
Après un long combat, obtiennent la victoire.
Mais que devient Dulot? Vous le pouvez savoir
Demain, à l'autre chant: bonsoir, seigneur, bonsoir [3].

CHANT QUATRIÈME.

La Renommée alors bat des ailes, et vole,
Parlant de ce combat, de l'un à l'autre pôle:
Les bons vers, sur-le-champ, rendent graces aux dieux,
Et poussent jusqu'au ciel leurs chants victorieux.

On enterre les morts, et puis on délibère
Ce que des prisonniers il est juste de faire;
On va tout d'une voix à leur faire merci,
Puis, pour la sûreté, l'on en dispose ainsi:

On condamne *Chicane*, afin d'être punie,
A passer chez *Basché* le reste de sa vie [4],

---

[1] Les seules armes propres contre les barbares.

[2] Les grotesques des lambris dont il a été parlé.

[3] Imitation des vers par lesquels l'Arioste finit d'ordinaire ses chants.

[4] *Voyez* Rabelais, liv. IV, chap. 12 et suivants, où il raconte de quelle manière on recevait les *Chicanoux* chez le seigneur Basché.

Où Trudon, maître Oudart, et les autres valets,
La froissent chaque jour à coups de gantelets.

 Pour l'avare *Capot*, on consent bien qu'il vive
Éloigné des combats, d'une façon oisive,
Sans se mêler de rien que du jeu de piquet,
Et sans oser jamais parler de *perroquet*.

 On condamne *Soutane* à servir la Justice [1],
Et le crotté pédant, et l'homme à bénéfice.

 Partout dans la cité les *Tripots* dispersés [2],
Et de cris et de coups incessamment poussés,
Sous la loi d'un Naquet [3] que le monde baffoue,
Servent de passe-temps au peuple qui se joue.

 Du lâche *Coquemart* les soldats enchaînés,
Dans toutes les maisons esclaves sont donnés;
Comme insensiblement on tâche à s'en défaire,
Partout on les destine au plus vil ministère,
Allant puiser de l'eau, si souvent ils y vont,
Qu'avec le *Coquemart* la cruche enfin se rompt [4].

 Contre les *Jaquemarts* la sentence publique
Veut qu'on venge les morts du bataillon tragique;
Mais si cruellement, qu'à la postérité,
Le monde, en le voyant, en soit épouvanté;

---

[1] Servir la Justice est dit là comme une espèce de punition, de même que servir le roi en ses galères.

[2] Il y a des *tripots* dans tous les quartiers de Paris. Il faut remarquer que toutes ces punitions sont décrites par figure comme présentes, bien qu'elles ne doivent être exécutées qu'après, ainsi qu'on le voit par la suite.

[3] Le marqueur qui fait la loi dans le jeu de paume.

[4] Le proverbe dit:

 Tant va la cruche à l'eau, qu'enfin elle se brise.

Chacun s'en reposant sur le *Poëme épique*,
Qui des enchantements a toute la pratique.
Il jette sur leur tête un redoutable sort,
Tel qu'ils sont tous debout [1], et que pas un ne dort;
Et Phébus et sa sœur roulent dans leur carrière,
Sans que pour sommeiller s'abaisse leur paupière;
Et l'Aurore au matin, ni Vesper vers le soir,
Ni les astres la nuit ne les verront s'asseoir.
Tout armé comme il est, chacun fixe demeure,
Tremblant de la terreur de ne pas frapper l'heure,
Et de ne marquer pas le temps sur le métal,
Où de l'enchantement le tient le nœud fatal.
La peine de Sisyphe, et celle de Tantale,
A cet étrange mal ne fut jamais égale.
Leur chef sur le sommet de Saint-Paul attaché [2]
Par nul effort humain n'en peut être arraché:
Là, du chaud violent, et des âpres froidures,
Des vents et des oiseaux il souffre les injures.

Lambris, malgré son or, sa pourpre et son azur,
Se trouve pour jamais garrotté contre un mur [3];
Sphynx, éléphants, dragons, béliers ailés, chimères,
Chiens, sirènes, griffons, monstres imaginaires [4],
Dont la double *Satire* a reçu tant d'ennui,
Y sont sous mille clous arrêtés avec lui.

Le reste des captifs sortant de leurs misères,
Passent en divers corps pour rimes ordinaires [5],

[1] Debout comme un jaquemart.

[2] Le jaquemart de Saint-Paul, célèbre à Paris.

[3] Les lambris sont attachés contre les murs.

[4] Les grotesques des lambris dont il a été parlé.

[5] Allusion à ce qu'on fait des soldats qui se sont rendus, et qui prennent parti dans les troupes du vainqueur. Parmi les autres rimes, il y en a quel-

Sur peine de mourir, ou d'être renfermés,
Si jamais on les voit servir de bouts-rimés;
Lors tout marche à Paris, et chacun se dispose,
Comme on vient d'arrêter, d'exécuter la chose;
Tout triomphe, traînant les captifs enchaînés,
Prêts de sentir les maux qui leur sont destinés.

   L'*Épique* allait entrer, quand soudain la merveille
D'un tumulte imprévu vient frapper son oreille.
Il voit un grand guerrier se retirer pressé
Et des coups et des cris du vulgaire amassé.
Cent pierres et cent dards lui fondent sur la tête;
Son harnais en cent lieux soutient cette tempête;
Mais le fier la dédaigne, il se tourne souvent;
La tourbe qui le craint fuit ainsi que le vent.

   Tel qu'au fort de l'été, lorsque la canicule,
Tarissant les ruisseaux, fend la terre et la brûle,
Un mâtin enragé, terreur des villageois,
Encor qu'il soit frappé de cent coups à la fois,
S'il tourne, fait cacher la gent faible et peureuse
Devant son œil brûlant et sa dent écumeuse:
Tel et plus furieux le guerrier redouté,
Chasse d'un seul regard le peuple épouvanté.

   L'*Épique* le regarde, et l'admire, et s'avance,
Et pour le secourir déjà branle sa lance;
Quand il connaît Dulot, qui, rempli de fureur,
Porte dans ses regards la mort et la terreur.

   Ce révolté, voyant la bataille allumée,
Et le sort malheureux menacer son armée,
Par raison, non par crainte, en est soudain sorti,
Pour aller dans Paris soulever son parti;

---

ques-unes plus propres que les précédentes à passer pour des rimes ordinaires, comme *débris, profanes*.

Mais du mauvais succès tout son monde s'étonne ;
Chacun le craint, le fuit, se cache, et l'abandonne.
Ses plus grands partisans blâment les bouts-rimés,
Et par eux contre lui les gens sont animés.
Tout s'arme, tout l'attaque ; il marche plein d'audace,
Et, comme un fier lion, quitte à peine la place :
Hors des portes pourtant il est enfin jeté
Par les vieux paladins qui gardaient la cité,
Rondeaux, *Lais*, *Virelais*, *Triolais* et *Ballades*[1] ;
Le peuple suit, ruant pierres et bastonnades.

L'*Épique* le retient, et dit : N'avancez pas,
La mort de l'insolent se doit à notre bras :
L'un sur l'autre à ces mots également s'élance ;
Ils brisent leurs deux bois d'égale violence,
Et de cent coups après cruels et furieux,
Le sang sur leur harnais ruisselle en mille lieux.
Dulot porte un grand coup qui doit finir la guerre ;
L'*Épique* sous le faix glisse et tombe par terre.
Le camp épouvanté fait alors mille vœux ;
Mais l'*Épique*, soudain se levant tout honteux,
Sur le front de Dulot ramène son épée ;
Son casque en est ouvert, sa trame en est coupée ;
Ses yeux sont obscurcis d'une éternelle nuit,
Et son âme en rimant sous les ombres s'enfuit[2].

SATIRE. Peinture du vice et du ridicule en simple discours ou en action.

Distinguons d'abord deux espèces de satire, l'une

---

[1] Il les appelle vieux paladins, parce que ce sont les vieilles sortes de poésies de nos pères.

[2] Allusion au dernier vers de l'*Énéide*

Vitaque cum gemitu fugit indignata sub umbras.

politique, et l'autre morale ; et l'une et l'autre ou générale, ou personnelle.

La satire politique attaque les vices du gouvernement. Rien de plus juste et de plus salutaire dans un état démocratique ; et lorsqu'un peuple qui se gouverne est assez sage pour sentir lui-même qu'il peut ou se tromper ou se laisser tromper, qu'il peut s'amollir ou se corrompre, donner dans des travers ou tomber dans des vices qui lui seraient pernicieux, il fait très bien d'autoriser des censeurs libres et sévères à lui dire ses vérités ; à les lui dire publiquement, et par écrit, et sur la scène, à l'avertir de la décadence ou de ses lois ou de ses mœurs, à lui dénoncer ceux qui abusent de sa faiblesse ou de sa confiance, ses complaisants, ses adulateurs, ses corrupteurs intéressés, l'incapacité de ses généraux, l'infidélité de ses juges, les rapines de ses intendants, la mauvaise foi de ses orateurs, les folles dépenses de ses ministres, les intrigues, et les manèges de ses oppresseurs domestiques, etc., etc.

Le peuple athénien est le seul qui ait eu cette sagesse. Non-seulement il avait permis à la comédie de censurer les mœurs publiques vaguement et en général, mais d'articuler en plein théâtre les faits répréhensibles, de nommer et de mettre en scène ceux qui en étaient accusés. Ce qui n'avait été qu'un badinage, qu'une licence de l'ivresse, sur le chariot de Thespis, devint sérieux et important sur le théâtre d'Aristophane.

C'est une chose curieuse de voir ce peuple aller

en foule s'entendre traiter d'enfant crédule ou de vieillard chagrin, capricieux, avare, imbécile et gourmant; s'entendre dire qu'il aime à être flatté, caressé par ses orateurs; que ses voisins se moquent de lui en lui donnant des louanges; qu'il ne veut pas voir qu'on l'abuse, qu'on le vole et qu'on le trahit; qu'il vend lui-même ses suffrages au plus offrant, et que celui qui sait le mieux l'amadouer est son maître, etc.

On juge bien que la satire, autorisée contre le peuple, n'avait plus rien à ménager; de là l'audace avec laquelle Aristophane osa traduire en plein théâtre, d'un côté, le peuple d'Athènes comme un imbécile vieillard trompé et mené par Cléon; de l'autre, ce même Cléon, trésorier de l'état, comme un impudent, un voleur, un homme vil et détestable.

Athènes n'avait pas toujours été aussi facile, aussi patiente envers les poètes satiriques. Aristophane lui-même avoue que, plus timide en commençant, le sort de ses prédécesseurs les plus célèbres, tels que Magnès, Cratinus et Cratès, lui avait fait peur, ce qui ferait entendre qu'on les avait punis pour avoir pris trop de licence. Mais enfin le peuple avait senti le besoin qu'il avait d'être éclairé, repris lui-même avec aigreur, et de donner aux gens en place le frein de la honte et du blâme. Cette licence de la satire avait pourtant quelque restriction, et c'est, dans le caractère des Athéniens, un trait de prudence et de dignité remarquable; ils voulaient bien qu'à portes closes, lorsqu'ils étaient seuls dans la ville, comme vers la fin de l'automne, la comédie les traitât sans ménagement et les rendît ridicules à leurs propres yeux ; mais ce qui était permis aux fêtes éléennes ne l'était pas aux dionysiales, temps auquel la ville d'Athènes était remplie d'étrangers *.

Lorsque le gouvernement passa des mains du peuple dans celles d'un petit nombre de citoyens, et pencha vers l'aristocratie, l'intérêt public ne tint plus contre l'intérêt de ces hommes puissants qui ne voulurent pas être exposés à la censure théâtrale. Dès-lors la comédie cessa d'être une satire politique, et devint par degrés la peinture vague des mœurs.

A Rome, elle se garda bien d'attaquer le gouvernement. Où Brumoy a-t-il pris que Plaute ait quelque ressemblance avec Aristophane? Le poète qui aurait blessé l'orgueil des patriciens et qui aurait osé dire au peuple qu'il était la dupe, l'esclave et la victime du sénat; que celui-ci, engraissé de son sang et enrichi par ses conquêtes, nageait dans l'opulence et lui refusait tout; qu'on le jouait avec des paraboles; qu'on l'amorçait par de vaines promesses; que les guerres perpétuelles dont on l'occupait au dehors n'étaient qu'un moyen de le distraire de ses injures et de ses maux domestiques; qu'en lui faisant une nécessité d'être sans cesse sous les armes on lui enviait même le travail de ses mains; qu'en l'appelant le maître du monde on lui préférait des esclaves, et que dans ce monde

* Celui qui exerçait le ministère de la censure publique du gouvernement, ne remplissait donc pas un personnage si méprisable que le dit ailleurs Marmontel lui-même, et qu'il était en quelque sorte de mode de le dire à cette époque. *Voyez* dans notre *Répertoire*, tom. II, pages 91, 106; XII, 386, etc., et particulièrement l'art. ARISTOPHANE.

H. P.

qu'il avait soumis, le soldat romain n'avait pas un toit où reposer sa vieillesse, ni le plus petit coin de terre pour le nourrir et l'inhumer : un poète enfin qui aurait osé parler comme les Gracques aurait été assommé comme eux. Il n'en fallait pas tant : le seul crime d'être populaire perdait à jamais un consul ; il payait bientôt de sa tête un mouvement de compassion pour ce peuple qu'on opprimait.

La comédie grecque du troisième âge, celle qui n'attaquait que les mœurs privées en général, sans nommer, sans désigner personne, fut donc la seule qu'on admit à Rome : on l'appelait *Palliata*. Térence l'imita d'après Ménandre, et Plaute d'après Cratinus. Mais aucun ne fut assez hardi pour imiter Aristophane, si ce n'est peut-être Névius, qui fut chassé de Rome par la faction des nobles, sans doute pour quelque licence qu'il avait voulu se donner.

La satire politique aurait eu sous les empereurs une matière encore plus ample que du temps de la république ; mais une seule allusion à laquelle, sans y penser, un poète donnait lieu, lui coûtait la vie. Émilius Scaurus en fut l'exemple sous Tibère.

Parmi les nations modernes, la seule qui, suivant son génie, aurait pu permettre la satire politique sur son théâtre, c'était la nation anglaise ; mais comme elle est toujours divisée en deux partis, il aurait fallu deux théâtres, et sur l'un et l'autre des attaques trop violentes auraient dégénéré en discorde civile. La petite guerre des papiers publics leur a paru moins dangereuse et suffisamment défensive.

Ce qui doit étonner, c'est que dans une monarchie la satire politique ait paru sur la scène. Louis XII l'avait permise, et en effet, lorsqu'il y a dans les mœurs publiques de grands vices à corriger, une grande révolution à faire, c'est un moyen puissant dans la main du monarque que le fléau du ridicule. Ce sage roi l'employa donc contre les vices de son siècle, sur-tout contre ceux du clergé ; et afin que personne n'eût à s'en plaindre, il s'y soumit lui-même. Utile et frappante leçon ! Mais le monarque qui, comme lui, voudrait donner cette licence, aurait à s'assurer d'abord qu'il n'y aurait à reprendre en lui qu'une économie excessive : beau défaut dans un roi, quand c'est son peuple qui le juge.

Le caractère général de la comédie est donc d'attaquer les vices et les ridicules, abstraction faite des personnes ; et en cela elle diffère de la satire. Mais ce qui les distingue encore, c'est leur manière de procéder contre le vice qu'elles attaquent. Chaque ligne, dans Aristophane, est une insulte ou une allusion ; et ce n'est pas ainsi que doit invectiver la véritable comédie : elle met en scène et en situation le caractère qu'elle veut peindre, le fait agir comme il agirait, et lui fait parler son langage; alors c'est le vice personnifié, qui de lui-même se rend méprisable et risible. Tel fut le comique de Ménandre et tel est celui de Molière; Aristophane le fait souvent ainsi, mais toujours en poète satirique, et non pas en poète comique : car l'un diffère encore de l'autre par l'individualité ou la généralité du caractère qu'il expose. Traduire en ridicule un tel homme, Cléon, Lamachus, Démosthène, Euripide, ce n'est pas composer, c'est copier un caractère. La comédie invente, et la satire personnelle contrefait en exagerant : l'original de la comédie est le vice ; l'original de la satire personnelle est tel homme vicieux : tout homme atteint du même vice peut se reconnaître dans le tableau comique ; et dans le portrait satirique un seul homme se reconnaît : *l'Avare* de Molière ne ressemble précisément à aucun avare ; *le Corroyeur* d'Aristophane ne peut ressembler qu'à Cléon.

La satire générale des mœurs se rapproche plus de la comédie ; mais il y a cette différence que j'ai déjà remarquée : le poète, dans l'une, peint, comme Juvénal et Horace, le modèle idéal présent à sa pensée, et en expose le tableau ; le poète, dans l'autre, personnifie son original, et l'envoie sur le théâtre s'annoncer, se peindre lui-même : Horace dit ce que fait l'avare ; Plaute et Molière chargent l'avare de nous apprendre ce qu'il fait.

Dans la satire personnelle, le premier des hommes est sans contredit Aristophane : farceur impudent, grossier et bas, il est véhément, fort, énergique, rempli d'un sel âcre et mordant, d'une fécondité, d'une variété, d'une rapidité inconcevable dans les traits qu'il décoche de toutes mains ; et si, avec l'aveu de sa république, il n'eût attaqué que la mauvaise foi, l'insolence, l'avidité, les rapines des gens en place, leurs infidélités, leurs lâches trahisons et l'aveugle facilité du peuple à se laisser conduire par des fripons et des brigands, Aristophane eût mérité peut-être les éloges qu'il se donnait : car la très grande utilité de sa délation l'emporterait sur l'odieux du caractère du délateur. Mais qu'avec la même impudence et la même rage il se soit déchaîné contre le mérite, l'innocence et la vertu; qu'il ait calomnié Socrate, comme il a poursuivi Cléon; voilà ce qui fera éternellement sa honte et celle d'Athènes, qui l'a souffert.

Je l'ai dit dans l'article ALLUSION, et je le répète: en supposant même que la satire personnelle soit utile et juste, le métier en est odieux, et le satirique fait alors la fonction d'exécuteur: un voleur mérite d'être flétri; mais la main qui lui applique le fer brûlant se rend infâme.

Molière s'est permis une fois la satire personnelle dans la scène de Trissotin, mais sur un simple ridicule; et encore est-il bon de savoir que l'idée de cette scène lui fut donnée par Despréaux. Depuis, on a voulu se permettre, avec l'impudence d'Aristophane et sans aucun de ses talents, la satire personnelle et calomnieuse sur le théâtre français; et un opprobre ineffaçable a été la peine du calomniateur.

Quant à la satire générale des vices, rien de plus innocent et de plus permis: elle présente le tableau, mais il dépend de chacun de nous d'en éviter la ressemblance. Elle a été d'usage dans tous les temps, mais plus âpre ou plus modérée. Les poètes grecs du troisième âge la mirent sur la scène: les Latins, en les imitant, lui donnèrent aussi la forme dramatique; mais dénuée d'action et réduite au simple discours, elle eut encore des succès à Rome.

Horace y mit son caractère épicurien, facile, piquant et léger. Il se joua du ridicule, et quelquefois du vice, sans y attacher plus d'importance. Sa philosophie n'était rien moins que sévère ; il s'amusait de tout, il ne voyait les choses que du côté plaisant : lors même qu'il est sérieux, il n'est jamais passionné.

Juvénal, au contraire, doué d'un naturel ardent et d'une sensibilité profonde, a peint le vice avec indignation : véhément dans son éloquence, plein de chaleur et d'énergie, ce serait le modèle des satiriques, s'il n'était pas déclamateur.

Dans Horace trop de mollesse, dans Juvénal trop d'emportement ; voilà les deux excès que doit éviter la satire. Légère dans les sujets légers, elle peut se jouer de la vanité et s'amuser du ridicule ; mais lorsque c'est un vice sérieusement nuisible qu'elle attaque, lorsque c'est un excès ou un abus criant, elle doit être alors sévère et vigoureuse, mais juste et mesurée : l'hyperbole affaiblirait tout.

Les satires de Boileau furent son premier ouvrage, et on le voit bien. Il a plus d'art, plus d'élégance, plus de coloris que Regnier, mais moins de verve, de naturel et de mordant. N'y avait-il donc rien dans les mœurs du siècle de Louis XIV qui pût lui allumer la bile ? Il n'avait pas encore vu le monde, il ne connaissait que les livres, et que le ridicule des mauvais écrivains ; son esprit était fin et juste, mais son âme était froide et lente ; et de tous les genres, celui qui demande le plus de feu, c'est la satire. Boileau s'amuse à nous peindre les rues de Paris ! C'était l'intérieur, et l'intérieur moral, qu'il fallait peindre : la dureté des pères qui immolent leurs enfants à des vues d'ambition, de fortune et de vanité ; l'avidité des enfants, impatients de succéder, et de se réjouir sur le tombeau des pères ; leur mépris dénaturé pour des parents qui ont eu la folie de les placer au-dessus d'eux ; la fureur universelle de sortir de son état où l'on serait heureux, pour aller être ridicule et malheureux dans une classe plus élevée ; la dissipation d'une mère, que sa fille importunerait, et qui, n'ayant que de mauvais exemples à lui donner, fait encore bien de l'éloigner d'elle, en attendant que, rappelée dans le monde pour y prendre un mari qu'elle ne connaît pas, elle y vienne imiter sa mère qu'elle ne va que trop connaître ; l'insolence d'un jeune homme enrichi par les rapines de son père, et qui l'en punit en dissipant son bien et en rougissant de son nom ; l'émulation de deux époux, à qui renchérira, par ses folles dépenses et par sa conduite insensée, sur les travers, sur les égarements, sur les vices honteux de l'autre ; en un mot, la corruption, la dépravation des mœurs de tous les états où l'oisiveté règne, où le désœuvrement, l'ennui, l'inquiétude, le dégoût de soi-même, et de tous ses devoirs, la soif ardente des plaisirs, le besoin d'être remué par des jouissances nouvelles, les fantaisies, le jeu vorace, le luxe ruineux, causent de si tristes ravages ; sans compter tous les sanctuaires fermés aux yeux de la satire, et où le vice repose en paix ; voilà ce que l'intérieur de Paris présente au poëte satirique, et ce tableau, à peu de chose près, était le même du temps de Boileau.

Boileau affecte l'humeur âpre et sévère, pour être

flatteur plus adroit ; et en même temps qu'il baffoue quelques méchants écrivains, auxquels il ne rougit pas de reprocher leur misère, il prodigue l'encens de la louange à tout ce qui peut le prôner ou le protéger à la cour. Le généreux courage, que celui d'attaquer Cottin, Cassagne, ou Chapelain ! Et contre Chapelain, qu'est-ce qui le révolte ? *Qu'il soit le mieux renté de tous les beaux-esprits !* Passe encore s'il l'eût voulu punir d'avoir osé se déclarer pour Scudery contre Corneille, et de s'être mêlé de critiquer *le Cid*. Boileau, je le répète encore, avait reçu de la nature un sens droit, un jugement solide ; et l'étude lui avait donné tout le talent qu'on peut avoir sans la sensibilité et la chaleur de l'âme : il lui manquait ces deux éléments du génie ; car il est très vrai, comme l'a dit le vertueux et sensible Vauvenargues, que les grandes pensées viennent du cœur *.

* Marmontel fait usage contre Boileau d'un genre de critique facile, mais bien peu raisonnable. Il lui reproche d'avoir fait ce qu'il a précisément voulu faire, d'avoir préféré la satire littéraire à la satire morale, d'avoir mieux aimé faire la police au Parnasse que dans la société. Chacun reçoit de son caractère une vocation spéciale qu'il est très permis de suivre, et c'est un droit qu'il convient peu de contester. La satire, quel qu'en soit l'objet, est toujours la satire, et l'important, c'est qu'elle soit vraie et piquante. On ne peut sans injustice refuser ce mérite à Boileau. Marmontel ajoute qu'il ménageait le ridicule en crédit; il oublie apparemment que Cottin et Chapelain n'étaient pas alors ce qu'ils sont devenus depuis dans l'opinion, de *méchants écrivains;* ils avaient leurs admirateurs et leurs appuis, étaient bien reçus à la ville et à la cour, jouaient un rôle très important dans le monde littéraire. La manière de sarcasme tranchant qui saisit quelquefois Marmontel l'emporte ici jusqu'à calomnier le pauvre Chapelain, en lui reprochant d'avoir pris le parti de Scudery contre Corneille, dans sa critique du *Cid*, qui est un modèle de mesure et d'impartialité, et

Un jeune poète de nos jours s'est essayé dans le genre de la satire. Il en a fait une contre le luxe, et dans ce coup d'essai il a laissé loin en arrière celui que les pédants appellent le *satirique français* ; il a fait voir de quel style brûlant un homme profondément blessé des vices de son siècle sait les peindre et les attaquer : il a montré qu'on pouvait avoir la vigueur d'Aristophane, sans impudence et sans noirceur ; la véhémence de Juvénal, sans déclamation ; l'agrément, la gaieté d'Horace, avec plus d'éloquence, de force, d'énergie ; et une tournure de vers aussi correcte que Boileau, avec plus de facilité, de mouvement et de chaleur *.

Marmontel, *Éléments de Littérature.*

SAURIN (Jacques), l'un des plus célèbres prédicateurs protestants, naquit à Nîmes en 1677, d'un habile avocat de cette ville, et y fit d'excellentes études. Il porta d'abord les armes dans l'armée du duc de Savoie, et obtint même, par son cou-

---

qu'on peut même louer comme un acte de courage. Nous aurions bien d'autres choses à relever dans ce passage où le mépris de Boileau a, comme de coutume, *porté malheur* à Marmontel. Nous nous contentons de renvoyer aux nombreux passages qui nous ont fourni des observations semblables, et qui se trouvent épars dans notre *Répertoire*, tome I, page 395 ; IX, 421 ; XII, 382, 384, 403 ; XIII, 145 ; XV, 161 ; XVIII, 36, 297, 420, etc.

H. P.

* *Voyez* dans notre *Répertoire* les articles HORACE, JUVÉNAL, REGNIER, BOILEAU, GILBERT, etc.

F.

rage, un drapeau, en Piémont, dans le régiment du colonel Renault; mais le prince qu'il servait ayant fait la paix avec la France, Saurin quitta la profession militaire, et alla à Genève, où il acheva son cours de philosophie et de théologie avec un grand succès. Le désir de voyager et de perfectionner en même temps des études si bien commencées, le conduisit en Hollande, d'où il passa en Angleterre. Il s'y maria en 1703; et, deux ans après, il revint se fixer à La Haye, où il se fit, par ses sermons, une grande réputation. On rapporte que la première fois que le célèbre Abbadie l'entendit, il s'écria : « Est-ce un homme ou un ange qui parle? » Il n'en faudrait pas conclure que Saurin peut disputer la palme de l'éloquence de la chaire à nos Bossuet, nos Massillon, nos Bourdaloue, mais il peut être nommé parmi les successeurs de ces grands classiques. Grave, mais négligé, selon l'expression de Chénier, il avait tous les avantages extérieurs qui peuvent prévenir en faveur d'un orateur; et on admire souvent chez lui la justesse des pensées, la force du raisonnement, la noblesse des expressions; ajoutez que l'incorrection de son style, son principal défaut, était à peine remarqué en Hollande, et l'on concevra facilement la vogue qu'il obtint.

Il mourut en 1730, âgé de cinquante-trois ans; ses rivaux coreligionnaires ne craignirent point d'attaquer sa mémoire, et de publier quelques aventures, erreurs de jeunesse, excusables chez un militaire, et qu'avaient en outre dû effacer vingt-cinq ans d'une vie honorée par toutes sortes de vertus et d'utiles travaux.

On a publié le recueil de ses *Sermons*, en 12 vol. in-8°. On a encore de lui : des *Discours sur l'Ancien Testament*, 2 volumes in-fol., ouvrage que Beausobre et Roquet ont augmenté de 4 vol., 1720 et suiv.; l'*État du Christianisme en France*, 1725, in-8°; *Abrégé de la Théologie et de la Morale chrétienne*, en forme de catéchisme, 1722, in-8°., ouvrage qu'il abrégea encore deux ans après.

JUGEMENT.

Saurin est quelquefois très éloquent : il ne se montre presque jamais un grand écrivain. On lui a reproché avec assez de fondement cette manière d'écrire, que l'on appelait au commencement du dernier siècle, *le style réfugié*. Il fait usage d'une traduction souvent burlesque de la Bible, qui fut imprimée immédiatement après la séparation des églises protestantes : ce vieux langage du temps de Marot, contraste grotesquement avec notre élocution moderne, en donnant à son style un air sauvage et un ton barbare; j'en citerais beaucoup d'exemples, si ses sermons étaient moins répandus. Mais Saurin écrit avec chaleur et véhémence; il ne cherche point à montrer de l'esprit : il ne perd de vue ni son sujet ni son auditoire; il pousse avec force ses raisonnements; il sait s'arrêter quelquefois et réprimer sa diffusion ordinaire; il est ému, et s'il ne bouleverse pas les consciences, s'il n'échauffe même que rarement les cœurs, il exalte souvent et il peut enflammer les têtes; il a le mérite oratoire que donne la nature, il ne déploye presque jamais le charme que l'art apprend à y ajouter; et il aurait pu acquérir en ce genre la perfection qui lui manque, s'il eût joint à l'étude des modèles le séjour de Paris, absolument nécessaire à nos écrivains pour achever de se former le goût dans la société des gens de lettres.

Maury, *Essai sur l'Éloquence de la Chaire.*

MORCEAUX CHOISIS.

I. La Cour et les Postes éminents.

Un homme sage envisagera toujours la cour et les postes éminents comme dangereux pour le salut. C'est à la cour, c'est dans les postes éminents que sont tendus, pour l'ordinaire, les plus grands pièges à la vertu; c'est là que l'on s'abandonne, pour l'ordinaire, à ses passions, par la facilité que l'on trouve à les satisfaire; c'est là qu'on est tenté de se regarder comme un être d'une espèce particulière et infiniment supérieur au vulgaire; c'est là du moins que chacun devient tyran à son tour, et que le courtisan, pour se dédommager de l'esclavage où le prince le réduit, rend esclave l'homme qui lui est soumis; c'est là que se forment ces intrigues secrètes, ces menées clandestines, ces trames sanguinaires, ces complots criminels, dont l'innocence est si souvent la victime; c'est là que chacun souffle le venin de la flatterie, et que chacun aime à le recevoir; c'est là que l'imagination se prosterne devant de frivoles divinités, et que d'indignes idoles reçoivent ces hommages suprêmes qui ne sont dus qu'au Dieu souverain ; c'est là que l'âme, frappée d'images séduisantes, se trouve livrée, comme malgré elle, à d'importuns souvenirs lorsqu'elle veut se nourrir de ces méditations, seules dignes d'une intelligence immortelle ; c'est là, enfin, que l'on se sent entraîné par le torrent, et que des exemples que l'on croit illustres autorisent les démarches les plus criminelles, et font perdre insensiblement cette délicatesse de conscience, et cette horreur pour le crime qui étaient de si puissantes barrières pour nous retenir dans les bornes de la vertu.

II. Nous allons tous à la mort.

Où vas-tu, pauvre qui traînes une vie languissante, qui mendies ton pain de maison en maison, qui es dans de continuelles alarmes sur les moyens de te procurer des aliments pour te nourrir, et des habits pour te couvrir, toujours l'objet de la charité des uns et de la dureté des autres ? à la mort. Où vas-tu, noble qui te pares d'une gloire empruntée, qui comptes comme tes vertus les titres de tes ancêtres, et qui penses être formé d'une boue plus précieuse que le reste des humains ? à la mort. Où vas-tu, roturier qui te moques de la folie du noble, et qui extravagues toi-même d'une autre manière ? à la mort. Où vas-tu, guerrier qui ne parle que de gloire, que d'héroïsme, et qui te flattes de je ne sais quelle immortalité ? à la mort....... Où allons-nous tous, mes chers auditeurs ? à la mort. La mort respecte-t-elle les titres, les dignités, les richesses ? Où est Alexandre ? où est César ? où sont les hommes dont le seul nom faisait trembler l'univers ? Ils ont été, mais il ne sont plus !

Extrait du *Sermon sur l'Egalité des Hommes*.

III. La Mort est le terme de toutes les grandeurs humaines.

La mort est le terme où finissent les titres les plus spécieux, la gloire la plus éclatante, la vie la plus délicieuse, et je rappelle ici à mon esprit l'action mémorable d'un prince, idolâtre à la vérité, mais plus sage que beaucoup de chrétiens ; je parle du grand Saladin. Après avoir asservi l'Égypte, après avoir passé l'Euphrate et conquis des villes sans nombre, après avoir repris Jérusalem et fait des actions au-dessus de l'homme dans ces guerres que les chrétiens avaient entreprises pour le recouvrement des lieux saints, il finit sa vie par une action qui mérite d'être transmise à la postérité la plus reculée : un moment avant de rendre le dernier soupir il appelle le héraut qui avait coutume de porter la bannière devant lui dans toutes les batailles ; il lui commande d'attacher au bout d'une lance un morceau de ce drap dans lequel on devoit bientôt l'ensevelir, et lui dit : « Va, porte cette lance, déploie cet éten-« dart, et crie en le déployant : *Voilà, voilà tout* « *ce que le grand Saladin, vainqueur et maître de* « *l'empire, emporte de toute sa gloire !* » Chrétiens, je fais aujourd'hui la fonction de ce héraut ; j'attache aujourd'hui au bout d'une lance les voluptés, les richesses, les plaisirs, les dignités; je vous produits tout cela réduit à cette pièce de toile dans laquelle on doit bientôt vous ensevelir; je déploie à vos yeux cet étendart de la mort, et je vous crie: Voilà, voilà tous les avantages que vous emporterez avec vous; voilà tout ce qui vous restera de ce que vous préfériez au salut de votre âme!

Extrait du *Sermon sur le Prix de l'Ame*.

IV. Portrait de Bayle.

Voyez BAYLE, tome III, page 112 et suiv.

SAURIN (BERNARD-JOSEPH), poète dramatique, membre de l'Académie-Française, né en 1706, à Paris, où il mourut en 1781, était fils de Joseph Saurin, géomètre distingué et membre de l'Académie des Sciences. Il puisa le goût des lettres au milieu des savants de tous genres qui entourèrent, pour ainsi dire, son berceau; mais le peu de fortune de son père ne lui permettant pas de se livrer à son penchant, il suivit d'abord le barreau, et ce ne fut que vers l'âge de quarante ans qu'il commença à travailler pour le théâtre.

Sa première production fut, dit-on, la comédie des *Rivaux*, en cinq actes et en vers, qu'il fit jouer sous le voile de l'anonyme, et qui ne réussit pas. Il ne fut pas plus heureux dans la tragédie d'*Aménophis* qu'il donna en 1750; mais celle de *Spartacus*, jouée en 1760, fut couronnée d'un plein succès, et est encore considérée aujourd'hui comme une des meilleures pièces de l'auteur. Il donna ensuite successivement : *les Mœurs du temps*, petite comédie en un acte et en prose ; *Blanche et Guiscard*, imitée d'une tragédie anglaise de Thompson, 1763 ; *l'Anglomanie*, comédie en un acte, en vers libres, 1772, et *Béverley*, drame en cinq actes et en vers libres, imité d'une pièce anglaise intitulée *the Gamester*, *le Joueur*, d'Édourad Moore, 1768.

On a encore de Saurin : *le Mariage de Julie*, comédie en un acte, en prose, qui n'a pas été représentée ; des couplets bachiques et autres poésies dans divers recueils, et un conte indien, intitulé : *Mirza et Fatmé*, Paris, 1764, in-12.

Ce poète eut pour amis Montesquieu, Voltaire et Helvétius ; ce dernier lui faisait mille écus de pension.

JUGEMENT.

On joue encore quelquefois deux tragédies de Saurin, *Spartacus*, et *Blanche et Guiscard*. Le rôle de Spartacus et celui d'Émilie fournissent quelques scènes qui ont de la noblesse ; mais au total l'auteur a suivi dans la conception de cette pièce le caractère de son esprit, naturellement philosophique, plutôt que les convenances du théâtre et les documents de l'histoire, qui pourtant se trouvaient d'accord pour lui donner l'idée d'un personnage principal qui eût été bien plus tragique que le sien. Il avait un autre objet, dont il rend compte dans sa préface. « Je voulais tracer le portrait d'un grand

« homme, tel que j'en conçois l'idée; d'un hom-
« me, qui joignît aux qualités brillantes des héros la
« justice et l'humanité; d'un homme, en un mot,
« qui fût grand pour le bien des hommes, et non
« pour leur malheur. » Ce projet est beau, mais je
ne crois pas que le sujet de *Spartacus* fût propre à
le remplir. Quand on se forme ainsi un modèle
idéal, il faut chercher dans l'histoire un personnage
qui puisse s'y prêter, et de plus il faut que tout
soit adapté à l'effet théâtral. Ici rien de tout cela :
l'auteur a fait de Spartacus un héros philosophe,
un homme qui n'a d'autre passion que l'amour de
l'humanité, d'autre ambition que celle d'affranchir
les peuples de la tyrannie des Romains ; tout son
rôle est une suite de maximes de philantrophie et
d'exemples de vertu. Ce plan, très louable en
morale, a de bien grands inconvénients dans la
théorie dramatique. D'abord, c'est trop heurter les
opinions reçues et fondées, quand il s'agit d'un
homme aussi connu que Spartacus. Il eut certainement une âme fort au-dessus de son état et de son
éducation : la bravoure et la prudence n'étaient pas
ses seules qualités. Il était capable de sentiments
humains, et il en donna quelquefois des preuves
en arrêtant les excès où se portaient ses soldats.
Mais, en général, son caractère et sa conduite étaient
conformes à sa fortune et aux circonstances où il
se trouvait. A la tête d'une troupe d'esclaves fugitifs
que sa première condition avait faits ses égaux, et
dont ses talents l'avaient fait chef, il ne subsista
pendant plusieurs années, et ne pouvait en effet

subsister que de rapines et de brigandages. Il mit à feu et à sang toute la partie méridionale de l'Italie, et long-temps encore après lui l'on se souvenait des ravages qu'il y avait faits. Une haine furieuse pour les Romains était et devait être son premier sentiment. L'esclave échappé des fers doit détester ses maîtres qu'il combat, et le désespoir qui lutte contre la puissance n'a d'autre loi que la nécessité. Aussi commit-il des cruautés atroces, inspirées non-seulement par la vengeance, mais par le besoin d'exalter le courage de ses troupes en leur ôtant tout espoir de pardon, si elles étaient vaincues. Avant de livrer la dernière bataille où il fut entièrement défait, il fit massacrer de sang-froid trois mille prisonniers romains; et une autre fois il en fit combattre trois cents aux funérailles d'un des commandants de son armée, pour apprendre à ses anciens maîtres, par cette représaille humiliante, que leur sang n'était pas plus sacré que celui des gladiateurs, qu'ils faisaient couler dans le Cirque. Ce n'est certainement pas d'un tel homme que l'on devait faire l'apôtre de l'humanité : le théâtre devait, sous peine de blesser la vraisemblance autant que la vérité, le représenter tel qu'il est dans l'histoire, parce qu'il y est tel que naturellement il devait être. Ce n'est pas avec de la morale qu'un esclave de Thrace, un gladiateur, peut parvenir à rassembler jusqu'à cent vingt mille hommes, mettre en fuite les légions romaines, battre des consuls, et faire trembler l'Italie : c'est avec l'énergie féroce, avec l'enthousiasme de liberté et de vengeance nécessaire pour animer des esclaves et les transformer en guerriers. Cette énergie d'une âme exaspérée par le malheur et l'affront, qui se relève après avoir plié sous le joug, et qui se nourrit de l'orgueil de ses succès et du souvenir de ses injures, devait être le caractère de Spartacus, et heureusement encore ce caractère était fort théâtral. Mais reconnaît-on Spartacus lorsqu'on l'entend dire, dès la première scène :

Mon bras qui sait combattre, et que l'honneur anime,
Ne sait point égorger des vaincus de *sang-froid*.

C'est pourtant ce qu'il avait fait.

Si la guerre autorise un si terrible droit,
Contre lui dans mon cœur l'humanité réclame.
J'en respecte la voix : dieux, *proscrivez la trame*
Du féroce mortel, de l'indigne guerrier
Qui souille la victoire et flétrit son laurier.
Faut-il donc aggraver les malheurs de la terre,
Et n'est-ce pas un mal assez grand que la guerre ?

Ce langage pourrait être celui de Caton : est-ce celui d'un chef de brigands, dévastateur de l'Italie ? Il ne lui convient pas plus de moraliser de ce ton, que de parler d'amour comme il fait un moment après.

Je ne puis écarter une image trop chère.
Jusque dans les combats l'amour vient me chercher ;
Il pèse sur le trait que je veux arracher.

Ces figures forcées, ces images doucereuses sont du style de l'*Adone*, et non pas d'une tragédie. Elles forment une disparate d'autant plus choquante, que dans le reste de la pièce l'amour de Spartacus, comme celui d'Émilie, est purement héroïque, et ne se montre que pour être sacrifié presque sans combat. Un amour de cette espèce est toujours froid, il est vrai, et ne produit qu'une admiration tranquille; mais du moins il n'est pas au-dessous de la tragédie, et il a fourni à l'auteur de grands sentiments qui rappellent la manière de Corneille. Spartacus peut renvoyer à Rome cette Émilie, la fille du consul et sa prisonnière; il peut quoiqu'il en soit amoureux, refuser la main qu'on lui offre, pour obtenir de lui une paix qu'il est déterminé à refuser; ce sacrifice peut convenir à son caractère et à ses desseins, quoiqu'il valût mieux ne pas lui donner un amour inutile. Mais sa grandeur n'est-elle pas hors de mesure, lorsqu'il annonce à tout moment le dessein de rendre la liberté à tous les peuples que Rome avait soumis? Peut-il s'en flatter avec quelque vraisemblance? Quoique l'auteur ait infiniment exagéré ses succès en Italie, cependant Spartacus ne pouvait pas ignorer que Rome avait dans d'autres contrées des armées puissantes et victorieuses, qu'elle avait Lucullus, Pompée, César. Spartacus eût-il été maître de Rome, il était bien loin d'être à son but : Marius et Cinna furent un moment les maîtres de la capitale, et ne le furent pas de l'empire. Il est bien certain que l'on prête ici à Spartacus une ambition et des espérances qu'il n'eût jamais. Il ne songeait, même après ses victoires, qu'à se rapprocher de la mer pour sortir d'Italie, où il avait peu de places fortes, gagner la

Sicile, y ramasser les débris de la guerre des esclaves, et en grossir son armée. Je sais qu'il est permis, dans une tragédie, d'agrandir jusqu'à un certain point son héros, et de lui prêter des vues au-dessus de ses moyens : ce qu'il peut y avoir d'improbable blesse plutôt les gens instruits qu'il ne nuit à l'effet de la pièce ; aussi n'en ferais-je pas un sujet de reproche, si cet effet même n'eût pas été beaucoup plus grand en se rapprochant de la vérité. Que Spartacus eût dit : Je sais que tôt ou tard je serai accablé du poids de la puissance romaine ; mais du moins j'aurai combattu pour la liberté jusqu'au dernier soupir ; j'aurai fait couler le sang de nos tyrans en expiation de celui qu'ils ont versé ; j'aurai, comme Annibal, porté l'épouvante jusqu'aux murs de la capitale ; et s'il est donné à un autre de renverser ce colosse, je serai du moins compté parmi ceux qui l'ont frappé, parmi ceux qui ont péri avec le titre glorieux de vengeurs du monde : je crois que ces sentiments, soutenus d'une implacable haine contre les Romains, auraient pu former un rôle plus passionné, et par conséquent plus tragique que la confiance trop présomptueuse et trop illusoire que montre Spartacus, qui d'un bout de la pièce à l'autre s'exprime toujours comme si les destinées de Rome et du monde étaient absolument dans ses mains. Mais il faut avouer aussi que la conception, et sur-tout l'exécution d'un pareil rôle, étaient trop au-dessus de Saurin, qui avait l'imagination fort peu tragique.

Mais ce qui est beaucoup moins excusable, c'est le rôle abject que l'on fait jouer à Crassus, et qui n'est pas moins contraire aux faits historiques qu'aux mœurs romaines, si généralement connues. D'abord, pour ce qui regarde les faits, l'auteur s'est permis de les contredire formellement. Si Spartacus avait eu des succès contre des généraux sans expérience et des troupes mal conduites, il n'eut pas le moindre avantage sur Crassus, qui ne manquait ni de fermeté ni de talents militaires, qui commença par ramener les légions à l'ancienne discipline, enfin qui, dans une seule campagne, défit entièrement Spartacus, et fit un carnage horrible de cette armée aguerrie par trois ans de victoires, dont le général se fit tuer après avoir combattu en désespéré. Passons que, pour relever son héros, l'auteur suppose que, dans la bataille qui se donne entre le troisième et le quatrième acte, Crassus est battu de manière qu'après avoir perdu l'élite de ses troupes, il est enfermé avec ce qui lui en reste par celles de l'ennemi; passons même que, dans la seconde bataille, où le consul est vainqueur, il ne le fasse triompher que par la trahison de Noricus, chef d'un corps de Gaulois, qui abandonne Spartacus, et se joint aux Romains avec les troupes qu'il commande. Mais comment supporter Crassus demandant la paix à Spartacus? Les Romains, qui ne l'avaient pas demandée à un Annibal, la demandent à un chef de brigands ! C'est aussi contredire trop ouvertement les notions historiques les plus respectées. Sans doute les Romains avaient trop de sens pour faire une loi de l'état de ce qui ne peut être qu'un principe de gouvernement : ils ne mirent pas dans leurs lois des Douze Tables que la république ne traitait jamais avec ses ennemis tant qu'ils étaient sur son territoire; ils savaient trop bien qu'on ne fait point de loi contre la fortune de la guerre, et se contentaient d'y opposer la sagesse et le courage, qui tôt ou tard peuvent la fixer, et non pas une jactance folle qui croit en tout temps la maîtriser. C'était donc chez eux un système de politique, et non pas de législation, de ne traiter de la paix que lorsqu'ils étaient victorieux; mais ils ne s'en écartèrent jamais, et ce fut une des causes de leur grandeur. D'après ces faits si connus, comment se prêter à la démarche de Crassus? Comment croire possible qu'un consul vienne en personne proposer la paix, au nom des Romains, à leur esclave, à un gladiateur? Et à quelles conditions!

Vos soldats, Spartacus, seront faits citoyens ;
Rome à *leur subsistance* assignera des biens.
On fera chevalier le chef qui vous seconde :
Avec nous, au sénat, vous régirez le monde.

Spartacus au rang des sénateurs romains! et c'est un consul qui prend sur lui de le promettre! Quiconque a lu l'histoire romaine s'écriera : Cela est impossible; et la tragédie, qui doit être la peinture des mœurs, ne peut dans aucun cas les violer à ce point. Non-seulement Racine et Voltaire, nos modèles les plus parfaits, ne se sont jamais permis rien de semblable, mais Corneille, qui commet toutes sortes de fautes, n'en a pas une de ce genre;

et l'on peut affirmer que jamais un bon poëte tragique ne se croira dispensé de cette partie de l'art, si importante, qui consiste dans l'observation des mœurs.

Elles ne sont pas moins blessées dans plusieurs autres parties de cette même pièce, qui semble faite principalement dans l'intention de rendre les Romains odieux et vils. L'auteur suppose, au premier acte, qu'ils ont menacé la mère de Spartacus, tombée entre leurs mains, de l'envoyer au supplice, si elle n'engageait pas son fils à mettre bas les armes. Il n'y a point d'exemple, dans l'histoire romaine, d'une action à la fois si basse et si atroce. Jamais ce peuple, même dans sa corruption, n'a menacé les jours d'une femme innocente pour désarmer un ennemi. On n'en trouve d'exemples que chez les nations barbares, et encore rarement ; mais jamais la fierté romaine ne s'est dégradée à ce point. L'auteur a oublié qu'à l'époque de Spartacus, cette fierté nationale ne s'était pas démentie un moment, malgré les divisions domestiques ; il a oublié le mépris profond et invincible que les Romains avaient pour leurs esclaves et leurs gladiateurs, lorsqu'il a supposé que le fils d'un consul, de Crassus, l'un des trois premiers hommes de la république, avait pu, de l'aveu de son père, passer dans le camp de Spartacus pour le disposer à la paix : cette démarche blesse également la vraisemblance et la bienséance.

C'est sans doute pour autoriser, autant qu'il le pouvait, l'amour un peu extraordinaire de la fille de Crassus pour un gladiateur, qu'il a supposé aussi que Spartacus était fils d'Arioviste, roi des Suèves, et qu'Émilie, lorsqu'elle en devint amoureuse, ne savait pas encore qui elle était, le mariage de sa mère avec Crassus n'étant pas déclaré. Toutes ces hypothèses étaient nécessaires dans le plan de l'auteur, qui voulait que Spartacus eût reçu une éducation distinguée, qu'il eût été formé par une héroïne, par cette Ermengarde qui se donne la mort pour laisser à son fils la liberté de continuer la guerre. Il lui en a coûté un anachronisme difficile à excuser dans un sujet tiré d'un histoire qui nous est aussi familière que celle de Rome. Il est obligé de supposer que les Romains ont fait une irruption en Germanie, dans les états d'Arioviste; et l'on sait que César ne combattit ce prince que quinze ans après la guerre de Spartacus, et que jusqu'à César les armes romaines n'avaient point approché des bords du Rhin. Mais le plus grand tort, c'est d'avoir ainsi défiguré l'histoire dans les faits et dans les caractères pour n'en tirer qu'une intrigue froide et vicieuse, où l'on a tout sacrifié à cet héroïsme d'humanité, imaginé pour agrandir Spartacus. Je crois avoir assez prouvé qu'il eût mieux valu lui laisser l'énergie qu'il avait que de lui prêter une grandeur qu'il ne pouvait pas avoir.

La conduite de la pièce, dirigée vers le même but, a l'inconvénient de ne pas former un seul nœud qui attache le spectateur, et de ne présenter que des incidents isolés, successifs, indépendants les uns des autres. Au premier acte, Spartacus apprend en même temps que sa mère s'est tuée, et que la fille du consul est en son pouvoir. Les soldats demandent sa mort, et il est tout simple que leur général défende sa maîtresse. Mais l'auteur voulait mettre dans la bouche de Spartacus les principes d'humanité opposés à la rigueur des représailles; et cette lutte du général contre ses soldats occupe une partie du troisième acte, et montre l'ascendant de Spartacus, qui l'emporte sur leur ressentiment. Dans ce même acte, la liberté qu'il rend à Émilie montre le pouvoir qu'il a sur lui-même; et il en donne une autre preuve au quatrième, lorsqu'en présence de ses troupes il demande pardon à Noricus de quelques paroles outrageantes qu'il lui avait dites dans le combat, au moment où il le voyait entraîné par les siens qui fuyaient. C'est précisément le trait de notre Henri IV, qui demanda excuse d'une vivacité du même genre à un capitaine suisse avant la bataille d'Ivry. Tous ces incidents forment plutôt une suite d'épisodes que le développement d'une action; mais ils présentent le héros dans un jour avantageux et dans des scènes qui font admirer son caractère. Cette admiration est ce qui soutient la pièce, au défaut d'une intrigue attachante, au défaut de la terreur et de la pitié, dont le sujet, il faut l'avouer, n'était guère susceptible. On sait que Voltaire trouvait dans cet ouvrage des traits dignes de Corneille, et il y en a; par exemple, ces vers tirés du récit d'Émilie, lorsqu'elle raconte le combat de Spartacus dans le Cirque :

Tout le peuple à grand cris applaudit sa victoire :
Cet homme alors s'avance, indigné de sa gloire.

Peuple romain, dit-il, vous, consuls et sénat,
Qui me voyez frémir de ce honteux combat;
C'est une gloire à vous, bien grande, bien insigne,
Que d'exposer ainsi sur une arène indigne
Le fils d'Arioviste à vos gladiateurs!
Étouffez dans mon sang ma honte et mes fureurs,
Votre opprobre et le mien, ou *j'atteste le Tibre*,
Que, si Spartacus vit et se voit jamais libre,
Des flots de sang romain pourront seuls effacer
La tache *de celui* que je viens de verser.

Il n'est pas trop vraisemblable qu'un gladiateur ait ainsi menacé tout le peuple romain en sa présence, ni qu'il ait *attesté le Tibre* comme aurait pu faire un Romain, au lieu d'attester la vengeance et les dieux de la Germanie, ni que les Romains aient fait descendre le fils d'un roi dans l'arène avec des gladiateurs. Malgré toutes ces fautes, ce récit, emprunté du roman de Cléopâtre, où le même fait est raconté sous d'autres noms, a de la noblesse et de l'effet; il annonce et justifie le caractère et la conduite de Spartacus. Il n'y a point d'expression plus belle que celle-ci, *indigné de sa gloire*. On a tant parlé d'alliances de mots, on en a tant abusé! En voilà une bien heureusement trouvée. Ce n'est pas une recherche forcée; c'est la plus grande force de sens et d'idée; c'est serrer en deux mots ce qui pourrait fournir dix à douze beaux vers; c'est vraiment du sublime de pensée et d'expression.

Il n'y a point de ces grands traits dans *Blanche*; mais le sujet est plus intéressant, et le fond de cette pièce pourrait lui assurer un succès durable, si les derniers actes répondaient aux trois premiers. Elle est imitée d'une tragédie anglaise, dont l'auteur avait pris son sujet dans un épisode du roman de Gil Blas, qui a pour titre *le Mariage par vengeance*. Une femme qui s'est mariée à un homme qu'elle n'aime pas, parce qu'elle s'est crue trahie par celui qu'elle aimait, et qui reconnaît la fidélité de son amant à l'instant même où elle vient de se donner à un autre, est sans doute dans une situation théâtrale; mais la difficulté et le talent consistaient à en tirer parti, à trouver des moyens d'attacher encore le spectateur quand le nœud principal semble tranché par le mariage de l'héroïne de la pièce, et c'est ce que l'auteur n'a pas su faire. Nous en avons vu plusieurs échouer au même écueil : celui d'*Alzire* est le seul qui ait su se tirer d'un pas si dangereux, grace à la nature de son sujet, dont un grand talent lui découvrit toutes les ressources. Jamais Zamore n'est plus intéressant qu'après ce fatal hymen où son oppresseur et celui de l'Amérique lui a ravi son amante. Au contraire, dans *Blanche*, Guiscard qui a montré jusque là un caractère noble et intéressant, devient un tyran odieux et inexcusable par la conduite qu'il tient avec le connétable Osmont, dont il n'a pas le moindre sujet de se plaindre. Ce connétable vient d'épouser Blanche, de son propre consentement et de celui de son père; il s'est montré sujet fidèle en se soumettant au nouveau monarque; et Guiscard commence par le faire arrêter, et veut faire casser d'autorité le mariage le plus légitime, reconnu pour tel par Blanche elle-même, qui, loin d'élever une réclamation contre les nœuds qu'elle vient de former, condamne ouvertement les prétentions injustes et tyranniques de Guiscard. On sent que dans une pareille position il n'y a rien à espérer pour Blanche, et que Guiscard détruit entièrement tout l'intérêt qu'on pouvait prendre à lui. On excuse la violence dans le malheur et l'opression ; on la hait quand elle est jointe au pouvoir. La démarche de Guiscard, qui vient au milieu de la nuit pour enlever une femme mariée, est contraire aux mœurs et aux bienséances, et la pièce finit par deux meurtres sans effet. Osmont, qui est tué en se battant contre le roi, est un de ces personnages dont la mort est indifférente, parce qu'ils n'ont excité aucun sentiment d'amour ni de haine dans l'âme du spectateur ; et ce sont ceux-là qu'il ne faut jamais tuer. En tombant il perce de son épée Blanche qu'il croit coupable, parce qu'il l'a trouvée seule, la nuit, avec son amant ; et ces assassinats subits, commis sans passion, ne sont guère moins froids. Mais la pitié que Blanche inspire pendant les premiers actes, et les sentiments vertueux qu'elle montre dans les derniers, répandent sur son rôle un intérêt qui a soutenu l'ouvrage, quoique l'effet général, ainsi que celui de Spartacus, en soit fort médiocre.

Le style de Saurin est d'un homme qui a commencé tard à faire des vers, et qui n'était pas favorablement organisé pour la poésie. En général, il pense juste ; mais son expression est gênée dans le vers ; il manque trop souvent de nombre et d'élégance ; mais comme il a des traits de force dans

Spartacus, il en a de sentiment dans *Blanche*. Elle s'écrie, lorsqu'elle croit son amant infidèle :

Guiscard est donc semblable au reste des mortels !

On a retenu quelques autres vers du même rôle :

Qu'une nuit paraît longue à la douleur qui veille !
. . . .
Long-temps on aime encore en rougissant d'aimer.
. . . .
La loi permet souvent ce que défend l'honneur.

On en pourrait citer d'autres qui, sans être aussi remarquables, sont bien pensés et bien sentis ; mais il y a loin de quelques vers au talent d'écrire.

L'Anglomanie et *les Mœurs du temps*, de Saurin, sont au nombre de nos petites pièces agréables. La dernière n'est qu'une esquisse dont le titre promettait un plus grand tableau ; mais cette esquisse est de bon goût.

Un des drames qui ont eu le plus de succès, c'est *Béverley*, imitation assez fidèle du *Joueur* (anglais), l'une des pièces les plus intéressantes, et, ce qui est plus remarquable, une des plus régulières du théâtre de Londres. *Béverley* est beaucoup mieux conduit et beaucoup plus naturellement écrit que *le Père de famille* ; c'est un tableau frappant et vrai des effets les plus funestes que puisse produire la malheureuse passion du jeu, et trop souvent elle en a produit de semblables. Regnard n'en avait considéré que les folies et les ridicules ; aussi n'a-t-il fait de son Joueur qu'un jeune étourdi qui fait des dettes, trompe son père et sa maîtresse, et emprunte aux usuriers. Celui de Saurin est un homme marié qui ruine sa femme, sa sœur et ses enfants. Le sujet était susceptible d'être traité sous ces deux points de vue, et théâtral dans l'un et dans l'autre. La manie de Béverley pour le jeu est très bien peinte, sur-tout quand, malgré toutes ses résolutions, Stukely l'entraîne de nouveau dans le piège, et les séductions de ce perfide ami ont encore l'avantage d'être une sorte d'excuse pour Béverley. Mais d'un autre côté la bassesse de ce personnage est dégoûtante, et le désespoir de Béverley, qui va jusqu'à lever le couteau pour tuer son enfant, passe la mesure, et même manque le but moral, parce qu'un joueur qui verra ce spectacle, fait pour l'instruire, peut se dire qu'il ne sera jamais capable de cette rage dénaturée. Ajoutez que le spectateur, qui voit lever le couteau sur l'enfant, est trop sûr que le père ne frappera point, d'où il résulte une atrocité gratuite. Une autre faute, c'est que la femme de Béverley, dont la maison n'a plus de meubles, a encore des diamants pour une somme considérable; ce qui n'est guère naturel, puisque d'ordinaire on vend le superflu avant de se priver du nécessaire. Mais en total cet ouvrage, sans pouvoir être comparé au chef-d'œuvre de Regnard, est estimable, et, pour le plan et pour l'exécution, il fait honneur à l'auteur original et à son imitateur.

La Harpe, *Cours de Littérature.*

SCARRON (Paul), poète burlesque, fils d'un conseiller au parlement de Paris, y naquit en 1610. Il semblait destiné à jouir d'une fortune honnête; mais son père, devenu veuf, prit une seconde femme qui parvint non-seulement à dépouiller les enfants du premier lit au profit des siens, mais encore à faire éloigner Scarron de la maison paternelle. Cette circonstance, jointe au penchant naturel du jeune homme, ne contribua pas peu sans doute au dérèglement de ses mœurs. Il fit à vingt-quatre ans un voyage en Italie, s'y abandonna à tous les plaisirs, revint ensuite à Paris, où il mena le même train de vie, et bientôt sa santé fut détruite sans retour. Il avait vingt-sept ans lorsqu'une nouvelle folie lui ôta tout-à-coup l'usage de « ces jambes « qui avaient bien dansé, de ces mains qui avaient « su peindre et jouer du luth. » Étant allé passer le carnaval au Mans, où la protection de madame d'Hautefort lui avait fait obtenir un canonicat, il voulut se déguiser en sauvage, et parcourut la ville dans ce singulier déguisement; mais bientôt attaqué, poursuivi par tous les enfants du pays, il fut obligé de se réfugier dans un marais, où un froid glacial pénétra ses veines. Une lymphe âcre se jeta sur ses nerfs, et accourcit sa taille d'un pied, ses bras et ses jambes à proportion.

Gai en dépit des souffrances, il se fixa à Paris, et attira chez lui par ses plaisanteries et ses bons mots, les personnes les plus distinguées de la ville et de la cour. Son père étant mort, il eut des procès à soutenir avec sa belle-mère, plaida burlesquement une cause d'où dépendait toute sa fortune, et il la perdit. Son amie, madame d'Hautefort, sensible à ce surcroît de malheur, lui obtint une audience de la reine. Le poète lui demanda la permission d'être son malade en titre d'office ; cette princesse sourit, et Scarron regardant ce souris comme un brevet, prit depuis le titre de *Scarron, par la grace de Dieu, malade indigne de la reine.*

Il tâcha de se rendre utile cette qualité. Il loua Mazarin qui lui donna une pension de cinq cents écus ; mais ce ministre ayant reçu froidement la dédicace de son *Typhon*, le poète lança contre lui la *Mazarinade*, et la pension fut supprimée. Il s'attacha alors au prince de Condé, dont il célébra la victoire, et au coadjuteur de Paris, auquel il dédia la première partie du *Roman comique*.

Son union avec mademoiselle d'Aubigné, depuis marquise de Maintenon, rendit sa vie plus agréable, mais n'augmenta pas sa fortune. Lorsqu'il fut question de dresser leur contrat de mariage, Scarron dit qu'il reconnaissait à l'accordée « deux grands yeux « fort mutins, un très beau corsage, une paire de « belles mains et beaucoup d'esprit. » Le notaire demanda quel douaire il assurait. « L'immortalité, « répondit le poète ; le nom des femmes des rois « meurt avec elles, celui de la femme de Scarron « vivra éternellement. » Cette épouse, sans chercher à détruire la gaieté excessive de son mari, eut l'art de lui en faire réformer les saillies indécentes ; il mit plus de bienséance dans ses mœurs, dans sa conversation, et la bonne compagnie n'en fut que plus empressée de se rassembler chez lui.

Cependant Scarron vivait avec si peu d'économie qu'il fut bientôt réduit à quelques rentes viagères et à son marquisat de Quinet (c'était ainsi qu'il appelait le revenu de ses livres, du nom du libraire qui les imprimait). Il demandait des gratifications à ses supérieurs, avec la liberté et l'assurance d'un poète burlesque. Dans l'abondance, il dédiait ses livres à la levrette de sa sœur; et dans le besoin, à quelque *Monseigneur*, qu'il louait autant et qu'il n'estimait pas davantage. Enfin Fouquet lui donna une pension de 1,600 livres. Noblé, avocat, ayant acquis de Scarron une terre près d'Amboise, pour 18,000 livres, et ayant vérifié qu'elle en valait au moins 24,000, lui porta 6,000 livres et le força de les accepter.

La reine Christine passant à Paris voulut voir Scarron. « Je vous permets, lui dit-elle, d'être amou-
« reux de moi : la reine de France vous a fait son
« malade, et moi je vous crée mon Roland... » Notre poète ne jouit pas long-temps de ce titre : il fut surpris d'un hoquet si violent qu'on craignit bientôt pour sa vie. Ses parents, ses amis et ses domestiques fondaient en larmes au chevet de son lit : « Mes enfants, leur dit-il, je ne vous ferai jamais
« autant pleurer que je vous ai fait rire. » Et, un moment avant que d'expirer, il ajouta : « Je n'au-
« rais jamais cru qu'il fût si aisé de se moquer de
« la mort. » Ce fut le 14 octobre 1660 qu'il termina sa carrière. Il s'était fait lui-même cette épitaphe :

Celui qui cy maintenant dort
Fit plus de pitié que d'envie,
Et souffrit mille fois la mort
Avant que de perdre la vie.
Passant ne fais ici de bruit;
Garde bien que tu ne l'éveille
Car voici la première nuit
Que le pauvre Scarron sommeille.

Il avait aussi fait de lui-même un portrait que nous croyons devoir retracer ici. « Les uns disent que je « suis cul-de-jatte; les autres, que je n'ai point de « cuisses, et qu'on me met sur une table, dans un « étui, où je cause comme une pie borgne; les autres, « que mon chapeau tient à une corde qui passe dans « une poulie, et que je le hausse et baisse pour sa-« luer ceux qui me rendent visite. Je pense être « obligé, en conscience, de les empêcher de men-« tir plus long-temps. J'ai trente ans passés; si je « vais jusqu'à quarante j'ajouterai bien des maux à « ceux que j'ai déjà soufferts depuis huit ou neuf « ans. J'ai eu la taille bien faite, quoique petite; ma « maladie l'a raccourcie d'un bon pied : ma tête est « un peu grosse pour ma taille. J'ai le visage assez « plein pour avoir le corps décharné. J'ai la vue assez « bonne, quoique les yeux gros; je les ai bleus : j'en « ai un plus enfoncé que l'autre, du côté que je « penche la tête. J'ai le nez d'assez bonne prise; « mes dents, autrefois perles carrées, sont de cou-« leur de bois, et seront bientôt de couleur d'ar-« doise; j'en ai perdu une et demie du côté droit, « et deux sont un peu égrenées du côté gauche. Mes

« jambes et mes cuisses ont fait premièrement un
« angle obtus, puis un angle droit, et enfin un an-
« gle aigu; mes cuisses et mon corps en font un
« autre, et ma tête se penchant sur mon estomac,
« je ne ressemble pas mal à un Z. J'ai les bras rac-
« courcis aussi bien que les jambes, et les doigts
« aussi bien que les bras : enfin, je suis un abrégé
« de la misère humaine. Voilà à peu près comme
« je suis fait. Puisque je suis en si beau chemin, je
« vais t'apprendre quelque chose de mon humeur.
« J'ai toujours été un peu colère, un peu gourmand
« et un peu paresseux. J'appelle souvent mon valet
« *sot*, et peu après *monsieur*. Je ne hais personne :
« Dieu veuille qu'on me traite de même ! Je suis
« bien aise quand j'ai de l'argent, je serais encore
« plus aise si j'avais de la santé. Je me réjouis en
« compagnie, et suis content quand je suis seul;
« quant à mes maux on ne peut les supporter plus
« patiemment. »

Les ouvrages de Scarron ont été recueillis par Bruzen de La Martinière, en 10 vol. in-12, Amsterdam, 1737. M. Bastien en a donné une bonne édition, Paris, 1786, 7 vol. in-8°, dans laquelle les matières sont classées par ordre. On y trouve l'*Énéide travestie*, en 8 livres, continuée par Moreau de Brasey [*]; *Typhon* ou *la Gigantomachie*; plusieurs comédies, telles que *Jodelet* ou *le Maître-Valet*; *Jodelet souffleté*; *Don Japhet d'Arménie*; *l'Héri-

---

[*] Boileau disait à Racine le fils: « Votre père avait la faiblesse de lire
« quelquefois le *Virgile travesti* de Scarron, et d'en rire; mais il se cachait
« bien de moi. »

tier ridicule; *le Gardien de soi-même*; *le Marquis ridicule*; *l'Écolier de Salamanque*; *la Fausse Apparence*; *le Prince Corsaire*, tragi-comédie, et d'autres pièces de vers; son *Roman comique*, ouvrage en prose, qui eut un succès prodigieux, est le seul de ce poète bouffon dont Boileau pût soutenir la lecture. « Des ridicules de province, dit Chénier, des
« comédiens de campagne, des scènes d'auberge ou
« de tripot, voilà ce qu'on y trouve. Les incidents,
« les personnages, le style, tout est ignoble et grotesque, mais tout est vrai. Le livre amuse, on le lit
« encore; il restera, tant le naturel sait prêter d'a-
« grément aux tableaux qui en paraissent le moins
« susceptibles. » Ce recueil contient encore des *Nouvelles espagnoles*, traduites en français, et qui sont à peu près oubliées aujourd'hui *; un vol. de *Lettres*; des *Poésies diverses*; des *Chansons*; des *Épîtres*; des *Stances*; des *Odes*, et des *Épigrammes*. Ces diverses productions respirent l'enjouement et une gaieté vive. Scarron trouve à rire dans les sujets les plus sérieux; mais ses saillies sont plutôt d'un bouffon que d'un écrivain ingénieux et délicat.
« Il est le premier, dit Palissot, qui ait fait parler
« aux Muses le langage des halles. Il a travesti Virgile,
« mais non avec le projet de le rendre ridicule;
« projet dont Marivaux eut le malheur d'être soup-
« çonné, lorsqu'il se permit de travestir Homère et
« Télémaque. Le burlesque de Scarron est fort au-

---

* On a remarqué toutefois et avec justice que le fond d'une des belles scènes de *Tartufe* est puisé dans une de ces *Nouvelles*, intitulée *Les Hypocrites*.

« dessous de la gaieté de Rabelais; celui-ci est plaisant
« dans les choses, l'autre ne l'est que dans les mots.
« Rabelais avait d'ailleurs une érudition immense,
« et Scarron n'avait que très peu de littérature :
« aussi n'est-il rien resté de lui que son *Roman co-*
« *mique*, ouvrage très comique en effet, et toujours
« digne de plaire à ce public choisi,

Qui laisse à la province admirer le *Typhon*.

« Mais ce qu'on n'a pas assez remarqué à la gloire
« de Scarron, c'est qu'il fut véritablement un des
« précurseurs du bon goût, dans le genre de la co-
« médie. Il eut le mérite de sentir que ni la fadeur
« des pastorales, ni le merveilleux des aventures ro-
« manesques ne convenait à ce genre. Cette obser-
« vation, si naturelle et si vraie, le rendit infiniment
« supérieur à tous les auteurs dramatiques de son
« temps : souvent même il rencontra la gaieté du bon
« comique. Il sut mettre de l'art et de la clarté dans
« ses expositions. On peut en juger par celle de *Jo-*
« *delet* ou *le Maître-Valet*, qui est véritablement
« très heureuse. Il est singulier que Scarron ait en
« quelque sorte ouvert la bonne route à Molière,
« et qu'il ait eu infiniment plus de goût que certains
« beaux-esprits de nos jours, qui semblent s'être
« ligués tous pour ramener sur la scène la barbarie
« dont il l'avait purgée. » (*Voyez* le jugement de La
Harpe, sur Scarron, article ROMAN, et celui de Marmontel, article BURLESQUE.)

W.

SCHILLER (Jean-Frédéric-Christophe), célèbre poète allemand, né le 10 novembre 1759, à Marbach, petite ville de Souabe, dans le royaume de Wurtemberg, était fils d'un chirurgien, qui avait servi en cette qualité dans le régiment des housards bavarois du prince Louis. Il fut dirigé dans ses premières études par le pasteur Moser, du village de Lorch, où ses parents passèrent trois années, et peut-être dut-il aux soins de ce premier guide de son enfance, la vocation ardente et sincère qu'il manifesta pendant sa jeunesse pour l'état ecclésiastique.

Les parents de Schiller étant venus s'établir à Louisbourg, il continua l'étude du latin sous le professeur Jahn, homme froid, rude et morose, mais qui s'attacha à lui, et l'instruisit avec soin. Bientôt l'époque arriva où Schiller dut choisir la carrière qu'il devait suivre. Sa vocation n'était pas douteuse; il avait manifesté la ferme résolution d'entrer dans le saint ministère; et depuis, on l'a souvent entendu regretter avec une sorte d'exaltation, de n'avoir point consacré sa vie et ses talents à enseigner les bienfaits sublimes de la religion; mais le sort en avait ordonné autrement.

Le duc de Wurtemberg venait de former à Stuttgard une école militaire à laquelle il s'efforçait de donner un grand éclat en y appelant les professeurs les plus instruits et les jeunes gens les plus distingués. Schiller, dont le père était déjà un des serviteurs et des protégés du prince, fut choisi pour faire partie de cette école, et se vit contraint de renoncer à sa vocation pour se consacrer à l'étude de la médecine, pour laquelle il se sentait un invincible dégoût.

Une telle contrainte, et la discipline militaire de l'école, exercèrent bientôt sur l'esprit rêveur, exalté et indépendant de Schiller, les plus fâcheuses influences. Cependant il profita beaucoup de l'instruction étendue, forte et variée qu'on recevait dans cet institut, et suivait, bon gré mal gré, la route qui lui avait été tracée. Son attention se portait de préférence sur la partie philosophique et spéculative des études médicales, et il publia, en 1780, un écrit sur les rapports du physique et du moral de l'homme. Dans la même année, il fut placé comme chirurgien dans un régiment. Mais déjà il s'était livré au charme de la poésie; déjà sa véritable vocation lui était révélée par l'impression profonde que produisaient sur lui les premiers essais de l'art dramatique en Allemagne; et bientôt advint la circonstance qui devait décider du reste de sa vie. En 1781, il fit paraître son premier, son célèbre drame des *Brigands*. Cette bizarre production n'était pas destinée à être représentée; mais le baron Dalberg, ministre de l'électeur palatin, qui accordait aux lettres la plus noble protection, ayant établi à Manheim le théâtre pour lors le plus remarquable de l'Allemagne, désira que *les Brigands* y fussent représentés. Schiller consentit à y faire tous les changements qui pouvaient rendre la chose possible. La pièce eut un succès prodigieux, et elle est demeurée, dit-on, fort populaire, parce que beaucoup de circonstances locales lui donnent un attrait particulier pour les parterres allemands.

Schiller voulant jouir de son succès et assister à la représentation de sa pièce, en demanda la permission à ses chefs; n'ayant pu l'obtenir, il se rendit secrètement à Manheim, et cette désobéissance lui valut quarante jours d'arrêts qu'il subit assez patiemment; mais le duc de Wurtemberg lui ayant fait signifier ensuite de ne rien publier qui fût étranger à sa profession de médecin, cette nouvelle rigueur, dont il ne voulut pas examiner les causes, lui fit abandonner son état, son pays et sa famille, pour aller, sous un nom supposé, se réfugier en Franconie, où il se livra enfin en liberté à ses inspirations poétiques.

Ce fut là qu'il termina la *Conjuration de Fiesque*, *l'Intrigue et l'Amour*, et qu'il entreprit *Don Carlos*. C'est aussi de cette époque (1782) que datent beaucoup de poésies qui portent déjà tout le caractère du talent de Schiller.

Il fut tiré de sa retraite par les bienfaits du baron Dalberg, qui, après l'avoir attiré à Manheim, exerça envers lui une hospitalité généreuse. Le théâtre de cette ville brillait alors de tout son éclat: Schiller y fit jouer ses deux nouvelles pièces et annonça au public, qui commençait à le connaître beaucoup, qu'il allait prendre part à la rédaction d'un journal intitulé *la Thalie du Rhin*. La tragédie de *Don Carlos*, qu'il donna ensuite, eut le plus grand succès, et c'est peut-être encore la pièce de théâtre dont les Allemands s'honorent le plus, malgré les nombreux défauts que les critiques lui ont reprochés.

Cependant le goût de Schiller pour le théâtre fit place, pendant quelque temps, à celui des études historiques. Il fit paraître successivement l'*Histoire de la Révolte des Pays-Bas*, le premier volume du *Recueil des Rébellions et Conjurations célèbres*; une foule d'essais historiques et critiques qui furent insérés dans des journaux ou des recueils; et enfin, l'*Histoire de la Guerre de trente ans* qui a été traduite plusieurs fois en français.

Nommé ensuite professeur de philosophie à l'Université d'Iéna, il se trouva au milieu des hommes les plus savants de l'Allemagne, et dans une Université qui jetait alors le plus grand éclat. Tout allumait son émulation, tout l'excitait au travail. Il reprit l'étude des auteurs grecs, fit plusieurs traductions d'Eschyle et d'Euripide, entreprit celle de l'*Énéide*, et publia divers écrits critiques et métaphysiques.

Tant d'études et de tels efforts d'esprit ruinèrent rapidement sa santé. En 1791, il tomba gravement malade de la poitrine, et l'on crut qu'il ne pourrait échapper à la violence du mal. Il se rétablit pourtant, mais les leçons publiques lui furent interdites, et il lui fallut vivre désormais de régime et de ménagements.

Après douze années d'intervalle Schiller rentra dans la carrière du théâtre. Retiré à Weimar, au sein d'une famille dont il était chéri et respecté, c'est là qu'il donna, en 1798, *Wallenstein*, ensuite *la Pucelle d'Orléans*; *l'Épouse de Messine*, et

Marie Stuart. Auparavant il avait traduit l'*Iphigénie en Aulide* d'Euripide. A cette même époque, il fit paraître aussi la traduction de *Macbeth* de *Turandot*, féerie italienne de Gozzi, et de deux comédies françaises de M. Picard, *Encore des Ménechmes*, et *Médiocre et Rampant*. Le duc de Weimar, qui, comme élève du grand Frédéric, se sentait du penchant pour la littérature française, engagea Schiller à traduire une tragédie de Racine. Le poète choisit *Phèdre*, et quoiqu'il eût toujours montré une prévention aveugle contre la scène française, il apporta à sa traduction le soin et la loyauté qu'il mettait à toute chose.

Cette traduction cependant ne parut qu'après *Guillaume Tell*, le dernier et le plus beau des ouvrages de Schiller. Un voyage qu'il fit à Berlin pour y faire représenter ce chef-d'œuvre de la scène allemande, le fatigua beaucoup; il en revint malade et mourut quelques mois après, le 9 mai 1805, n'étant encore âgé que de quarante-cinq ans.

Outre les travaux que nous avons cités, Schiller est encore auteur d'un grand nombre de poésies lyriques, tels que *le Chant de la cloche*, qui a été plusieurs fois traduit en français; *la Fête de la Victoire*, ou *le Départ de la flotte des Grecs*, etc., etc.

Nous avons plusieurs traductions françaises du théâtre de Schiller. Le libraire Ladvocat en a publié une en 1821, précédée d'une notice biographique et littéraire sur Schiller, dont nous avons extrait cet article. La dernière édition des œuvres de ce poète a été publiée à Carlsruhe, de 1816—17, 18 v.

JUGEMENT [*].

Schiller fut doué de la puissance d'agir fortement sur la multitude et sur les esprits éclairés. Son génie, indépendant jusqu'à la témérité, se laissa pourtant d'abord dominer par l'exemple. Il est vrai qu'il était encore très jeune et très éloigné de connaître le monde qu'il voulait dépeindre, lorsqu'il composa ses premières pièces de théâtre. Aussi y retrouve-t-on manifestement le caractère des plus anciennes productions de Goëthe et de Lessing, ou de la prétendue manière de Shakspeare.

C'est là l'origine des ouvrages de la jeunesse de Schiller, *les Brigands, Amour et Intrigue* et *le Comte de Fiesque. Les Brigands*, pièce aussi terrible qu'extravagante, produisit cependant un tel effet, que de jeunes enthousiastes en eurent la tête tournée. On n'y peut pas méconnaître une mauvaise imitation de Shakspeare. Franz Moor est un Richard III vulgaire, qui ne se relève par aucune des qualités de son modèle, et l'horreur qu'il inspire n'est point tempérée par de l'admiration. *Amour et Intrigue* est un drame sentimental jusqu'à l'exagération, plus fait pour tourmenter le spectateur par des impressions pénibles, que pour le toucher profondément. *Le Comte de Fiesque* est encore de toutes ces pièces celle dont le plan est le plus mauvais et l'effet le plus faible.

[*] Madame de Staël, dans son ouvrage *De l'Allemagne*, a consacré quatre chapitres à l'analyse des principales pièces de Schiller. La forme de ses articles ne permettant pas d'en donner ici des extraits assez étendus, nous sommes obligés d'y renvoyer nos lecteurs.   F.

Un aussi beau talent ne pouvait pas s'égarer longtemps dans ces fausses routes, et des succès qui auraient servi d'excuse à tout autre, ne réussirent point à aveugler Schiller. Il sentit le danger de la rudesse et de cette arrogance présomptueuse, qui ne reconnaît aucun frein et ne s'assujettit à aucune règle, et il s'appliqua avec un zèle extrême et même avec une sorte de passion à soigner l'exécution de ses ouvrages. *Don Carlos* est celui qui détermine cette époque de sa vie. Quoiqu'on y trouve déjà beaucoup de profondeur dans les caractères, les traces d'une exagération emphatique s'y font encore remarquer à travers des formes plus choisies. Les situations sont fortes et pathétiques, mais il y a une telle subtilité dans les motifs, que l'intrigue en devient embrouillée. L'auteur attache tant de prix à ses pensées sur la nature humaine et sur la constitution sociale, qu'il les énonce en propres termes au lieu de ne les exprimer que par la marche des évènements. Il résulte de là que les dissertations des personnages alongent la pièce, au point de lui faire dépasser entièrement les bornes prescrites à la représentation.

Des études historiques et philosophiques enlevèrent quelque temps Schiller à la carrière du théâtre; mais il y rentra mieux préparé. Son esprit s'était enrichi, son jugement s'était mûri, et les nouvelles lumières qu'il avait acquises, l'éclairèrent sur le but et les moyens de l'art. Il s'attacha au genre de la tragédie historique, et chercha sur-tout à se dépouiller de sa nature individuelle, pour pénétrer profondément dans celle de son sujet, et donner à son imitation une parfaite vérité. Il s'est appliqué si consciencieusement dans *Wallenstein*, à reproduire l'histoire fidèlement, qu'il n'a pas assez maîtrisé sa matière, et qu'un évènement, qui pouvait ne pas occuper un très grand espace, s'est étendu entre ses mains au point de fournir à deux drames et à une introduction en manière de prologue. Il se rapproche beaucoup dans cette pièce des formes de Shakspeare, en cherchant seulement à restreindre les changemens de temps et de lieu, pour ne pas trop exiger de l'imagination des spectateurs. Il soutient aussi son style sur un ton de dignité tragique plus continue, et il n'introduit aucun personnage subalterne sans lui prêter de l'élévation dans le langage. Ce principe a engagé Schiller à rejeter dans le prologue toutes les scènes de soldats, tandis que Shakspeare donne du naturel et de la vie à ses pièces historiques, en dépeignant l'esprit de l'armée, au moyen de la part active qu'il lui fait prendre aux évènemens publics. L'amour de Thécla et de Picolomini n'est peut-être qu'un épisode, qui même porte l'empreinte des mœurs d'un autre siècle, mais cet amour est une belle et noble conception poétique, et il donne lieu aux scènes les plus touchantes.

La tragédie de *Marie Stuart* est disposée et exécutée avec bien plus d'art. Tout y est maintenu dans le plus juste équilibre, et, quoiqu'on puisse être choqué de quelques détails, comme de la querelle des deux reines, et des éclats indécens de la passion de Mortimer, il faut convenir qu'on ne saurait avoir l'idée d'aucun changement qui ne portât le désordre dans l'ensemble de la composition. L'effet de cette pièce est grand et infaillible. Tout l'éclat de la majesté royale, tout le charme d'une sensibilité courageuse environnent l'infortunée Marie dans ses derniers moments, et le poète y a donné aux sentiments religieux cette expression grave et profonde, seule digne d'en être l'interprète. Peut-être seulement refroidit-il un peu le spectateur, après la mort de Marie, par le soin superflu d'exercer, en punissant Élisabeth, toute la rigueur de la justice poétique.

Dans un sujet merveilleux, tel que l'histoire de *la Pucelle d'Orléans*, Schiller a cru pouvoir se donner plus de liberté. Le nœud de *Jeanne d'Arc* est plus lâche; la scène avec Montgomery est un épisode épique qui sort du ton général, et l'intention du poète dans l'apparition du chevalier noir est équivoque. Schiller a lutté sans bonheur contre Shakspeare dans plusieurs occasions, et sur-tout lorsqu'il a peint le caractère de Talbot. Je ne sais s'il a eu raison de sacrifier des sentiments pathétiques plus sérieux, au coloris magique dont il a orné son tableau; coloris peut-être moins brillant qu'on ne pourrait le désirer. Le poète s'est conformé avec la plus grande exactitude à ce que l'histoire nous apprend de Jeanne d'Arc. La haute mission dont elle a la conscience, et qui impose le respect à tout ce qui l'approche, produit un effet extraordinaire et plein de grandeur. On aurait pu laisser le miracle entièrement de côté, puisque l'esprit sceptique de notre siècle s'opposait à ce qu'on le donnât pour réel ; et Jeanne d'Arc à la fois héroïne et martyre, Jeanne d'Arc trahie, abandonnée, livrée au mépris et à la mort, eût excité des émotions bien plus vives que cette vision lumineuse imaginée par Schiller. Shakspeare, en présentant le même sujet avec une injuste partialité, est un historien bien plus profond. Toutefois la pièce allemande sera toujours une belle réparation d'honneur envers un nom avili par une raillerie licencieuse. Elle a obtenu sur la scène un grand succès que justifient des effets brillants et de riches ornements poétiques.

Schiller a développé, dans une préface, les principes qui l'ont guidé en composant *l'Épouse de Messine*. C'est relativement à ces principes que je puis le moins m'accorder avec lui ; mais je ne pourrais les discuter sans m'engager trop avant dans les profondeurs de la théorie. *L'Épouse de Messine*, d'après les intentions de l'auteur, devait être une pièce antique dans la forme, et romantique dans le fond. Un sujet de pure invention y est traité d'une manière si vague et si peu vraisemblable, relativement au costume, que la fiction sort de la nature sans devenir idéale, et qu'elle n'appartient ni à l'histoire ni à la mythologie. La poésie romantique cherche à rapprocher les extrêmes, mais elle ne doit pas réunir les incompatibles ; elles ne peut pas faire que les hommes aient à la fois une manière de sentir chrétienne et païenne. Je ne veux pas blâmer Schiller de s'être permis beaucoup d'emprunts. Cette pièce se compose de deux éléments faciles à reconnaître : l'un est tiré de la fable des deux frères thébains, Étéocle et Polynice, qui se disputaient le trône malgré l'interposition de leur mère, et l'autre des *Jumeaux de Klinger* et de *Jules de Tarente*, pièces où l'on voit également des frères que la jalousie entraîne au meurtre de leurs frères. Les chœurs que Schiller a introduits dans cette tragédie, et où il a souvent déployé la poésie lyrique la plus belle et la plus animée ne répondent point à l'idée que s'en formaient les Anciens; car puisqu'il y a deux chœurs différents qui suivent chacun des frères rivaux, et qui se disputent ensemble, aucun des deux ne saurait être un chœur antique, c'est-à-dire une voix qui s'élève au-dessus de tous les intérêts personnels, et qui exprime des sentiments et des pensées universelles.

Un des derniers ouvrages de Schiller, *Guillaume Tell*, est, selon moi, le plus parfait de tous. On y retrouve, dans toute sa pureté la poésie de l'histoire; la manière en est franche et naturelle; l'imagination du poète l'a si bien servi, qu'il a dépeint les beautés agrestes des paysages de la Suisse, avec autant de vérité que s'il les avait connus. Il peut, il est vrai, avoir trouvé un puissant secours dans l'ouvrage pittoresque du fameux historien Muller; mais, quoi qu'il en soit, ce drame où l'action se passe en plein air, sur la rive du lac des cantons alliés, avec les Alpes pour perspective, et en face de la chapelle de Guillaume Tell, ce drame où respirent la cordialité du vieux temps, l'héroïsme rustique et la piété sincère, est fait pour toucher le cœur et pour relever le courage; et il aurait mérité que les Suisses l'eussent fait servir à l'ornement de la fête nationale par laquelle ils ont célébré, après cinq cents années d'indépendance, la glorieuse conquête de leur liberté.

Schiller jouissait de la plénitude d'un talent parvenu à son plus haut point de développement, lorsqu'il fut enlevé par une mort prématurée. Une santé depuis long-temps chancelante finit par s'épuiser dans les efforts sans cesse commandés par sa volonté courageuse. De combien d'ouvrages distingués n'aurait-il pas encore enrichi notre scène, puisqu'il avait fini par se consacrer exclusivement à la carrière dramatique, et qu'il y marchait chaque jour d'un pas plus ferme et plus assuré! C'était dans toute l'étendue du terme un poète vertueux, dont l'âme pure rendait hommage à la vérité et à la beauté éternelles, en leur offrant le sacrifice de ses penchants particuliers; et il ne connaissait point cet amour-propre jaloux et puéril, qui a si souvent terni la gloire littéraire.

SCHLEGEL, *Cours de Littérature dramatique*.

MORCEAUX CHOISIS *.

I. Talbot et Élisabeth.

Les émissaires du parti catholique veulent assassiner Élisabeth à son retour à Londres. Talbot, le

---

* Les réflexions qui accompagnent ces morceaux sont de madame de Staël.

plus vertueux des amis de la reine, désarme l'assassin qui voulait la poignarder, et le peuple demande à grands cris la mort de Marie. C'est une scène admirable que celle où le chancelier Burleigh presse Élisabeth de signer la sentence de Marie, tandis que Talbot, qui vient de sauver la vie de sa souveraine, se jette à ses pieds pour la conjurer de faire grace à son ennemie.

« On vous répète, lui dit-il, que le peuple de-
« mande sa mort, on croit vous plaire par cette
« feinte violence ; on croit vous déterminer à ce
« que vous souhaitez ; mais prononcez que vous vou-
« lez la sauver, et dans l'instant vous verrez la pré-
« tendue nécessité de sa mort s'évanouir : ce qu'on
« trouvait juste passera pour injuste, et les mêmes
« hommes qui l'accusent prendront hautement sa
« défense. Vous la craignez vivante : ah ! craignez-la
« sur-tout quand elle ne sera plus. C'est alors qu'elle
« sera vraiment redoutable ; elle renaîtra de son
« tombeau, comme la déesse de la discorde, comme
« l'esprit de la vengeance, pour détourner de vous
« le cœur de vos sujets. Ils ne verront plus en elle
« l'ennemie de leur croyance, mais la petite-fille de
« leurs rois. Le peuple appelle avec fureur cette
« résolution sanglante, mais il ne la jugera qu'après
« l'évènement. Traversez alors les rues de Londres, et
« vous y verrez régner le silence de la terreur ; vous
« y verrez un autre peuple, une autre Angleterre :
« ce ne seront plus ces transports de joie qui célé-
« braient la sainte équité dont votre trône était en-
« vironné, mais la crainte, cette sombre compagne

« de la tyrannie, ne vous quittera plus; les rues se-
« ront désertes à votre passage; vous aurez fait ce
« qu'il y a de plus fort, de plus redoutable. Quel
« homme sera sûr de sa propre vie, quand la tête
« royale de Marie n'aura pas été respectée! »

La réponse d'Élisabeth à ce discours est d'une adresse bien remarquable; un homme dans une pareille situation aurait certainement employé le mensonge pour pallier l'injustice; mais Élisabeth fait plus, elle veut intéresser pour elle-même en se livrant à la vengeance; elle voudrait presque obtenir la pitié, en commettant l'action la plus cruelle. Elle a de la coquetterie sanguinaire, si l'on peut s'exprimer ainsi, et le caractère de femme se montre à travers celui de tyran.

« Ah! Talbot! s'écrie Élisabeth, vous m'avez sau-
« vée aujourd'hui, vous avez détourné de moi le
« poignard! pourquoi ne le laissiez-vous pas arriver
« jusqu'à mon cœur? le combat était fini; et, déli-
« vrée de tous mes doutes, pure de toutes mes fau-
« tes, je descendais dans mon paisible tombeau.
« Croyez-moi, je suis fatiguée du trône et de la vie;
« si l'une des deux reines doit tomber pour que
« l'autre vive (et cela est ainsi, j'en suis convaincue),
« pourquoi ne serait-ce pas moi qui résignerais
« l'existence? Mon peuple peut choisir, je lui rends
« son pouvoir; Dieu m'est témoin que ce n'est pas
« pour moi, mais pour le bien seul de la nation que
« j'ai vécu. Espère-t-on de cette séduisante Stuart,
« de cette reine plus jeune, des jours plus heureux?
« alors je descends du trône, et je retourne dans la

« solitude de Woodstock, où j'ai passé mon humble
« jeunesse, où, loin des vanités de ce monde, je
« trouvais ma grandeur en moi-même. Non, je ne
« suis pas faite pour être souveraine; un maître
« doit être dur, et mon cœur est faible. J'ai bien
« gouverné cette île, tant qu'il ne s'agissait que de
« faire des heureux : mais voici la tâche cruelle im-
« posée par le devoir royal, et je me sens incapable
« de l'accomplir. »

Marie Stuart.

II. Jeanne d'Arc et le duc de Bourgogne.

Shakspeare a donné l'idée de la scène dans laquelle Jeanne d'Arc ramène le duc de Bourgogne
à la fidélité qu'il doit à son roi, mais Schiller l'a exécutée d'une façon admirable. La vierge d'Orléans
veut réveiller dans l'âme du duc cet attachement à
la France, qui était si puissant alors dans tous les
généreux habitants de cette belle contrée.

« Que prétends-tu, lui dit-elle; quel est donc l'en-
« nemi que cherche ton regard meurtrier ? Ce prince
« que tu veux attaquer est comme toi de la race
« royale; tu fus son compagnon d'armes. Son pays
« est le tien : moi-même, ne suis-je pas une fille de
« ta patrie ! Nous tous que tu veux anéantir, ne
« sommes-nous pas tes amis ? Nos bras sont prêts
« à s'ouvrir pour te recevoir, nos genoux à se plier
« humblement devant toi. Notre épée est sans pointe
« contre ton cœur; ton aspect nous intimide, et
« sous un casque ennemi nous respectons encore
« dans tes traits la ressemblance avec nos rois. »

Le duc de Bourgogne repousse les prières de Jeanne d'Arc, dont il craint la séduction surnaturelle.

« Ce n'est point, lui dit-elle, ce n'est point la
« nécessité qui me courbe à tes pieds, je n'y viens
« point comme une suppliante. Regarde autour de
« toi. Le camp des Anglais est en cendres, et vos
« morts couvrent le champ de bataille; tu entends
« de toutes parts la trompette guerrière des Fran-
« çais : Dieu a décidé, la victoire est à nous. Nous
« voulons partager avec notre ami les lauriers que
« nous avons conquis. Oh! viens avec nous, noble
« transfuge; viens, c'est avec nous que tu trouve-
« ras la justice et la victoire : moi, l'envoyée de
« Dieu, je tends vers toi ma main de sœur. Je veux,
« en te sauvant, t'attirer de notre côté. Le Ciel est
« pour la France. Des anges que tu ne vois pas com-
« battent pour notre roi. Ils sont tous parés de lis.
« L'étendard de notre noble cause est blanc aussi
« comme le lis, et la Vierge pure est son chaste
« symbole. »

LE DUC DE BOURGOGNE.

« Les mots trompeurs du mensonge sont pleins
« d'artifices; mais le langage de cette femme est sim-
« ple comme celui d'un enfant, et si le mauvais gé-
« nie l'inspire, il sait lui souffler les paroles de l'in-
« nocence : non, je ne veux plus l'entendre. Aux
« armes! je me défendrai mieux en la combattant
« qu'en l'écoutant. »

JEANNE.

« Tu m'accuses de magie : tu crois voir en moi les
« artifices de l'enfer ! fonder la paix, réconcilier les
« haines, est-ce donc là l'œuvre de l'enfer ? La con-
« corde viendrait-elle du séjour des damnés ? Qu'y
« a-t-il d'innocent, de sacré, d'humainement bon,
« si ce n'est de se dévouer pour sa patrie ? Depuis
« quand la nature est-elle si fort en combat avec
« elle-même, que le ciel abandonne la bonne cause
« et que le démon la défende ? Si ce que je te dis
« est vrai, dans quelle source l'ai-je puisé ? Qui fut
« la compagne de ma vie pastorale ? qui donc ins-
« truisit la simple fille d'un berger dans les choses
« royales ? Jamais je ne m'étais présentée devant les
« souverains, l'art de la parole m'est étranger ; mais
« à présent que j'ai besoin de t'émouvoir, une pé-
« nétration profonde m'éclaire ; je m'élève aux pen-
« sées les plus hautes ; la destinée des empires et
« des rois apparaît lumineuse à mes regards, et, à
« peine sortie de l'enfance, je puis diriger la foudre
« du ciel contre ton cœur. »

A ces mots, le duc de Bourgogne est ému, troublé. Jeanne d'Arc s'en aperçoit, et s'écrie : « Il a
« pleuré, il est vaincu, et il est à nous. » Les Français
inclinent devant lui leurs épées et leurs drapeaux.
Charles VII paraît, et le duc de Bourgogne se précipite à ses pieds.

Je regrette pour nous que ce ne soit pas un Français qui ait conçu cette scène ; mais que de génie et

sur-tout que de naturel ne faut-il pas pour s'identifier ainsi avec tout ce qu'il y a de beau et de vrai dans tous les pays et dans tous les siècles !

Jeanne d'Arc.

SCHLEGEL (Auguste-Guillaume) est né le 8 septembre 1767, à Hanovre. Son père occupait la place de surintendant général de la principauté de Lunebourg. Il fit de brillantes études à l'Université de Gottingue, où il sembla d'abord se vouer à la théologie, et se lia intimement dans cette ville avec le poète Burger, qui, dans un sonnet, lui promit l'immortalité. Le jeune Schlegel devint membre du séminaire philosophique, sous le célèbre Heyne. Une dissertation latine sur la géographie d'Homère, le classa parmi les érudits de l'Allemagne. Ce fut lui qui rédigea la table du Virgile de Heyne. Sur sa réputation, le riche banquier Mulman, d'Amsterdam, le pressa de se charger de l'éducation de ses enfants. Revenu en Allemagne au bout de trois ans, M. Guillaume Schlegel fut choisi par Schiller pour son collaborateur. Il publia des fragments de traduction du Dante, qui seraient encore remarqués si l'auteur ne s'était surpassé lui-même dans sa traduction du théâtre de Shakspeare. Jamais copie ne ressembla mieux à l'original ; et quelqu'étonnantes que soient la richesse et la souplesse de la langue allemande pour ce genre de travail, on ne peut nier que Schlegel n'ait fait un véritable tour de force. Il l'a renouvelé dans sa traduction du théâtre espagnol de Calderon, entreprise qui lui présentait de plus grandes difficultés. Après avoir professé pendant quelques années à Iéna, M. Schlegel se rendit à Berlin, où il fit à Kotzebue, qui rédigeait le journal *le Freimüthig*, une guerre de plume extrêmement vive. C'est dans cette capitale qu'il fit une connaissance dont l'éclat ajouta beaucoup à la célébrité qu'il s'était acquise. Madame de Staël goûta tellement ses principes philosophiques et littéraires, qu'elle l'emmena à Copet, en 1805. Il la suivit dans ses voyages en Italie, en Autriche, en France, en Suède, et la chanta dans une élégie intitulée : *Rome*. Ce fut après avoir suivi assidument le théâtre français, à Paris, qu'il conçut l'idée de composer son parallèle de la *Phèdre* d'Euripide et de celle de Racine. On se rappelle encore le bruit, ou plutôt le scandale qu'excita cette dissertation, que le savant allemand avait écrite en français, pour éviter qu'un traducteur maladroit ne lui fît dire ce qu'il ne pensait pas. Cette précaution ne le sauva point des arrêts de proscription lancés contre lui par quelques critiques, qui ne réfléchirent pas que tout le crime de M. Schlegel était d'avoir commenté, avec un immense appareil d'érudition, des vers très connus de Voltaire. En parlant, dans son *Temple du Goût*, des héros de Racine, ce grand poète avait dit :

> Ils ont tous le même mérite,
> Tendres, galants, doux et discrets ;
> Et l'Amour, qui marche à leur suite,
> Les croit des courtisans français.

Depuis ce jour, M. Schlegel a dû renoncer à être jugé avec impartialité en France. Bien plus, Bonaparte mit à profit cette disposition malveillante pour décréditer entièrement un écrivain dont la plume redoutable s'était exercée contre lui. Ce fut à Vienne, en 1803, que M. Schlegel fit ce cours public de littérature dramatique, qui, depuis, a été traduit en français. Les peuples modernes, et les Français, moins que d'autres, n'adoptèrent pas tout ce qu'il dit de leur théâtre ; mais tous convinrent que jamais l'art dramatique, tel que le conçurent les Anciens et particulièrement les Grecs, n'avait été développé avec autant de clarté et de profondeur. M. Schlegel a même fait des découvertes relatives à la représentation des tragédies anciennes, et à la construction des théâtres : enfin, il a eu l'honneur de relever des erreurs de Voltaire et de notre savant Barthelemy lui-même. A la fin de 1810, il partagea volontairement l'exil de madame de Staël, expulsée de France par Bonaparte, et continua ses travaux littéraires ou prit part à ceux de cette femme célèbre au château de Copet. Les grands évènements de 1812 l'arrachèrent au culte des muses, et il sembla se vouer exclusivement à la politique. Il publia des écrits véhéments, tant en allemand qu'en français, pour faire voir à l'Europe que l'extravagante expédition de Moscou avait amené l'heure de sa délivrance. Il suivit à l'armée, en qualité de secrétaire, le prince royal de Suède, qu'il avait connu à Stockholm. Après la chute de Bonaparte, il retourna chez madame de Staël à Copet.

Depuis cette époque, il a publié : 1° Un *Précis historique et philosophique sur M. Necker;* 2° Une *Dissertation italienne sur les chevaux de Venise*, où il a déployé des connaissances qu'on aurait pu lui croire étrangères; 3° Une *Dissertation sur le Groupe de Niobé*, insérée dans la *Biographie universelle de Genève*, janvier 1817; 4° Une *Notice historique sur Jean de Fiésole*, peintre florentin du XVe siècle, et une *Explication du tableau de saint Dominique de ce peintre*, exposé au Musée royal, traduit en français, 1817; enfin, 5° des *Observations sur la langue et la littérature provençales*, 1818, in-8°. M. Schlegel a été appelé au mois d'août 1818, par le roi de Prusse, à remplir la chaire de philosophie à l'Université de Berlin. Il avait été marié à une demoiselle Michaëlis, et cette union n'avait pas été heureuse. Il vient d'épouser mademoiselle Paulus, fille d'un conseiller ecclésiastique de Heidelberg. Cet article serait incomplet, si l'on n'y faisait connaître le jugement qu'a porté, sur M. Schlegel, un écrivain célèbre qui a eu d'intimes relations avec lui. Cet écrivain est madame de Staël: et si l'on peut craindre que l'amitié n'ait dicté ses éloges, on doit aussi considérer que personne en France n'était, plus qu'elle, en état de bien apprécier le philologue allemand : « M. A.-G. Schlegel,
« dit-elle (*De l'Allemagne*, tom. II), possède en
« littérature des connaissances rares, même dans
« sa patrie; il excelle à comparer les diverses lan-
« gues et les différentes poésies entre elles..... Dans
« son *Cours de Littérature dramatique*, il a trouvé

« l'art de traiter les chefs-d'œuvre de la poésie,
« comme des merveilles de la nature, et de les pein-
« dre avec des couleurs vives qui ne nuisent point à
« la fidélité du dessin.... Il n'a point d'égal dans l'art
« d'inspirer de l'enthousiasme pour les grands gé-
« nies qu'il admire.... On peut comparer sa manière
« de parler de la poésie à celle dont Winkelmann
« décrit les statues, et c'est ainsi seulement qu'il est
« honorable d'être un critique. Tous les hommes du
« métier suffisent pour enseigner les fautes qu'on
« doit éviter; mais, après le génie, ce qu'il y a de
« plus semblable à lui, c'est la puissance de le
« connaître et de l'admirer. »

Extrait de la *Biographie des Hommes vivans*.

SCHLEGEL (Frédéric de), frère du précédent, est né comme lui à Hanovre, en 1772. Envoyé, après ses premières études, à Leipzick, pour y apprendre le commerce, il manifesta bientôt un violent dégoût pour cet état, et se jeta dans la carrière littéraire. Il ne tarda pas à s'y distinguer par des morceaux d'une haute critique, insérés dans les journaux les plus répandus. Le premier ouvrage important qu'il publia fut celui qui est intitulé : *Les Grecs et les Romains*. Le célèbre Heyne en fit l'éloge le plus complet. Frédéric Schlegel s'associa à son frère pour la rédaction de *l'Athenæum*. Son roman philosophique de *Lucinde* fit un bruit extraordinaire dans toute l'Allemagne. L'auteur habitait alors Berlin, qu'il quitta pour s'établir à Iéna, où il ouvrit des cours particuliers. Ses occupations ne l'empêchèrent point de se livrer à un penchant secret pour la poésie. Il publia, en 1801, son poème d'*Hercule Musagète*, où il donna, à la fois, la mesure de son caractère et de ses facultés. Sa tragédie d'*Alarcos*, qu'il prétendait être à la manière d'Eschyle, fut classée par les admirateurs même de son talent dans le genre romantique. Ce fut à peu près à cette époque (de 1802 à 1803), qu'il fit un voyage à Paris, où il ouvrit un cours de philosophie. Il était accompagné de sa femme, fille du célèbre Mendelsohn, laquelle, ainsi que lui, se convertit par la suite à la foi catholique, dans la ville de Cologne. C'est pendant son séjour à Paris, qu'il s'efforça de bien mériter de la littérature française par des recherches sur les romans de chevalerie et les fabliaux du moyen âge. Il donna ses soins, à la même époque, à un ouvrage tout français : ce sont des *Notices et extraits relatifs à Jeanne d'Arc*. Ses *Essais sur la langue et la philosophie des Indiens*, fournirent une nouvelle preuve de l'étonnante variété de ses connaissances. Rentré en Allemagne, en 1808, il fut attaché au quartier-général de l'archiduc Charles, en qualité de secrétaire aulique, et l'empereur lui conféra la noblesse. C'est depuis ce temps que la particule *von* se trouve généralement placée devant son nom. L'issue funeste de cette guerre le rendit à ses occupations littéraires. Il ouvrit à Vienne deux cours qui lui firent une haute réputation ; l'un sur l'*Histoire moderne*, l'autre sur l'*Histoire littéraire de tous les peuples*. Ces

deux cours ont été imprimés en 1812. Depuis cette époque, il publia le *Muséum allemand*, et se concilia l'estime du prince de Metternich par plusieurs écrits diplomatiques. M. Frédéric de Schlegel est employé, dans ce moment, auprès de la diète germanique, à Francfort, avec le titre de conseiller de la légation autrichienne. Parmi ses nombreux ouvrages, il en est un qui porte un caractère tout particulier : c'est sa traduction de la *Corinne* de madame de Staël, qui parut en allemand avant que l'original français n'eût vu le jour. Le grand éclat que jettent, depuis long-temps, les deux Schlegel, les a rendus, malgré eux, chefs d'une secte littéraire que l'on appelle en Allemagne les *Schlégéliens* et que l'on designe plus communément en France par le nom de partisans du genre *romantique*. On ne saurait trop remarquer, au reste, que dans l'un et l'autre pays, le public peu instruit leur a prêté des opinions et même des hérésies littéraires dont ils n'ont jamais fait profession. Madame de Staël n'a pas rendu moins de justice au cadet de ces deux frères qu'à l'aîné, quoiqu'elle l'ait connu moins particulièrement : « Frédéric Schlegel, dit-elle (*De l'Al-*
« *lemagne*, tom II), est l'un des hommes illustres
« de son pays, dont l'esprit a le plus d'originalité;
« et loin de se fier à cette originalité qui lui promet-
« tait tant de succès, il a voulu l'appuyer sur des
« études immenses...Veut-on savoir en quoi consiste
« cette partialité que l'on reproche aux deux Schle-
« gel? Le voici : ils penchent visiblement pour le
« moyen âge, et pour les opinions de cette époque;

« la chevalerie sans tache, la foi sans bornes, la poé-
« sie sans réflexion, leur paraissent inséparables, et
« ils s'appliquent à tout ce qui pourrait diriger dans
« ce sens les esprits et les âmes. »

Ibid.

SCUDERY (George de), écrivain du XVIIe siècle, qui dut bien moins sa célébrité à ses talents qu'aux satires de Boileau, naquit au Havre-de-Grace en 1601, d'une famille noble, originaire d'Apt, en Provence. Il vint cultiver les lettres à Paris, et fut reçu de l'Académie-Française en 1650. Il était alors gouverneur de Notre-Dame-de-la-Garde, en Provence, très petit gouvernement qu'il exaltait sans cesse. Il en fit dans un poème une description magnifique, quoique, suivant Chapelle et Bachaumont, il n'y eût pour toute garde qu'un suisse peint avec sa hallebarde sur la porte.

Scudery était très prévenu de son mérite : il se piquait sur-tout de noblesse et de bravoure. Dans une *Épître dédicatoire* au duc de Montmorency, il lui dit : « Je veux apprendre à écrire de la main « gauche, afin que ma droite vous serve plus no-« blement......... » Ailleurs il prétend « qu'il est « sorti d'une maison où l'on n'a jamais eu de plumes « qu'au chapeau........ » Et dans une de ses préfaces, il dit, en s'adressant au lecteur : « Tu cou-« leras aisément sur les fautes que je n'ai point re-« marquées, si tu daignes apprendre que j'ai em-« ployé la plus grande partie de l'âge que j'ai à voir

« la plus belle et la plus grande partie de l'Europe,
« et que j'ai passé plus d'années dans les armes que
« d'heures dans mon cabinet, et beaucoup plus
« usé de mèches en arquebuse qu'en chandelles;
« de sorte que je sais mieux ranger les soldats que
« les paroles, et mieux carrer les bataillons que
« les phrases. »

Cet homme bizarre semblait fait pour les aventures singulières. S'étant arrêté, avec sa sœur, dans une auberge, pendant un voyage qu'ils faisaient en Provence, on les plaça dans une chambre où il y avait deux lits. Avant de se coucher Scudery demanda à sa sœur ce qu'ils feraient du prince Mazare, un des héros du roman de *Cyrus*, et; après quelques contestations, il fut arrêté qu'on le ferait assassiner. Des marchands qui se trouvaient dans une chambre voisine ayant entendu cette conversation, se persuadèrent que c'était la mort de quelque grand prince que l'on complotait ainsi, et se crurent obligés d'en avertir la justice. Le frère et la sœur furent mis en prison, et l'on prétend qu'ils eurent beaucoup de peine à faire reconnaître leur innocence.

Scudery mourut à Paris, le 14 mai 1667, accablé des ridicules qu'il avait souvent mérités, et qui ternirent les qualités estimables qu'il possédait. Fidèle à l'amitié, ferme dans le malheur ou dans l'indigence, on cite de lui des traits de désintéressement et de générosité dont peu d'hommes sont capables. Lorsqu'il composa *Alaric* ou *Rome vaincue*, il dédia son ouvrage à la reine Christine, qui lui promit une chaîne d'or de dix mille livres, à condition qu'il retrancherait les louanges qu'il donnait au comte de La Gardie, disgracié par cette princesse: mais l'auteur répondit avec une noble fermeté: « Quand la chaîne d'or serait aussi pesante que celle « dont il est fait mention dans l'histoire des Incas, « je ne détruirais jamais l'autel où j'ai sacrifié. » Du reste le comte de La Gardie, qui le priva de ce don, ne lui en fit pas même un remercîment.

Les ouvrages de Scudery sont : seize pièces de théâtre, représentées depuis 1629 jusqu'en 1643. Elles sont défigurées par des intrigues de ruelles et platement écrites; *Le Cabinet*, ou *Mélange de vers sur des tableaux, des estampes*, etc.; *Recueil de Poésies diverses*, dans lequel, outre cent un *Sonnets* et trente *Épigrammes*, on trouve des *Odes*, des *Stances*, des *Rondeaux*, des *Élégies*, etc.; *Alaric*, ou *Rome vaincue*, poème héroïque en dix livres, que Boileau a jugé digne de faire le pendant de *La Pucelle* de Chapelain; *Le Voyageur fortuné dans les Indes du couchant* ou *Découvertes au-delà des trois villes de Tendre, avec l'Almanach de l'Amour*, Paris, 1663, in-12; l'*Apologie du Théâtre*, des *Discours politiques*, des *Harangues* et des traductions.

Ce grand nombre d'ouvrages prouve en faveur de sa fécondité, mais non de son génie. Despréaux a jugé cet auteur dans les vers suivants :

Bienheureux Scudery, dont la fertile plume
Peut tous les mois sans peine enfanter un volume,
Tes écrits, il est vrai, sans art et languissans,
Semblent être formés en dépit du bon sens ;

Mais ils trouvent pourtant, quoiqu'on en puisse dire,
Un marchand pour les vendre et des sots pour les lire;
Et quand la rime enfin se trouve au bout des vers,
Qu'importe que le reste y soit tout de travers*.

SCUDERY (Madeleine de), sœur du précédent, née comme lui au Havre-de-Grace, en 1607, fut auteur par nécessité, et vint de bonne heure à

* Les poètes épiques parurent en foule dans le XVIIe siècle : il est vrai que c'étaient pour la plupart des hommes sans talent. On ne connaît plus le titre de leurs poèmes que par les satires de Boileau. Le *Charlemagne*, le *Childebrand*, le *Jonas*, le *Moïse*, le *Clovis*, l'*Alaric*, furent appréciés à leur juste valeur, même par les contemporains. La patience la plus infatigable ne soutiendrait pas la lecture suivie de ces ennuyeuses productions, à peu près aussi mauvaise par le fond que par le style. Que dire, par exemple, d'un Scudery, qui s'avise de conduire le roi des Goths dans un désert, sur les côtes de la mer du Nord, où il trouve un Hibernais qui depuis trente ans s'est retiré solitaire dans une caverne pour lire et étudier à son aise! Ce studieux ermite lui prouve par un long discours qu'il n'y a rien de plus beau que la science; ce qui est fort intéressant pour le roi goth qui va prendre Rome. Il lui montre sa bibliothèque et lui en fait le détail circonstancié comme un catalogue de librairie. Voici, dit-il, les philosophes :

> Par eux nous apprenons l'admirable physique,
> L'éthique, la morale avec l'économique,
> La politique sage; et, d'un vol glorieux,
> Par la métaphysique on va jusques aux cieux.
> . . . .
> De cet autre côté, voici, prince héroïque,
> Ceux de qui l'art dépend de la mathématique,
> Architectes, sculpteurs, peintres, musiciens,
> Géomètres certains, arithméticiens;
> Les maîtres de l'optique avec les cosmographes,
> Ceux de la perspective avec les géographes, etc.

Cette belle nomenclature et cette conversation si bien placée remplissent tout un chant. C'est ainsi qu'écrivait ce Scudery, qui censurait en maître

Paris, où elle se fit bientôt remarquer par les agréments de son esprit, la difformité de son visage, et sur-tout par les romans dont elle inonda le public. Le satirique Despréaux les appelait une *boutique de verbiage*. La plupart de ceux qu'elle a composés ne sont que le tableau de ce qui se passait à la cour de France. Elle mourut à Paris, le 2 juin 1701, à l'âge de quatre-vingt-quatorze ans.

Ses amis l'appelèrent la *Sapho* de son siècle. La douceur de son caractère lui fit beaucoup d'amis illustres. Les princes et les princesses de la famille royale ne dédaignaient pas de la prévenir. Elle était en commerce de lettres avec les plus beaux génies de l'Europe. L'Académie des Ricovrati de Padoue se l'associa. Son *Discours sur la Gloire* remporta le premier prix d'éloquence que l'Académie-Française ait donné, et la reine Christine de Suède, le cardinal Mazarin, le chancelier Boucherat et Louis XIV, lui firent des pensions.

---

les vers de Corneille, lui citait sans cesse Aristote, et qui, malgré toute son érudition, ignore pourtant que l'éthique et la morale sont parfaitement la même chose, si ce n'est que l'un de ces deux mots est latin et l'autre grec. Il ne manque pas de dire dans sa préface qu'il faut de l'érudition dans un poème épique : il s'autorise de l'exemple d'Homère, qui a fait voir, dans ses ouvrages, qu'il n'était rien moins qu'étranger aux diverses connaissances de son siècle; et il ne s'aperçoit pas que ce qu'il y a dans Homère, de géographie, de physique, de médecine et d'arts mécaniques, est rapidement fondu dans la poésie que lui fournissait son idiome pittoresque. C'est ainsi que des pédants se servaient mal à propos de l'exemple et de l'autorité des Anciens pour les rendre complices de leurs sottises ; et l'on voit clairement que, quand même l'auteur d'*Alaric* écrirait moins mal, son érudition bibliographique serait encore dans son poème un épisode ridicule.

LA HARPE, *Cours de Littérature*.

Cette nouvelle Sapho cultiva l'amitié et connut l'amour. Elle fut très liée avec Pellisson, dont la laideur épouvantable aurait empêché de soupçonner qu'elle pût s'attacher à lui; mais elle n'était guère moins laide que son amant, et convenait facilement de la difformité de ses traits. Le célèbre Nanteuil ayant fait son portrait, elle l'en remercia par ces vers :

> Nanteuil, en faisant mon image
> A de son art divin signalé le pouvoir ;
> Je hais mes traits dans mon miroir,
> Je les aime dans son ouvrage.

Les principaux ouvrages de mademoiselle de Scudery, sont *Clélie*, 1660, 10 vol. in-8°, réimprimée plusieurs fois, entr'autres en 1731, en 16 vol. in-12. « *Clélie*, dit Voltaire, est un ouvrage plus « curieux qu'on ne pense. On y trouve les portraits « de tous les gens qui faisaient du bruit dans le « monde du temps de mademoiselle de Scudery ; « tout Port-Royal y est; le château de Villars, qui « appartient aujourd'hui à M. le duc de Praslin, y « est décrit avec la plus grande exactitude; » *Artamène* ou *le grand Cyrus*, 1650, 10 vol. in-8°; *La promenade de Versailles*, 1698, in-12; *Ibrahim* ou *l'illustre Bassa*, 1641, 4 vol. in-8°; *Almahide* ou *l'Esclave reine*, 1660, 8 vol. in-8°; *Célinte*, in-8°; *Mathilde d'Aguilar*, in-8°.

Ce qui rend ces romans si longs, c'est que les aventures y sont continuellement interrompues par des entretiens sur l'amour, sur la galanterie, ou

d'autres objets. « On y voit, dit l'abbé Trublet, un
« modèle de ces conversations savantes et ingé-
« nieuses de l'hôtel de Rambouillet. On me dira
« peut-être que ce n'est pas de quoi en donner une
« grande idée, et il faut avouer, en effet, que les
« conversations de ces romans paraissent ennuyeuses
« à la plupart du monde, et qu'elles ont beaucoup
« contribué à dégoûter des romans même. Ce n'est
« pas que plusieurs ne soient assez belles ; mais
« elles sont mal placées dans un roman, où le lec-
« teur cherche des faits, et non des discours. Elles
« interrompent quelquefois la narration quand elle
« est le plus intéressante, et reculent un dénoue-
« ment qu'on attendait avec impatience. D'ailleurs
« ces conversations sont entre plusieurs personnes :
« cela n'en serait peut-être que plus vif, plus varié,
« et par conséquent plus agréable dans la réalité,
« dans une chambre ; mais dans un livre, dans un
« dialogue, tant d'interlocuteurs différents ne ser-
« vent qu'à répandre de la confusion. Je ne saurais
« distinguer nettement tous ces personnages ; je ne
« sens pas assez la différence de leurs caractères, la
« raison précise qui fait dire telle chose à l'un plutôt
« qu'à l'autre, et ainsi je ne goûte point le vrai
« plaisir du dialogue : je ne crois point assister à
« une conversation. »

On a encore de mademoiselle de Scudery des *Conversations* et des *Entretiens* qu'on lisait autrefois pour se former aux belles manières et à la politesse ; mais le ton de la société ayant bien changé depuis, leur lecture, sous ce rapport, serait peu utile. On a publié en 1766, in-12, l'*Esprit de mademoiselle de Scudery*. (Voyez le jugement de La Harpe sur cet auteur, art. ROMAN.)

SEDAINE (MICHEL-JEAN), auteur dramatique, membre de l'Académie-Française et secrétaire de celle d'architecture, né à Paris en 1719, était fils d'un architecte, qui, ayant dissipé toute sa fortune, ne put lui faire faire aucune étude, et le laissa dans l'indigence. Le jeune Sedaine, outre le désavantage de sa position, avait encore à pourvoir à l'entretien de sa mère et de deux frères plus jeunes que lui. Il se vit réduit à la condition de tailleur de pierre ; mais à force de courage et de persévérance, il devint maître maçon, et ce ne fut qu'à l'âge de trente-sept ans qu'il commença à se livrer à son goût pour l'art dramatique, auquel il consacra le reste de sa carrière. Il mourut à Paris en mai 1797, à l'âge de 78 ans. On a de lui des *Poésies fugitives*. Un poème en quatre chants sur le vaudeville et un grand nombre de pièces de théâtre. Il a donné à l'Opéra : *Aline, reine de Golconde*, musique de Monsigny, *Amphitryon et Protogène*. Le Théâtre-Français lui doit : *le Philosophe sans le savoir* ; *la Gageure imprévue* ; *Maillard, ou Paris sauvé*, tragédie; *Raimond, ou le Troubadour*, comédie; mais c'est sur-tout le Théâtre-Italien, que Sedaine a enrichi, par *le Diable à quatre; Blaise le Savetier; l'Huitre et les Plaideurs; les Troqueurs dupés; le Jardinier et son Seigneur; On ne s'avise jamais de tout*; *le Roi et le Fermier*; *Rose et Colas*; *l'Agneau perdu et retrouvé*; *les Sabots*; *le Déserteur*; *Thémire* (pastorale); *le Faucon*; *le Magnifique*; *les Femmes vengées*; *le Mort marié*; *Félix* ou *l'Enfant trouvé*; *Aucassin et Nicolette*; *Richard Cœur-de-Lion*; *le Comte d'Albert*, et sa *Suite*, et *Raoul Barbe - Bleue*. La plupart de ces pièces ont eu beaucoup de succès, malgré leurs nombreux défauts, et sont encore vues avec plaisir.

JUGEMENT.

Sedaine ne saurait, comme écrivain, entrer aucunement en comparaison avec Favart : ce n'est pas même, à proprement parler, un écrivain, puisqu'il est impossible de soutenir la lecture de la plupart de ses ouvrages, et que dans ceux même qui sont les moins mal écrits, et où le dialogue en prose a du moins quelque naturel, les vers sont généralement si mauvais qu'il n'y a point de lecteur qui n'en soit rebuté. Son talent ne peut absolument se passer ni du théâtre ni de la musique, et pourtant n'est point méprisable. Il faut d'abord songer qu'il n'avait fait aucune espèce d'études, et ce n'était pas sa faute : ce fut au contraire un mérite à lui d'avoir commencé par être tailleur de pierre, ensuite maçon, et de s'être élevé de là jusqu'à la place de secrétaire de l'Académie d'Architecture, et même à celle d'académicien français, quoiqu'il eût à peine quelque théorie de l'architecture, et qu'il n'en eût aucune de la grammaire. Je ne sais s'il était en état de bâtir une maison; mais je suis sûr qu'il n'était pas capable de rendre compte de la construction d'une phrase. Son ignorance était extrême; et pourtant, quoiqu'on ait pu beaucoup plaisanter sur ses places académiques, je ne pense pas qu'on eût eu tort de les lui accorder. Il ne les dut sûrement pas à l'intrigue : personne n'y était moins propre que lui; mais les architectes furent flattés d'avoir à leur tête un auteur applaudi, et l'Académie-Française ne crut pas devoir refuser obstinément un vieux candidat devenu septuagénaire, qui lui apportait quarante ans de succès au théâtre. Elle se chargea de payer la dette du public, dont Sedaine avait su, à l'aide de la scène et du chant, faire si long-temps les plaisirs; et, après tout, si elle avait regardé comme un devoir d'admettre dans son sein le petit-neveu de son fondateur, quoiqu'il ne sût pas l'orthographe *, elle pouvait bien ne pas regarder comme un tort d'honorer le talent dramatique, en excusant le défaut des premières études, qu'il est si rare et si difficile de suppléer. Sedaine lui-même, quoique très vain, fut ce jour-là très modeste, soit qu'il se crût obligé à la reconnaissance, soit qu'il eût assez de sens pour comprendre que, si d'un côté on lui faisait justice, de l'autre on lui faisait grace, et que malgré une demi-douzaine de jolis opéra comiques, il devait en quelque sorte demander pardon au public pour lui et pour nous

* Le maréchal de Richelieu n'en savait pas un mot, comme on l'a vu cent fois par ses lettres autographes : ce n'était pas l'éducation qui lui avait manqué, et même il ne manquait pas d'esprit.

de siéger à l'Académie-Française, après avoir si souvent prouvé lui-même qu'il ne savait pas le français.

Cette espèce d'exception faite en sa faveur n'en était pas moins honorable pour lui, et l'existence qu'il s'était faite, et dont il n'était redevable qu'à lui-même, prouvait plus que de l'esprit et du talent. Il fallait des qualités plus essentielles pour avoir fait ce chemin du point d'où il était parti ; et s'il n'eût pas eu de quoi se faire estimer personnellement, ses succès dramatiques ne l'auraient pas sauvé du ridicule attaché à un tel degré d'ignorance dans la profession d'auteur, qui doit naturellement l'exclure. Mais sa vie retirée, honnête et laborieuse, fut toujours sans reproche. Il ne fut jamais qu'homme de cabinet et père de famille, et nullement homme du monde. Le public ne le connaissait qu'au théâtre, où étaient tous ses avantages ; et s'il n'attirait point les regards de la société, il en évita tous les écueils, toujours plus ou moins à craindre dans l'état d'auteur, qui, n'étant guère qu'une affiche publique d'amour-propre, vous met en compromis avec celui de tout le monde.

Cet homme qui écrit si mal a pourtant fait de temps à autre de petits morceaux que les bons faiseurs ne désavoueraient pas, et c'est parce qu'on s'y attend moins que je commence par cette première preuve d'un talent naturel. Qui croirait que dès 1756, dans une pièce de la Foire, qui n'a pas le sens commun, farcie de platitudes et de grossièretés (*le Diable à quatre*), Sedaine eût fait un couplet qu'on trouverait bon dans Favart et dans Panard? C'est une Margot qui le chante, et quoiqu'il ne soit pas au-dessus de la portée de Margot, il n'en est pas moins bien fait.

« Si je prenais du tabac à présent que je suis seule?

>Je n'aimais pas le tabac beaucoup :
>J'en prenais peu, souvent point du tout.
>Mais mon mari me défend cela :
>>Depuis ce moment-là
>>Je le trouve piquant
>>>Quand
>>J'en peux prendre à l'écart ;
>>>Car
>>Un plaisir vaut son prix,
>>>Pris
>>En dépit des maris. »

On ne s'avise jamais de tout est une pièce infiniment plus connue, et tout le monde a chanté : *Une fille est un oiseau*, sans qu'on ait, ce me semble, remarqué que la chanson est d'une tournure facile et précise :

>Une fille est un oiseau
>Qui semble aimer l'esclavage,
>Et ne chérir que la cage
>Qui lui servit de berceau.
>Sa gaîté, son badinage,
>Ses caresses, son ramage,
>Font croire que tout l'engage
>Dans un séjour plein d'attraits ;
>Mais ouvrez-lui la fenêtre :

> Zest, on le voit disparaître
> Pour ne revenir jamais.

Mais les autres ariettes de la même pièce, excepté celle de la duègne,

> Je suis native de Raguse,
> Et j'arrive de Syracuse, etc.

ne sont pas meilleures pour être depuis trente ans dans la bouche de tout le monde. Cette romance dont l'air est si mélodieux, *Jusque dans la moindre chose*, dit longuement et platement dans trois couplets ce qu'il fallait dire en un seul, et beaucoup mieux :

> Je le vois dans le nuage
> Que l'air promène à son gré ;
> Pour moi tout est son image :
> Mon cœur en a soupiré.

C'est aller chercher son amant bien loin, que de le *voir dans le nuage*. Comme tout cela est faux ! L'amour qui rêve et qui soupire a presque toujours les yeux baissés, et il ne *soupire* point de ce que *tout est l'image* de l'objet aimé. Comme ces deux vers sont forcément agencés ! Mais qu'elle musique ! On croit presque la chanson bonne, parce que l'air fait entendre tout ce que les paroles ne disent pas.

> Quoi! toujours!
> Quoi! sans cesse
> Ma tendresse
> *Aurait son cours!*
> Quoi ces charmes,

Sans alarmes,
Seraient à moi pour toujours !

Une tendresse qui a *son cours!* et *ces charmes sans alarmes!* Comme cela est construit ! J'ai toujours eu dans la tête que les bons musiciens ne haïssaient pas les mauvaises paroles. Une idée quelconque et des rimes, c'est tout ce qu'il leur faut; tout le reste est à eux, et ils s'en chargent volontiers. Je crois qu'à l'examen on trouverait que ce qu'il y a de meilleur dans notre musique a été fait le plus souvent sur ce qu'il y a de plus mauvais ou de plus médiocre dans notre poésie. Si ces auteurs-là ne regardaient pas un Monsigny, un Philidor, un Grétry, comme des divinités, en vérité, ils étaient bien ingrats. Il leur font bien quelques remercîments, quelques politesses, et Sedaine comme les autres; mais quand on ne saurait pas quelle idée il s'était faite de lui-même et de son genre de talent, quoique sans en faire beaucoup de bruit, on s'en apercevrait dans la préface d'une de ses plus mauvaises pièces, *le Magnifique*, le passage est digne d'être noté.

« Il faut quelques réflexions pour s'apercevoir du
« soin avec lequel l'auteur du drame écarte les
« moyens de paraître aux dépens de son associé,
« comme il se replie, comme il s'efface, combien
« enfin il fait de *sacrifices* pour n'être que le *piédes-*
« *tal de statue qu'il lui élève**. Il est besoin, il est vrai,
« que le piédestal soit solide, et je n'ose m'en flatter.»

---

* La construction exigeait absolument: « Le piédestal de la *statue* qu'il

Il aurait eu tort de *s'en flatter*, car *le Magnifique*, qui, je crois, n'a pas été revu depuis la nouveauté, et qui eut très peu de succès malgré tout l'art du musicien, et malgré la rose que madame Laruette laissait tomber avec tant de grace, ce *Magnifique*, qui n'est, hors cette scène de la rose, que le plus insipide roman, ne sera jamais le *piédestal* d'aucune *statue*. Mais que dire de ces efforts, de ces *sacrifices de l'auteur du drame, qui s'efface*, etc. ? Eh ! monsieur l'auteur du drame, que ne *vous repliez-vous* de manière à *vous effacer* davantage ! Vous ne paraissez que trop, je vous jure, non pas *aux dépens de votre associé*, mais aux vôtres. Il n'est pas responsable de vos balourdises, et ce n'est pas à lui qu'on s'en prendra si vous faites des vers tels que ceux-ci :

> Pourquoi donc ce Magnifique,
> Que je n'ai vu que deux fois,
> *Sur mon cœur a-t-il des droits ?*
> C'est en vain que *je m'applique*
> *A n'y réfléchir jamais....*
> . . . .
> Le nom de ce Magnifique,
> *Prononcé subitement,*
> *Par un sentiment unique,*
> *Me pénètre vivement.*
> . . . .

« lui élève, » sans quoi la phrase dit qu'il *élève un piédestal*, et l'auteur veut dire qu'il *élève une statue* dont il est le *piédestal*. Mais il n'aurait pas même compris comment et pourquoi la suppression de l'article fait un si grand changement dans le sens de la phrase.

SEDAINE.

> Vous qui croyez que *des tendres esclandres*
> Un registre peut être *l'écueil*....
> . . . .
> Le bonheur est *de le répandre*,
> *De le verser* sur les humains,
> *De faire éclore de vos mains*
> Tout ce qu'ils ont droit d'en attendre, etc.
> . . . .
> Je rêvais que notre grange
> Me paraissait tout en feu.
> J'en ai vu sortir un ange :
> Il était en habit bleu.
> Il me présente une orange :
> Moi je me recule un peu.
> Il me dit que je la mange ;
> Moi je me recule un peu.
> Il me dit que je la mange ;
> La grange était tout en feu.

Voilà un plaisant rêve, et de plaisants vers ! Était-ce une gageure de chanter sur un théâtre de la capitale ce qui est absolument dénué de sens ? Les vaudevilles, ceux même qui terminent les pièces et sont comme le bouquet de la fête présentée au public, sont d'ordinaire ce qu'il y a de pis dans Sedaine, et dans ses pièces les plus heureuses. Celui de *Rose et Colas*, celui d'*On ne s'avise jamais de tout*, ne sont pas même intelligibles : il est impossible d'amener plus mal un refrain donné, et d'assembler en vers des mots plus discordants, des contructions plus barbares, des phrases plus absurdes :

> Soyez sûr que, dans notre ménage,
> Si votre bien dépend de moi,

> Vous, le vôtre de ma future,
> L'amour, l'amitié, la nature,
> Deviendront pour nous une loi.

Il serait inutile de souligner, ou il faudrait souligner tout : essayez d'arranger cette phrase en prose, et de trouver un sens en conservant les mots et les constructions, et vous n'en trouverez aucun, tant chaque expression est impropre et déplacée, comme dans cet autre couplet du même vaudeville :

> Il m'est cher, vous, mon père, encor plus.
> Si nos jours ne coulaient ensemble,
> Ses désirs deviendraient superflus,
> Même nœud nous unit, nous rassemble,
> Et nos enfants seront en moi
> Pour nous la leçon la plus sûre, etc.

On ne saurait imaginer un galimatias plus niais, plus plat, ni plus baroque. Quel compliment à faire au public, que ce couplet, le dernier du vaudeville d'*On ne s'avise jamais de tout* !

> Loin du grand ton qu'affecte le lyrique,
>   Nous donnons un spectacle étranger.
> Mais nos désirs ont caché le danger
>   De donner un opéra comique.
>   Quand l'objet
>   Ennoblit le sujet,
>   Quand le zèle
>   Nous appelle
>   Et guide le goût,
> Quand l'esprit dans le cœur puise,

Ah! qu'on s'avise
Fort bien de tout!

On serait tenté de croire qu'il faut un travail particulier pour entasser tant d'inepties en si peu de mots (car chaque mot en est une). Eh bien! la vérité est que tout tient ici à l'embarras de s'exprimer en vers. Sedaine ne manquait pas de sens, et n'est point absurde en prose : il ne l'est si fréquemment en vers que par la difficulté de versifier, prodigieuse pour un homme qui n'avait rien appris, très peu lu, et qui de plus avait l'oreille dure et aussi étrangère qu'il soit possible au tour et au nombre de la phrase poétique. On s'est étonné souvent qu'il ne corrigeât presque jamais, pas même les fautes les plus grossières et les choses les plus aisées à changer : je puis assurer * qu'il ne l'aurait pas pu. D'abord il sentait fort peu ce genre de critique, car on ne sent en ce genre qu'en raison de ce que l'on sait : ensuite il répugnait à un travail nouveau qui lui était très pénible, sans être nécessaire au succès de ses ouvrages. Il était pour ainsi dire en possession d'écrire mal, et le public, que d'ailleurs il amusait, ne lui en demandait pas davantage. Enfin, l'amour-propre qui ne perd jamais ses droits, lui avait à peu près persuadé que le style n'était *rien*

---

* Je l'ai beaucoup vu depuis sa réception à l'Académie : je n'y avais pas peu contribué sans le connaître. Il m'en sut gré, et me fit des avances d'amitié qui me parurent très cordiales et qui l'étaient. C'était un homme d'un caractère un peu froid, mais probre et solide. Il travaillait très difficilement en vers, et se souciait d'autant moins de les corriger, qu'il n'avait pas besoin de prendre cette peine pour faire aller ses pièces, qui allaient fort bien sans cela.

ou peu de chose; et le sort de ses pièces pouvait être une preuve pour lui, au moins quant au genre dont il s'occupait, et qu'il prisait beaucoup plus qu'on ne peut le soupçonner quand on ne l'a pas connu.

Dans ses ariettes les plus passables, vous ne trouverez jamais le mérite de diction qui est du genre, mais seulement celui d'une imitation assez vraie du ton qui convient aux personnages, particulièrement celui de la simplicité populaire, soit dans de jeunes âmes, soit dans de bons paysans, soit dans d'autres conditions subalternes. Ainsi dans *Rose et Colas*, celle de ses pièces que bien des gens (et je suis au nombre) préfèrent à toutes les autres, la chanson rustique, *Avez-vous connu Jeannette?* est bien dans le ton du genre. Celle de Colas, *C'est ici que Rose respire*, est amoureuse, quoique la première moitié ne vaille pas à beaucoup près la seconde. *Ici se rassemblent mes vœux* serait mauvais partout, comme impropriété de termes; mais j'aime encore moins ces vers, que la musique fait applaudir :

> Ah! Rosette! qu'on est heureux
> Lorsqu'on soupire
> Et lorsqu'on est deux!

Cela est trop raffiné pour Colas, qui sûrement ne met point son bonheur à *soupirer* : ce sont là des amours de la ville. Mais en revanche tout le morceau qui suit, *Ce lin fut pressé de sa main*, est ce qu'il doit être. Le rôle de la mère Bobi est heureusement imaginé, et comme personnage, et comme moyen d'action, je ne me rappelle pas qu'il eût de modèle au théâtre : c'en est un de vérité, et même d'adresse; car cette bonne vieille, tout en découvrant les innocents rendez-vous des deux jeunes amants (ce qui amène leur mariage) n'y met pas la moindre malice; elle les porte dans son cœur, et si elle dit tout, c'est parce qu'ils la *défient* avec toute l'étourderie de leur âge. On le leur pardonne bien; mais on ne peut s'empêcher d'aimer la vieille nourrice, lorsqu'en voyant Colas qui veut quitter le pays, elle se met tout de suite à pleurer. « V'là-t-il pas qu'il est au désespoir! Ce petit co- « quin me fera mourir de chagrin. » C'est la nature même ; et d'ailleurs on doit savoir gré à l'auteur d'avoir donné à la vieillesse le charme de la bonté. C'est la mère Bobi qui demande grace elle-même pour ceux qu'elle vient d'accuser, et qui l'obtient. Tout ce petit tableau est achevé d'un bout à l'autre. la querelle simulée entre les pères est comique, parce que les enfants en sont dupes; ce qui est le contraire de la routine du théâtre, où les parents sont toujours dupés par les enfants. Il y a là, soit dans la fable, soit dans le dialogue, une teinte d'originalité, et ce n'est pas la seule pièce de Sedaine où elle se remarque en y regardant de près. Ici tout paraît fort simple; mais rien n'est fait avec l'esprit d'autrui : c'est un mérite qui n'est pas commun, même dans un opéra comique, et c'est celui de Sedaine, sur-tout dans *Rose et Colas*. Il n'y a pas jusqu'au babil de la mère Bobi, dans cette chanson, *La sagesse est un trésor*, qui ne plaise en rappelant exactement les chansons morales du vieux temps. Sedaine n'est pas d'ordinaire si heureux dans cette espèce d'imitation : je ne lui connais guère au théâtre que cette chanson-là qui ne tombe pas dans la trivialité insipide en voulant prendre un air d'antiquité, comme celle-ci qui est de la même pièce :

>   Il était un oiseau gris
>   Comme un' souris, etc.
>   . . . .
>   Les oiseaux ont tant chanté
>   Durant l'été,
>   Que leur gosier et leur bec
>   Est tout à sec, etc.

J'approuve le refrain, qui rentre dans la situation, *Aimez, aimez-moi;* mais on pouvait l'amener sans ces inutiles platitudes. Favart a bien mieux réussi dans ces chansons-là. Quelle franche gaieté dans les couplets que chante Annette ? *Il était une fille*, etc. *C'est la fille à Simonnette*, etc.

Ce qui me plaît encore dans *Rose et Colas*, comme dans *On ne s'avise jamais de tout*, c'est qu'on n'y aperçoit rien de la prétention d'être un peu *philosophe*, qui se montre fort mal à propos dans d'autres pièces de l'auteur, et qui était le fruit de son commerce avec Diderot. Mathurin et Pierre Leroux sont tout juste aussi avancés que doivent l'être de bons et honnêtes cultivateurs, de bons pères de famille; ils n'ont que la morale qui est à leur portée, à celle de tout le monde, et c'est la bonne; aussi ne se doutent-ils même pas que ce soit de la morale. Mathurin dit, en parlant de sa fille Rose : « Savez-vous qu'elle me gêne ? oui, elle me gêne « plus que feue ma femme. Si je bois, si je jure, si « je dis quelque drôlerie, elle me reprend ; c'est « comme sa mère, et pire encore, car il me faut res- « pecter la jeunesse. » A merveille ! Voilà comme la morale peut se faire sentir dans ces sortes d'ouvrages sans s'afficher ; et, de cette façon-là, elle peut entrer partout avec fruit. Mathurin demande à Pierre Leroux comment vont les vignes.

« Ah ! ah ! assez bien, n'était les vers, qui nous man- « gent.

MATHURIN.

« Oh ! cela a été de tout temps. Qu'y faire ?

PIERRE.

« Rien, il n'y a que Dieu et le temps.

MATHURIN.

« La méchanceté des hommes va de pis en pis.

PIERRE.

« Quand cela sera au comble, faudra bien une fin. »

Bon, fort bon dialogue. Pierre et Mathurin ne doivent pas être plus philosophes qu'ils ne le sont ici. Mais je ne saurais souffrir le ton arrogamment sententieux dont un fermier parle au roi d'Angleterre, qu'il prend pour un seigneur de la cour. Il se fâche du mot d'*ami*, et quand on l'appelle *Monsieur*, il se fâche encore. Comment veut-il donc qu'on l'appelle ? et sur-tout quand on ne sait pas son nom ?

« J'ai vu ce qu'un roi n'est pas toujours à portée de voir. — Eh quoi? — Des hommes. » Outre que cela était déjà trop usé en prose et en vers pour être redit, quelle ridicule emphase dans ce mot, *des hommes!* Pour *voir des hommes* en ce sens, il faut y regarder de près : était-ce là l'occupation du fermier Richard! Que de morgue et de déraison! Rien ne rappelle mieux ce dialogue connu : « Qu'a-« vez-vous été faire en Angleterre? — Apprendre à *penser*. — Des chevaux. » Malgré la faute d'orthographe qui fait le calembourg, le mot est excellent ; c'est le meilleur qu'ait dit Louis XV. Celui qui va en Angleterre *pour apprendre à penser*, assurément ne *pensera* nulle part.

Il y a beaucoup à redire dans cette pièce (*le Roi et le Fermier*), si inférieure à celle de Collé, et qui ne pourrait pas, comme celle-ci, se passer de musique. Ici Sedaine a dû presque tout à Monsigny : le seul bon rôle est celui de la petite Betsy ; et quoique ces rôles de jeunes filles soient fort aisés dans la comédie, et encore plus dans le mélodrame, il faut toujours tenir compte de ce qui est bien fait et ressemblant à la nature. L'ariette *Il regardait mon bouquet*, est fort jolie, et offre une petite scène bien tracée ; elle est du très petit nombre de celles qui n'ont point de fautes choquantes. Toutes les autres de la même pièce en ont plus ou moins.

> Un fin chasseur qui suit à pas de loup
> La perdrix qui trotte et sautille,
> Un fin chasseur, à l'instant qu'il dit : Pille!
> N'est jamais si sûr de son coup

Que moi quand je guette une fille
 Gentille.

Pas mal certainement, et sur-tout pour Sedaine ; mais il ne va pas loin.

Si mon ardeur
A sa pudeur
Donne des ailes,
 Tant mieux,
Je la suis des yeux.
 Toutes les belles
N'ont que le premier vol devant moi, etc.

Quel jargon ! Sedaine, dans le figuré, est encore pire, s'il est possible, que dans la platitude tout unie. Veut-on le voir dans le noble ?

Moi, souverain de l'Angleterre,
Moi, qui de mes palais ai surchargé la terre,
Aurais-je jamais cru que je serais réduit
 A désirer une chaumière,
A désirer le plus humble réduit? etc.
. . . .
Hélas ! dans cette extrémité,
Que me servent la royauté,
Et le trône, et la majesté? etc.

Cet ambitieux étalage du *trône* et de la *royauté* et de la *majesté*, et ces réflexions si sérieusement plaintives sur un accident aussi commun que celui de s'égarer la nuit à la chasse, sont une vraie niaiserie; et Collé fait parler bien autrement et bien plus naturellement son Henri IV, qui, dans la même situation, ne s'inquiète guère que de l'inquiétude de son ami Sully, toujours prompt à s'alarmer pour son bon maître, et ajoute fort sensément : « D'ailleurs, le malheur d'être égaré n'est pas bien grand. » Non sans doute, et sur-tout pour un roi, qui est bien sûr que tout le monde s'occupe à le chercher. Mais un mot très heureux, c'est celui de ce courtisan qui vient de badiner avec son ami lord Lurwel sur l'enlèvement de Jenny, et qui, voyant que le roi ne prend pas la chose en plaisanterie, est le premier à dire au ravisseur : *Fi! milord, c'est une action infâme.* C'est là un trait de caractère, un mot de comédie.

Les Femmes vengées, le Faucon, le Magnifique, sont au rang des pièces qui sont loin de valoir les contes qui en ont fourni le sujet. C'est le plus souvent faute d'une bonne exécution dramatique, mais quelquefois aussi c'est faute de savoir distinguer entre ce qui est un bon sujet de conte et ce qui ne l'est pas d'un drame, et ce discernement demande de l'expérience et de la sagacité. Nous avons vu que Favart s'était trompé dans le choix de *la Bégueule,* et la même chose est arrivée à Sedaine dans *le Faucon*; ce qui prouve que les plus habiles peuvent s'y méprendre, car ces deux hommes connaissaient fort bien leur théâtre. *Le Faucon* est le conte le plus touchant de La Fontaine : celui-là et *la Courtisane amoureuse* sont les seuls où le cœur soit pour quelque chose; mais dans *le Faucon,* ce n'est pas au dépens des mœurs, et c'est encore un avantage rare.

L'oiseau n'est plus, vous en avez dîné,

est un vers de situation et de sentiment qui attendrit jusqu'aux larmes ; mais dans un récit, dans un drame, un faucon à la broche n'est pas un moyen d'intérêt, parce que ce n'est pas un objet à présenter sur la scène. *La Reine de Golconde*, au contraire, offrait un très joli tableau dramatique, et si Sedaine n'a fait qu'une pièce très insipide d'un conte charmant, c'est qu'il n'écrivait pas en vers comme M. de Boufflers en prose ; il fallait ici des graces nobles et un agrément de style dont Sedaine n'avait pas même l'idée.

Il a cru, dans *les Femmes Vengées*, que deux scènes simultanées, vues séparément sur le théâtre, étaient une invention aussi heureuse que neuve ; et il en parle dans sa préface comme d'une nouveauté qui peut enrichir tous les genres de drame. Je ne le crois pas : cela peut tout au plus passer dans le comique, et n'y peut même avoir qu'un effet très médiocre. L'attention du spectateur suit mal deux objets à la fois, et il y en a toujours un plus ou moins sacrifié à l'autre ; ce qui nuit à tous les deux. Sedaine, qui ne doutait de rien, d'après les leçons de Diderot, ne doute pas que la scène de Junie avec Britannicus ne fût tout autrement intéressante, si Néron caché était sous les yeux des spectateurs. C'est une bien lourde méprise, et qui fait voir que l'entente de l'opéra comique n'a rien de commun avec la connaissance de la tragédie. Je suis bien sûr que Racine, quand même le local de la scène eût été à sa disposition, se serait bien gardé de montrer aux spectateurs Néron écoutant et observant l'entretien de Junie : il y avait là de quoi faire tomber la pièce. Quelle pauvre figure aurait pu faire un empereur romain faisant le rôle d'un mari ou d'un tuteur jaloux qui écoute aux portes? J'entends d'ici les éclats de rire, et c'est pour le coup que le petit moyen reproché à l'auteur, non sans fondement, aurait été absolument comique, et par conséquent l'opposé de la tragédie. Mais Racine, qui a eu l'art d'ennoblir tout par son dialogue et son style, aurait eu le bon esprit de rire de pitié, si on lui eût proposé un moyen dont rien au monde ne pouvait racheter ni couvrir le ridicule. Avec quelle confiance ignorante on a osé, dans ce siècle, donner des leçons au siècle des modèles! Cela était plus facile que d'en approcher, ou même que de les sentir, et c'est un des secrets du charlatanisme *philosophique*, qui sera dévoilé en son entier dans l'examen de la poétique de Diderot.

Pour *Aucassin et Nicolette*, c'est peut-être ce que l'auteur a fait de plus mauvais; le fond est d'une absurdité qui révolta dans la nouveauté : quelques changements, beaucoup de spectacle, et sur-tout le jeu de madame Dugazon, qui était alors une espèce d'enchantement, firent supporter une reprise de la pièce, qui d'ailleurs ne peut rester au théâtre, à moins qu'une nature absolument fausse ne puisse s'y établir; ce qui n'est pas impossible, mais ce qui malgré la révolution, est encore très improbable. Le père d'Aucassin est un imbécile odieux, le fils est un fou non moins odieux, et le père de Nicolette un niais : ce ne sont pas là des caractères de chevalerie. L'auteur appelle cela *les mœurs du bon vieux temps*, et c'est même un des titres de la pièce; mais si de pareilles mœurs étaient vraies, elles ne seraient dignes que d'horreur et de mépris, et ce n'est ni le dessein de l'auteur ni l'objet du drame. Ces *vieilles mœurs* sans doute n'étaient souvent rien moins que *bonnes*, quoiqu'elles eussent du bon, et l'un et l'autre est du ressort de l'histoire. Mais des personnages vils et pervers n'ont jamais été nulle part une généralité de caractère (hors dans une seule époque postérieure à celle de la pièce); enfin ce n'étaient point là les *mœurs* générales de la chevalerie, et sur-tout ce ne sont point celles qu'il faut mettre au théâtre, si ce n'est pour les flétrir. Ajoutez à toutes ces inconséquences celle de donner pour *les mœurs du bon vieux temps* ce qui est détestable en tous temps; et s'appuyer gravement d'un fabliau, comme si un fabliau, qui a pu être aussi mal inventé que la pièce est mal composée, était une autorité historique; c'est joindre la déraison à l'ignorance : et il est vrai que Sedaine, hors l'intelligence et l'observation de son petit théâtre, n'avait aucune sorte d'esprit. Il n'en a jamais manqué nulle part autant que dans son fabliau dialogué et rimé sous le titre d'*Aucassin et Nicolette*: c'est un amas vraiment rare de sottises de toute espèce. Je n'en citerai qu'un trait de ce plat comte de Carius, qui dit à Nicolette, mais du ton le plus sérieux, et après avoir crié : *Écoutez, écoutez,*

Quand vous verrez mon fils, *il faudra lui déplaire.*

Je ne sais si *M. Cassandre* en dirait autant à *Zirzabelle*; et ce qu'il y a de meilleur, c'est que Nicolette répond à peu près par les vers que Racine met dans la bouche de Junie, arrangés comme si la pièce était une parodie : et l'auteur ici ne voulait rien parodier, il répétait Racine à la manière de Sedaine.

Cet *Aucassin*, le *Magnifique*, le *Faucon*, le *Mort marié*, le *Jardinier de Sidon*, l'*Ile sonnante*, et quelques autres pièces du même auteur, qui n'ont point eu de succès, expliquent dans quel sens il faut entendre ce que l'on a dit avec vérité, que la musique était presque tout dans ces sortes d'ouvrages, rarement faits pour être lus. Elle couvre les fautes d'exécution, et donne de l'effet à tout ce qui ne s'y refuse pas; mais il ne faut pas oublier que parmi nous elle ne saurait se passer d'un canevas qui vaille au moins la peine d'être brodé : il lui faut toujours ou, si l'on veut, il nous faut un fond de pièce qui soit jusqu'à un certain point, ou attachant, ou amusant : sans cela point de succès, quelle que soit la musique. On passera toutes les invraisemblances, toutes les platitudes, toutes les sortes de fautes, pourvu que le sujet soutienne l'attention jusqu'au bout; et sans cela, quel est l'opéra comique qui n'aurait pas eu de succès, avec l'extrême indulgence accordée à ce théâtre et des compositeurs qui en avaient rarement besoin, à compter depuis les Duni et les Philidor, jusqu'aux d'Alayrac et aux Desaides? Je ne parle que de ceux que j'ai vus pendant tout le temps que j'ai suivi le spectacle; je ne puis avoir aucune idée de ceux qui les ont remplacés depuis environ dix ans

La musique toute seule ne saurait donc faire le sort d'un drame, comme tant d'exemples l'ont prouvé; mais que de défauts elle fait passer à sa suite! Lorsque Lise dit à sa duègne : « Ah! si j'aimais, je ferais comme une pensionnaire de mon couvent. — Et que faisait-elle? — Voici ce qu'elle chantait. » C'est un à-propos assez étrange pour chanter au milieu de la rue; mais l'air plaît, et c'est assez.

Si vous exceptez jusqu'ici les pièces de Favart, vous aurez souvent peine à comprendre que ce qui paraît si froid ou si plat à la lecture puisse réussir constamment au théâtre. Mais aussi c'est un tort de vouloir lire ce qu'il ne faut que voir jouer : voyez cela dans son cadre, et vous serez étonné, comme je l'ai été plus d'une fois, que ce qui semble n'avoir aucun mérite en soi ait sur la scène celui de former des tableaux variés qui plaisent dans la perspective et qu'animent la musique et le chant*. On dira que cette science est assez facile et assez commune : soit; elle n'appartient pourtant pas à tout le monde, et peut faire quelque honneur à ceux qui la possèdent au degré où arriva Sedaine quand il fit *le Déserteur* et *Richard*. C'est pourtant là le cas, autant que jamais, de dire : Ne lisez pas; mais il n'en est pas moins vrai qu'alors il éleva ce genre de drame

---

* Le hasard fit qu'une troupe de comédiens joua, dans le voisinage de Fernay, *Rose et Colas* et *le Roi et le Fermier*. Voltaire y assista, et y prit assez de plaisir pour nous pardonner d'en avoir davantage à l'Opéra-Comique de Paris. Qu'aurait-ce été en effet, s'il eût vu jouer Caillot et Clairval, et entendu madame Trial, mademoiselle Renaud, etc.

plus haut qu'on ne l'avait porté jusque là. On peut dire encore : N'y regardez pas de bien près ; car la fable de ces pièces ne soutient pas la critique. Mais il y a des conceptions nouvelles, et des effets que le temps a constatés. J'avoue qu'il est absurde que *le Déserteur* puisse être si sérieusement la dupe de l'espèce d'attrape puérile qui est le premier ressort de l'intrigue. Il n'y a point d'homme au monde qui, sur le récit d'une petite fille, et sur une noce qu'il voit passer dans l'éloignement, se persuade aussitôt la trahison la moins probable, la plus inopinée, la plus révoltante dans toutes ses circonstances, et qui, sans faire un pas pour rien approfondir, prenne sur-le-champ le parti le plus désespéré. Eh! en pareille occasion, on croit à peine à l'évidence, et le plus tard qu'on peut. A la place d'Alexis, quel est donc l'amant dont le premier mouvement, le mouvement naturel et invincible, ne fût pas de courir à cette prétendue noce, qui est à cent pas, et de s'éclaircir, de s'assurer dans le plus grand détail, de ce qu'il ne doit croire que quand Louise et ses parents lui auront dit oui, et cent fois oui? Voilà ce qui est dans la nature, et si impérieusement, si universellement, que, s'il y avait une exception, il ne faudrait pas encore la mettre au théâtre, encore moins dans une comédie, où de pareilles exceptions seraient encore plus insupportables, plus difficiles à motiver que dans une tragédie. Le fait même de la désertion n'est pas moins absurde ; il l'est de toute manière ; et quoique Sedaine ait osé affirmer, dans sa préface, que des militaires qu'il avait consultés, trouvaient son Alexis dans le cas d'être condamné, je réponds que cela est faux, que cela est impossible, et nos lois militaires étaient assez connues sur cet article pour que tout le monde fût autorisé à dire alors ce que tout le monde disait, qu'Alexis n'était nullement dans le cas de désertion. A qui fera-t-on croire l'incroyable scène imaginée par Sedaine ? Qu'on se figure d'un côté Alexis se parlant tout seul dans le saisissement où il est encore, ses habits et ses armes posés à terre à côté de lui, et de l'autre, la maréchaussée du camp qui l'*observe*. Elle vient à lui, et lui demande *s'il déserte*. *Non, non, je ne déserte pas*; mais je m'en vas.....; et un moment après, *oui, je déserte*.—*Prenez cet habit et voyons s'il fuit*, dit l'officier de maréchaussée. Il faut articuler la chose comme elle est : c'est le comble de la bêtise. Un semblable dialogue n'a jamais pu avoir lieu nulle part. Jamais, en pareil cas, on n'a dit : *Voyons s'il fuit*, quand on est là pour l'empêcher de fuir s'il en a envie, et pour l'arrêter s'il a été surpris fuyant. Mais il ne marchait même pas; mais ses armes et ses habits sont à terre. Que le trouble où il paraît et le désordre de ses discours le fassent arrêter, cela est possible; mais d'abord il n'est pas arrêté ici comme déserteur, puisque les soldats eux-mêmes disent, et bien ridiculement : *Voyons s'il court vers la frontière*. Il n'est donc pas hors des limites où commence l'état de désertion, et on ne l'arrête que parce qu'il finit par dire : *Oui, je déserte*. Mais depuis quand les paroles sont-elles ici prises pour le fait? Si un soldat parlait ainsi hors du camp, on s'en saisirait comme d'un homme ivre ou fou, mais non pas comme d'un déserteur. Allons plus loin : le voilà au conseil de guerre; et n'oubliez pas que ces conseils de guerre, calomniés de nos jours avec la plus stupide impudence, étaient peut-être le tribunal où l'on apportait le plus d'attention et de ménagement dans la procédure; où l'on faisait le plus d'effort, non pas pour trouver un coupable, mais pour le sauver*. Le témoignage universel n'est pas même ce qu'il y a ici de plus fort; un argument irrésistible, un principe universel rend le fait indubitable : c'est que personne ne se souciait de perdre un soldat, dont la mort n'était bonne à rien, et dont la vie était une propriété de la patrie et de l'armée. Comment donc le conseil de guerre peut-il condamner? Est-ce parce qu'il a dit aux soldats : *Je déserte*; parce qu'il dit aux juges : *Oui, je désertais*, comme nous l'apprend le geôlier? Mais qu'elle folie ! Quel est le conseil de guerre qui ne lui eût pas dit : Mon ami, apparemment la tête vous a tourné? Allons plus loin : il a dans sa poche une *permission* de venir au village où est Louise; il doit avoir son congé dans quinze jours; c'est son colonel qui a écrit tout cela : je suppose que, voulant mourir, il n'emploie aucune de ses défenses; mais s'il est aliéné, ses juges

* On ne manquait jamais de lui demander s'il avait quelque plainte à former contre les supérieurs, et on tâchait même de lui suggérer dans l'interrogatoire tous les moyens possibles de justification ; en sorte que la condamnation n'avait lieu que quand il était impossible de faire autrement sans violer les lois militaires. Ces faits sont notoires de tous temps, et universellement attestés.

sont dans leur bon sens; ses juges doivent même s'adresser à l'état-major de son régiment; et si le colonel n'est pas au camp, qui peut douter qu'on commence par lui écrire avant de condamner un soldat qui doit paraître à ses juges ce qu'il est vraiment, un homme qui a perdu la tête? Allons plus loin : le voilà condamné parce qu'il a voulu l'être; mais un moment après il ne le veut plus; il ne veut plus mourir, car il sait la vérité; et il est appelé de nouveau au conseil de guerre pour entendre sa sentence. Qui l'empêche alors de dire tout, de faire valoir toutes ses défenses, de montrer la permission de son colonel, d'invoquer son témoignage? Quel est le tribunal militaire qui eût refusé de l'entendre, qui n'eût pas été avec joie au-devant de sa justification? Quelle multitude d'impossibilités! et j'ai épuisé ici la démonstration pour plus d'une raison, mais sur-tout pour deux principales, d'abord pour faire voir tout ce que le public était capable de tolérer à ce spectacle quand la musique l'avait prévenu favorablement (et la pièce commence par un morceau bien fait pour cela), et sur-tout quand l'effet des situations pouvait faire pardonner les moyens; ensuite pour prouver que cette sorte de talent qu'avait Sedaine, et qui se borne à saisir la nature en petit, est d'ordinaire une raison pour la manquer presque toujours en grand; et c'est pour cela que ce talent est essentiellement secondaire*.

---

* Il y aurait un moyen bien facile de faire disparaître cette faute intolérable d'un ouvrage d'ailleurs intéressant et en possession du théâtre. Ce serait de substituer au *finale* du premier acte une ariette de désespoir que chante

Je me souviens qu'on s'étonnait, dans ce temps-là, de la différence très sensible des dispositions que le public apportait d'ordinaire aux deux théâtres, de sévérité aux Français, et d'indulgence aux Italiens ; les motifs en sont très concevables : d'abord, dans cette espèce de débat entre l'amour-propre d'un seul contre tous, moins l'un paraît prétendre, plus les autres lui accordent. Or, l'écrivain qui s'associe à un musicien abandonne au moins la moitié de ses prétentions ; et après tout il en est bien dédommagé ; car la musique, qui flatte l'oreille, distrait nécessairement l'esprit de l'attention rigoureuse qui le rend d'ailleurs si difficile. Dans les pièces de d'Hèle, nous verrons plus ; nous verrons des scènes entières, des situations créées et caractérisées par la seule musique. Cette sorte de complaisance du public pour ce genre d'ouvrages est donc généralement fondée en raisons, et la plus décisive est sans doute l'intérêt de son plaisir. *Le Déserteur* en fit beaucoup, quoique ce fût une tentative assez hasardeuse que de mettre dans un opéra comique un personnage menacé d'un supplice capital, et de l'espèce de supplice qui inspire le plus de pitié, parce que le délit semble plus excusable. Il fallait pourtant adoucir ce triste sujet, soit pour la musique, qui veut de la variété, soit pour l'opéra comique lui-même, qui promet de la gaieté. Cela n'était pas aisé, et l'auteur, qui en est venu à bout,

---

rait Alexis en quittant la scène, et de constater à l'ouverture du second, qu'il a été bien et dûment arrêté comme déserteur. La coutume d'un *finale* n'est pas une loi, et le sens commun en est une.

a fait preuve d'adresse et de sagacité. Il s'est jeté à l'autre extrême, et a opposé ce qu'il y a de plus bouffon à ce qui s'offrait sous l'aspect le plus tragique. Ce mélange était précisément la manière de Shakspeare, que Diderot et consorts avaient bien envie d'introduire au théâtre français, et qui, je ne sais trop comment, n'a pu encore s'y établir. Ce mélange, très vicieux en lui-même, a passé dans un opéra comique; mais n'oubliez pas que cela ne pouvait arriver que dans un mélodrame, dans une pièce comme *le Déserteur* ou comme *Tarare;* car j'appelle ici du même nom générique toute pièce où la musique fait partie du dialogue et de l'action. Ailleurs, ce monstrueux amalgame du tragique et du comique sera toujours réprouvé par la nature et le goût, à moins que l'art ne soit entièrement perdu et oublié. Observez donc que, d'après les indications de l'expérience, les grands développements, qui seuls font le vrai tragique et le portent au fond de l'âme, sont étrangers au mélodrame, sur-tout à celui qu'on appelle opéra comique; et c'est pour cela qu'il ne repousse pas décidément ce mélange dont il est ici question. Si Alexis, dans la situation où il est, si Louise sa maîtresse et le père de Louise parlaient comme dans le drame proprement dit, comme dans la tragédie domestique, d'abord ce ne serait plus un opéra comique, et la musique ne pourrait plus y atteindre; mais sur-tout un rôle tel que celui de Montauciel et celui du *grand-cousin* y seraient intolérables. Ils font au contraire un bon effet dans *le Déserteur,* et pourquoi? C'est 1º que le langage d'Alexis n'est jamais au-dessus de celui d'un soldat ; 2° il parle peu, et ne s'exprime guère qu'en petites phrases entrecoupées, si ce n'est quand il chante, et il ne chante qu'une fois, pour dire :

Mourir n'est rien, *c'est notre dernière heure.*

sorte de niaiserie de style qui est assurément fort loin du tragique; 3° c'est que l'uniforme des deux soldats rend aux yeux leur réunion toute naturelle, quoique les deux hommes soient si différents; 4° c'est que rien jusque là n'ayant monté au tragique l'imagination du spectateur, qui ne s'affecte qu'autant que le langage est conforme à la situation, la gaieté grivoise et soldatesque de Montauciel ne fait que nous distraire agréablement d'un objet qui ne faisait que nous attrister sans nous remplir; toutes les folies qu'il dit et qu'il fait, et sa scène avec *le grand-cousin* et ses efforts pour apprendre à lire, tout cela nous plaît beaucoup plus que la situation passive d'un soldat qui pendant deux actes attend un arrêt de mort; 5° enfin, c'est qu'à ce théâtre-là nous sommes parfaitement instruits par une habitude invariable, qu'au dénouement personne ne mourra; car nous ne sommes pas au Théâtre-Français. Ce sont toutes ces causes réunies que l'auteur, soit instinct, soit réflexion, a dû démêler plus ou moins, et qui ont fait réussir ce contraste, par lui-même si singulier, que je n'en connais pas un autre exemple, et que peut-être il ne pouvait trouver place que là où il est. Je me rappelle qu'en étudiant mes impressions à ce spectacle, Alexis m'intéressait médiocrement, et que Montauciel me divertissait beaucoup : c'est que l'un sortait du genre, et que l'autre y rentrait. La conduite insensée du prétendu déserteur et sa condamnation non moins absurde, en affaiblissant l'intérêt de la situation, écartaient l'horreur du sujet, et me laissaient assez tranquille pour jouir sans peine du contraste de ces deux soldats, si différemment prisonniers. Cette impression a dû, je crois, être celle du grand nombre, et le rôle de Louise bien chanté, et le dénouement, qui est heureux et en spectacle, ont achevé le succès de cet ouvrage, où, malgré tant de fautes, l'observation de l'art et de la scène mérite de l'estime, mais que je ne conseillerais à personne d'imiter. C'est aussi dans cette pièce que l'on a remarqué le seul couplet d'un tour élégant que l'auteur ait jamais fait :

> Vive le vin, vive l'amour !
> Amant et buveur tour à tour,
> Je nargue la mélancolie.
> Jamais les peines de la vie
> Ne me coûtèrent de soupirs.
> Avec l'amour je les change en plaisirs,
> Avec le vin je les oublie.

Joignez à ce joli couplet celui-ci qui l'est d'une autre manière, dans *les Sabots*, petite pièce champêtre qui ne manque pas de naturel et où Babet chante ces paroles :

> Voyez donc ce vieillard malin !
> Il me dit que je le baise :

« Baisez-moi, me dit-il, mauvaise ! »
J'aimerais mieux baiser ma main.
Est-ce qu'une honnête bergère
Doit baiser d'autre que sa mère,
Ou sa sœur, ou son petit frère ?
Je ne baiserais pas Colin.

Ce dernier vers est charmant; il est en même temps fin et naïf. D'ailleurs, la morale du couplet est celle qui est habituellement dans Sedaine, et qu'il faut lui compter pour beaucoup, vu le temps où il a écrit. Cette morale est tout uniment celle de la bonne éducation du peuple, celle qu'il avait, surtout dans les campagnes, avant qu'on eût substitué *les droits de l'homme* à la religion. On sait quelle éducation il a eue depuis; et quand l'histoire tracera cette dégradation *légale* de l'espèce humaine, ordonnée par des *philosophes*, et travaillée six ans à force de décrets, d'emprisonnements, de spoliations, de proscriptions et sur-tout de baïonnettes, l'histoire n'aura pas besoin de citer des accusations; elle ne citera que des aveux qui se multiplient tous les jours, depuis qu'il est permis de parler un langage humain, sans courir d'autre risque que de faire aboyer ceux qui voudraient bien dévorer encore, mais qui dans ce moment ne peuvent pas même mordre*.

Sedaine a de temps en temps ces traits de vérité, qui sont toujours précieux; par exemple,

* *Les philosophes, les jacobins*, les apostats, les intrus, tous ceux à qui le seul nom, la seule idée de la religion donne la torture. En lisant leurs feuilles, on voit leur âme et leur visage. Sur l'article de la religion, ils

quand Rose ne veut pas ouvrir à Colas, pour ne pas lui dire des nouvelles affligeantes, et que Colas s'en va pour faire le tour, et entre par la croisée. « Il n'appelle plus!........ il n'appelle plus!........ il est parti!...... il est parti!....... Ah! il s'est bien vite en allé........ Je ne l'aurais pas cru........ Ah! il pousse le contrevent! ah! le méchant! »

Cette observation de la nature en petit est un des mérites de Sedaine et du genre ; on a vu qu'il la méconnaissait presque toujours dans des situations plus fortes ; mais il y trouve aussi d'autres ressources. Ainsi, dans *Richard Cœur-de-Lion,* le rôle de Marguerite n'est rien, et devait attirer sur elle et faire refléter sur le roi son amant l'intérêt de détails dont le rôle passif du prince prisonnier est peu susceptible ; et celui-ci même n'est pas ce qu'il devait être. Il n'a qu'une scène unique, celle de la pièce, il est vrai, que sa situation et celle de Blondel rendent théâtrale. Mais combien elle le serait plus, s'il y avait du moins quelque dialogue entre eux! et rien ne s'y opposait ; il était si facile d'écarter un moment la sentinelle! Le rôle du troubadour, qui est fort bien conçu, remplit la pièce, et son déguisement la fait d'ailleurs rentrer dans l'opéra comique ; c'est ce qu'il y a de mieux vu dans le plan. Mais l'assaut qui le termine est un ressort postiche, quoi qu'en dise l'auteur, qui trouve ce

---

n'ont pas rétrogradé d'un pas ; au contraire, c'est celui auquel ils reviennent avec une fureur désespérée. Leurs efforts pour *l'éducation philosophique* sont à faire rire ou à faire peur, selon qu'on regarde ou la bêtise ou la perversité.

dénouement *nécessaire* et même *neuf* : très *neuf* assurément sur le théâtre de l'Opéra-Comique, où il n'eût jamais dû paraître : *nécessaire* à l'auteur pour remplacer le premier, qui n'avait pas réussi, et qu'il avait manqué, comme il le dit lui-même ; mais dans le fait, ce dénouement n'a jamais pu être bon que pour ceux qui sont bien aises de voir des combats sur la scène, n'importe où, comment ni pourquoi. Quoique cette pièce finisse mal et soit si défectueuse dans des rôles essentiels, la scène de la romance et le rôle de Blondel n'en sont pas moins des choses heureuses et dramatiques, et prouvent que l'auteur a été capable d'enrichir le genre dont il s'est occupé toute sa vie.

C'est ce qu'il a voulu faire encore dans *le Comte d'Albert*, et il y est parvenu dans la scène de la prison au second acte. Mais aussi de semblables pièces, qui n'ont pas même l'apparence d'une intrigue, d'un nœud, d'un plan quelconque, sont des proverbes plutôt que des drames, et ici les ressorts sont encore forcés et faux. *Un Bienfait n'est jamais perdu*, c'est le mot de ce proverbe ; mais le bienfait n'a pas l'ombre de vraisemblance. Quel est donc l'officier français qui, pour avoir été *heurté et éclaboussé* par un pauvre portefaix qui tombe sous son fardeau, *met l'épée à la main*, et s'écrie : *Il faut que je le tue ! Il faut que je le tue !* Je ne connais rien de plus révoltant, parce que rien n'est plus improbable : c'est tout au plus ce que pourrait dire et faire un soldat ivre ; mais un officier ! Certainement l'auteur n'aurait pu citer un exemple avéré d'une si abjecte brutalité dans le militaire français. C'est pourtant parce que le comte d'Albert a *sauvé la vie* à un commissionnaire de prison, que celui-ci se croit obligé de tout risquer pour l'en faire sortir quand il y a été renfermé le même jour. Il n'y a que le jeu du théâtre, le travestissement de la prison qui ait pu fermer les yeux sur une fable si déraisonnable. J'aime mieux *la Suite du comte d'Albert*, qui est encore moins une pièce, puisqu'elle ne contient que l'arrivée du comte dans ses terres et le mariage de la fille de son fermier avec le commissionnaire Antoine; mais aussi ce rôle de Delphine est une des productions originales de Sedaine. Cette bonne enfant qui, au récit de la belle action d'Antoine, crie en pleurant, qu'elle *n'en aura jamais d'autre* que cet Antoine, quel qu'il soit, et la manière dont elle s'offre à lui pour être sa *femme*, au premier moment où elle le voit, tout cet épanchement de bonté naïve et de sensibilité innocente fait rire et pleurer tout ensemble. Cela est pris dans la nature même, et dans la nature de cet âge, quand il n'a pas été gâté; et pourtant cela ne ressemble à rien de ce qui était connu au théâtre. Ce pur amour de la vertu est très exemplaire et n'est point exagéré, et j'appelle cela du talent, du talent dramatique et moral, qui demande grace pour les fautes, sur-tout dans un genre qui doit avoir, comme on l'a expliqué ci-dessus, quelque droit à l'indulgence.

Le théâtre de Sedaine montre presque partout des vues sur les mœurs : on en trouve déjà dans une de ses premières pièces de la Foire, *le Jardinier et son Seigneur*, qui est encore une espèce de proverbe (*Ne voyons que nos égaux*), sans la moindre trace d'action, mais où il y avait des intentions comiques, qui, mieux mises en œuvre et liées à une petite intringue, auraient pu faire un joli ouvrage, et beaucoup meilleur que son *Félix*. La délicieuse musique de Monsigny l'a fait triompher de tout le mécontentement que le public marqua d'abord, et ce n'en est pas moins une très mauvaise rapsodie romanesque, où presque tous les rôles sont une charge. Si le père est honnête homme, et même de la probité la plus délicate, les trois fils (le procureur, le militaire et l'abbé) sont de trop viles créatures pour la scène; ils sont bas sans être comiques. Quelle espèce d'officier que celui qui veut se battre contre un homme, parce qu'il reprend son propre bien qu'on lui rend et qu'on doit lui rendre! Quelle bassesse! Mais il y a là sur-tout un gentilhomme qui est bien le plus plat coquin!........ Sedaine, qui avait pris la robe en affection (on le voit partout), avait pris les *gentilhommes* en haine, et je doute qu'il eût pu rendre raison de l'un plus que de l'autre. Son M. de Saint-Morin, à qui l'on dit qu'un étranger paraît être le propriétaire d'une somme considérable qui a été trouvée et qu'il faut rendre, offre tout simplement de se mettre à la place de l'étranger, et de se donner pour celui qui a perdu l'argent; il parle comme par manière d'acquit de cette manœuvre digne des galères; il propose à ces trois mauvais sujets de la concerter avec lui, et pas un n'en témoigne le plus petit scrupule. Il n'y a de difficulté que sur le partage de la dépouille, et Saint-Morin leur dit toujours du même ton, *leur fera quelqu'avantage.* Il est très digne de remarque que les holà du public n'aient pas arrêté la pièce à cet endroit : j'ai vu le temps où l'indignation aurait été générale. On supportait la friponnerie dans les valets, dans les personnages donnés pour méprisables, jamais autrement, et le public poussait même fort loin la délicatesse d'oreille sur cet article, qui tient en effet à l'honnêteté publique. Ici Saint-Morin est un homme de condition, qui n'est nullement donné pour un coquin, et qui même va épouser la fille de la maison, et devenir le gendre du père le plus respectable. Qui avait pu produire un si grand changement dans les idées générales, qui se manifestent sur-tout au spectacle? C'est ce qu'on ne saurait expliquer sans entrer dans des considérations trop éloignées de notre objet, et dont le résultat serait que le tort n'était pas tout d'un côté.

Sedaine a fait deux opéra : le premier est *la Reine de Golconde*, que le sujet, le spectacle et la musique ont fait supporter, et qui n'est remarquable pour nous que par ces quatre vers, qui, je crois, ont été un peu changés depuis, mais qui ont été chantés et imprimés ainsi :

Général des Français, arrivé sur ces rives,
Je viens vous présenter avec empressement
    Les assurances les plus vives
    Du plus sincère attachement

La fin d'une lettre, en poésie noble, était une trouvaille réservée à Sedaine. L'autre était l'*Amphytrion* de Molière, refait comme Sedaine pouvait refaire Molière : il n'y manque rien ; c'est tout ce qu'il est possible de dire d'une pareille entreprise, qui pourtant ne réussit ni à la cour ni à Paris. Mais la cour et Paris applaudirent *Barbe-Bleue*, par où je finirai tout ce qui dans Sedaine peut mériter une mention, soit par l'ouvrage, soit par le succès. C'est bien ici ce dernier cas ; la pièce n'a pas l'ombre du bon sens, et l'on s'y attend pour ce qui est du conte ; mais ce qui est de la façon de l'auteur ne vaut pas mieux. Qu'un souverain entouré d'une cour nombreuse coupe la tête à je ne sais combien de femmes, parce qu'elles ont été curieuses, et les enterre dans sa cave sans que personne en sache rien, cela est bon pour la bibliothèque bleue. Mais le rôle de Vergy et ses amours avec Isaure sont bien de Sedaine, et ce chevalier français, qui, à la première réquisition, *rend à sa maîtresse tous les serments qu'elle lui a faits* ; et cette Isaure, qui renonce si facilement à son amant Vergy pour épouser un prince qui n'en est qu'à sa quatrième femme (*par la discrétion* de l'auteur), et sur lequel il ne laisse pas de courir de mauvais bruits ; cette Isaure, à qui la tête tourne à la vue d'une belle toilette et d'une aigrette de diamants, quoiqu'elle soit d'un rang à en être un peu moins éblouie que la *Ninette* de Favart ; et surtout ce Vergy, digne apparemment des habits de femme qui le déguisent, puisqu'il n'est pas capable du moindre effort pour défendre sa maîtresse à qui l'on veut couper le cou; cet idiot de Vergy, qui n'a pas l'esprit de trouver des armes dans tout un palais où il est long-temps libre, et dans un moment où la rage sait faire arme de tout; qui ne sait que regarder par la fenêtre comme *Anne, ma sœur Anne*, quoique cela ne convienne qu'à *ma sœur Anne*; ce preux de Vergy en jupons, et que quatre estafiers tiennent par les bras, tandis qu'un autre fait pour lui ce que seul il devrait faire pour Isaure, et combat à ses yeux l'Ogre qu'il ne manque pas d'expédier; tout ici est de l'invention de l'auteur, et jamais il n'a inventé plus mal. Eh bien! il est de fait que, malgré tant d'extravagances, la pièce a dû réussir; quiconque y a vu l'actrice unique qui, à la toilette, représentait les Graces avec un diadème, et un moment après amenait avec elle sur la scène la terreur, la mort et le désespoir, qui ne la quittaient plus, qui étaient dans ses yeux, dans ses pas, dans ses accents, dans tous ses mouvements; quiconque a vu ce spectacle, avouera que, s'il est vrai qu'on n'aille chercher au théâtre que des émotions, on devait être content de la représentation de *Barbe-Bleue*. Aussi mon avis serait qu'avec des pièces si mal faites et des talents tels que celui de madame Dugazon, on réduisît le drame à la pantomime et à la musique, et qu'on ne laissât la parole, à peu de chose près, qu'à l'actrice seule qui sait parler, jouer et chanter avec une âme qui anime tout. De cette manière, *Barbe-Bleue* aurait trois ou quatre scènes d'un effet continu, et aurait de moins une foule de sottises rebutantes qui sont des épreuves de patience en attendant des moments de plaisir, et qui sont faites pour déshonorer le théâtre, même celui de l'Opéra-Comique, puisqu'il a ses titres et ses modèles comme un autre, et qu'il y a, même dans le mauvais, un excès qu'on ne doit souffrir nulle part.

C'est aussi une véritable honte que l'ignorance totale de la langue sur la scène et dans la littérature française, et c'est un véritable tort de Sedaine, non pas de ses études, mais de son amour-propre. Je veux qu'il ne lui ait guère été possible d'apprendre la grammaire à un âge où cela est presque impraticable, quand on n'en a pas au moins les premiers éléments, mais pourquoi refuser des secours qu'il eût si aisément trouvés? Pourquoi ne pas prier un homme de lettres, un ami instruit, d'ôter au moins les plus grosses fautes, les solécismes et les barbarismes qui fourmillent dans ses pièces? On les joue partout en Europe; et que peuvent penser les étrangers qui ont étudié le français en voyant celui que Sedaine a fait parler sur la scène pendant quarante ou cinquante ans? Il ne s'agit pas ici de savoir écrire, il s'agit seulement de ne pas s'exprimer en phrases barbares, et de ne pas dire de trop lourdes sottises.

> *N'est-il* que la reconnaissance,
> Vous devez désirer ces nœuds.

Ces deux vers forment une phrase inintelligible. Il voulait dire : *N'y eût-il* que la reconnaissance, *ne fût-ce que par* reconnaissance, etc., et il n'a pas trouvé ces constructions, quoique si communes et si familières à tout le monde. Il commence une pastorale par ces deux vers :

> Les pères seraient trop heureux
> S'ils voyaient remplir tous leurs vœux.

C'est être aussi par trop niais ; et qui donc ne serait pas *trop heureux s'il voyait remplir tous ses vœux?* Il ne faut pas être *père* pour cela.

> Le couple charmant
> Fait de cette querelle
> *Éclore le serment*
> D'une flamme éternelle.

Un *serment* qui *éclôt !* Un pareil langage est impardonnable.

> L'à-propos *préside aux Grâces,*
> *Elles volent sur ses traces.*
> On sourit à l'à-propos,
> *N'aurait-il que des sabots.*

Présider aux Grâces, et l'*à-propos* qui *a des sabots !* C'est aussi trop de jargon dans les phrases, et trop d'ineptie dans les choses. On aurait pu, sans beaucoup de peine, purger toutes ces pièces de pareilles ordures ; mais la vanité de l'auteur en aurait souffert, et cette vanité n'est qu'une faute de plus.

Sedaine a laissé au théâtre un drame qu'on y revoit avec quelque plaisir, *le Philosophe sans le savoir,* dont le véritable titre, comme l'auteur le dit dans sa préface, était *le Duel,* titre que la police ne voulut pas permettre : ainsi ce n'est pas la faute de l'auteur si l'ouvrage n'a rien de commun avec le titre. Sedaine n'a jamais l'enflure de Diderot; mais il tombe souvent dans l'excès contraire, dans l'insipidité des petits détails. Les premiers actes de son drame en sont remplis; ce qui ne contribue pas peu à les refroidir. C'est une véritable puérilité que d'amener sur la scène une fille qui, le jour de son mariage, a mis du rouge pour la première fois, et vient chez son père en visite, pour finir par dire comme Pourceaugnac : *Ah ! il m'a reconnue.* Toute espèce de vérité sans intention est aussi sans effet. Mais d'un autre côté, Sedaine a souvent marqué l'un et l'autre dans des traits d'observation qui paraissent indifférents, et qui ont de la finesse en rentrant dans l'intérêt. Tel est celui de *la Lampe de mademoiselle Victorine*, dont on parle au fils de la maison, qui est amoureux de cette Victorine, et qui, prêt à partir pour aller se battre, songe que peut-être il ne la verra plus. En général, Sedaine, accoutumé à dessiner des canevas pour le musicien, indique plus qu'il ne développe, dans la comédie comme dans l'opéra comique. Tel est ici l'amour de ce jeune homme et de Victorine, qui n'est aperçu que dans le lointain. L'intérêt de la pièce est d'ailleurs fondé tout entier sur le péril du fils de la maison, péril que l'auteur a jeté avec art au milieu de la joie et des fêtes d'une noce. Mais l'intrigue n'est conduite ni avec force, ni avec vraisemblance : les incidents ne sont point assez liés au sujet. La proposition d'Antoine, de ce vieux commis qui veut aller se battre pour son maître, est insensée; et ce même Antoine, qui doit être un homme sage et ferme, perd la tête au point de ne rien voir de ce qu'il doit voir le mieux, et de venir annoncer brusquement au père la mort du fils, sans prendre la peine de s'assurer au moins d'un fait de cette importance : de là les coups de marteau (imitation forcée du coup de canon d'*Adélaïde*), qui ne laissent pas de produire leur effet, parce que le spectateur ne peut s'apercevoir de la fausseté des moyens que dans la scène suivante, et que la réflexion ne détruit pas l'impression antérieure; ce qui est une excuse pour l'auteur. Il y a du naturel dans le dialogue, mais de ce naturel qui ne saurait se passer de l'acteur, et qui disparaît à la lecture, faute d'expression.

Une autre pièce du même auteur, *la Gageure imprévue*, tirée d'un conte de Scarron, est plutôt un joli proverbe qu'une comédie. Il n'y a ni action ni intrigue : c'est une espèce d'énigme dont on ne sait le mot qu'à la fin, mais les détails sont d'une originalité amusante.

LA HARPE, *Cours de Littérature*.

MORCEAU CHOISI.
Épître à mon Habit.

Ah, mon habit! que je vous remercie!
Que je valus hier, grace à votre valeur!
  Je me connais, et plus je m'apprécie,
    Plus j'entrevois que mon tailleur,
    Par une secrète magie,
A caché dans vos plis un talisman vainqueur,
Capable de gagner et l'esprit et le cœur.
Dans ce cercle nombreux de bonne compagnie,

Quels honneurs je reçus ! quels égards ! quel accueil !
Auprès de la maîtresse, et dans un grand fauteuil,
Je ne vis que des yeux toujours prêts à sourire ;
J'eus le droit d'y parler, et parler sans rien dire.
    Cette femme à grands falbalas
  Me consulta sur l'air de son visage ;
    Un blondin sur un mot d'usage ;
    Un robin sur des opéra :
Ce que je décidai fut le *nec plus ultrà*.
On applaudit à tout : j'avais tant de génie !
  Ah, mon habit ! que je vous remercie !
    C'est vous qui me valez cela !

  De compliments, bons pour une maîtresse,
    Un petit-maître m'accabla ;
    Et, pour m'exprimer sa tendresse,
Dans ses propos guindés me dit tout angola :
    Ce poupard à simple tonsure,
Qui ne songe qu'à vivre, et ne vit que pour soi,
Oublia quelque temps son rabat, sa figure,
    Pour ne s'occuper que de moi ;
Ce marquis, autrefois mon ami de collège,
Me reconnut enfin, et, du premier coup d'œil,
    Il m'accorda par privilège
Un tendre embrassement qu'approuvait son orgueil.
Ce qu'une liaison dès l'enfance établie,
Ma probité, des mœurs que rien ne dérégla,
    N'auraient obtenu de ma vie,
    Votre aspect seul me l'attira.
  Ah, mon habit ! que je vous remercie !
    C'est vous qui me valez cela !

    Mais ma surprise fut extrême :
    Je m'aperçus que sur moi-même
    Le charme sans doute opérait.

Autrefois, suspendu sur le bord de ma chaise,
J'écoutais en silence, et ne me permettais
    Le moindre *si*, le moindre *mais*;
Avec moi tout le monde était fort à son aise,
    Et moi je ne l'étais jamais;
    Un rien aurait pu me confondre;
    Un regard, tout m'était fatal.
    Je ne parlais que pour répondre;
    Je parlais bas, je parlais mal.
Un sot provincial arrivé par le coche
Eût été moins que moi tourmenté dans sa peau.
    Je me mouchais presqu'au bord de ma poche,
    J'éternuais dans mon chapeau;
On pouvait me priver, sans aucune indécence,
De ce salut que l'usage introduit :
    Il n'en coûtait de révérence
    Qu'à quelqu'un trompé par le bruit.
    Mais à présent, mon cher habit,
Tout est de mon ressort, les airs, la suffisance;
Et ces tons décidés, qu'on prend pour de l'aisance,
    Deviennent mes tons favoris.
Est-ce ma faute à moi, puisqu'ils sont applaudis?
  Dieu! quel bonheur pour moi, pour cette étoffe,
De ne point habiter ce pays limitrophe
    Des conquêtes de notre roi!
  Dans la Hollande il est une autre loi;
En vain j'étalerais ce galon qu'on renomme;
En vain j'exalterais sa valeur, son débit :
    Ici l'habit fait valoir l'homme;
    Là l'homme fait valoir l'habit.
Mais chez nous, peuple aimable, où les graces, l'esprit
    Brillent à présent dans leur force,
L'arbre n'est point jugé sur ses fleurs, sur son fruit;
    On le juge sur son écorce.

SEGAUD (Guillaume), né en 1674 à Paris, où il mourut en 1748, prit l'habit de jésuite dès l'âge de seize ans, et enseigna les humanités au collège de Louis-le-Grand à Paris, puis à Rennes et à Rouen. Une des places de régent de rhétorique étant venue à vaquer, les jésuites balancèrent entre Porée et Segaud. Le premier l'emporta, et le second fut destiné à la chaire, quelque envie qu'il eût d'aller annoncer l'Évangile aux infidèles.

Ce fut à Rouen que le P. Segaud fit l'essai de son talent. Les succès qu'il y obtint, ceux qu'il eut ensuite à Paris, le firent appeler à la cour pendant trois carêmes, et le roi fut si content de ses sermons qu'il le gratifia d'une pension de douze cents livres. Le P. Segaud vivait d'une manière conforme à la morale qu'il enseignait : fidèle à tous ses devoirs, dur à lui-même, il ne connaissait d'autres délassements que ceux qui étaient prescrits par sa règle, et mettait un zèle extrême dans l'exercice du ministère. Au sortir d'un avent ou d'un carême il courait faire une mission dans le fond d'une campagne. Ses manières douces et simples, son air affable, et son éloquence persuasive lui gagnaient tous les cœurs, et il était également recherché des grands et des petits.

On trouve dans ses *Sermons* un grand fond d'instruction, beaucoup d'élégance et d'énergie, et surtout cette onction qui pénètre l'âme et qui la dispose à profiter des vérités évangéliques. Ils ont été imprimés à Paris en 1750 et 1752, en 6 vol. in-12, par les soins du P. Berruyer, si connu par son *Histoire du peuple de Dieu*. Parmi les *Sermons* du

P. Segaud on distingue sur-tout : *le Pardon des Injures, les Tentations, le Monde, la Probité, la Foi pratique* et *le Jugement général*. On a encore de lui plusieurs petites pièces de vers estimées par les connaisseurs ; la principale est son poème latin sur le camp de Compiègne, *Castra compendiensia*.

JUGEMENT.

Segaud fut assez heureux pour se préserver de l'influence du mauvais goût, et c'est là son premier mérite. L'abbé Clément l'eut aussi, et sa composition est assez sage ; mais elle est froide, et ne s'élève ou ne s'anime presque jamais ; et l'absence de défauts choquants ne suffit pas ; c'en est un grand que l'absence des beautés. Segaud en a, et de plus d'une espèce ; il en a sur-tout de touchantes, et sa manière est en général facile et douce. C'est ce qui fait lire avec plaisir plusieurs de ses sermons, plus travaillés que les autres ; car il n'est pas exempt de faiblesse et de négligence, et il a trop peu approfondi ses sujets. Il avait pris Massillon pour modèle, et s'en rapproche quelquefois, non pas par la richesse de diction, mais par des morceaux de sentiment, sur-tout dans le sermon du *Pardon des Injures*, et dans celui de *la Madeleine*, où il est abondant en moyens de persuasion, et parvient à de grands effets. A ne considérer que le mérite oratoire, on pourrait, de six volumes de sermons, en extraire un qui mériterait toujours d'être lu et distingué par les gens de goût. Je n'en citerai qu'un passage, comme exemple de cette imagination sen-

sible et affectueuse qui le distingue. Il s'agit de cette préférence que, selon la parole de l'*Enfant prodigue*, Dieu semble donner au pécheur converti sur les justes eux-mêmes. « Semblable, dit le prophète
« (car pourquoi avoir honte de se servir d'une com-
« paraison dont Dieu se sert lui-même et se fait hon-
« neur?), semblable à une mère pleine d'affection
« et de tendresse pour chacun de ses enfants : *Num-*
« *quid oblivisci potest mulier infantem suum?* Voyez-
« la leur arracher le couteau dont ils se jouent, et,
« dans la crainte qu'ils ne se blessent, leur défendre
« de tels jeux sous les plus grièves peines, leur mon-
« trer les plus rudes châtiments déjà tout préparés.
« Vous la prendriez plutôt pour une marâtre que
« pour une mère, tant elle paraît en fureur. Qu'un
« d'eux cependant, malgré sa défense, vienne à se
« blesser, elle court, elle vole, elle s'empresse,
« tout émue de douleur, et comme frappée du
« même coup qui l'a percé. Mais si cet enfant vient
« de lui-même et en pleurant lui montrer son sang
« qui coule, et lui découvrir sa plaie qui saigne,
« n'oublie-t-elle pas pour lui seul tous les autres, et
« ne semble-t-elle pas préférer ce malade indiscret
« et désobéissant à ceux qui sont encore sains et
« qui ont été plus discrets et plus sages ? »

L'orateur aurait pu pousser plus loin l'effet des détails et des rapports, et nous montrer, par exemple, cette mère consolant son enfant bien loin de le gronder, et tout occupée d'adoucir sa douleur, et de guérir sa plaie, sans paraître encore songer à sa faute. C'est là que l'imagination pouvait enrichir le style; mais la comparaison en elle-même est pleine de grace et d'intérêt, autant qu'elle est ingénieuse, et cette dernière qualité est une de celles que l'on remarque dans les sermons du P. Segaud. Il y a dans son talent un grand fond d'esprit dont il n'abuse pas comme l'abbé Poulle, mais dont il ne se sert pas non plus, à beaucoup près, comme Massillon.

La Harpe, Cours de Littérature.

SEGRAIS (Jean REGNAULT de), poète, né à Caen, le 22 août 1624, d'une famille noble, fut d'abord destiné à l'état ecclésiastique. Il n'avait que vingt ans lorsque le comte de Fiesque, qui avait fait quelque séjour à Caen, l'emmena à Paris, et le plaça chez mademoiselle de Montpensier, qui lui donna le titre de son aumônier ordinaire, avec la chanterie de la collégiale de Mortain, et depuis la qualité de son gentilhomme ordinaire. Mais Segrais, ayant blâmé son mariage avec Lauzun, fut obligé de quitter cette princesse, et se retira chez madame de La Fayette, qui se plaisait à rassembler chez elle les hommes les plus distingués par leur mérite et par leurs talents. Pendant le séjour qu'il fit dans la maison de cette dame, il eut quelque part à la composition des romans de *La Princesse de Clèves* et de *Zaïde*, qu'elle écrivait alors; mais ce fut seulement, comme il le dit lui-même, pour la disposition du roman.

Enfin lassé du grand monde, Segrais se retira dans sa ville natale, en 1676, où il épousa une riche héritière, Claudine Acher du Mesuilvitté, sa cousine.

On lui proposa en vain l'éducation du duc du Maine; il la refusa, sous prétexte qu'il était sourd. « L'expé-« rience, disait-il, m'a appris qu'il faut à la cour de « bons yeux et de bonnes oreilles. » Il mourut à Caen le 25 mars 1701, à l'âge de soixante-seize ans.

Ce poète s'est rendu célèbre par ses *Églogues*, Amsterdam, 1723, in-12, dans lesquelles il a su conserver la douceur et la naïveté propres à ce genre de poésie. Sa traduction des *Géorgiques* et celle de l'*Énéide* de Virgile, en vers français, l'une et l'autre in-8°, ont eu un grand succès, mais sont à peu près oubliées aujourd'hui *. On a encore de lui des *Poésies diverses*, et son poème pastoral d'*Athis*, dans lequel il a atteint quelquefois la simplicité noble des Anciens. Ses ouvrages en prose sont : les *Nouvelles françaises*, Paris, 1722, in-12, en

---

* Les Segrais, les Pellisson, ne me parurent pas occuper les premiers rangs (dans *le Temple du Goût*). Ils les avaient autrefois; ils brillaient avant que les beaux jours des belles-lettres fussent arrivés; mais peu à peu ils ont cédé aux véritablement grands hommes. Ils ne font plus ici qu'une assez médiocre figure. En effet, la plupart n'avaient guère que l'esprit de leur temps, et non cet esprit qui passe à la dernière postérité.

> Déjà de leurs faibles écrits
> Beaucoup de graces sont ternies;
> Ils sont comptés encore au rang des beaux-esprits,
> Mais exclus du rang des génies.

Segrais voulut un jour entrer dans le sanctuaire, en récitant ce vers de Despréaux,

> *Que Segrais dans l'églogue en charme les forêts.*

Mais la Critique, ayant lu, par malheur pour lui, quelques pages de son *Énéide* en vers français, le renvoya assez durement, et laissa venir à sa place madame de La Fayette, qui avait mis sous le nom de Segrais le roman aimable de *Zaïde* et celui de *La Princesse de Clèves*.

VOLTAIRE, *Temple du Goût*.

2 vol : c'est un recueil de quelques historiettes racontées à la cour de mademoiselle de Montpensier; *Segraisiana*, ou *Mélanges d'Histoire et de Littérature*, in-8º, 1722, à Paris, sous le titre La Haye; et à Amsterdam, 1723, in-12.

JUGEMENT.

Le principal mérite de Segrais est d'avoir bien saisi le caractère et le ton de l'églogue. Il a du naturel, de la douceur et du sentiment. Imitateur fidèle, mais faible, de Virgile, il fait comme lui entrer dans ses sujets les images champêtres qui leur donnent un air de vérité ; mais il ne sait pas, à beaucoup près, les colorier comme lui. Il donne à ses bergers le langage qui leur convient ; mais ce langage manque souvent de cette élégance et de cette harmonie qu'il faut allier à la simplicité. Boileau citait le commencement de sa première églogue, comme ayant bien la tournure propre au genre.

Tyrcis mourait d'amour pour la belle Climène,
Sans que d'aucun espoir il pût flatter sa peine.
Ce berger, accablé de son mortel ennui,
Ne se plaisait qu'aux lieux aussi tristes que lui.
Errant à la merci de ses inquiétudes,
Sa douleur l'entraînait aux noires solitudes ;
Et des tendres accents de sa mourante voix
Il faisait retentir les rochers et les bois.

Cette églogue a d'autres morceaux qui ne sont pas indignes de ce commencement, et qui sont en général imités des Anciens, de manière à ce que tout homme qui a lu puisse reconnaître les originaux.

En mille et mille lieux de ces rives champêtres,
J'ai gravé son beau nom sur l'écorce des hêtres.
Sans qu'on s'en aperçoive il croîtra chaque jour ;
Hélas! sans qu'elle y songe, ainsi croît mon amour....
. . . .
Sous ces feuillages verts, venez, venez m'entendre :
Si ma chanson vous plaît, je vous la veux apprendre.
Que n'eût pas fait Iris pour en apprendre autant,
Iris que j'abandonne, Iris qui m'aimait tant!
Si vous vouliez venir, *ô miracle des belles!*
Je vous enseignerais un nid de tourterelles.
Je vous les veux donner pour gage de ma foi ;
Car on dit qu'elles sont fidèles comme moi.
Climène, il ne faut pas mépriser nos bocages ;
Les dieux ont autrefois aimé nos pâturages ;
Et leurs divines mains, au rivage des eaux,
Ont porté la houlette et conduit les troupeaux.
L'aimable déité qu'on adore à Cythère
Du berger Adonis se faisait la bergère.
Hélène aima Pâris, et Pâris fut berger,
Et berger, on le vit *les déesses juger.*
Quiconque sait aimer, peut devenir aimable.
Tel fut *toujours d'amour* l'arrêt irrévocable.
Hélas! et pour moi seul change-t-il cette loi?
Rien n'aime moins que vous, rien n'aime autant que moi.

Si l'on en excepte quelques vers négligés, et sur-tout cette inversion vicieuse et contraire au génie de la langue, *les déesses juger,* le reste, traduit en partie de Virgile, respire cette sensibilité douce et naïve qui convient aux amours des bergers. La seconde églogue, dont le sujet est une querelle de jalousie, suivie d'un raccommodement, s'annonce par un récit qui est bien du ton des muses champêtres.

Timarette aux rochers racontait ses douleurs,
Et le triste Eurylas soupirait ses malheurs.
Tous deux (dieux! que ne peut l'aveugle jalousie!)
L'un pour l'autre troublés de cette frénésie,
Abandonnaient leur âme à d'injustes soupçons,
Qu'ils faisaient même entendre en leurs douces chansons
Écho les redisait aux nymphes du bocage ;
Un vieux faune en riait dans sa grotte sauvage.
Tels sont les jeux d'amour, disait-il, et jamais
Ces guerres ne se font qu'on n'en vienne à la paix.
Eurylas commença sur sa douce musette:
A son chant répondait la belle Timarette.
Tour à tour ils plaignaient leur amoureux souci ;
La muse pastorale aime qu'on chante ainsi.

Ce dernier vers est heureusement traduit de Virgile.

Un vieux faune en riait dans sa grotte sauvage,

est de Segrais. C'est un trait excellent, un accessoire très bien placé dans un tableau pastoral. Segrais a même quelques peintures vraiment poétiques, mais en trop petit nombre; telle est cette comparaison :

Comme on voit quelquefois par la Loire en fureur
Périr le doux espoir du triste laboureur,
Lorsqu'elle rompt sa digue, et roule avec son onde
Son stérile gravier sur la plaine féconde ;
Ainsi coulent mes jours depuis ton changement;
Ainsi périt l'espoir qui flattait mon tourment.

La comparaison n'est pas très juste dans toutes ses parties, mais les vers sont bien tournés. La description de l'Aurore a le même mérite.

Qu'en ses plus beaux habits l'Aurore au teint vermeil
Annonce à l'univers le retour du soleil,

Et que devant son char ses légères suivantes
Ouvrent de l'Orient les portes éclatantes :
Depuis que ma bergère a quitté ces beaux lieux,
Le ciel n'a plus ni jour ni clarté pour mes yeux.

Ce style descriptif est élégant. Ailleurs on trouve des morceaux de sentiment.

Enfant, maître des dieux, qui d'une aile légère
Tant de fois en un jour voles vers ma bergère,
Dis-lui combien loin d'elle on souffre de tourment ;
Va, dis-lui mon retour ; puis reviens promptement
(Si pourtant on le peut quand on s'éloigne d'elle)
M'apprendre comme elle a reçu cette nouvelle.
O dieux! que de plaisir, si, quand j'arriverai,
Elle me voit plus tôt que je ne la verrai,
Et du haut du coteau qui découvre ma route,
En s'écriant : C'est lui, c'est lui-même sans doute!
Pour descendre à la rive elle ne fait qu'un pas,
Vient jusqu'à moi peut-être, et, me tendant les bras,
M'accorde un doux baiser de sa bouche adorable, etc.
. . . .
Inutiles pensers, ou peut-être mensonges!
Qu'un amant sans dormir se forme bien de songes!
Qui ne sait que tout change en l'empire amoureux?
Eh! qui peut être absent et s'estimer heureux?
. . . .
O les discours charmants! ô les divines choses
Qu'un jour disait Amire en la saison des roses!
Doux zéphyrs qui régniez alors dans ces beaux lieux,
N'en portâtes-vous rien à l'oreille des dieux?

En la saison des roses est un rapprochement très agréable. C'est un mélange bien doux que le souvenir des roses et celui d'une conversation amoureuse.

> . . . . Puis reviens promptement
> (Si pourtant on le peut quand on s'éloigne d'elle)

est une idée assez fine, mais où il n'y a pas plus d'esprit que l'amour n'en peut donner.

Rien n'est plus connu que les vers charmants de Virgile sur Galatée : Segrais les a rendus assez naturellement, quoique avec moins de précision.

> Amynte d'un regard m'attaque quelquefois,
> Et la folâtre après se sauve dans les bois.
> Elle passe et s'enfuit, et cependant la belle
> Veut toujours être vue, et qu'on coure après elle.

La folâtre rend très bien le mot latin *lasciva*. Segrais a mis un regard au lieu d'une pomme; c'est une autre espèce d'agacerie; il n'a pas osé exprimer en vers une bergère qui jette une pomme à son amant, ce qui en effet n'était pas aisé. Il a développé aussi l'idée de Virgile, qui dit seulement : *Elle s'enfuit et veut qu'on la voie.* Segrais ajoute : *Et qu'on coure après elle.* Cet hémistiche n'est pas très harmonieux : et quoiqu'il ait de la vérité, il me semble que la réticence de Virgile n'en a pas moins, et a plus de finesse. *Elle veut qu'on la voie* en dit assez pour l'amour.

> Amynte, tu me fuis, et tu me fuis, volage,
> Comme le faon peureux de la biche sauvage,
> Qui va cherchant sa mère aux rochers écartés,
> Y craint du doux zéphyr les trembles agités :
> Le moindre oiseau l'étonne ; il a peur de son ombre;
> Il a peur de lui-même et de la forêt sombre.

Ces vers sont parfaits, et sur-tout le dernier, dont

l'expression simple et vraie tient sur-tout à l'épithète de *sombre*, placée à la fin du vers.

Ces endroits et plusieurs autres prouvent que Segrais n'était pas un poète bucolique à mépriser. Il faut songer qu'il écrivait avant les maîtres de la poésie française, et n'ayant encore d'autres modèles que Malherbe et Racan ; c'est ce qui rend plus excusables les fautes de sa versification, souvent lâche et traînante, et qui n'est pas même exempte de ces constructions forcées, de ces latinismes, enfin de ces restes de la rouille gothique, qui ne disparut entièrement que dans les vers de Despréaux. On lui a reproché tout récemment d'avoir loué Segrais dans l'*Art poétique*, au préjudice de madame Deshoulières, dont il ne parle pas. Ce reproche est mal fondé de toute manière. D'abord, Boileau n'a point nommé Segrais comme un modèle, comme un classique, puisqu'à l'article de l'Églogue et de l'Idylle, il n'en fait aucune mention, et ne propose à imiter que Théocrite et Virgile. C'est à la fin de son poème, lorsqu'il exhorte les poètes de différents genres à célébrer le nom de Louis XIV, c'est alors qu'il dit seulement :

Que Segrais dans l'églogue en charme les forêts.

Et que pouvait-il citer de mieux dans ce genre ? Ce ne pouvait être madame Deshoulières, dont les *Idylles* ne parurent que long-temps après, et d'ailleurs Segrais a plus de talent poétique que madame Deshoulières, quoique celle-ci, qui écrivait trente ans plus tard, ait une diction plus pure.

La Harpe, *Cours de Littérature.*

SÉGUR (le comte Louis-Philippe de), maréchal-de-camp, pair de France, grand cordon de la Légion-d'Honneur, commandeur de l'ordre de Cincinnatus, chevalier de Saint-Louis et des ordres du Christ, de Wurtemberg et Wurtzbourg, est le fils aîné du maréchal de Ségur. Né à Paris le 10 décembre 1753, il y fit de brillantes études, et néanmoins suivit la carrière des armes. Il entra comme sous-lieutenant dans le régiment de Mestre-de-camp, cavalerie, en 1769. Colonel en second du régiment d'Orbans-dragons, en 1776, il quitta ce régiment pour commander celui de Soissonnais-infanterie, qui servait en Amérique, et avec lequel il fit deux campagnes de la guerre de l'indépendance américaine. A son retour dans sa patrie, en 1783, il prit le commandement du régiment de dragons qui portait son nom. Nommé peu de temps après ministre plénipotentiaire en Russie, il sut, par la noblesse de son caractère et ses talents, comme diplomate, rétablir entre les cours de Saint-Pétersbourg et de Versailles l'harmonie qui, depuis trente ans, avait cessé d'exister entre elles. Non-seulement on lui dut le traité de commerce de 1787, si utile à la France, mais il empêcha encore le renouvellement du traité de même nature entre la Russie et l'Angleterre. M. de Ségur accompagna Catherine II dans son voyage de Crimée. L'impératrice ayant déclaré la guerre à la Sublime-Porte, M. de Ségur fit accepter la médiation de la France pour S. M. I. et il préparait un traité d'alliance avec l'impératrice, lorsqu'il fut rappelé à Paris par suite des premiers événements de la révolution. Le roi le nomma maréchal-de-camp en 1791, et lui offrit le choix entre le ministère des affaires étrangères et l'ambassade près du Saint-Siège. M. de Ségur préféra ce dernier poste, qu'il ne put remplir à cause des différends survenus entre le pape et la France. Louis XVI chargea M. de Ségur de se rendre, sur la fin de 1791, à Berlin, pour empêcher la guerre d'éclater. Sa mission eut le plus heureux succès malgré de nombreux obstacles. Il revint à Paris, et vivait retiré des affaires, quand il fut arrêté, par ordre du comité de salut public, le 10 août 1792. M. de Ségur n'émigra point, et eut le bonheur d'échapper aux sanglantes proscriptions du régime de la terreur. Il avait perdu toute sa fortune en France et à Saint-Domingue. Ses travaux littéraires lui rendirent une honorable existence, à lui, à son père et à toute sa famille. Sous le gouvernement consulaire, il devint membre du Corps-Législatif. S'étant prononcé en faveur du consulat à vie, il fut appelé, en 1803, au conseil d'état et nommé membre de l'Institut national. L'empereur Napoléon le rapprocha de sa personne, en lui donnant la charge de grand-maître des cérémonies. Sénateur en 1813; en janvier 1814, commissaire extraordinaire dans la 18e division militaire, il fut nommé par Louis XVIII, peu après la première restauration, pair de France. Pendant les *cent jours*, en 1815, Napoléon lui rendit les fonctions de grand-maître et le comprit au nombre des pairs qu'il institua. La seconde restauration a fait éliminer M. de Ségur de la chambre des pairs, rétablie par le roi, où néanmoins il est rentré en 1818. L'ordonnance royale de réorganisation de l'Institut, en 1816, l'avait conservé au nombre des membres de l'Académie-Française.

M. de Ségur occupe un rang très élevé dans la république des lettres. Il a composé, pendant sa jeunesse, un grand nombre de poésies gracieuses, de chansons spirituelles, qui suffiraient à une réputation poétique d'un ordre peu commun. Mais ce n'étaient là que les délassements de travaux plus sérieux. M. de Ségur s'est principalement exercé dans le genre historique, qui exige des connaissances variées et profondes, un jugement sûr et une philosophie courageuse. La *Décade historique*, la *Politique des cabinets de l'Europe*, l'*Histoire ancienne*, l'*Histoire de France*, sont des monuments qui honorent notre littérature. On y remarque l'alliance, devenue trop rare, d'un style très correct et brillant, avec une raison solide et un esprit lumineux. Les amateurs rechercheront aussi les ouvrages du même écrivain : *Galerie morale et politique*, *Pensées ou Choix de maximes et de sentences*; *Les Quatre Ages de la vie*, *ou Étrennes à tous le sages*. Le libraire Eymery travaille en ce moment à la réunion complète des ouvrages de M. de Ségur.

SÉGUR (VICOMTE DE), frère du précédent, né à Paris en 1752, mort à Barèges en 1805. M. le vicomte de Ségur a composé des romans, des comédies, des opéra et un grand nombre de couplets pleins de sel et de gaieté. Son esprit fin et brillant n'était pas propre aux compositions étendues ; mais un recueil choisi de ses œuvres serait agréable aux amateurs *.

Extrait de la *Biographie des Contemporains.*

SÉNECÉ (Antoine BAUDERON de), poète français, naquit à Mâcon en 1643, d'une famille distinguée par des talents et une probité héréditaires. Brice Bauderon, l'un des ancêtres de notre poète, est auteur d'une *Pharmacopée.* L'imagination vive et singulière de Sénecé s'accordait mal avec des études sérieuses et suivies; aussi ce fut plutôt pour plaire à ses parents qui le chérissaient, que par inclination et par goût, qu'il travailla d'abord pour le barreau. Il semblait néanmoins avoir choisi cette profession, et il la suivait déjà depuis quelque temps, lorsque des querelles qu'il eut dans sa patrie lui suscitèrent de mauvaises affaires. Elles devinrent de plus en plus sérieuses au point de rendre sa fuite nécessaire.

La Savoie fut son premier lieu d'exil. Il la quitta ensuite pour se rendre à Madrid, où il demeura jusqu'en 1673. A cette époque il rentra en France, mais ne se rendit point à Mâcon, où l'on n'avait pas encore oublié son humeur querelleuse. Il acheta une charge de premier valet de chambre auprès de la reine Marie-Thérèse, femme de Louis XIV, et se fixa à la cour. Son talent pour la poésie l'y fit connaître ; son esprit et sa gaieté l'y firent rechercher ;

* Ce recueil a paru il y quelque temps en 1 vol. in-8°, avec une notice sur la vie et sur les ouvrages de l'auteur.

aussi lorsque la mort eut enlevé la reine, Sénecé trouva auprès de la duchesse d'Angoulême un asyle pour lui et toute sa famille qui était nombreuse. Cette princesse ne cessa de le combler de ses bienfaits jusqu'en 1713, époque où elle mourut. Possesseur d'une fortune honnête, et déjà vieux, notre poète abandonna alors la cour et rentra dans sa patrie, où il mourut en 1737, âgé de quatre-vingt-quatorze ans. Les *OEuvres* de Sénecé, dont M. Auger a publié le recueil en 1805, un vol. in-12, avec une notice curieuse et bien écrite sur l'auteur, se composent d'*Épigrammes*, de *Nouvelles* en vers, de *Satires* et d'un poème intitulé *les Travaux d'Apollon*. Le poète Rousseau faisait cas de ce dernier ouvrage, et l'on a reconnu généralement que Sénecé était parvenu à très bien conter d'une autre manière que La Fontaine.

JUGEMENTS.

I.

Poète et littérateur estimable, Sénecé n'a pas une célébrité proportionnée à son mérite; ce qui prouve que les réputations ont aussi leur destinée. Il est vrai qu'il n'a laissé qu'un petit nombre de pièces fugitives, défigurées par quelques négligences, mais pleines d'une imagination singulière, d'expressions souvent très heureuses, de poésie enfin, et très supérieures à tous les recueils des Benserade, des Segrais, des Pavillon, qui cependant sont plus connus que cet écrivain. Le conte du *kaïmak* et le poème intitulé *les Travaux d'Apollon* auraient aujourd'hui beaucoup de succès et le mériteraient bien. Aussi un homme de goût qui rassemblerait avec choix les poésies de Sénecé, celles de Lainez et de quelques autres écrivains, qui n'ont fait comme eux, qu'un petit nombre de pièces agréables, enrichirait pour ainsi dire notre littérature d'un bon poète de plus, et par ce moyen conserverait des ouvrages que leur forme fugitive expose à disparaître, et qui sont dignes de rester.

PALISSOT, *Mémoires sur la Littérature.*

II.

Les deux contes qui nous restent de Sénecé, et qui ont suffi pour lui faire un nom parmi les poètes, sont dans un genre tout différent de celui de La Fontaine. Le premier, qui a pour titre *la Confiance perdue ou le Serpent mangeur de kaïmak*, est un apologue oriental, assez étendu pour former une espèce de petit poëme moral. Le sujet du second, qui s'appelle *Camille ou la Manière de filer le parfait amour*, est tout opposé à ceux que traite ordinairement La Fontaine. Chez celui-ci, ce sont des femmes qui trompent leurs maris : ici c'est une épouse qui est le modèle de la fidélité. Sénecé a donc le double mérite d'avoir choisi un genre nouveau, et d'avoir su plaire dans le conte, sans blesser en rien les mœurs. Lui-même expose ainsi son dessein dans l'exorde de *Camille* :

> Essayer veux, si mes forces suffisent,
> A revêtir la sainte honnêteté

De quelque grace. Auteurs qui ne médisent
N'ont les rieurs souvent de leur côté :
Voilà le siècle et le train qu'il veut suivre.
Dit-on du mal, c'est jubilation :
Lit-on du bien, des mains tombe le livre,
Qui vous endort comme bel opium.

Ce n'est pourtant pas l'effet que produit ici Sénecé. Son conte de *Camille* est très joli. Il écrit avec beaucoup d'esprit et d'élégance, malgré quelques inégalités. Il connaît les convenances du style, et sait adapter son ton au sujet. Mais c'est sur-tout dans le conte du *kaïmak* qu'il s'est montré superieur. L'ouvrage est semé de traits fort heureux, de vers pleins de sens, de détails poétiquement embellis. Il joint la raison à la gaieté, et sa versification ferme ne se traîne point sur les traces d'autrui. Je me bornerai à citer cette description d'une fontaine que rencontre Mahmoud excédé de fatigue :

Des gazons émaillés l'ornaient tout à l'entour ;
Un plane l'ombrageait par son vaste contour ;
Et les zéphyrs aux frais, sans agiter l'arène,
Luttaient si joliment contre le chaud du jour,
Qu'au murmure de l'onde et de leur douce haleine,
  Tout semblait dire en ce séjour :
  Ou dormez, ou faites l'amour.
Faire l'amour ! Mahmoud n'en avait nulle envie,
  Quand même il aurait eu de quoi,
Mais oui bien de dormir, et plus que de sa vie,
Aussi tout étendu dormit-il comme un roi,
Posé le cas qu'un roi dorme mieux qu'un autre homme :
  Je pense au rebours, quant à moi.

De pareils traits, et cette manière de conter, rappellent notre La Fontaine un peu plus que ne fait Vergier. Aussi celui-ci a fait trop de contes, et Sénecé en a fait trop peu. On ne peut pas donner ce nom aux *Travaux d'Apollon*, le morceau le plus considérable qu'il nous ait laissé. C'est un poème dont le sujet est un récit un peu long de tous les maux que le dieu des vers a soufferts, si l'on en croit la Fable. L'intention de l'auteur est de faire voir que les poètes ne doivent pas s'attendre à être heureux, puisque le dieu qui est leur patron ne l'a jamais été. Rousseau le lyrique faisait cas de cet ouvrage, parce qu'il s'attachait sur-tout au mérite de la versification. Celle des *Travaux d'Apollon* offre des morceaux bien travaillés, et qui prouvent que Sénecé avait étudié dans Boileau le mécanisme du vers; mais il est pourtant susceptible de beaucoup de reproches, même dans cette partie. Sa diction est quelquefois pénible et contrainte, et assez souvent un peu sèche. Il s'en faut bien qu'elle soit d'un goût égal et sûr, ni qu'il soutienne le ton noble comme celui du conte. D'ailleurs le plan en est mal conçu, et tout l'ouvrage est assis sur un fondement vicieux. Sénecé suppose que, dégoûté de la poésie par le peu d'encouragements qu'il reçoit, il est prêt à y renoncer, lorsque l'ombre de Maynard lui apparaît, et, pour le disposer à la résignation et à la patience, s'offre de lui faire voir que toute l'histoire d'Apollon n'a été qu'un enchaînement de malheurs de toute espèce. Mais en accordant que ce soit là un motif de consolation, Maynard pouvait-il croire que Sénecé n'eût pas lu comme lui les *Métamorphoses d'Ovide*, et ne sût pas les aventures d'Apollon ? Il parle donc pour parler, il raconte pour raconter, il décrit pour décrire : c'est un défaut mortel. Si vous voulez mener le lecteur, il faut lui proposer un but; et qui se soucie d'entendre ce que tout le monde sait ? Toute machine poétique, toute fiction dans le plus petit ouvrage comme dans le plus grand, doit, pour nous attacher, être conforme au bon sens et à la vraisemblance. Enfin ce narré, aussi prolixe qu'inutile, des fabuleuses disgraces d'Apollon, est d'une ennuyeuse uniformité. Rien ne fait mieux voir combien le talent a besoin de se trouver en proportion avec les sujets qu'il choisit.

LA HARPE, *Cours de Littérature*.

SÉNÈQUE (LUCIUS ANNÆUS SENECA), orateur, né à Cordoue en Espagne vers l'an 61 avant J.-C., dont il nous reste des *Déclamations*, que l'on a faussement attribuées à Sénèque le Philosophe, son fils. Sénèque l'Orateur épousa Helva, illustre dame espagnole, dont il eut trois fils : Sénèque le Philosophe, Annæus Novatus, et Annæus Mela, père du poète Lucain. Les défauts du style de Sénèque l'Orateur sont les mêmes que ceux de Sénèque le Philosophe, dont nous allons parler.

SÉNÈQUE le Philosophe (LUCIUS ANNÆUS SENECA), fils du précédent, naquit à Cordoue, vers l'an 6 avant J.-C. Il fut formé à l'éloquence par son pere, par Hygin, par Cestius, et par Asinius Gallus; et à la philosophie, par Socion d'Alexandrie et par Photin, célèbres stoïciens. Après avoir pratiqué pendant quelque temps les abstinences de la secte pythagoricienne (c'est-à-dire, s'être privé dans ses repas de tout ce qui a vie), il se livra au barreau. Ses plaidoyers furent admirés; mais la crainte d'exciter la jalousie de Caligula, qui aspirait aussi à la gloire de l'éloquence, l'obligea de quitter une carrière si brillante et si dangereuse sous un prince bassement envieux. Il brigua alors les charges publiques, et obtint celle de questeur. On croyait qu'il monterait plus haut, lorsqu'un commerce illicite avec Julie, sœur de Caligula, et non comme le dit gratuitement Saint-Évremont, avec Julie Agrippine, veuve de Domitius, un de ses bienfaiteurs, le fit reléguer dans l'île de Corse. C'est là qu'il écrivit ses livres *De la Consolation*, qu'il adressa à sa mère. Agrippine ayant épousé l'empereur Claude, rappela Sénèque, pour lui donner la conduite de son fils Néron, qu'elle voulait élever à l'empire. Tant que ce jeune prince suivit les instructions et les conseils de son précepteur, il fut l'amour de Rome; mais après que Poppée et Tigillin se furent rendus maîtres de son esprit, il devint la honte du genre humain. La vertu extérieure de Sénèque lui parut être une censure continuelle de ses vices; il ordonna à l'un de ses affranchis, nommé Cléonice, de l'empoisonner. Ce malheureux n'ayant pu exécuter son crime par la défiance de Sénèque, qui ne vivait que de fruits et ne buvait que de l'eau, Néron l'enveloppa dans la conjuration de Pison (dont, selon quelques auteurs, il était réellement coupable) : il fut dévoué à la mort comme les autres conjurés, et l'exécution fut à son choix. Le philosophe demanda de pouvoir disposer de ses biens ; mais on le lui refusa. Alors il dit à ses amis : « Que puis-« qu'il n'était pas en sa puissance de leur faire part « de ce qu'il croyait posséder, il laissait au moins « sa vie pour modèle, et qu'en l'imitant exactement, « ils acquerraient parmi les gens de bien une gloire « immortelle. » Paroles pleines de faste et de petitesse. L'horreur de la mort, malgré sa sécurité apparente, l'affecta si fort, qu'il ne coula point de sang de ses veines ouvertes. Il eut recours à un bain chaud, dont la fumée, mêlée avec celle de quelques liqueurs, l'étouffa. Tacite en parle assez favorablement, quoiqu'il convienne de ses monstrueuses amours et de ses perfides conseils dans la mort d'Agrippine et de quelques autres Romains. Mais Dion et Xyphilin ne l'ont pas ménagé, et le portrait qu'ils en font est assez conforme à ce qui paraît de plus certain sur ce moraliste fameux, qui a vécu d'une manière très opposée à ses écrits et à ses maximes, et dont la mort peut passer pour une punition de son hypocrisie. Elle arriva l'an 65 de J.-C. et la 12ᵉ année du règne de Néron. Pompeïa Paulina, son épouse, voulut mourir avec lui : Sénèque, au lieu de l'en empêcher, l'y exhorta, et ils se firent ouvrir les veines l'un et l'autre en même temps ; mais Néron qui aimait Paulina, donna ordre de lui conserver la vie. On ne peut nier que Sénèque ne fût estimable par quelques vertus; mais sa sagesse était plus dans ses discours que dans ses actions. Il se laissa corrompre par l'air contagieux de la cour. Comment accorder avec sa philosophie ces richesses immenses, ces magnifiques palais, ces délicieuses maisons de campagne, ces ameublements précieux, cette multitude de tables de cèdre soutenues sur des pieds d'ivoire, etc.? Comment excuser les rapines usuraires qui le déshonorèrent pendant qu'il était questeur? Que n'aurait-on pas à dire de ses lâches adulations envers Néron? Qui ne sait qu'il flatta ce prince sur l'empoisonnement de Britannicus, sur le meurtre d'Agrippine sa mère, et qu'il accepta le don qu'il lui fit du palais et des jardins de Britannicus après la mort injuste de ce Romain? Il se montra en mourant un apologiste enthousiaste du suicide. Enfin il serait bien difficile de prouver qu'il ne trempa point dans la conspiration de Pison. Si on considère Sénèque comme auteur, il avait toutes les qualités nécessaires pour briller. A une grande délicatesse de sentiment, il unissait beaucoup d'étendue dans l'esprit; mais l'envie de donner le ton à son siècle le jeta dans des nouveautés qui corrompirent le goût. Il substitua à la simplicité noble des Anciens, le fard et la parure de la cour de Néron; un style sentencieux, semé de pointes et d'antithèses*; des peintures brillantes, mais trop chargées; des expressions neuves; des tours ingé-

---

* Rollin a remarqué, dans son *Traité des Études*, que tous les alinéa dans lesquels on a distribué les ouvrages de Sénèque, finissent par un jeu de mots ou par une pointe.

nieux, mais peu naturels. Enfin il ne se contenta pas de plaire, il voulut éblouir, et il y réussit. Ses ouvrages peuvent être lus avec fruit par ceux qui ont le goût formé. Ils y trouveront des leçons de morale utiles, des idées rendues avec vivacité et avec finesse. Mais pour profiter de cette lecture, il faut savoir discerner l'agréable d'avec le forcé, le vrai d'avec le faux, le solide d'avec le puéril, et les pensées véritablement dignes d'admiration d'avec les simples jeux de mots. La première édition de ses ouvrages est celle de Naples, 1475, in-fol. Les principaux ouvrages de ce recueil sont : 1° *De Irâ* ; 2° *De Consolatione* ; 3° *De Providentiâ* ; 4° *De Tranquillitate animi* ; 5° *De Constantiâ sapientis* ; 6° *De Clementiâ* ; 7° *De Brevitate vitæ* ; 8° *De Vitâ beatâ* ; 9° *De Otio sapienti* ; 10° *De Beneficiis* ; 11° *Naturalium Questionum, libri* VII, et un grand nombre de *Lettres morales*. Ces divers traités contiennent d'excellentes choses : dans quelques endroits l'on s'aperçoit sans peine que les maximes de l'Évangile, déjà repandues partout, ne lui étaient pas inconnues ; mais dans d'autres il s'abandonne à des erreurs étranges, et ne se défend pas même des délires du matérialisme. Telle est la mobilité fatale de ces prétendus sages qui parlent de la vérité sans la rechercher sincèrement, et de la vertu sans la pratiquer ; qui s'érigent en pédagogues par vanité, et donnent à l'ostentation ce que l'homme de bien se contente de faire et renferme dans le secret du cœur. Malherbe et Du Ryer ont traduit en français ces différents ouvrages, 1659, in-fol., et en plusieurs vol. in-12. D'autres écrivains se sont exercés sur cet auteur : mais la seule traduction complète qu'on estime, à quelques inexactitudes près, est celle de La Grange, Paris, 1777, 6 vol. in-8°. Diderot y a ajouté un 7e vol. intitulé *Essai sur la vie de Sénèque*; ce n'est pas une histoire, mais un plaidoyer en faveur de ce philosophe. La Harpe examine longuement cet ouvrage de Diderot. Nous avons sous le nom de Sénèque plusieurs tragédies latines, *Médée*, *OEdipe*, *les Troyennes*, *Hippolyte*, *Octavie* et *la Thébaïde*. Mais quelques savants doutent avec raison si elles sont de lui. Ils les attribuent à un autre Sénèque; et c'est pour cela qu'on les cite quelquefois sous le nom de *Sénèque le Tragique*. On y trouve des pensées mâles et hardies, des sentiments pleins de grandeur, des maximes de politique très utiles; mais l'auteur est guindé, il se jette dans la déclamation, et ne parle jamais comme la nature. Au reste, il respecte partout les mœurs, et ne présente pas aux spectateurs des scènes voluptueuses et lubriques, comme la plupart des tragiques modernes. L'abbé de Marolles les a traduites en français. On a *Senecæ sententiæ, cum notis Variorum*, Leyde, 1708, in-8°, qui ont été traduites en partie dans les *Pensées de Sénèque* par La Beaumelle, 2 vol. in-12. On voit à la fin de *Flores utriusque Senecæ*, Paris, 1574, in-12, publié par Haton du Mans, quatorze épîtres, tant de Sénèque à saint Paul, que de saint Paul à Sénèque, qui ont fait croire à quelques-uns que Sénèque avait été chrétien; mais ces épîtres sont reconnues pour être des pièces supposées; et malgré le témoignage de saint Jérôme, personne ne croit aujoud'hui que Sénèque ait été chrétien. Tacite dit qu'avant de mourir il prit de l'eau du bain, en arrosa les spectateurs, en disant qu'il *faisait ces libations à Jupiter le libérateur.* D'ailleurs les paroles pleines de faste que nous avons rapportées, son exhortation à Paulina pour l'engager à se tuer elle-même, contrastent étrangement avec la mort d'un chrétien. « Quel chrétien, « dit le continuateur de Rollin, qui mettait son « sage au-dessus de Dieu, par la raison que Dieu « tire sa perfection de sa nature, et que le sage « ne doit la sienne qu'à son choix libre et volontai- « re! *Est aliquid quo sapiens antecedat Deum :* « *ille naturæ beneficio non timet, suo sapiens.* » (*Épist.* XXXV). On trouve plusieurs passages de Sénèque, qui renferment la même impiété, recueillies par M. Duguet, *Jésus-Christ crucifié*, t. II, chap. 3, p. 106. M. Jennyngs a eu raison de dire dans son excellent traité *De l'Évidence du Christianisme,* que des criminels publics et avérés sont moins éloignés des lumières de l'Évangile, que ces hommes vains et présomptueux qui affectent le nom de *sages.* (*Voyez* le *Journ. hist. et litt.*, 15 septembre 1779, p. 103). On a encore l'*Esprit de Sénèque*; le philosophe y est trop flatté. L'auteur de la *Vie de Sénèque* (l'abbé Ponçol), qui est à la tête de ses traités *De la Clémence* et *Des Bienfaits* (Paris 1776), est tombé dans le même défaut.

FELLER, *Dictionnaire historique.*

SÉNÈQUE.

JUGEMENTS SUR SÉNÈQUE DIT LE TRAGIQUE.

I

Nous aurions tort de juger du talent tragique qu'ont pu montrer les Romains, pendant l'époque brillante de leur littérature, par les seuls ouvrages que nous possédons, c'est-à-dire, par le recueil des tragédies qui passent pour être de Sénèque. Il me paraît fort douteux que ces pièces soient authentiques; peut-être les a-t-on attribuées à Sénèque parce qu'il paraît lui-même dans celle qui est intitulée *Octavia* ; mais cela même aurait plutôt dû prouver qu'il n'en était pas l'auteur. Quoi qu'il en soit, les érudits ne sont point d'accord à cet égard. Les uns prétendent que ces tragédies ont été composées en partie par Sénèque le Philosophe et en partie par son père le Rhéteur; d'autres soutiennent qu'elles sont d'un poète, différent de tous deux, qui portait le même nom. On s'accorde, en général, à dire qu'elles ne sont ni de la même main, ni de la même époque. On pourrait les considérer comme des productions beaucoup plus modernes, données pour antiques, si Quintilien ne citait pas un vers de la *Médée** de Sénèque, qui se trouve en effet dans la tragédie que nous possédons. Celle-là, du moins, est donc bien certainement ancienne, et cependant elle n'est pas très supérieure aux autres.

---

* Dans cette pièce, Médée égorge ses enfants sous les yeux des spectateurs, quoique Horace eût déjà blâmé les poètes qui mettaient de pareilles horreurs sur la scène. C'est dans cet excès d'exagération, inconnue aux Grecs, que les tragiques romains cherchaient l'effet et la nouveauté.

Mais quelle que soit la date assignée, à ces tragédies, elles sont dépourvues de tout intérêt dramatique, comme de toute vérité dans la peinture des caractères et des situations; elles révoltent par une foule d'inconvenances, elles sont écrites d'un style froid et enflé, où les lieux communs tragiques sont débités à perte d'haleine, où tout est phrase et prétention : il y a de l'esprit et sur-tout de la subtilité, il y a aussi quelque chose qui ressemble à de l'imagination; mais on n'y découvre le talent que dans l'abus du talent même. Elles n'imitent la tragédie grecque que par la forme extérieure et par le choix des sujets mythologiques, et si elles paraissent s'élever au-dessus de leur modèle, c'est comme une hyperbole creuse surpasse l'expression de la vérité. Les auteurs de ces pièces ont trouvé le secret d'être diffus avec un laconisme épigrammatique, voisin de l'obscurité. Les personnages qu'ils introduisent sur la scène ne sont ni des modèles imaginaires, ni des hommes véritables ; ce sont des marionnettes colossales, mises en mouvement tantôt par le fil d'un héroïsme hors de nature, tantôt par celui d'une passion tout aussi artificielle, qui ne se doute d'aucune borne, et ne recule devant aucun attentat.

SCHLEGEL, *Cours de Littérature dramatique.*

II.

Les Latins ont tout emprunté des Grecs, comme nous avons tout emprunté des uns et des autres. La tragédie fut connue à Rome dans le temps de la seconde guerre punique. La langue n'était pas encore formée, mais la conquête de cette partie méridionale de l'Italie qu'on appelait la Grande-Grèce, et sur-tout de la Sicile et de Syracuse, où les Denys et les Hiéron avaient fait fleurir les lettres grecques, commença à familiariser les Romains avec les beaux-arts, et à faire naître le goût de la poésie et de l'éloquence. On sait quels progrès ils y firent dans la suite, et avec quel succès ils luttèrent en plus d'un genre contre leurs maîtres. Accius et Pacuvius, contemporains des Scipion, passent pour avoir été, chez les Romains, les premiers qui aient écrit des tragédies, que les édiles firent représenter. Le temps ne nous a laissé que le titre de leurs ouvrages et quelques fragments informes : c'en est assez pour voir qu'ils ne firent que transporter sur le théâtre de Rome tous les sujets traités sur celui d'Athènes. Mais moins heureuse que l'épopée, la tragédie n'eut point de Virgile. Elle fut pourtant cultivée dans le beau siècle par des génies supérieurs : nous savons qu'Ovide fit une *Médée ;* et César, un *Œdipe.* Cicéron s'était amusé à mettre en vers latins plusieurs pièces d'Euripide et de Sophocle, dont quelques lambeaux sont cités dans ses ouvrages ; mais les seules pièces qui soient parvenues jusqu'à nous, sont sous le nom de Sénèque. Elles sont au nombre de dix : *Hercule furieux*, *Thyeste*, *les Phéniciennes ou la Thébaïde*, *Agamemnon*, *Hippolyte*, *Œdipe*, *les Troyennes*, *Hercule au mont Œta*, *Médée*, et *Octavie*. Excepté cette dernière, on voit, par les titres mêmes, que toutes sont des imitations des Grecs. Les critiques les plus versés dans l'étude de l'antiquité croient qu'*OEdipe*, *Hippolyte*, *Médée* et *les Troyennes* sont de Sénèque le Philosophe, qu'on a voulu mal à propos distinguer du Tragique; et beaucoup de témoignages anciens, qui attribuent au même auteur le talent de la poésie, ainsi que celui de la prose, confirment cette opinion. On croit que les six autres sont de divers auteurs qui, dans la suite, firent passer leurs tragédies sous un nom accrédité, comme plusieurs auteurs comiques publièrent des pièces sous le nom de Plaute. Ces sortes de fraudes étaient assez faciles dans un temps où il n'y avait point d'imprimeries. Il est sûr que les quatre tragédies que l'on prétend être de Sénèque sont meilleures que les six autres; et la dernière, *Octavia*, qui n'a pu être composée qu'après le règne de Néron, puisque la mort de son épouse et son mariage avec Poppée en font le sujet, est évidemment de quelque mauvais poète qui a voulu faire la satire d'un tyran, et la publier sous le nom d'un des personnages célèbres qui avaient été ses victimes. Mais dans toutes ces pièces, et même dans celles qui passent pour les meilleures, on trouve en général peu de connaissance du théâtre et du style qui convient à la tragédie. Ce sont les plus beaux sujets d'Euripide et de Sophocle, traduits en quelques endroits, mais le plus souvent transformés en longues déclamations du style le plus boursoufflé. La sécheresse, l'enflure, la monotonie, l'amas des descriptions gigantesques, le cliquetis des antithèses recherchées, dans les phrases une concision entortillée et une insupportable diffusion dans les pensées, sont les caractères dominants de ces imitations maladroites et malheureuses qui ont laissé leurs auteurs si loin de leurs modèles.

Il ne faut pourtant pas croire que les pièces de Sénèque soient absolument sans mérite. Il y a des beautés, et les bons esprits qui savent tirer parti de tout ont bien su les apercevoir. On y remarque des pensées ingénieuses et fortes, des traits brillants, et même des morceaux éloquents et des idées théâtrales. Racine a bien su profiter de l'*Hippolyte*, qui est en effet ce qu'il y a de mieux dans Sénèque : il en a pris ses principaux moyens, et s'est rapproché de lui dans son plan, beaucoup plus que d'Euripide. C'est d'après lui qu'il a fait la scène où Phèdre déclare elle-même sa passion à Hippolyte, au lieu que, dans Euripide, c'est la nourrice qui se charge de parler pour la reine. Le poète latin eut donc le double mérite d'éviter un défaut de bienséance, et de risquer une scène très délicate à manier ; et le poète français l'a imité dans l'un et dans l'autre. Il lui doit aussi l'idée de faire servir l'épée d'Hippolyte de témoignage contre lui, et d'amener, à la fin de la pièce, Phèdre, qui confesse son crime et l'innocence du prince, et se fait justice en se donnant la mort ; ce qui vaut un peu mieux que la lettre calomnieuse de Phèdre, morte, dans la pièce grecque, avant que Thésée arrive. Enfin, et c'est ici la plus grande gloire de Sénèque, il a fourni à Racine cette fameuse déclaration, l'un des plus beaux morceaux de la *Phèdre* française. Voici la traduction littérale,

qui fera voir en même temps ce que Racine doit
Sénèque, et ce qu'il a su y ajouter. Phèdre se plain
du feu secret qui la dévore. Hippolyte lui dit : « J
« le vois bien : votre amour pour Thésée vous tour
« mente et vous égare. »

PHÈDRE.

« Oui, Hippolyte, il est vrai, j'aime Thésée, te
« qu'il était dans les jours de son printemps, quand
« un léger duvet couvrait à peine ses joues, lorsqu'il
« vint attaquer le monstre de Crète dans les détours
« du labyrinthe, et qu'un fil lui servit de guide. Quel
« était alors son éclat ! Je vois encore ses cheveux
« renoués, son teint brillant des couleurs de la jeu-
« nesse, ce mélange de force et de beauté. Il avait
« le visage de cette Diane que vous adorez, ou du
« Soleil mon aïeul, ou plutôt il avait votre air ; c'est
« à vous, oui, à vous qu'il ressemblait quand il
« charma la fille de son ennemi. C'est ainsi qu'il
« portait sa tête ; mais sa grace négligée brille encore
« plus dans son fils : votre père respire en vous
« tout entier, et vous tenez de votre mère l'Ama-
« zone je ne sais quoi d'un peu farouche, qui mêle
« des graces sauvages à la beauté d'un visage grec.
« Ah ! si vous fussiez venu dans la Crète, c'est à
« vous que ma sœur aurait donné le fil secoura-
« ble, etc. »

Ici finit ce que Racine a imité. Quatre vers après,
Phèdre parle sans ambiguïté, et se jette aux genoux
d'Hippolyte. Les vers de Racine sont trop connus
pour les citer ici ; mais on peut se rappeler qu'il a

joint beaucoup d'idées à celles de Sénèque, et surtout qu'il a fini le morceau en portant l'égarement de Phèdre au dernier degré; en sorte que sa passion, même en se manifestant davantage, a toujours un air de délire; ce qui est beaucoup plus heureux que de finir, comme elle fait dans Sénèque, par un aveu formel de sa faiblesse, et par un mouvement qui en est la plus humiliante expression.

Ce n'est pas la seule obligation que Racine ait à Sénèque. D'autres passages font voir qu'il l'avait beaucoup lu. Ces vers d'*Iphigénie*:

La Thessalie entière, ou vaincue ou calmée;
Lesbos même conquise en attendant l'armée,
De tout autre valeur éternels monuments,
Ne sont d'Achille oisif que les amusements.

sont une imitation d'un endroit des *Troyennes*, et il a pris dans la même pièce un fort beau morceau du rôle de Pyrrhus dans son *Andromaque*. On sait que le *moi* fameux de la *Médée* de Corneille est aussi tiré de la *Médée* latine. Crébillon a pris dans *Thyeste* plusieurs des traits les plus énergiques de son *Atrée*. Enfin l'on trouve dans *les Troyennes* une scène entière fort belle entre Agamemnon et Pyrrhus: ce jeune prince demande le sang de Polyxène, et le général s'efforce de lui faire voir toute l'horreur de ce sacrifice. Le discours d'Agamemnon est du ton de la vraie tragédie; mais il perdrait trop à n'être traduit qu'en prose.

On a cité plusieurs fois des sentences du même auteur, remarquables par un grand sens et par une tournure énergique et serrée, et quelques traits hardis de cette philosophie épicurienne qui était assez de mode à Rome, et dont Lucrèce mit en vers les principes, sans que personne songeât à lui en faire un crime. C'est dans une pièce de Sénèque que le chœur, qui est le personnage moral des tragédies, chantait ces vers :

Rien n'est après la mort : la mort même n'est rien.

Et ces deux autres, traduits par Cyrano dans son *Agrippine* :

Une heure après ma mort, mon âme évanouie
Sera ce qu'elle était une heure avant ma vie.

On n'est pas étonné de ces exemples, quand on se rappelle quelle liberté de penser régnait à Rome sur ces matières, et que tout ce que les lois exigeaient, c'est que le culte public fût respecté. Vingt endroits d'Euripide, où ses personnages parlent très librement des dieux et rejettent toutes les fables qu'on en racontait, prouvent à la fois qu'il porta sur la scène la philosophie de Socrate, et quelquefois même mal à propos, et que les Grecs ne regardaient pas comme des objets de vénération toutes les traditions mythologiques qu'ils admettaient sur leur théâtre. Brumoy remarque, avec raison, qu'il faut faire soigneusement cette distinction lorsqu'on étudie leurs auteurs.

Les heureux larcins qu'on a faits à Sénèque font voir aussi que comme poète il n'est pas indigne d'attention ni de louange ; mais le peu de réputation qu'il a laissée en ce genre, et le peu de lecteurs qu'il a, sont la preuve de cette vérité, toujours utile à remettre sous les yeux de ceux qui écrivent, que ce n'est pas le mérite de quelques traits semés de loin en loin qui peut faire vivre les ouvrages, et qu'il faut élever des monuments durables pour attirer les regards de la postérité.

La Harpe, *Cours de Littérature.*

JUGEMENTS SUR SÉNÈQUE LE PHILOSOPHE.

I.

Il y a quinze ou seize ans qu'il s'éleva une grande querelle sur Sénèque : elle ne fit pas, il est vrai, le même bruit en France et en Europe que celle dont Homère fut le sujet dans le siècle dernier et dans le nôtre. Sénèque ne tenait pas une assez grande place dans l'opinion pour intéresser dans sa cause autant de lecteurs qu'Homère ; et la discussion sur les Anciens et les Modernes, dont celui-ci fut l'occasion, n'était d'ailleurs qu'une question de goût. On ne laissa pas, suivant l'usage, d'y mêler cette espèce d'aigreur qui naît si facilement de la contrariété des avis, et même cette dureté qui tient au pédantisme de l'érudition : vous avez vu que ce fut le tort de la savante Dacier. Cependant les injures ne furent du moins que littéraires, et n'attaquaient que l'esprit. Ici ce fut bien autre chose : la controverse sur Sénèque, roulant en grande partie sur le personnel de ce philosophe, fut une espèce de procès criminel, et au point que dans aucune espèce de procès on ne publia jamais de *factum* plus violent, plus outrageant, plus forcené, que celui de Diderot contre quelques journalistes qui, en rendant compte de la traduction des *OEuvres de Sénèque**, avaient osé ou censurer sa conduite, ou seulement élever des doutes et jeter quelques nuages sur sa vertu. Heureusement le public ne prit pas à cette cause un intérêt égal, à beaucoup près, au vacarme que firent les apologistes de Sénèque, et il en prenait fort peu à la diffamation répandue sur ses adversaires, dont plusieurs en effet n'étaient pas déjà très bien famés, mais qui cette fois avaient raison pour le fond des choses, quoiqu'ils n'eussent pas toujours bien choisi ni bien déduit leurs moyens. Ils eurent même, ce qui ne leur était pas ordinaire, l'avantage de la modération comme celui de la vérité, sans doute parce que personne ne pouvait guère se passionner contre Sénèque, comme Diderot seul était capable de se passionner pour lui. Le scandale ne fut donc ni long, ni éclatant ; mais l'ouvrage de Diderot, qui fut lu malgré sa longueur et ses défauts, sur-tout à cause de quelques sorties indirectement satiriques contre des puissances de plus d'une espèce, est resté comme un des monuments les plus singuliers de l'intolérance fort peu philosophique de ceux qui s'appelaient exclusivement *philosophes*. Il a encore un autre caractère particulier à l'auteur : c'est le contraste, à peine concevable dans tout autre que lui, des louanges outrées qu'il prodigue à la philosophie et au talent de

---

*. Ouvrage posthume de La Grange.

Sénèque, avec les reproches et les censures qu'il lui adresse, et qui en sont la contradiction la plus formelle. L'examen que je ferai tout à l'heure de ce livre de Diderot, soit en réfutant ses erreurs et ses sophismes, soit en évaluant ses aveux, sera la confirmation la plus forte de l'opinion, que déjà plus d'une fois, dans le cours de nos séances, j'ai eu occasion d'énoncer, quoiqu'en passant, sur les écrits de Sénèque, qu'à présent il convient de rassembler sous vos yeux dans un aperçu général et raisonné.

Le premier qui se présente, en suivant le même ordre que son traducteur La Grange, ce sont ses *Lettres à Lucilius* : elles sont au nombre de cent vingt-quatre, et roulent toutes sur des points de morale, tantôt différents, tantôt les mêmes. Si l'on voulait les juger comme l'auteur prétend les avoir écrites, c'est-à-dire comme une correspondance familière avec un ami et un disciple (car Lucilius paraît avoir été l'un et l'autre), la première critique qu'on pourrait en faire, c'est qu'elles ne sont rien moins que ce que l'auteur voulait qu'elles fussent. « Vous vous plaignez*, écrit-il à Lucilius, que mes « lettres ne sont pas assez soignées ; mais soigne-t-on

---

* Je me sers, dans tout cet article, de la traduction de La Grange, non qu'elle soit la meilleure possible, il s'en faut de beaucoup, mais elle est généralement assez bonne ; et, comme je ne peux montrer ici Sénèque que traduit, j'ai cru devoir déroger cette fois à l'habitude où je suis de traduire moi-même, de peur qu'on ne m'accusât de gâter Sénèque pour le blâmer. pour obvier à ce reproche, qu'il fallait prévoir comme tout autre, dès que l'on avait affaire à l'esprit de parti, je n'ai pu me servir d'un meilleur moyen que de suivre partout la version approuvée, revue et augmentée par les prôneurs de Sénèque.

« sa conversation, à moins qu'on ne veuille parler
« d'une manière affectée ? Je veux que mes lettres
« *ressemblent à une conversation* que nous aurions
« ensemble, assis ou en marchant. Je veux qu'elles
« soient *simples et faciles, qu'elles ne sentent en rien*
« *ni la recherche ni le travail.* » Certes, les *Lettres*
à Lucilius ne tiennent pas plus de *la conversation*
que du style épistolaire : ce sont, à peu de chose
près, de petits sermons de morale, ou de petits traités de stoïcisme, ou de petites dissertations sur des
matières de philosophie et d'érudition : souvent
même rien n'indique que ce soient des *lettres*, hors
le titre du recueil. Le ton est habituellement celui
d'un philosophe en chaire ou sur les bancs, et le
style, celui d'un rhéteur qui tombe souvent dans la
déclamation, et la déclamation va quelquefois jusqu'à la puérilité*.

L'éditeur de l'ouvrage posthume de La Grange,
homme instruit, mais récusable dans une cause où
il était partie, et où il se déclarait adorateur de
Sénèque et disciple de Diderot, a voulu tirer avan-

---

* Telle est la manière dont on peut classer les diverses compositions :
l'écrivain éloquent qui a toujours le style du sujet ; le rhéteur qui veut tout
agrandir et tout orner ; le déclamateur qui s'échauffe à froid. La première
classe est celle des grands génies et des modèles, comme parmi nous les Bossuet, les Montesquieu, etc.; la seconde, celle des hommes qui ont eu plus
de talent que de jugement et de goût, comme Thomas, comme Raynal,
Diderot, et bien d'autres après eux ; la dernière et la plus nombreuse, celle
des écrivains, ou mauvais ou très médiocres, en prose ou en vers, qui sont
le plus souvent boursoufflés et vides, emphatiques et faux. Ce dernier caractère est généralement celui de la plupart des productions modernes depuis le milieu de ce siècle, d'où l'on peut dater la dépravation des esprits
et du goût, qui depuis a toujours été et va toujours en croissant.

tage de ce reproche de Lucilius, qui semble opposé à celui qu'on a toujours fait à Sénèque, puisqu'ici l'on ne paraît taxer que de négligence celui que l'on a toujours accusé d'affectation. Mais l'éditeur s'est mis, ce me semble, à côté de la question en se mettant à la suite de Diderot. Il a l'air de croire, ainsi que lui, que les critiques si souvent renouvelées contre le style et le goût de Sénèque tombent sur sa *latinité*. J'aime à croire qu'il n'y a ici qu'une méprise : l'esprit de parti peut se méprendre de bonne foi. Mais pourtant, dans tout ce que Diderot cite de ceux qu'il appelle *les détracteurs* de Sénèque, et que je ne connais que par les citations, il n'y a qu'une ligne sur la *latinité*, parmi une foule d'autres censures. Cette ligne porte que c'est un auteur *de la basse latinité*, et ces mots sont en guillemets : d'où l'on doit supposer qu'ils sont transcrits. Cependant, comme Diderot réfute tout le monde à la fois, la plupart du temps sans aucune désignation, mettant tout pêle-mêle, et ne se piquant ni de méthode ni d'exactitude, j'avoue que j'ai peine à croire que quelqu'un ait pu se servir d'une expression aussi impropre, et confondre le dernier âge des lettres romaines, qui était celui de Sénèque, avec cette époque très postérieure qu'on nomma *le moyen âge*, qui fut véritablement celui de *la basse latinité*. Quoi qu'il en soit, Diderot et son éditeur profitent adroitement de ce mot réel ou supposé, pour attribuer cette bévue à tous les censeurs de Sénèque, qui dans le fait n'ont jamais dit autre chose, si ce n'est que la latinité de son temps n'était déjà plus aussi généralement pure que celle du siècle d'Auguste; ce qui est reconnu de tous les philologues et de tous les bons critiques, et ce qui ne fait rien du tout à la question. On ne manque pas de nous répéter ici très gratuitement tout ce qui a été avancé de nos jours sur l'impuissance absolue où nous étions d'avoir un avis sur la diction des auteurs latins; et je ne crois pas devoir répéter ce que vous avez entendu dans nos premières séances sur la valeur de cette assertion. J'ai fait voir alors combien elle devait être restreinte, et combien l'étendue qu'on voulait y donner était ou de mauvais sens, ou de mauvaise foi. Mais ce n'est point de *latinité* qu'il s'agit : c'était à Quintilien de juger en grammairien celle de Sénèque, et il n'en parle pas; mais dans tous les temps nous pouvons juger son style, c'est-à-dire le tour qu'il donne à ses pensées, à ses phrases, et le choix des figures qu'il emploie. Tout homme instruit peut y remarquer, même aujourd'hui, ce qu'il a de forcé, d'outré, de faux, d'obscur, d'entortillé, d'affecté : tout cela est vicieux partout et en tous temps, et se rencontre dans Sénèque à peu près à toutes les pages, plus ou moins. Je ne me souviens pas d'avoir vu en ma vie aucun homme de lettres qui en doutât. Diderot et son éditeur objectent qu'on n'a jamais rien cité à l'appui de cette opinion; c'est apparemment parce qu'elle n'avait guère été contestée. Mais comme ceci est proprement de notre ressort, je leur ferai le plaisir de citer, et, s'il le faut, jusqu'à satiété, c'est-à-dire jusqu'au terme où l'ennui seul suffit pour tenir lieu de conviction.

Mais, avant tout, il faut rendre justice à ce qu'il y a de bon dans Sénèque, soit comme moraliste, soit comme écrivain. Je n'ai pas besoin d'assurer que cet auteur m'est aussi indifférent que tous les Anciens dont j'ai parlé. Vous verrez, vers la fin de cet article, pourquoi les panégyristes que je combats ne peuvent pas *professer* la même impartialité, et comment la cause de Sénèque n'a été que le prétexte et l'occasion d'une querelle très personnelle, une affaire de parti pour eux, qui ne saurait en être une pour moi.

S'il n'y a guère de pages qui n'offrent dans Sénèque des défauts plus ou moins choquants, il n'y en a guère non plus qui n'offrent quelque chose d'ingénieux, soit par la pensée, soit par la tournure. La morale de l'auteur est souvent noble et élevée, comme l'était celle des stoïciens : elle tend à inspirer le mépris de la vie et de la mort, à mettre l'homme au-dessus des choses sensibles et passagères, et la vertu au-dessus de tout. C'est ce que vous avez déjà vu dans Socrate, dans Platon, dans Plutarque, dans Cicéron, avec des couleurs et des nuances différentes. La prédication de Sénèque (car c'en est une, et il a l'air de prêcher quand les autres raisonnent) a une espèce de force qui n'est point dans les autres : je dis une espèce de force; car, si la meilleure et la véritable est celle qui est la plus efficace et qui produit le plus d'effet sur l'âme, la force de Sénèque n'est sûrement pas celle-là : sa chaleur est de la tête, et monte à la tête sans affecter le cœur. Il est proprement le rhéteur du Portique ; mais j'ose croire, et avec bien d'autres, que, parmi les Anciens, l'orateur de la morale, c'est Cicéron, c'est l'auteur des *Tusculanes*, du *Traité des Devoirs* et de celui *de la Nature des Dieux*. Vous verrez dans les deux moralistes latins, quand je les rapprocherai tout à l'heure dans quelques morceaux, le même fonds de principes et d'objets, mais une grande disparité dans le choix des moyens et dans la manière de les présenter. Vous verrez que l'académicien doit avoir plus d'effet réel que le stoïcien, parce qu'il a plus de mesure ; qu'il doit obtenir plus, parce qu'il demande moins ; que son sage est un homme, et celui de Sénèque une chimère ; et dans toutes ces différences vous pourrez encore observer le rapport naturel des hommes et des choses, qui rend compte de tout. Le stoïcisme et Sénèque se convenaient : c'est le même esprit, c'est de part et d'autre une exagération, un effort, un excès. On peut dire à l'un : Qui veut trop n'obtient rien ; à l'autre : Qui prouve trop ne prouve rien. La raideur, la jactance et la morgue sont dans les phrases de Sénèque comme dans les dogmes de Zénon : le commentaire est comme le texte. Ce n'est pas la que les hommes se prennent : on exalte ainsi les têtes, mais on choque la raison et l'on manque le cœur. Prenons cependant quelques morceaux où il y a de l'élévation sans sécheresse, et de la grandeur sans trop d'emphase.

« Oui, Lucilius, un esprit saint réside dans nos
« âmes ; il observe nos vices, il surveille nos vertus.

« il nous traite comme nous le traitons. Point
« d'homme de bien qui n'ait au dedans de lui un
« dieu : sans son assistance, quel mortel s'élèverait
« au-dessus de la fortune? De lui nous viennent les
« résolutions grandes et fortes. Dans le sein de tout
« homme vertueux, j'ignore quel dieu, mais il ha-
« bite un dieu. S'il offre à vos regards une forêt
« peuplée d'arbres antiques dont les cimes montent
« jusqu'aux cieux, et dont les rameaux pressés vous
« cachent l'aspect du ciel, cette hauteur démesurée,
« ce silence profond, ces masses d'ombres au loin
« prolongées et continues*, tant de signes ne vous
« annoncent-ils pas la présence d'un dieu? Sur un
« antre formé dans le roc, s'il s'élève une haute
« montagne, cette immense cavité creusée par la
« nature, et non pas de la main des hommes, ne
« frappera-t-elle pas votre âme d'une terreur reli-
« gieuse? On révère les sources des grandes rivières :
« l'éruption soudaine d'un fleuve souterrain fait
« dresser des autels : les fontaines des eaux ther-
« males ont un culte ; l'opacité et la profondeur de
« certains lacs les ont rendus sacrés : et, si vous ren-
« contrez un homme intrépide dans le péril, inac-
« cessible aux vains désirs, heureux dans l'adversité,
« tranquille au sein des orages, votre âme ne sera
« pas ** pénétrée d'admiration ! Vous ne direz pas
« qu'il se trouve en lui quelque chose de trop grand,

* Il y a dans La Grange, *qui de loin forment continuité*, ce qui est trop inélégant pour le ton de ce morceau.

** Dans La Grange, *ne serait-elle pas?* ce qui change le sens et l'altère beaucoup. Le traducteur ne s'est pas aperçu que dans les phrases précédentes, sur les merveilles de la nature, l'interrogation équivaut à l'affirmation, mais

« de trop élevé pour ressembler à ce corps chétif
« qui lui sert d'enveloppe! Ici le souffle divin se
« manifeste : cette âme supérieure et si bien réglée,
« qui dédaigne les biens périssables comme au-des-
« sous d'elle, qui se rit de nos désirs et de nos
« craintes, sans doute est mue par une impulsion
« divine : sans l'appui d'un dieu, ce bel édifice ne
« pourrait se soutenir. De même que les rayons du
« soleil touchent à la terre et tiennent au globe lu-
« mineux d'où ils émanent, ainsi l'âme sacrée du
« grand homme, envoyée d'en haut pour nous mon-
« trer la Divinité de plus près, séjourne avec nous,
« mais sans abandonner le lieu de son origine; elle
« y reste attachée, elle le regarde, elle y aspire, et
« ne vient un moment sur la terre que comme un
« être supérieur; et en quoi ? en ce qu'elle ne brille
« que de son propre éclat. Quelle folie de louer
« dans l'homme ce qui lui est étranger, d'admirer en
« lui ce qui peut dans un moment passer à un au-
« tre! Un coursier ne vaut pas mieux pour avoir un
« frein d'or. Le lion aux crins tressés, dompté par
« un maître au point de souffrir* les caresses et la
« parure, et le lion que la servitude n'a point énervé,

non pas ici, parce que l'auteur passe d'une vérité reconnue à une autre vérité qu'il veut persuader, comme la conséquence de l'autre : si Lucilius en était convaincu comme lui, l'auteur n'aurait rien à démontrer. Il y a bien d'autres fautes dans cet ouvrage ; mais l'auteur est mort sans y avoir mis la dernière main.

* La Grange dit *au point d'endurer*, ce qui est un terme impropre : on n'*endure* que ce qui fait de la peine, et il ne s'agit ici que de ce qu'on permet. *Souffrir*, est reçu pour tous les deux. Le lion apprivoisé souffre les caresses, et n'en souffre rien; au contraire, il les reçoit avec joie, tout comme le chien.

« ne se présentent pas du même air sur l'arène. Le
« dernier, bouillant, impétueux, comme le veut sa
« nature, majestueusement hérissé, fier et beau de
« la terreur qu'il inspire, ressemble-t-il à ce qua-
« drupède amolli et languissant sous les lames et
« les feuilles d'or? On ne doit se glorifier que de
« ses biens : quand les sarments d'une vigne sont
« chargés de grappes, quand ses appuis mêmes suc-
« combent sous le faix, on l'admire, on la préfère
« à une vigne dont les feuilles et les fruits seraient
« d'or : pourquoi? c'est que le premier mérite d'une
« vigne est la fertilité. Louez donc aussi dans l'homme
« ce qui lui appartient : il a de beaux esclaves, de
« riches palais, des moissons abondantes, un ample
« revenu, tout cela n'est pas en lui, mais autour de
« lui. Réservez vos éloges pour les biens qu'on ne
« peut ni ravir ni donner, et qui sont propres à
« l'homme, c'est-à-dire son âme, et dans cette âme,
« la sagesse. »

Je me suis permis quelques changements dans la traduction, que l'auteur n'eut pas le temps de revoir; mais l'intention n'en saurait être suspecte. C'est par le même motif que j'ai supprimé deux ou trois lignes de l'original, pour ne rien gâter au morceau ni au plaisir qu'il pourrait vous faire. Sénèque dit de son sage, qu'il *voit les hommes sous ses pieds, et les dieux sur sa ligne.* La première moitié de cette phrase est arrogante, et l'autre ridiculement fastueuse. Ailleurs : *Il ne quitte pas le ciel pour en descendre.* Cette phrase, louche et amphibologique, est une faute du traducteur : il fallait dire : « Le sage

« n'a pas quitté le ciel pour en être descendu; » ce qui s'explique très bien par cette comparaison tirée des rayons du soleil, et qui me paraît sublime. Le paragraphe entier est plein de mouvement et d'éclat. Je n'examine point si cela est d'une *conversation* où d'une *lettre* : je ne prends point l'auteur au mot : je regarde la chose; elle est entièrement oratoire, mais si l'ouvrage était seulement intitulé : *Lettres philosophiques*, il n'y aurait rien à objecter, car celles-là comportent tous les tons. C'est ce que sont les *Lettres* de Sénèque, quoiqu'elles n'en aient pas le titre ; et qu'importe? Ce n'est donc pas sur cette convenance réelle ou prétendue que j'appuierai aucune critique ; je prends ici pour bon tout ce qui l'est en soi. L'on ne trouverait peut-être pas dans Sénèque trois morceaux qui vaillent celui-là ; et, quoiqu'il soit de la vieillesse de l'auteur, et qu'il y ait de l'imagination, n'avez-vous pas senti qu'il y avait là du faux et du luxe de jeunesse? Les grands spectacles de la nature attestent un dieu ; mais le culte rendu aux lacs et aux fontaines est une superstition, et il ne faut pas partir d'une erreur pour arriver à une vérité. Cela pourrait se passer tout au plus à un poète, qui, avec de beaux vers, a toujours raison, jamais à un philosophe. Quatre comparaisons si près l'une de l'autre, c'est du trop, et il manque trois ou quatre lignes qui étaient nécessaires pour en marquer les rapports, car en soi-même le lion sauvage ou apprivoisé n'est pas trop l'emblème d'un sage. Cependant le fond de l'idée est juste; ce qui ne dispensait pas de l'expliquer.

La dernière comparaison, celle de la vigne, a le même défaut. Il eût fallu énoncer d'abord et positivement le principe, qu'une chose n'est belle que de la beauté qui lui est propre; qu'une vigne chargée de grappes est belle de sa fertilité, et qu'une vigne à fruits et à feuilles d'or n'est pas une belle vigne, mais un beau morceau de ciselure. Cette précision et cette justesse dans l'ordre des idées est indispensable, sur-tout en matière philosophique; et l'auteur aurait prévenu l'objection qui se présente d'elle-même, quand il dit trop tôt et trop crument de la vigne fertile : *On la préfère à une vigne d'or;* non pas, s'il vous plaît ; car avec la vigne d'or j'aurai mille arpents de l'autre, et du meilleur terrain.

Voilà bien des fautes, et pourtant je vous ai montré Sénèque dans ce qu'il a de plus beau. Je suis persuadé que, quand Lucilius lui faisait observer *que ses lettres n'étaient pas assez soignées*, il ne voulait pas dire qu'il écrivait mal en latin, ce qu'on a supposé très mal à propos, et ce qui n'est pas présumable d'un écrivain des plus renommés de son temps, mais qu'il ne donnait pas assez de soin à ce qui en demande toujours, même dans des *lettres*, dès qu'elles roulent sur des matières de cette importance; qu'il négligeait trop la liaison, la clarté, la précision des idées et des expressions. L'ami de Sénèque aura poliment renfermé cette censure dans une phrase générale ; mais les lecteurs anciens et modernes en ont eu l'intelligence et la preuve, et ne s'y sont pas trompés, ou n'ont pas feint de s'y tromper, comme ceux qui se sont faits les patrons de Sénèque.

Le morceau que vous venez d'entendre n'est donc en total qu'une brillante amplification d'un rhéteur qui a du talent, et quelquefois de grands traits. Cette manière d'écrire, et la foule de sentences et de pensées saillantes et détachées qui abondent dans Sénèque sont d'ordinaire plus favorables dans des citations que dans une lecture suivie, sur-tout dans les matières philosophiques, et par comparaison avec un écrivain qui, comme Cicéron, se fait un devoir des convenances de chaque sujet, de la chaîne de ses idées et de la variété de sa diction. Vous n'êtes plus ici dans le genre oratoire, où j'étais sûr, à l'ouverture du livre, d'offrir à votre admiration quelqu'un de ces endroits dont l'intérêt et le charme se font sentir d'abord à tout le monde. Il faut ici le jugement de la réflexion; mais il suffit aussi d'être averti pour apercevoir aisément la supériorité réelle de l'écrivain consommé, qui ne peut avoir que le mérite propre à chaque objet, et qui l'a toujours. Le passage que je vais traduire a beaucoup de rapport avec celui de Sénèque : Cicéron veut prouver comme lui que notre âme a en elle un principe divin; mais il la considère ici du côté des connaissances et de l'invention des arts. Sa manière de prouver réunit, ce me semble, la philosophie et l'éloquence, mais sans que l'une nuise à l'autre, et dans l'accord qui convient à toutes deux.

« Quelle est donc en nous cette puissance qui

« recherche ce qui est caché, qui invente, qui ima-
« gine ? Peut-elle vous paraître formée d'un limon
« terrestre ? et n'est-elle qu'une substance mortelle
« et périssable ? Que vous semble de celui qui donna
« le premier à chaque chose son nom, ce que Py-
« thagore regarde comme l'ouvrage d'une haute sa-
« gesse ? de celui qui rassembla les hommes disper-
« sés, et leur apprit à vivre en société, de celui qui
« marqua par un petit nombre de caractères toutes
« les différentes inflexions de la voix *, qu'on aurait
« cru devoir échapper au calcul ? de celui qui ob-
« serva la marche et le retour des étoiles, et leur
« destination ? Tous furent de grands hommes sans
« doute ; et ceux-là le furent aussi, qui avaient trouvé
« auparavant l'art du labourage, le vêtement, le
« logement, les instruments nécessaires au travail,
« et les moyens de défense contre les animaux sau-
« vages. C'est par ce chemin que l'homme, adouci
« et policé, passa des arts de nécessité aux arts
« d'agrément et aux sciences élevées ; qu'on en vint
« jusqu'à préparer des plaisirs à notre oreille par
« l'assemblage, le choix et la variété des sons ; que
« nos yeux apprirent à contempler les astres, tant
« ceux que l'on appelle fixes, que ceux que nous
« nommons errants, et qui dans le fait sont fort
« loin d'errer. Mais l'homme, qui a su en mesurer
« les mouvements réguliers, a fait voir que son in-
« telligence devait être de la même nature que celle
« de l'ouvrier qui les a faits.

* Cicéron a raison : l'invention de l'alphabet est un des prodiges de l'esprit humain.

« Et, quand un Archimède a renfermé dans les
« cercles d'une sphère le soleil, la lune et les étoiles,
« n'a-t-il pas fait la même chose que le suprême
« artisan du *Timée* de Platon, qui régla les mouve-
« ments toujours uniformes des corps célestes par
« la proportion entre la vitesse des uns et la len-
« teur des autres? Et si cet ordre n'a pu exister dans
« le monde sans un Dieu, Archimède aussi n'a pu
« l'imiter dans sa sphère artificielle sans une intelli-
« gence divine. Oui, certes, elle est divine, cette fa-
« culté qui produit tant et de si grandes choses. Que
« dirai-je de la mémoire qui retient tout, et de l'esprit
« qui invente tout? J'ose affirmer que cette puissance
« est ce qu'il y a de plus grand dans Dieu même.
« Croyez-vous que ce soient le nectar et l'ambroisie,
« et cette Hébé qui les sert aux tables de l'Olympe,
« qui fassent le bonheur de la divinité? Fictions
« d'Homère, qui transportait au ciel ce qui est de
« l'homme : j'aimerais mieux qu'il eût transporté à
« l'homme ce qui est du ciel. Qu'y a-t-il donc de
« réellement divin? L'action, la raison, la pensée,
« la mémoire. Ce sont là les attributs de l'âme : elle
« est donc divine; et, si j'osais m'exprimer poétique-
« ment comme Euripide, je dirais : L'âme est un
« Dieu. »

J'avoue que je préférerai toujours cette manière
de philosopher et d'écrire à celle de Sénèque. Laissons même de côté ce qui est hors de parallèle,
le fini de cette composition où il n'y a pas une tache,
et où le goût a distribué et proportionné les ornements préparés par l'imagination. Combien n'y a-

t-il pas ici, dans un moindre espace, plus de choses que dans Sénèque? Chez ce dernier, une seule idée est retournée et reproduite dans plusieurs comparaisons plus ou moins défectueuses; dans Cicéron, pas une phrase où une nouvelle idée n'ajoute à celle de la phrase précédente, où une nouvelle preuve ne fortifie sa thèse; et c'est encore un mérite étranger à Sénèque que cette progression dans les idées, qui produit celle qu'on a toujours recommandée dans le discours.

A présent, voulez-vous savoir comment Sénèque est d'accord avec lui-même, et juger de sa logique et de sa métaphysique? La *lettre* que je vais transcrire vous prouvera combien il était pauvre en ce genre. Si ce que vous avez entendu de lui sur cette divinité qui est en nous était autre chose qu'un essai de rhétorique sur des idées qui sont de Platon, il faudrait absolument que l'auteur eût écrit sans s'entendre, et qu'à la morale près, qui est à la portée de tout le monde, il n'en fût pas d'ailleurs aux éléments de philosophie.

Vous savez que, selon les principes de Zénon, il ne reconnaît de *bien* proprement dit que la vertu. Lucilius lui demande si le *bien* est un corps. Il répond (je vous préviens que la citation vous paraîtra peut-être un peu longue, parce que rien n'impatiente comme la déraison; mais il faut entendre toute l'argumentation de notre philosophe pour apprécier sa dialectique et les éloges de ses panégyristes; et cela vaut bien quelques minutes de résignation):

« Sans doute le *bien* est un corps, puisqu'il agit [*],
« et que ce qui agit est corporel. Le *bien* agit sur
« l'âme; il lui donna sa forme; il en est pour ainsi
« dire le moule : effets qui ne sont propres qu'à un
« corps. D'ailleurs les biens relatifs au corps ne
« sont-ils pas corporels? Ceux qui sont relatifs à
« l'âme le sont donc aussi, puisque l'âme elle-même
« est une substance corporelle..... Je ne crois pas
« que vous doutiez que les passions soient des corps;
« par exemple, la colère, l'amour, la tristesse. Si
« vous en doutiez, considérez à quel point elles al-
« tèrent le visage, contractent le front, épanouis-
« sent les traits, excitent la rougeur ou repoussent
« le sang vers le cœur. Croyez-vous qu'une cause
« incorporelle puisse imprimer des caractères aussi
« corporels? Si les passions sont corporelles, les
« maladies de l'âme le sont pareillement : telles sont
« l'avarice, la cruauté, et généralement tous les vices
« invétérés et devenus incorrigibles. On peut donc
« en dire autant de la méchanceté et de toutes ses
« espèces, de la malignité, de l'envie, de l'orgueil.
« Il en est donc de même des *biens*, d'abord parce
« qu'ils sont contraires aux maux; secondement,
« parce qu'ils produisent les mêmes indices au dehors.
« Ne voyez-vous pas quel feu le courage donne aux

---

[*] Il n'y a point d'homme un peu versé en métaphysique qui n'aperçoive là une absurdité donnée pour preuve d'une autre absurdité. L'*action* est en elle-même un mouvement spontané, qui suppose une volonté d'agir, et cette *action* n'appartient qu'à la faculté intelligente, et ne peut appartenir à la matière, qui ne peut ni penser ni vouloir, et dont le mouvement ne peut être, dans tous les cas, que mécanique. Platon avait été jusque là, et c'est pourquoi il avait donné une *âme* au monde, parce que l'âme seule *agit*.

« yeux, quels regards attentifs a la prudence, quelle
« retenue et quel calme a le respect, quelle sérénité
« a la joie, quelle raideur a la sévérité, quelle aisance
« a la gaieté ? Il faut donc que toutes ces vertus soient
« des corps pour changer ainsi la couleur et la façon
« d'être des corps, et pour exercer sur eux un em-
« pire si absolu. Or, les vertus que j'ai rapportées
« et tous les effets qu'elles produisent sont des *biens*,
« et n'altéreraient pas le corps sans un contact ; et,
« comme a dit Lucrèce, tout ce qui peut toucher
« est corps : ces vertus sont donc des corps. Allons
« plus loin : ce qui a la force de pousser, de con-
« traindre, de retenir, de commander, est corporel.
« Or, la crainte ne retient-elle pas ? l'audace ne pousse-
« t-elle pas ? le courage ne donne-t-il pas de la fou-
« gue et de l'impulsion ? la modération n'est-elle
« pas un frein qui contient ? la joie n'élève-t-elle
« pas ? la tristesse n'abat-elle pas ? Enfin nous n'a-
« gissons que par les ordres de la méchanceté ou de
« la vertu : ce qui commande au corps est corps ;
« ce qui fait violence au corps l'est pareillement. Le
« *bien* du corps est corporel : le *bien* de l'homme est
« le *bien* du corps : le *bien* est donc corporel. »

Si quelque chose peut ajouter au ridicule de tant
d'inepties, c'est le ton magistral dont elles sont dé-
bitées. Je ne vois aucune excuse à cet entassement
d'extravagances. Diderot parle de cette *lettre* dans
son examen général, et se contente d'en indiquer
le titre, *Que les vertus sont corporelles*, et d'ajouter :
vaines disputes de mots. S'il eût trouvé quelque
chose de semblable dans Cicéron, que n'eût-il pas

dit ? Et que dirons-nous d'un philosophe qui dans cette assertion, *que l'âme est corporelle*, ne voit qu'une *dispute de mots ?* Ce n'est là pourtant qu'une des erreurs qui composent cet incompréhensible paragraphe. Dira-t-on que Sénèque ne fait que suivre ici la doctrine des stoïciens ? Mais d'abord, quoiqu'il soutienne dans ses *Lettres* plusieurs de leurs paradoxes les plus étranges, il fait profession de ne point s'astreindre en tout aux opinions de sa secte, d'avoir son avis, de ne jurer sur la parole de personne, et Diderot lui-même nous le donne pour un véritable éclectique. En plus d'un endroit, Sénèque rejette avec mépris certaines subtilités du stoïcisme, tandis qu'il en adopte de vraiment révoltantes en elles-mêmes, comme, par exemple, *que toutes les fautes et toutes les vertus sont égales.* On ne peut donc mettre sur le compte de son école toutes les sottises qu'il débite ici en son propre nom (*sottise* est bien le mot, et il n'y a point de raison pour ménager les termes quand les choses sont si mauvaises). Celles-ci sont bien de son choix, et il en est très responsable. Mais comment un homme qui avait lu Platon, Aristote, Cicéron et tant d'autres philosophes sur l'immatérialité de l'âme, est-il excusable de méconnaître la force de leurs raisons, et celle même du sens intime, qui en est une en philosophie, et celle du sentiment commun à tous les hommes, qui, comme le dit fort bien Cicéron, est en ce genre *une loi de la nature*[*] ? Vous avez

---

[*] *Consensus omnium lex naturæ putanda est.* Cicéron pose ce principe

déjà entendu Platon, et Cicéron qui le répète et le fortifie. Aristote, quoique plus abstrait en cette matière, est du moins hors de tout soupçon de matérialisme; car, après avoir admis quatre principes universels, qui ne sont autre chose que nos quatre éléments, et par conséquent toute la matière, il affirme expressément que l'âme humaine n'a rien de commun avec eux; que c'est une substance à part, dont la nature est un mouvement spontané et continuel : c'est ce qu'il nomme *entéléchie*. Pythagore même, bien autrement abstrait dans sa mystérieuse doctrine des nombres, disait que l'âme était en nous ce qu'est l'harmonie dans un instrument, le résultat intelligible des sons, de la mesure et du mouvement. Il ne s'agit pas d'examiner ces définitions en elles-mêmes : il nous suffit que rien de tout cela n'indique la matérialité. Nous avons droit d'en conclure que tous les philosophes les plus accrédités avaient senti que l'esprit et la ma-

à propos de la croyance en Dieu, de l'immortalité de l'âme et des notions de la morale universelle, c'est-à-dire des vérités dont la nature a donné la conscience à tous les hommes, parce qu'elles sont nécessaires à tous. Les matérialistes et les athées, un peu embarrassés de ce principe, aussi incontestable qu'essentiel, n'ont pas manqué d'objecter les erreurs de physique, *généralement* reçues dans l'antiquité. C'est se mettre à côté de la question avec une mauvaise foi maladroite, qui ne peut en imposer qu'aux ignorants. Il importe fort peu au genre humain que ce soit le soleil ou la terre qui soit au centre de notre système planétaire, et toutes les questions de ce genre sont également indifférentes à l'ordre social. Mais ce qui concerne les devoirs et la destination de l'homme est d'une tout autre importance ; on ne peut donc assimiler des choses si diverses sans violer le principe de parité entre les idées, fondement de toute logique : c'est un sophisme grossier qui ne prouve que l'impuissance de répondre.

tière, l'âme et le corps, étaient deux substances nécessairement hétérogènes, et que Sénèque, venu long-temps après eux, n'a pas même eu assez de sens pour profiter de cette lumière généralement répandue ; ce qui le met d'abord fort au-dessous d'eux.

Ses panégyristes nous opposeraient vainement en sa faveur quelques physiciens, quelques savants de nos jours, qui ont été ou qu'on a crus matérialistes. Le mérite qu'ils ont pu avoir dans les sciences très indépendant de leur opinion sur ce point, ne prouve rien pour Sénèque, qui n'entre pas en partage de leur génie et de leur gloire pour avoir partagé une erreur qui n'y a jamais été pour rien. Parmi les ouvrages de matérialisme ou d'athéisme que nous avons vus éclore, on n'en citerait pas un seul qui ait été un titre pour son auteur, et qui lui ait donné un rang parmi les savants. Ces livres ont été lus et recherchés comme hardis et prohibés, nullement comme bons, et aucun d'eux ne porte le nom d'aucun des hommes célèbres dans les sciences, d'un grand géomètre, d'un grand physicien, d'un grand astronome, d'un grand chimiste, etc. Pour ce qui est de Sénèque, il ne fut rien de tout cela, ni rien même qui en approchât de loin. Il n'a rien écrit que sur la morale (si l'on excepte ses *Questions naturelles*, dont il sera bientôt fait mention); et, comme les premières bases de la morale touchent à la métaphysique et à la logique, c'est sous ces deux rapports qu'il convenait de l'envisager d'abord, au moins dans le peu qu'il en dit, car elles occupent chez lui peu d'espace; et, comme vous venez de le voir, il serait à souhaiter qu'elles en tinssent encore moins.

Je comprends parfaitement Socrate, Platon et Cicéron, quand ils disent que l'âme humaine, émanée de la Divinité, et faite pour s'y réunir, doit regarder comme son seul *bien*, comme sa *fin*, la vérité et la vertu, dont le principe et le modèle sont dans ce même Dieu, et dont les notions premières sont dans notre intelligence. Je vois là une connexion d'idées, un motif et un dessein. Mais quand Sénèque, en me disant que *l'âme est corps* et que *les vertus sont corps*, et que *le souverain bien est corps*, amasse ensuite volume sur volume pour me redire de mille manières qu'il ne faut faire cas que de l'*honnête*, de la *vertu*, du *souverain bien*, et avoir le plus grand mépris pour le *corps*, le compter pour rien, ne pas même s'embarrasser s'il aura du pain et de l'eau, *qui ne sont pas plus nécessaires qu'autre chose* (ce sont ses termes), j'avoue qu'il m'est impossible de soupçonner comment je dois faire si peu de cas de mon *corps*, et en faire tant de la vertu, qui est *corps* aussi. L'*honnête*, la *vertu*, le *souverain bien*, la *matière*, le *corps*, les *sens*, tout devient dès lors égal : tout est sujet également à la dissolution des parties, et par conséquent à la mort ; car apparemment Sénèque n'ignorait pas ce qui a été reçu partout, même chez les Anciens, que tout ce qui est *corporel* est corruptible et mortel. Pourquoi donc m'occuperais-je plus de mon âme que de mon corps, quand tous les deux sont la même chose ? Et qu'est-ce alors que l'*honnête* et la *vertu*, qu'assurément mon corps ne connaît ni ne conçoit, tandis qu'au contraire il connaît fort bien la sensation du plaisir et de la douleur ?

Mais passons encore que ce chaos d'inconséquences vienne du Portique, où l'on disait en effet, avec Zénon, que l'âme était de la nature du feu, *anima est ignis* : toute l'argumentation de Sénèque sur les vertus qui sont *corporelles* est à lui, et c'est un chef-d'œuvre de déraison. Quel philosophe, sur-tout depuis qu'Aristote avait écrit, pouvait se méprendre au point de prendre les *vertus* pour des substances corporelles ou incorporelles ? Elles ne sont pas plus l'une que l'autre : il y avait quatre cents ans qu'Aristote avait distingué *les substances* et les *modifications*, les *sujets* et les *attributs* : et, quoiqu'il eût admis les *qualités*, les *abstractions*, au moins dans le raisonnement, comme êtres rationels, jamais il ne les avait confondues avec les êtres réels. Qu'est-ce donc qu'un raisonneur qui se fait demander si le *bien* est un corps, si la *vertu* est un corps, et qui répond oui ? La demande et la réponse sont également impertinentes, et dénotent un excès d'ignorance qu'on ne peut pas excuser dans Sénèque, comme on excuse sa mauvaise physique, par le peu de progrès qu'avait fait la science. Pour la physique soit ; mais l'homme qui a écrit les deux pages précédentes était prodigieusement en arrière de la métaphysique et de la logique de son temps. Le moindre écolier eût répondu, d'après les catégories d'Aristote, que le *bien*, la *vertu* n'étaient pas plus des substances quelconques, pas plus des *corps* dans notre *âme*, quand même notre *âme* serait *corporelle*, que la *blancheur* dans la neige et l'*odeur* dans les roses ne sont *des corps*. L'écolier, parlant le langage de ses cahiers aurait distingué là le *concret* et l'*abstrait* ; mais il aurait pu aussi se faire entendre de tout le monde, en disant que la vertu n'était autre chose que l'être vertueux, considéré par l'esprit sous le rapport de la qualité nommée *vertu*; qu'il n'y avait point de substance, *corps* ou *âme*, qui se nommât *vertu*, qui se nommât l'*honnête*, qui se nommât le *bien*, comme il n'y en a point qui se nomme *blancheur* et *odeur*. Il n'eût pas même fallu remonter pour cela jusqu'aux livres d'Aristote : toute cette théorie est à peu près dans ceux de Cicéron. Mais celle qui fait du courage *un corps* parce que le courage *pousse*, comme si une métaphore était une expression propre, toute cette longue chaîne de sophismes puérils, où chaque ligne est un abus de mots et une ignorance des choses, appartient en propre à Sénèque, et je n'ai rien vu de semblable dans les Anciens.

C'est pourtant de lui que l'éditeur de La Grange et de Diderot nous dit: « Qu'il a lui seul plus de « connaissances, plus d'idées, plus de profondeur « que Platon et Cicéron réunis et analysés; qu'il a « plus de nerf, plus de substance et de véritable sève « dans cinq ou six pages que ces auteurs n'en ont « dans cent. » On ne dira pas que l'éloge est mince; ce n'est pourtant qu'un texte dont le commentaire est dans Diderot, et je le citerai successivement, à mesure que la réfutation trouvera sa place. Mais je puis dès ce moment réduire à leur valeur, c'est-à-dire au néant, ces premières hyperboles, aussi gratuites que fastueuses. L'éditeur ne les a pas étayées de la plus légère preuve, non plus que son suffragant Diderot : moi, qui ne me crois point le droit de *prononcer* en maître comme eux, et qui n'ai point l'habitude d'affirmer sans prouver, je m'appuierai d'abord sur des faits.

Platon a traité toutes les parties de la philosophie, et y a même fait entrer la politique et la législation, qui peuvent, il est vrai, se lier à la métaphysique et à la morale par des conséquences très généralisées, mais qui ont cela de commun avec la physique, qu'elles ne peuvent se passer de l'expérience, et sont par conséquent des sciences pratiques. Cela n'empêche pas que, dans ses traités *De la République*, il n'ait semé des observations justes et utiles, et qu'il n'y ait montré assez de *connaissances* pour que les peuples de Thèbes et d'Arcadie lui demandassent des lois, comme Lycurgue en avait donné à Lacédémone, et Zaleucus aux Locriens. Platon leur répondit qu'ils étaient trop heureux pour avoir besoin de changer de gouvernement, et trop riches pour admettre l'égalité des biens. Platon apparemment n'avait pas conçu que le plus bel ouvrage de la philosophie et de la politique fût de sacrifier un peuple à l'*univers*, et une génération à la *postérité*. Cela prouve seulement qu'il n'était pas *à notre hauteur*, mais non pas qu'il n'eût acquis une grande réputation de politique et de législateur. Nous n'avons pas un mot de Sénèque sur ces matières.

ce n'est donc pas là qu'il peut passer de si loin Platon en *connaissances*, en *idées*, en *profondeur*. Serait-ce en métaphysique? Le peu qu'il en a mis dans ses écrits en démontre l'ignorance absolue. Serait-ce en physique générale? Celle-ci, dans Platon, est fort erronée; mais le même éditeur que j'ai cité avance au même endroit, non sans raison, que ceux des Anciens qui, même en se trompant, ont éveillé la curiosité, ont ingénieusement conjecturé et entrevu des vérités importantes, ne sont point à mépriser, et ont bien mérité des âges suivants, ne fût-ce qu'en leur épargnant beaucoup de mensonges. Or, on ne peut nier que ce mérite ne soit celui de Platon dans sa physique. Des hommes qui dans ces matières ont acquis une autorité que je suis fort loin d'avoir et de prétendre, assurent que Platon avait eu en mathématique des connaissances très distinguées pour son temps, à en juger par quelques aperçus fort heureux, entre autres par celui de la gravité qui attire les corps célestes vers un centre, en même temps qu'un mouvement de rotation les en éloigne*. Il y a encore loin de là, sans doute, à la gravitation calculée par Newton; mais il y a une vue juste et étendue, et Cicéron en a été assez frappé pour la rapporter dans ses ouvrages. En métaphysique, Platon a eu des idées aussi grandes que neuves, dont je n'ai marqué qu'une partie d'après l'assentiment universel, mais un des plus savants et des plus célèbres professeurs de

---

* C'est ce qu'on a nommé depuis la force centripète et la force centrifuge, et ce qui est indiqué dans Platon et répété dans les *Tusculanes*.

philosophie, dans un pays où elle est depuis longtemps comme naturalisée, l'Allemagne, M. Thiedmann *, à qui nous devons le meilleur commentaire qu'on ait encore fait sur tous les écrits de Platon, a pris la peine d'observer toutes les notions capitales en métaphysique, que Platon a trouvées le premier, et que les Modernes n'ont pu qu'adopter et développer. Il en compte un assez grand nombre, et lui en décerne l'honneur, non pas à beaucoup près avec le ton d'un commentateur enthousiaste, mais avec le discernement d'un juge compétent dans ces matières, qui explique très bien en quoi Platon s'est trompé, et que sa vaste érudition met à portée de lui assigner ce qui est à lui, et ce qu'on ne trouve que chez lui.

C'est par ses écrits que nous connaissons la philosophie de Pythagore, dont il n'a fait lui-même que trop d'usage pour nous qui n'en faisons aucun cas, mais qui du moins, comme objet de curiosité, entre avec bien d'autres dans l'article des *connaissances*, dont il n'y a que peu ou point de traces dans Sénèque. En un mot, je ne vois pour celui-ci que ses *Questions naturelles*, qu'on ne se serait peut-être pas attendu à voir figurer parmi ses titres, vu l'obscure existence de cet ouvrage, chez les Anciens comme chez les Modernes. C'est dans un avertissement particulier, à la tête de ces *Questions*, que

---

* *Voyez* la dernière édition de Platon, imprimée aux Deux-Pont, 12 vol. in-8°, 1781, dont le dernier contient un résumé de la philosophie de Platon, écrit en latin, excellent morceau de M. Thiedmann, qui était encore vivant lors de la publication de cet ouvrage.

l'éditeur a cru devoir enrichir la gloire de Sénèque de ce trésor caché; et il ne lui faut pour cela que sa méthode familière d'affirmer l'hyperbole la plus outrée comme la vérité la plus reconnue. C'est là que Sénèque est mis, comme naturaliste (et je crois pour la première fois) à côté d'Aristote et de Pline. Vous vous souvenez de toute l'estime qu'a témoignée Buffon pour le *Traité des Animaux*; et ce suffrage, autorisé par celui des Anciens, qu'a suivi celui des Modernes, acquiert un nouveau poids de la part d'un si bon juge. L'ouvrage de Pline était depuis si long-temps fameux, même tel qu'il nous est parvenu, était un magasin si riche, si curieux et si orné, un si précieux dépôt des acquisitions anciennes dans vingt sciences différentes, qu'il aurait pu se passer du témoignage de ce même Buffon, si celui-ci ne s'était honoré lui-même en louant le plus illustre écrivain de l'antiquité, dans l'histoire naturelle. Les *Questions* de Sénèque prouvent seulement qu'il n'était pas étranger à ce qu'on pouvait savoir alors en physique; et l'on peut en dire autant de Plutarque et de Cicéron, à qui pourtant on n'en a jamais fait un mérite particulier. Mais amener Sénèque avec ses *Questions* entre Pline et Aristote, c'est un genre de confiance, ou plutôt d'intrépidité, qui n'étonne plus, parce qu'on en a bien vu d'autres depuis, mais qui a sur moi le même effet qu'un nain entre deux géants, montré par un nomenclateur qui crierait: Voilà trois géants.

Ce n'est pas assez, au gré de l'éditeur, pour agrandir le Sénèque qu'il montre. Il faut qu'il ait cru que, pour diviniser son nom, il n'y avait qu'à lui accoler de grands noms. Il appelle encore à son aide Bacon et Lucrèce. Que fait là Lucrèce? Sa place est parmi les poètes. L'éditeur nous a dit qu'*il n'est pas donné à tout le monde de se tromper comme Aristote, Pline, Lucrèce et Sénèque;* et il s'agit de physique! Je suis fort de son avis sur les deux premiers, sur le troisième, si l'on veut, dans ce sens qu'*il n'est pas donné à tout le monde* de joindre une poésie quelquefois très belle à une philosophie toujours plus ou moins mauvaise. Mais celle de Lucrèce n'est pas à lui, et je ne vois pas même quels *mensonges* Épicure et lui *ont épargnés* aux Modernes, car leurs arguments sont encore tous ceux des athées de nos jours. Pour Bacon, j'aperçois de tous côtés dans le champ de la philosophie les pas de ce génie scrutateur et pénétrant, et je vois que tous les maîtres en physique vénèrent ces traces lumineuses, les premières qui aient éclairé le sentier abandonné par où l'expérience conduit à la vérité. Je vois dans ses écrits, tout ignorant que je suis, une foule de pensées fortes, originales et profondes, qui en font naître une foule d'autres. Mais de ma vie je n'ai entendu personne parler des obligations que la physique avait à Sénèque; et, si quelque chose pouvait embarrasser l'éditeur, ce serait peut-être de nous les révéler.

Cicéron, qui n'a prétendu que transplanter chez les Latins la philosophie des Grecs, n'est pas plus *profond* que Fontenelle quand il analyse les travaux de l'Académie des Sciences. Mais, si ce talent de l'analyse, qui par l'étendue des connaissances et l'agrément du style a fait la réputation de Fontenelle, n'a pas fait de même celle de Cicéron, quoiqu'il y eût chez lui le même mérite d'exécution, la raison en est sensible : c'est qu'il a été si supérieur dans l'éloquence, qu'on ne voit guère en lui que l'orateur. L'orateur a effacé le philosophe : l'orateur a jeté tant d'éclat, que le reste de l'homme est demeuré dans l'ombre. C'est bien aux ouvrages philosophiques de Cicéron qu'on peut appliquer ce que l'éditeur dit de Sénèque, que, *quand nous n'aurions de lui que ses Questions naturelles, il serait encore compté parmi les hommes distingués de son siècle.* Il est bien sûr que celui qui n'aurait fait que *Les Tusculanes* et *Les Devoirs*, et *La Nature des Dieux*, etc., serait loin d'être un homme vulgaire, et aurait encore une belle place parmi les philosophes et les écrivains de l'antiquité. Mais, pour les *Questions* de Sénèque, je crois que peu de gens seront de l'avis de l'éditeur. Ce n'est sûrement pas le fond des choses qui peut faire valoir cette production : lui-même le pense comme moi, et comme lui je ne reproche pas à l'auteur tout ce qu'il peut y avoir *de faux, et même de puéril,* dans sa physique. Les deux savants, si justement célèbres [*], qui voulurent bien joindre quelques notes à la version de La Grange, n'ont pas même cru devoir indiquer toutes les erreurs de Sénèque, et s'en sont servis seulement comme d'un texte pour leurs observa-

---

[*] MM. Darcet et Desmarest.

tions instructives. On n'y voit nulle part qu'il ait eu même de ces aperçus éloignés qui sont comme le pressentiment du vrai, si ce n'est qu'il prédit que quelque jour on connaîtra la nature des comètes; ce qui ne me semble pas plus difficile à prévoir que l'explication de tout autre phénomène, et ce qui n'a probablement servi en rien à mettre Newton sur la route pour nous apprendre ce que sont les comètes.

C'est encore moins par le style que les *Questions* peuvent être *distinguées* : il est tout aussi ampoulé, tout aussi déclamatoire que partout ailleurs; et, comme partout ailleurs, il y a de temps en temps du bon. Si l'on veut des exemples d'un ridicule rare et curieux, il n'y a qu'à lire ce qu'il nous dit pour nous rassurer contre la foudre et les tremblements de terre : « Quelle folie, quel oubli de la « fragilité humaine, de ne craindre la mort que « quand il tonne! C'est donc de la foudre que dé- « pend votre vie! Vous seriez donc sûr de vivre, « si vous échappiez à ses coups? Vous n'auriez donc « plus à craindre ni le glaive, ni la chute des pier- « res, ni la fièvre? Croyez-moi : la foudre est le plus « *éclatant*, mais non le plus grand des périls. Vous « serez donc bien malheureux si la célérité de la « mort vous en dérobe le sentiment. » Il n'y a jusqu'ici de raisonnable que cette dernière pensée, qui est si commune. Mais compter pour rien un danger présent, parce qu'il y en a beaucoup d'autres plus ou moins éloignés, est de la logique ordinaire de l'auteur. Ce qui suit est vraiment bouffon : je défie qu'on puisse le qualifier autrement : « Vous

« serez donc bien malheureux si votre trépas est
« expié*, si même en périssant vous n'êtes pas inu-
« tile au monde, et lui donnez le présage de quel-
« que grand évènement ? » Il faudrait être bien difficile pour ne pas prendre cette consolation pour bonne, et bien incrédule pour ne pas être aussi superstitieux que le *philosophe* Sénèque, qui prend de si bonne foi la foudre pour un *présage* ** « Vous
« voilà bien infortuné d'être enseveli avec la fou-
« dre !... Vous trouvez donc plus beau de mourir de
« peur que par la foudre ? Armez-vous plutôt de
« courage contre les menaces du ciel ; et, quand
« vous verrez le monde embrasé de toutes parts,
« songez que vous n'êtes pas *assez important* *** pour
« périr par d'aussi grands coups ; ou, si vous croyez
« que c'est pour vous que le ciel est en désordre,
« que les tempêtes s'excitent, que les nuages s'ac-
« cumulent et s'entrechoquent, que les feux brillent
« et éclatent, *n'est-ce pas une consolation pour vous*
« *que votre mort mérite tout ce fracas ?* » Ah! il n'y a pas moyen de s'y refuser : cela est persuasif !.....
Je demande si Gros-René, expliquant dans Molière la philosophie *du cousin Aristote*, est plus plaisant et plus gai. Nos très sérieux adversaires ne man-

* Parce qu'on faisait des *expiations* dans les lieux où était tombée la foudre ; ce que le traducteur aurait dû indiquer dans sa version, pour éviter l'équivoque du mot *expié*.

** Diderot n'est pas cet incrédule-là, car il dit très sérieusement dans son commentaire : *Pourquoi pas ?* et il indique les raisons qu'on pourrait en donner.

*** Les bœufs et les chevaux, que le tonnerre frappe si souvent dans les campagnes, sont donc des êtres bien *importants ?*

queront pas de s'indigner qu'on traite Sénèque de *bouffon ;* mais ils se garderont bien de dire à quel propos, ou de transcrire ce que je cite : ils seraient trop sûrs des éclats de rire du lecteur. Ce moyen de *consolation* lui paraît si puissant (à Sénèque s'entend, et non pas au lecteur), qu'il y revient encore sur les tremblements de terre : il y déploie toutes les voiles de sa rhétorique ; et il faut au moins voir quelque chose de ce morceau pour rire encore, mais non pas tout, car Sénèque lui-même ne nous autorise pas à épuiser comme lui le ridicule. « Ces « grandes révolutions, *bien loin de nous consterner* « plus qu'une mort ordinaire, devraient au contraire « *nous enorgueillir ;* et, puisqu'il est nécessaire de « sortir de la vie, puisqu'il faut un jour rendre l'âme, « *il est plus beau de périr par de grands moyens.* » Comment ne s'est-on pas avisé de lire ce chapitre de Sénèque sur les ruines de Lisbonne abymée, afin d'*enorgueillir* ce qui restait d'habitants, assez peu *philosophes* pour être *consternés ?* C'est qu'on n'a pas assez lu Sénèque ; mais, depuis qu'il est traduit et commenté, il faut espérer qu'en pareille occasion l'on n'y manquera pas. « Car enfin il faut « mourir, quelque part que ce soit, en quelque « temps que ce soit. » (A cela il n'y a rien à répondre.) « Eh ! que m'importe qu'on jette la terre sur « moi, où qu'elle s'y jette elle-même ?... Elle m'em- « porte dans un abyme immense : eh bien, la mort « est-elle plus douce à sa surface ? Qu'ai-je à me « plaindre si la nature ne veut déposer mon cadavre « que dans un lieu célèbre par quelque catastro-

« phe, si elle me couvre d'une partie d'elle-même ? » (*Se plaindre !* il y aurait de l'humeur, à présent que nous savons qu'il n'y a que de quoi *s'enorgueillir.*) « C'est une *grande consolation* en mourant, de sa- « voir que la terre elle-même est mortelle. » (*Grande* assurément : qui s'avisera d'en douter ?) « Crain- « drai-je de périr quand la terre périt avec moi, « quand ce globe *qui me fait trembler tremble lui-* « *même*, et ne parvient à ma destruction que par « la sienne propre ?... Il faut mourir : la mort est la « loi de la nature : la mort est le tribut et le devoir « des mortels : la mort est le remède à tous les « maux, etc. »

Cela est convaincant. Vous voyez que c'est d'après Sénèque qu'un de nos auteurs a dit si heureusement :

Mourir n'est rien : c'est notre dernière heure.

Vous voyez aussi, par ses dernières phrases sur la mort, que, quand Sénèque répète sa pensée, *c'est toujours avec des nuances délicates*, et que *c'est ainsi*, comme l'assure Diderot, *qu'il fait à chaque ligne le charme de l'homme de goût et le désespoir du tra- ducteur.* Vous voyez enfin que Diderot, en avouant qu'il y a des *pointes* dans Sénèque, a raison d'as- surer qu'il n'y en a jamais dans les endroits où le style doit s'élever avec le sujet. En effet qui oserait dire que *le globe, qui tremble quand il me fait trem- bler*, et *la terre qui se jette elle-même sur moi au lieu d'être jetée sur moi*, et qui *est mortelle quand je meurs*, etc., sont autant de *pointes* et d'abus de mots? et il ne s'agit, après tout, que des tremblements de terre et de la fin du monde.

Mais, s'il n'y a que *des détracteurs* qui puissent incidenter sur *le charme de ce style*, voici dans ces mêmes *Questions* un passage que l'éditeur ne balance pas à égaler *aux plus beaux mouvements oratoires de Cicéron*, en ajoutant *qu'il y en a mille* de la même force dans Sénèque; et, comme il n'en faudrait pas tant pour égaler l'un à l'autre, il est clair que Sénèque est aussi grand orateur que Cicéron, au moins *par les mouvements oratoires;* ce qui est connu de *tous les gens de goût*, comme *le charme de son style*. Voyons donc ce morceau : il s'agit de la mort de Callisthène.

« C'est, pour Alexandre, une tache éternelle que
« n'effaceront jamais ni son courage ni ses exploits
« militaires. Quand on dira qu'il a fait périr des mil-
« liers de Perses, on répondra : Et Callisthène!
« Quand on dira *qu'il a fait périr Darius*, le souve-
« rain d'un puissant empire, on répondra : Mais il
« a tué Callisthène! Quand on dira qu'il a tout sou-
« mis jusqu'à l'Océan, qu'il a couvert l'Océan même
« de nouvelles flottes, qu'il a étendu son empire
« depuis un coin obscur de la Thrace jusqu'aux
« limites de l'Orient, on répondra : Mais il a tué
« Callisthène! Quand même il aurait éclipsé la
« gloire de tous les rois et de tous les héros ses
« prédécesseurs, il n'a rien fait *de si grand que le*
« *crime* d'avoir tué Callisthène*. »

---

* Ce n'est pas la faute du traducteur si le mot *grand* est pris ici abusivement en deux sens opposés. L'original est encore pis : *Nihil tam magnum*

La figure de répétition, *mais il a tué*, etc., a de l'énergie et de l'effet dans ce morceau, et c'est ce qui le rend *oratoire*. Quant au fond des choses et aux détails de la phrase, il y a de l'hyperbolique et du faux, c'est-à-dire ce qui domine partout dans Sénèque, et il y en a même au point d'en détruire l'effet à la réflexion, ce qui n'arrive jamais dans la véritable éloquence. Il n'est pas permis de faire un mensonge grossier et calomnieux pour symétriser une antithèse. Alexandre n'a point *tué Darius* (*occidit*, dans l'original), et ne l'a point *fait périr* (comme traduit La Grange pour adoucir l'expression); il n'est pas même possible de supposer qu'il l'eût fait, quand on se souvient de quelle manière il traita Porus, des larmes qu'il versa sur la mort de Darius, de la terrible vengeance qu'il en tira*, et même de l'opinion que manifesta Darius, de la générosité d'Alexandre, dont il menaça ses meurtriers. Sénèque montre partout une haine furieuse contre ce prince; mais la haine et la fureur ne justifient pas le mensonge et la calomnie. Il sied bien peu à des philosophes de faire assez de cas d'une antithèse *oratoire* pour oublier tout ce qu'elle coûte à la vérité. Si leurs adversaires avaient donné prise sur eux jusqu'à ce point, à quelles personnalités les apologistes se seraient-ils donc portés, eux qui s'en permettent de

---

quàm cædes Callisthenis. Rien de si grand que le meurtre de Callisthène. Faire un contre-sens pour être concis, ce n'est pas savoir écrire. Il était indispensable de spécifier les deux *grandeurs* différentes, celle des exploits et celle du crime : c'est ce que La Grange a fait à moitié.

* Il fit écarteler Bessus.

si injurieuses sur une opinion dont ils ne prouvent pas l'injustice? De plus, quoique la mort de Callisthène soit une cruauté détestable, pourquoi le serait-elle plus que le meurtre de Clitus, qui était l'ami d'Alexandre et lui avait sauvé la vie? Et, si l'on excuse l'ivresse, pourquoi plus que celui de Parménion, vieillard non moins innocent que Callisthène, et à qui Alexandre avait les plus grandes obligations? N'est-ce pas trop faire voir qu'on regarde le meurtre d'un philosophe comme le plus grand de tous les attentats? Et ce n'est pas là, ce me semble, un principe reconnu : nous avons en morale, pour évaluer les crimes, une autre échelle de proportion; et je veux bien laisser de côté tout ce que les historiens reprochent à l'intolérable orgueil de Callisthène : dès qu'il s'agit de la victime, je ne m'occupe point d'excuses pour l'assassin.

Il y a donc ici même beaucoup de cette malheureuse déclamation dont l'auteur ne pouvait pas se défaire, et dont il était si aisé de se passer. Et c'est là ce qu'on oppose à ce qu'*il y a de plus beau* dans Cicéron!

Il n'y a pas deux voix sur l'excellent goût de celui-ci dans ses dialogues et ses traités philosophiques : aussi, quoique moins connus et moins célèbres en général que ses chefs-d'œuvre oratoires, d'abord en raison des matières plus ou moins abstraites, ensuite parce que la plupart ne font pas partie des études classiques, cependant il est peu d'hommes instruits qui ne les aient lus, et même relus; et plusieurs, tels que *la Vieillesse* et *l'Amitié*, sont familiers à ceux même qui lisent le moins, à ceux qu'on appelle gens du monde. Mais, excepté le très petit nombre d'hommes qui veut connaître tout ce qui a rapport à la science, qui a lu ou qui lira les *Questions* de Sénèque ?

Il serait difficile, d'après cet exposé très exact et très motivé, de comprendre où l'éditeur a pu voir l'incommensurable supériorité de Sénèque sur Platon et Cicéron, pour *les connaissances, les idées et la profondeur*, puisqu'il n'a pas eu une *idée* en philosophie (je dis une, et je défie qu'on en cite une), et que Platon en a eu beaucoup; puisqu'il n'a pas même effleuré quantité d'objets où Platon et Cicéron montrent des *connaissances* variées et réfléchies, qu'on ne peut attribuer à Sénèque, à moins d'avoir de lui en manuscrit ce que nous n'avons pas en imprimé. Reste la *profondeur*; et apparemment ce ne peut être qu'en morale qu'il a été si *profond;* car dans le fait il n'est que moraliste, et pas autre chose ; et ses panégyristes mêmes ne nous disent pas qu'il soit *profond* dans sa physique : il n'y est que *distingué*. Reste donc à le considérer dans sa morale, soit comme penseur, soit comme écrivain. C'est bien là tout Sénèque, et nos adversaires ne se plaindront pas que l'examen soit incomplet, et que la question ne soit qu'ébauchée. Nous reviendrons ensuite sur le panégyrique qu'ils ont fait de cet auteur au détriment de Cicéron, qui pourtant, je l'espère, n'y a pas perdu beaucoup.

La *profondeur* en morale consiste en deux choses, dans les vues générales qui déterminent le mieux les vrais fondements des devoirs et des vertus, et dans les traits particuliers qui caractérisent le mieux les défauts et les vices. Je crois voir le premier de ces mérites dans Cicéron, et j'en ai déjà observé un exemple décisif dans cette idée fondamentale qu'il a puissamment embrassée, d'attacher toute l'économie du monde social et moral à l'observation des devoirs de chacun envers tous, pour l'intérêt même de chacun et de tous. Il n'y a presque point de trace de cette théorie vraiment *profonde* ailleurs que dans Cicéron, et Sénèque ne paraît pas même s'en être douté. Il faut que l'éditeur, conséquent dans son mépris pour Cicéron, ou ne l'ait pas *lu depuis le collège* (comme il dit que c'est l'usage), ou n'y ait guère fait attention; car il fait honneur aux Modernes, ou plutôt au seul Helvitius, d'avoir vu dans la vertu la conformité avec l'intérêt général. Il y a ici une double erreur : d'abord, ce qu'il y a de vrai dans ce qu'a dit à ce sujet Helvitius est emprunté de Cicéron, puisque tout le *Traité des Devoirs* est bâti sur cette base; mais de plus (et c'est là le mal) Helvétius ne s'est emparé de cette idée que pour la dénaturer, au point que ce qui est dans Cicéron la sanction de toutes les vertus est dans Helvétius celle de tous les vices; et cela devait être, dès que le sophiste français, en prenant un principe du philosophe latin, jugeait à propos d'en rejeter un autre dont celui-là n'était que la conséquence. Ce premier principe, comme vous devez vous en souvenir, était la conformité des lois positives de la morale avec les notions de justice naturelle, qui sont proprement la loi divine écrite dans nos cœurs, et constituent ce qu'on appelle la conscience : c'est la croyance de Socrate, de Platon et de Cicéron; mais, comme ces moralistes-là ne sont pas *profonds*, l'éditeur de Sénèque et de Diderot félicite Helvétius d'une tout autre découverte, qui consiste à faire dériver tous nos devoirs et toutes nos vertus de la *sensibilité physique*. Vous concevez que par ce chemin-là Helvétius ne pouvait plus se rencontrer avec Cicéron, ni avec Platon, ni avec Socrate, ni avec aucun des moralistes de tous les siècles. Cette *profondeur* est très moderne, et n'en paraît que plus admirable à l'éditeur, qui se prosterne devant ce système d'Helvétius avec autant de vénération et de foi qu'un géomètre devant les calculs de Newton. Mais ce n'est pas ici le lieu d'examiner cette doctrine, qui appartient à la dernière partie de ce *Cours*, à la philosophie du XVIIIe siècle*.

La seconde espèce de *profondeur* se remarque dans la peinture des vices; et c'est en ce sens que les bons poètes comiques sont moralistes, et que Molière est le plus *profond* des poètes comiques. Théo-

---

* Cet examen a cependant paru depuis séparément, sous le titre de *Réfutation du livre de l'Esprit*, et ne s'en trouvera pas moins dans la suite de ce *Cours*, dont il fait un article essentiel. Les partisans, et même les amis d'Helvétius ont gardé sur cette *réfutation* le silence le plus *profond*, et qui eût été aussi le plus prudent, si, au défaut absolu de raisons, ils n'eussent prodigué les injures. Un philosophe, un économiste très connu (*a*), qui n'est pourtant pas athée, a été de meilleure foi. Il a imprimé que le censeur d'Helvétius *avait raison presqu'en tout*, *mais qu'il avait tort de dire du mal de la philosophie*, et l'on voit de quelle *philosophie*.

(*a*) M Dupont de Nemours.

phraste aurait pu avoir cette qualité que demandait le genre de son ouvrage. Mais celle que les Anciens distinguèrent chez lui, ce fut sur-tout la pureté de son atticisme, la grace de son élocution. Son livre des *Caractères* offre des traits d'une vérité ingénieuse, soit dans les maximes, soit dans les portraits. Mais il a laissé la palme aux Modernes, à La Rochefoucauld, dont les pensées sont souvent très fines, et les observations quelquefois *profondes*, et sur-tout à La Bruyère, le premier en ce genre, et qui est également *profond*, comme observateur et comme peintre : son regard atteint loin, et son pinceau rend tout ce qu'il a vu.

Cette espèce de *profondeur* n'est ni dans Cicéron, ni dans Sénèque : du moins je ne l'y aperçois pas. Elle pouvait plus naturellement se trouver dans le dernier, qui parle toujours en son nom, qui dans ses traités, et sur-tout dans ses *Lettres*, pouvait prendre tous les tons, et n'en a jamais qu'un. On se rejettera probablement sur les pensées, les sentences, les maximes; et il faut d'abord distinguer entre les idées et les pensées, car ce sont deux choses différentes : une pensée peut être belle, forte, délicate, mais elle est renfermée en un seul point : une idée belle, grande, *profonde*, est un aperçu qui en contient beaucoup d'autres. Quand Cicéron dit à César : « Il n'y a rien de plus grand dans ta « fortune que de pouvoir sauver la vie à une foule « d'hommes, et rien de plus grand en ton âme que « de le vouloir, » il renferme en deux lignes, avec autant de noblesse que de précision, le résultat le plus juste, le plus étendu, le plus moral de la puissance et de la bonté. C'est là une idée, et une grande idée. Quand Sénèque dit : « Combien d'hommes ont « manqué d'amitié plutôt que d'amis ! » il tourne ingénieusement une pensée vraie qui revient à cette maxime vulgaire, que pour être aimé il faut savoir aimer : *Si vis amari, ama.* A présent, pour apprécier Sénèque, qu'on a loué principalement pour les maximes détachées et qui lui-même les donne pour ce qu'il y a de plus efficace en morale, je ne crois pas pouvoir mieux faire que de m'arrêter sur celles qui sont du choix de son apologiste Diderot. Vous jugerez aisément de leur valeur, et vous évaluerez encore plus aisément les éloges inouïs qu'on a faits de sa philosophie.

« Une partie de la vie se passe à mal faire, la « plus grande partie à ne rien faire, presque la « totalité à faire autre chose que ce qu'on devrait. » Sénèque lui-même ne savait pas à quel point cela est vrai ; mais il dit bien ce qui était très aisé à dire.

« Où est l'homme qui sache apprécier le temps, « compter les jours, et se rappeler qu'il meurt à « chaque instant ? »

« Ne pouvant lire autant de livres que vous en « pouvez acquérir, n'en acquérez qu'autant que « vous en pourrez lire. »

« On lit pour se rendre habile : si on lisait pour se « rendre meilleur, bientôt on deviendrait plus habile. »

« Celui qui ne veut que satisfaire à la faim, à la « soif, aux besoins de la nature, ne se morfond « point à la porte des grands, n'essuie ni leurs

« regards dédaigneux, ni leur politesse insultante. »

« Vous parlez des présents de la fortune : dites
« de ses pièges. »

« Rien de plus nuisible aux bonnes mœurs que
« la fréquentation des spectacles. »

« La vertu a perdu de son prix pour celui qui se
« surfait celui de la vie. »

« Rien de plus commun qu'un vieillard qui com-
« mence à vivre. » Pas si commun, et Diderot lui
répond très à propos que, quelque chose de plus
commun, c'est un vieillard qui meurt sans avoir
vécu. Mais jusqu'ici connaissez-vous rien de plus
commun que toutes ces pensées ? Elles sont rai-
sonnables, et c'est tout. Est-ce là cette force de
sens et d'expression qui vous a frappés dans ce que
j'ai cité des pensées de Plutarque ? Encore quelques-unes, toujours prises de la main de l'apologiste.

« Un mal n'est pas grand quand il est le dernier
« des maux : la perte la moins à craindre est celle
« qui ne peut être suivie de regrets. »

Cela est mot à mot dans Cicéron, sur le même
sujet, sur la mort.

« La colère est une courte démence. »

Cela est mot à mot dans Horace : *Ira, furor bre-
vis est.*

« L'homme le plus puissant doit craindre autant
« de mal qu'il en peut faire. »

« La route du précepte est longue : celle de
« l'exemple est plus courte et plus sûre. »

« Le même mot peut sortir de la bouche d'un
« sage et d'un fou. »

Je le crois, ainsi que tout ce qui précède ; mais qu'y a-t-il à tout cela de *profond ?*

« La philosophie est la vraie noblesse : nul n'a « vécu pour la gloire d'autrui. »

C'est dire d'une manière très louche ce qui avait été dit mille fois mieux, et particulièrement dans Salluste (discours de Marius). Beaucoup de bons citoyens ont vécu, et ont voulu vivre *pour la gloire* de leur patrie, et tous ont considéré *la gloire* qui en rejaillirait sur leur postérité. Quant à la philosophie, il faut croire qu'elle est ici le synonyme de vertu ; ce qui n'est pas toujours vrai.

Voici des pensées qui me paraissent meilleures.

« Un voyageur a beaucoup d'hôtes et peu d'amis. »

« Ne faites rien que votre ennemi ne puisse savoir. »

« Dieux, accordez-moi la sagesse, et je vous tiens « quittes de tout le reste. »

« L'administration d'une république livrée à des « brigands n'est pas digne d'un sage. »

« Les petites âmes portent dans les grandes choses « le vice qui est en elles. »

« On donne du temps et des soins à tout : il n'y « a que la vertu dont on ne s'occupe que quand on « n'a rien à faire. »

« Si vous avez à peser un service avec une injure, « ôtez au poids de l'une et ajoutez à celui de l'autre : « vous ne serez que juste *. »

---

* J'ai pris la liberté d'abréger ainsi cette pensée, dont le fond est très bon, pour faire voir que Sénèque, qui cherche souvent la concision aux dépens de la clarté et de la justesse, alonge aussi sa phrase sans nécessité, et n'est alors ni concis ni précis. Diderot traduit, d'après le texte : « Si vous

« Au fond du cœur reconnaissant, un bienfait
« porte intérêt.

« La vertu passe entre la bonne et la mauvaise for-
« tune, et jette sur l'une et l'autre un regard de mépris. »

On confond trop aisément les sentences avec le
ton sentencieux, les pensées avec ce qui n'en a
que la tournure. L'éditeur regarde Sénèque comme
l'auteur *le plus grave*, le plus *moral de toute l'antiquité*; il l'est beaucoup moins que Cicéron, et
sur-tout que Plutarque. La *gravité*, dans les ouvrages de raisonnement, consiste dans la solidité des
moyens et dans une dignité de style assortie à celle
du sujet. C'est précisément ce qui manque à Sénèque; car on peut dire qu'une qualité manque à un
auteur quand elle se montre très rarement chez
lui, et que le contraire y est à tous moments. Je
l'aurai démontré, si je fais voir par des citations
nombreuses et de tous genres que ses moyens, loin
d'être solides, sont la plupart frivoles, faux, ridicules même; que, loin d'avoir *une abondance de
pensées*, comme le dit encore l'éditeur, il n'a qu'une
abondance de phrases tournées en apophtegmes
pour redire une même chose, sans nuances et sans
progression, que les formes de son style, loin d'a-

« avez à peser un service avec une injure, juge dans votre propre cause, *la
« prudence* veut que vous ajoutiez du poids aux services que vous avez re-
« çus, et que vous en ôtiez à l'injure qu'on vous a faite. » Que de superflu
dans cette phrase! Diderot a dit qu'*on a toujours envie de resserrer Cicéron et
d'étendre Sénèque*. L'un n'est pas plus vrai que l'autre : l'on n'a nulle envie
d'*étendre* Sénèque, dont l'abondance est si souvent stérile : et qu'on essaie
sur une pensée des ouvrages philosophiques de Cicéron une réduction du
même genre que celle qui a lieu ici sur Sénèque!

voir le sérieux qui convient à la chose, sont des tours de force et des jeux d'esprit qui peuvent quelquefois éblouir un instant l'homme inattentif, mais dont la futilité paraît dès qu'on y regarde. Je prends d'abord pour exemple un des objets qu'il semble avoir voulu épuiser, tant il y revient souvent, le mépris de la douleur et de la mort. Vous le retrouverez le même que sur le mépris de la foudre et des tremblements de terre. Je ne peux pas vous lire ici tout Sénèque : mais quand un même caractère est si marqué dans des morceaux importants et dans des passages entiers, tels qu'on ne rencontrait rien d'approchant dans un auteur qui saurait écrire; quand ce caractère se reproduit dans une foule de citations diverses plus ou moins étendues; quand les citations sont prises dans ce que les apologistes eux-mêmes présentent à l'admiration (et c'est une loi que je me suis faite dans tout cet article), alors on peut affirmer que ce caractère est celui de l'auteur: et si ce n'est pas le procédé d'un critique impartial, que nos adversaires nous en indiquent un autre.

Diderot nous crie de sa voix d'inspiré : « Homme « pusillanime, si les deux grands fantômes, la dou- « leur et la mort, t'effraient, lis Sénèque. » J'aime mieux, pour mon compte, lire les *Tusculanes*, où la même matière est traitée, et dont Sénèque a pris tout ce qu'il y a de sensé dans le fond de sa morale. Cicéron n'outre rien : ses motifs sont pris dans la saine raison, dans une juste estimation des choses humaines. Il n'insulte point à la nature, comme s'il y avait en elle de la folie à repousser ce qui lui est

contraire : il tâche seulement de l'affermir par des considérations analogues à ses forces, et oppose à des maux nécessaires le courage que doit inspirer à l'homme la noblesse de son ame, et cette patience virile qui n'est qu'une résignation réfléchie, seul remède à ce qu'on ne peut guérir, seul adoucissement à ce qu'on ne peut éviter. Enfin il se sert principalement des moyens de comparaison, ici les mieux appliqués de tous, puisque la meilleure manière de juger un mal, c'est de le comparer à un plus grand ; et il fait sentir combien le vice et la honte, qui souillent et tourmentent l'âme, sont des maux plus à craindre que la douleur et la mort.
« Je ne nie pas, dit-il, que la douleur ne soit un
« mal : je nie qu'elle soit le plus grand des maux ;
« et, si elle n'était pas un mal, où serait donc le
« courage de la braver ? Je dis que ce mal est
« surmonté par la patience ; et si vous manquez de
« patience, où est donc la philosophie ? A quoi nous
« sert-elle ? Pourquoi la vanter et nous en glorifier ?
« —Mais la douleur me fait sentir ses aiguillons.—
« Et, quand ce serait un poignard, qu'arrivera-t-il ?
« Si vous êtes sans défense, vour recevrez le coup ;
« mais vous le repousserez, si vous avez le bouclier
« d'Achille, l'armure céleste ; et vous l'avez, car ce
« bouclier, qu'est-ce autre chose que le courage ?
« Si vous n'en avez pas, renoncez donc à la dignité
« d'homme... Ne m'avez-vous pas accordé qu'aucun
« mal n'est comparable à la honte, à l'infamie ? Et
« quoi de plus honteux à l'homme que de succom-
« ber à la douleur ou à la crainte ? S'il ne sait pas

« leur résister, comment préférera-t-il à tout le de-
« voir et la vertu? »

Voilà qui va au fait : voilà parler en homme et
à des hommes. Écoutons Sénèque : « Il est diffi-
« cile, dites-vous, d'amener l'âme jusqu'au mépris
« de la mort. Eh! ne voyez-vous pas quels sujets
« futiles la font tous les jours mépriser? C'est un
« amant qui se pend à la porte de sa maîtresse; un
« esclave qui se précipite du haut d'un toit pour
« n'être plus sujet aux emportements de son maître;
« un fugitif qui se perce le sein pour n'être pas ramené
« dans les fers. Doutez-vous que le courage puisse
« opérer ce qu'a fait l'excès de la crainte. Que veulent
« dire ces fouets armés de pointes aiguës, ces cheva-
« lets, cet attirail de supplices? Quoi! ce n'est que la
« douleur! ce n'est rien, ou elle finira promptement.
« A quoi bon ces glaives, ces feux, ces bourreaux
« qui frémissent autour de moi? Quoi! ce n'est que
« la mort! mon esclave la bravait hier. »

C'est là ce que Diderot admire et ce qu'on nous
ordonne d'admirer. Mais quel homme de sens peut
être dupe de cette déclamation fanfaronne? Tout est
faux dans la pensée, tout est puéril dans les tournures. Que veut Sénèque? M'inspirer de la fermeté,
du courage, de la résolution; et il m'offre des exemples qui, de son aveu, ne sont qu'un *excès de désespoir,
de crainte !* Quelle grossière inconséquence! Quand
Cicéron me dit : Soyez homme, et me prouve qu'il
faut l'être, je ne saurais lui dire : Je ne suis pas un
homme; mais je dirai à Sénèque : Je ne suis ni esclave, ni fugitif, ni enragé. Il me demande *si le cou-*

rage ne fera pas ce qu'a fait l'excès de la crainte. C'est comme s'il me demandait si je ne ferai pas en état de raison et de santé ce qu'on fait dans la fièvre chaude. Le courage est une force tranquille, et celle-là est rare; c'est celle qui est vraiment la vertu : aussi le courage et la vertu sont le même mot chez les Latins. La force qui fait qu'on *se pend*, qu'on *se précipite*, qu'on *s'égorge* soi-même, est une frénésie, une aliénation née, tu en conviens, d'un mouvement aveugle et désordonné, d'un excès de crainte et de fureur : c'est la force de l'hydrophobe qui se jette dans le feu de peur de l'eau. L'une de ces forces est donc essentiellement un bien et l'autre un mal; l'une est une vertu et l'autre une maladie; l'une est l'honneur de la nature humaine et l'autre en est la faiblesse; l'une enfin n'appartient qu'au sage, et l'autre à tous les fous : et c'est un philosophe qui conclut de l'un à l'autre *à fortiori !* c'est un moraliste grave et profond qui assimile ce qu'on fait quand on a perdu la tête, à ce qu'il prescrit de faire par un calcul de raison et par un principe de sagesse, comme si deux causes si différentes devaient avoir le même effet ! Un amant désespéré, un esclave excédé de coups, un fugitif échappé de sa chaîne, sont des modèles encourageants, les professeurs d'héroïsme que Sénèque fait asseoir avec lui dans sa chaire de philosophie ! Et il ne sent pas tout ce ridicule ! Et ses admirateurs ne s'en doutent pas ! Il est vrai que les tours de phrases sont dignes des idées : *Quoi ! ce n'est que cela ? Ce n'est rien. Ce n'est que la douleur ? Ce n'est que la mort ?*

Mais qu'y a-t-il donc de plus aisé que cette forfanterie de paroles, qu'on peut appeler proprement la gasconnade philosophique? car le ton en est assez risible pour autoriser cette expression familière. On pardonne cette rhétorique aux écoliers et aux charlatans; mais un vieux philosophe! un écrivain de profession! cela n'est digne que de mépris, et peut très raisonnablement faire douter qu'il y ait eu quelque chose de réel et de solide dans les principes, quand il y a dans le langage une affectation si habituelle et si ridicule.

L'éditeur, qui estime Platon comme *poète et orateur*, quoiqu'il n'ait été ni l'un ni l'autre (car on n'est ni *poète* ni *orateur* pour avoir écrit en prose avec l'imagination et l'éloquence que peut comporter le style philosophique), lui refuse nettement le titre de philosophe; et il ne faut rien moins que l'autorité de l'éditeur pour faire passer ce paradoxe, que vous pouvez apprécier d'après ce que vous avez entendu, et d'après l'opinion générale qu'il appelle *une idolâtrie*, mais qu'il avoue *s'être conservée jusqu'à nos jours dans toute sa pureté.* Je m'en flatte, et lui sais gré de l'aveu; mais il se flatte, lui, que, *dans un siècle tel que le nôtre, où l'on n'a pas moins de lumières que de goût, Platon et Cicéron doivent nécessairement perdre, comme philosophes*, ce qu'apparemment Sénèque doit gagner. Permis à chacun de se donner raison dans l'avenir; et quoique Platon et Cicéron aient déjà deux mille ans pour eux, celui-ci un peu moins, celui-là un peu plus, rien n'empêche que dans deux mille ans encore quelqu'un ne réclame contre *le préjugé, l'éducation et l'idolâtrie*, et n'en appelle à un plus amplement informé, comme cet orateur de café, Boindin, qui, se trouvant seul de son avis au milieu d'un cercle nombreux, disait froidement : *C'est qu'il me manque là dix mille personnes, qui seraient peut-être de mon avis.*

Nous savons que les opinions peuvent changer avec les siècles sur les objets des sciences, toujours perfectibles; mais nous n'avons pas encore vu que, sur des hommes tels que Platon et Cicéron, un siècle ait contredit tous les siècles. Il n'y en a point d'exemples, et pourtant le monde est assez vieux pour en avoir fourni. On sait depuis long-temps à quoi s'en tenir sur ce qu'il peut y avoir à prendre ou à laisser dans la philosophie d'Aristote, de Platon et de Cicéron, comme dans celle de Descartes et de Leibnitz; mais les hommes ont gardé leur place, et l'on peut présumer qu'ils la garderont. La contradiction particulière est de tous les temps, mais elle n'infirme point la voix générale; et, quand on espère convertir nos neveux, il faudrait au moins commencer par être fort devant ses contemporains. Nous sommes déjà peut-être assez avancés pour avoir un avis arrêté sur Sénèque et ses partisans; mais il faut pousser jusqu'au bout cette discussion, moins pour convaincre deux ou trois adversaires qu'on ne persuadera pas, que pour confirmer et venger la vérité que les autres ne sont point intéressés à rejeter.

Ce Platon, qu'on dédaigne tant comme philosophe et comme moraliste, me rappelle ici le *Phédon*, par le contraste qu'il forme avec la manière de Sénèque. Quelle différence et quelle distance! Ce que Sénèque met en controverse est là en action : Socrate va mourir dans quelques heures, et parle du mépris de la mort. Cherchez dans ce dialogue, cherchez dans l'*Apologie* de Socrate quelque chose qui ressemble au faste insensé de Sénèque, soit dans les morceaux que je viens de citer, soit dans mille autres du même goût. On voit que l'âme de Socrate est calme, parce que son langage est simple ; on voit qu'il est persuadé, parce qu'il n'affecte et n'exagère rien. Ses idées sont conséquentes et ses sentiments élevés ; et l'un prouve la tranquillité de l'esprit, l'autre la grandeur de l'âme, mais cette grandeur vraie, qui est de principe et d'habitude, qui n'a d'effort à faire sur rien, parce qu'il y a long-temps qu'elle est préparée à tout et décidée sur tout. Je conçois donc très bien que le *Phédon* soit depuis si long-temps l'objet d'une admiration unanime : c'est là chez les Anciens ce qu'il faut lire, pour voir ce que peut être l'homme aux prises avec la mort, sans autre secours que sa propre force. Mais Sénèque !... On en dira ce qu'on voudra, mais avec lui, je suis toujours dans une école ; je vois toujours un de ces anciens *sophistes*, de ces anciens *déclamateurs*, qui s'exerçaient à étonner leur auditoire : c'était la profession de Sénèque le père, dont n'a point dégénéré Sénèque le fils*.

* *Voyez* dans le *Répertoire*, à l'article Quintilien, ce qu'il dit de ces *déclamateurs* et des mauvaises études de la jeunesse, qui se gâtait l'esprit dans leur école.

A la marche naturelle, facile et décente de Platon et de Cicéron, comparez celle de Sénèque; c'est un homme sur des échasses. Au premier aspect il paraît haut; mais toisez-le, et vous voyez qu'il vacille, parce qu'il n'a qu'une base factice; tous ses mouvements sont forcés et désagréables, et il tombe souvent. Sénèque a beau exagérer l'expression du dédain quand il me parle de la mort, comment pourrait-il me donner une force que je vois qu'il n'a pas? Il en parle trop pour la mépriser tant; ce qu'on ne peut pas dire de Cicéron, qui n'a traité ce point de morale qu'à sa place, au premier livre des *Tusculanes*, et qui n'y est guère revenu. Sénèque le rebat sans cesse, et partout, et à tout propos, toujours du même ton. Les mouvements de son style sont les mêmes, des saillies, des bravades, des abus de mots. Il a l'air de chercher querelle à la mort, de la morguer comme un ennemi qu'on défie de loin; il s'escrime en l'air. Ses apologistes vont se récrier; Comment! est-ce qu'il n'a pas su mourir? C'est ce que nous verrons tout à l'heure: continuons à voir comment il a su écrire.

Ce n'est pas ma faute si vous n'avez pu trouver rien de fort remarquable dans les pensées que Diderot lui-même a cru devoir extraire. Je pourrais encore en rapporter une d'après lui : « La gloire « suit la vertu, comme l'ombre suit le corps. » Il demande si cette pensée n'est pas charmante : c'est mon avis; mais il aura dû ajouter qu'elle est mot à mot de Cicéron, et cela m'avertit de vous en citer quelques autres de lui.

« Qu'y a-t-il de grand dans les choses humaines,
« pour l'homme qui a l'idée de l'infini ? »

« Tout ce qui est pernicieux dans ses progrès est
« vicieux dans sa naissance. »

« Celui qui cherche de la mesure dans la vie,
« ressemble à un homme qui, se précipitant des
« sommets de Leucate, voudrait se tenir en l'air. »

« La nature n'a pas été assez injuste envers nous
« pour nous donner tant de remèdes pour le corps,
« et aucun pour l'âme : celle-ci même a été la
« mieux traitée ; car les remèdes pour le corps lui
« viennent de dehors, les remèdes pour l'âme sont
« en elle. »

J'ose croire que ce sont là des vérités plus réfléchies, plus étendues et mieux exprimées que celles de Sénèque. Venons à celles qui sont vicieuses, ou comme fausses, ou comme vagues, ou comme contradictoires, etc. Elles sont sans nombre, et il y a de quoi choisir. Mais il est juste de commencer par celles qui font dire à Diderot : « Malheur à celui
« que quelques-unes de ces pensées que je jette au
« hasard, à mesure que la lecture du philosophe me
« les offre, ne plongeront pas dans la méditation ! »
Ne vous effrayez pas trop de ce foudroyant anathème de Diderot : c'est chez lui, et chez beaucoup d'autres écrivains de la même classe, une formule parasite. Rien de plus fréquent chez eux que la malédiction : si tous ceux qu'ils ont solennellement maudits, au propre ou au figuré, avaient dû s'en ressentir, je ne sais ce que le monde serait devenu. Nous ne pouvons pas trop nous *plonger* ici *dans la méditation*,

nous sommes en trop bonne compagnie : mais il ne faut pas *méditer* beaucoup pour ce que nous avons à discuter.

« Le tyran vous fera conduire...... Où? Où vous « allez. » Il veut dire à la mort; car c'est encore là que nous en sommes. Cela est faux, et très faux de deux manières. *Je vais* à la mort, il est vrai, mais non pas au supplice. *Je vais* et je puis aller fort long-temps à la mort, qui est peut-être fort loin ; mais le tyran me fera conduire au supplice qui est là devant moi. Prétendre me faire accroire que c'est la même chose, ce n'est ni m'instruire, ni m'encourager; c'est se moquer de moi; c'est me prendre pour un imbécile, et non pas me rendre plus ferme. Il n'est pas permis à un philosophe d'ignorer deux choses également certaines : l'une, que le passage prochain d'une vie pleine et entière à une mort violente et infâme est ce qu'il y a de plus répugnant à la nature humaine; l'autre, que dans cette terrible nécessité la mort est encore moins terrible que l'ignominie; ce qui est prouvé par le grand nombre d'hommes qui se sont donné la mort, et une mort cruelle, pour se dérober aux bourreaux. Et vous me dites froidement que c'est là que *je vais!* Vous mentez; et un mensonge évident n'est ni une raison, ni un conseil, ni une consolation; c'est une insulte, et ici une insulte au malheur. Il est d'un philosophe de connaître la nature humaine, et de prendre en elle, autant qu'il est possible, l'antidote des maux qui sont en elle. Il y a en effet dans la raison et dans la vertu des appuis réels contre toutes les infortunes, et même contre celles qui me menacent de si près; mais vous ne les connaissez pas, car vous ne parlez ni en homme, ni en philosophe, mais en rhéteur qui veut faire une phrase. Allez faire des phrases dans votre classe, et moi, je vais invoquer le Dieu qui a les yeux sur l'innocence et sur le crime.

Telle est la réponse qu'on pourrait faire à Sénèque, en attendant la réplique des adorateurs de sa philosophie.

« Il est dur de vivre sous la nécessité, mais il n'y
« a point de nécessité d'y vivre. » (*Max. d'Épic.*)

Ici la *nécessité* ne peut signifier que le destin, *fatum*, que Sénèque, ainsi que les stoïciens, admettait avec la Providence, sans trop se mettre en peine de les concilier. Mais, dans cette hypothèse, les termes de cette phrase impliquent contradiction; car avec la fatalité, qui est cette même *nécessité*, tout est également *nécessaire*, et par conséquent il l'est de *vivre sous cette nécessité*, autant qu'elle le voudra. Mais, en laissant même cette rigueur métaphysique, qui est fort loin de Sénèque, ce qu'il nous apprend dans cette pensée se réduit à mourir quand il ne nous convient plus de vivre; ce qui n'est pas un merveilleux secret, mais ce qui est un des pivots de la philosophie de Sénèque, grand prédicateur du suicide. Ce n'était pas l'opinion de Socrate et de Platon; car il est juste de n'opposer à Sénèque que des philosophes païens. Mais cette question, qui n'en doit pas être une pour nous, a été trop souvent agitée pour y revenir ici. J'observerai seulement, comme idée à *méditer* pour ceux qui méditent, qu'un moyen de disposer de son existence, qui serait commun à l'homme de bien et au scélérat, ne saurait être dans l'ordre métaphysique et moral. « Arracher à Caton son poignard, c'est « lui envier son immortalité. »

La belle passion du suicide n'a-t-elle pas emporté Sénèque un peu trop loin? Quoi! Caton n'avait pas assez de sa vie pour être immortel! et il ne le serait pas, s'il ne s'était pas tué! C'est ce qu'on a dit d'Othon, et ce qui était vrai d'un homme qui n'avait fait en sa vie qu'une action de courage, celle de mourir. Mais Caton! quelque satisfait qu'il ait pu être de sa mort, je ne crois pas qu'il le fût assez peu de sa vie pour l'être ici de Sénèque.

« Quelle sera la vie du sage enfermé dans un ca-
« chot ou jeté sur une plage déserte? celle de Ju-
« piter dans la dissolution des mondes. » Sur quoi Diderot s'écrie : « De pareilles idées ne viennent « qu'à des hommes d'une trempe rare. » Sur quoi je réponds que *de pareilles idées* ne *viennent* qu'à des fous, et que cette folie n'est pas *rare*. Horace, homme *d'une trempe* assez *rare*, au moins pour l'esprit, avait dit dans ces strophes connues pour un des exemples du sublime, et où il peint l'inébranlable fermeté du juste :

> *Si fractus illabatur orbis,*
> *Impavidum ferient ruinæ.*

> Le ciel tonne, la mer gronde :
> Sur lui les débris du monde
> Tomberont sans l'effrayer.

Cela est grand et ne peut l'être davantage sans passer toute raison, c'est-à-dire sans cesser d'être grand, et Sénèque était très capable de cette transmutation ; sa phrase n'est pas autre chose, et son *Jupiter* y a tout gâté. Le bon sens demande en quoi *les pensées de Jupiter* peuvent ressembler à celles du sage *dans la dissolution des mondes*. Mais l'esprit de Sénèque affectionne extraordinairement cette similitude de Jupiter et du sage : c'est une de ses pensées favorites. « L'homme de bien ne diffère de « Dieu que par la durée : il est son disciple et son « rival. » Ailleurs ce n'est pas assez pour Sénèque de la parité ; et en effet, ce serait dommage de s'arrêter en si beau chemin.

« Un petit nombre d'années est autant pour le « sage que l'éternité pour les dieux. Il a même un « mérite de plus : la sagesse des dieux est due à « leur nature, et non à leurs efforts. » N'oubliez pas que tout à l'heure il demandait aux dieux la sagesse, et Diderot n'a pas manqué de le lui reprocher. Mais enfin, selon lui, les dieux du moins étaient donc pour beaucoup dans la sagesse humaine ; et il n'est pas trop bien que le sage se fasse ainsi le rival, et même le supérieur d'une divinité bienfaitrice. On pourrait trouver là quelque ingratitude et quelque impiété. Mais je ne ferai pas une nouvelle injure à la raison en combattant ces arrogantes folies : c'est bien assez de celle que lui fait Sénèque en les débitant. Je m'en tiens à une conséquence qui est de mon objet, et qui devient de plus en plus manifeste ; c'est que ceux qui ont trouvé ce style si *grave* et si *moral* jugent comme Sénèque écrivait; et c'est, je crois, la seule manière de leur dire la vérité sans les offenser; car qu'y a-t-il pour eux qu'un rapport quelconque avec Sénèque ne rende honorable? Mais pour nous, rien ne sera jamais plus contraire à la *gravité* qui sied à la morale, que ces fanfaronnades qui tiennent du burlesque; et rien ne convient moins à un philosophe que de parler des dieux comme le capitan Matamore de l'ancienne comédie parlait des rois et des empereurs. Le faux sublime, qu'on ne pardonne pas même aux poètes, est intolérable en philosophie. Celui de Sénèque est comme la glace qui brille de loin, qui vous gèle dès qu'on y touche, et qui se résout en eau sale dès qu'on la presse.

« L'amour ressemble à l'amitié : il en est pour
« ainsi dire la folie. »

C'est ne connaître ni l'un ni l'autre. L'amour et l'amitié sont deux choses aussi différentes qu'un sentiment et une passion ; et je ne sais ce que c'est que *la folie de l'amitié*, folie qui dès-lors ne serait plus l'*amitié*, et ne serait pas encore l'*amour*. Il ne faut point assimiler ce qui ne peut jamais se ressembler.

J'ai promis des citations plus étendues : voici une suite de pensées sur l'amitié du sage : mais ici c'est moi qui cite, et non pas Diderot.

« Le sage ne manque de rien, mais il a des be-
« soins; au contraire, l'insensé n'a pas de besoins,
« ne sachant user de rien, mais il manque de tout.
« Le sage a besoin de mains, d'yeux, de mille autres

« choses nécessaires à ses besoins journaliers, mais
« il ne manque de rien. *Manquer* suppose une con-
« trainte : le sage n'en connaît point. Voilà dans quel
« sens il a besoin d'amis. Quoiqu'il sache se suffire,
« il en veut le plus grand nombre possible, mais
« non pas pour être heureux; il le serait même sans
« amis : le souverain bien n'emprunte rien du de-
« hors. Il trouve dans l'âme toutes ses ressources;
« il ne vit que de lui-même; il s'assujettirait à la
« fortune en *s'incorporant* aux objets extérieurs. Le
« sage, comme Dieu, se renferme dans son âme
« et habite avec lui-même. S'il peut disposer des
« circonstances, il se suffit et prend une femme ;
« il se suffit et donne le jour à des enfants; il se
« suffit, et ne vivrait pas, plutôt que de vivre seul. »

Je veux croire que Diderot et l'éditeur, et les apologistes, entendent à merveille ce galimatias double et triple, qu'ils savent comment on *a des besoins sans manquer de rien*, quoique *le besoin* suppose essentiellement *le manque* de quelque chose de nécessaire, et ne soit même que cela; qu'ils savent sur-tout comment celui *qui se suffit ne vivrait pas, plutôt que de vivre seul;* car plus ce dernier trait est pour nous incompréhensible, plus sans doute il y a de *génie* et de *philosophie* à le comprendre, en *se plongeant dans la méditation*. L'éditeur dit que « Sénèque entasse vérités sur vérités,
« mais qu'il les entasse quelquefois *avec tant d'ordre*
« *et de précision*, que, plus rapprochées, elles n'en
« sont que plus sensibles et plus évidentes. » Ce mot *quelquefois* indique, il est vrai, une assez considéra-

ble restriction sur six volumes, et peut-être ce passage n'entre-t-il pas dans le *quelquefois*. Quant à moi, je suis encore à voir dans Sénèque cette espèce d'*entassement avec ordre et précision*; peut-être même inclinerais-je à penser que ces idées ne s'accordent guère plus que celles de Sénèque, que l'*entassement* exclut l'*ordre*, et que, de tous les styles possibles, le style de Sénèque est celui qui exclut le plus la *précision*. Mais, pour le moment, je n'ai pas la force de raisonner en rigueur : le sage de Sénèque m'en ôte l'envie. Oui, en vérité, ce sage, qui *se suffit, et mourrait plutôt que de vivre seul, qui se suffit et prend une femme, et fait des enfants par circonstance*, m'a rappelé tout de suite D. Japhet, qui, tout mouillé, demi-nu et transi de froid, dit tout aussi *philosophiquement* :

Pour vous faire plaisir j'approcherai du feu.

On convient que personne n'a parlé de la vieillesse mieux que Cicéron, n'a mieux fait sentir ses dédommagements et ses jouissances, ni mieux consolé de ses pertes; mais il ne s'est avisé d'aucun des motifs que Sénèque nous propose pour *chérir la vieillesse*, dans le petit *entassement de vérités* que voici : « Chérissons la vieillesse; jetons-nous dans ses « bras : elle a des douceurs pour qui sait en user.... » Vous allez lui demander quelles douceurs ? Écoutez : il ne vous fait pas attendre. « Les fruits sont « plus recherchés quand ils se passent, et l'en- « fance semble plus belle quand elle se termine : les « buveurs trouvent plus de charmes aux derniers

« coups de vin, à ceux qui les achèvent, qui con-
« somment leur ivresse : ce que le plaisir a *de plus*
« *piquant*, il le garde *pour la fin.* »

Ce ne sont pas là des pensées, si l'on veut, ce sont des similitudes ; mais aussi quoi de plus semblable que la vieillesse et *le dernier terme de l'ivresse ?* Quoi de plus semblable que la vieillesse qui termine la vie, et l'adolescence qui *termine l'enfance ?* Mais sur-tout quoi de plus semblable que la vieillesse et *la fin piquante du plaisir ?* N'êtes-vous pas saisis de la justesse de ces rapports, de leur *profondeur*, de leur *moralité*, de leur *gravité ?* Ils sont tellement *graves*, que sans doute vous me dispenserez du détail. Il ajoute : « Je crois même qu'au
« bord de la tombe il y a des plaisirs à goûter ; ou
« du moins, ce qui tient lieu de plaisir, on n'en a
« plus besoin. » Cela est vrai sans être fort consolant : il eût mieux valu, comme Cicéron, rendre compte des vrais plaisirs de la vieillesse, et, comme lui, les faire aimer. Mais ce n'est pas la seule fois que Sénèque, si diffus dans l'inutile et le faux, est à peu près nul dans le nécessaire et le vrai. Il ajoute enfin : « Quel bonheur d'avoir laissé les passions,
« et de les voir au loin derrière soi ! » Voilà du moins un motif raisonnable ; aussi est-il de Cicéron, et l'un de ceux dont il a tiré le meilleur parti. Pour Sénèque, il se garde bien de dire un mot de plus ; mais il emploie deux pages à commenter ce vers d'Horace :

Omnem crede diem tibi diluxisse supremum.
Croyez que chaque jour est pour vous le dernier.

Plusieurs autres de ses lettres ne sont aussi que des paraphrases des *Épitres* d'Horace, entre autres, celle sur les voyages, où la prose du philosophe ne vaut sûrement pas les vers du poète.

« Vous pouvez corriger un mal par un autre, la « crainte par l'espoir. »

Il répète ailleurs cette même maxime, qui fait de l'espérance un *mal*: c'est un démenti donné à la nature. Il se peut que cela fût dans la doctrine stoïcienne, mais cela n'est pas dans la raison.

Il conseille, comme tous les moralistes, de ne pas pousser les soins du corps jusqu'à s'y asservir, et dit sensément d'après tout le monde : « La vertu « n'aura plus de prix pour vous, si le corps en a « trop. » Mais l'esprit de Sénèque ne manque guère une occasion de gâter la raison d'autrui. « Donnons « des soins au corps, continue-t-il, mais sans ba-« lancer à le jeter dans les flammes au premier si-« gnal de la raison, de l'honneur, du devoir. » Éternel et incorrigible déclamateur ! ne dirait-on pas qu'il n'y a rien de si commun que de *se jeter dans les flammes au signal de la raison, de l'honneur, du devoir?* Si on lui demandait des exemples, il se trouverait que des assiégés s'y sont jetés par un désespoir furieux ; que le sentiment de la nature et de l'amour, exalté par le danger de personnes chéries, y a *précipité* pour les sauver : et, dans toutes ces occasions, ce n'est ni *la raison*, ni *l'honneur*, ni *le devoir* qui a donné *le signal* : c'est un mouvement antérieur à toute réflexion.

« Le sage considère en tout le commencement ;

« et non la fin. » Le sage de Sénèque apparemment, car La Fontaine n'a été que l'écho de tous les sages du monde quand il a dit :

En toute chose il faut considérer la fin.

Et, malgré Sénèque, je suis de l'avis de La Fontaine et de tout le monde. Si Sénèque a voulu dire que le sage considère en tout le principe, et non pas l'évènement, pourquoi ne l'a-t-il pas dit ? Il aurait dit une vérité très commune, qui ne contredit point le vers de La Fontaine, parce que le devoir est pour l'honnête homme le principe et la fin : mais il aurait du moins exprimé sa pensée.

A propos des soins de la santé et de l'exercice qui peut ajouter à l'embonpoint, il trouve *indécent pour un homme lettré d'exercer ses bras*. J'ai vu des homme lettrés, et fort lettrés, jouer encore à la paume et à la balle à quarante et cinquante ans, sans aucune *indécence*. Il ajoute : « Quand vous se- « rez gras à souhait, quand vos épaules auront une « largeur démesurée, jamais vous n'égalerez le poids « et l'encolure d'un bœuf. » J'en suis convaincu ; mais je le suis aussi qu'excepté la grenouille de la Fable, jamais personne n'eut cette prétention.

Il approuve cette maxime d'Épicure : « Croyez- « moi, un grabat et des haillons donnent aux dis- « cours une grandeur plus imposante. » Et pourquoi? Un grabat est plus sain que la plume et l'édredon ; soit : un habillement simple et modeste convient à l'homme de bien, à moins que son rang ne lui en prescrive un autre. Mais les haillons, si ce sont ceux de l'indigence, n'imposent que l'aumône : si ce sont ceux du cynisme, je dirai à Antisthène, avec Socrate : *Je vois percer ton orgueil à travers les trous de ton manteau.* Mais ce qui est vrai, c'est qu'il y a telle situation où ce sont les *discours* qui peuvent *donner de la grandeur au grabat et aux haillons*, qui par eux-mêmes n'en ont pas.

« Préservons sur-tout nos cœurs *d'une passion trop* « *commune*, celle de la mort. » Il fallait que Sénèque lui-même ne la crût pas si *commune*, puisqu'il a tant écrit pour nous apprendre à mépriser la mort ; au contraire, il ne nous met en garde qu'en ce seul endroit contre *la passion de la mort*. Il est vrai qu'il dit *sur-tout* ; ce qui est peut-être encore plus singulier que *la passion de la mort*, mise au premier rang entre toutes celles dont il faut se préserver. Je ne sais si, même en Angleterre, où l'on connaît une maladie endémique, qui est le dégoût de la vie, on parlerait ainsi de *passion de la mort* ; et *le spleen* n'était pas connu à Rome.

« Qui vous rendra l'égal de la Divinité ? Sera-ce « l'argent ? Dieu n'a rien. La toge-prétexte ? Il est « nu. La renommée, la représentation, l'immense « étendue de votre célébrité ? Dieu n'est connu de « personne. Sera-ce cette foule d'esclaves qui por- « tent votre litière ? Mais Dieu lui-même porte le « monde entier. »

J'avoue qu'ici, et dans toutes les *vérités* de cette force, Sénèque ne doit rien ni à Socrate, ni à Platon, ni à Cicéron, ni à personne. Tous ces philosophes avaient dit, il est vrai, que la vertu seule peut nous rapprocher de la Divinité; mais il restait à Sénèque de découvrir de pareils moyens de conviction pour nous démontrer qu'il n'y avait pas d'autre manière d'être *l'égal de Dieu.* Dieu a tout fait, tout lui appartient, il donne tout, et *il n'a rien! Il est nu,* car il a un *corps,* et apparemment Sénèque l'a vu. *Il n'est connu de personne!* J'aurais cru qu'il avait une assez grande renommée, puisque nos athées même n'ont pu encore la lui ôter. Si l'auteur a voulu dire que l'essence de Dieu n'est pas *connue,* c'est une équivoque bien inepte et un contre-sens dans la phrase; car il s'agit de *réputation* et de *célébrité.* Mais ce qu'il y a de plus heureux, c'est de nous dégoûter des litières et des *porteurs** parce que *Dieu lui-même porte le monde...* Il faut en revenir à ce que disait Diderot, que Sénèque et son sublime sont *d'une trempe rare.*

---

* Il y a environ cinquante ans qu'un chevalier de Modène, homme d'esprit et d'un esprit fort original, avait fait une centaine de stances contre l'usage des chaises à porteurs. Il les récitait, à Versailles, dans une société où était l'abbé de Boismont, prédicateur du roi, et qui ce jour-là même devait prêcher. On vient l'avertir qu'il est l'heure de se rendre à la chapelle, et que ses *porteurs* sont là. Il s'excuse auprès du chevalier sur la circonstance qui le prive du plaisir d'entendre le reste des stances.—*Monsieur l'abbé, encore une, et je vous laisse aller:*

  Double spectacle bien contraire :
  Jésus porte sur le Calvaire
  La croix où son sang va couler :
  Les successeurs des Chrysostomes
  Sont portés par ces mêmes hommes
  Pour qui Jésus va s'immoler.

— *Monsieur le chevalier, je vous entends. Qu'on renvoie mes porteurs, j'irai à pied.*

« Ni les enfants ni les imbéciles ne craignent la
« mort! Quelle honte si la raison ne pouvait nous
« conduire à une sécurité que donne l'absence de
« la raison! » Encore la même absurdité relevée
ci-dessus; et il y est tellement attaché, qu'il tire
ailleurs la même preuve des brutes, tant il *abonde*
en *vérités* et en *idées*.

Si par hasard il en était chez lui des rapports
entre sa morale et sa conduite comme entre ses
principes d'éloquence et leur application dans son
style, la conséquence serait fâcheuse pour lui. Mais
on sait que l'un n'entraîne pas l'autre, et je tombe
sur une *lettre* où il parle d'une manière qui vous
édifiera, *sur l'éloquence qui convient au philosophe*.
Il s'élève contre la rapidité étourdie d'un vain babil,
soit dans la composition, soit dans le débit. « Quoi!
« vous avez à dissiper mes craintes, à réprimer mes
« désirs, à combattre mes préjugés, à m'affranchir
« du luxe et de l'avarice, et vous comptez le faire
« *en courant!...* Que penser de l'âme quand *le lan-*
« *gage est confus, en désordre et sans frein? Sous*
« *cet amas de paroles je ne vois qu'un grand vide,*
« *beaucoup de bruit et nul effet...* Un philosophe ne
« doit pas laisser aller ses paroles, mais *les régler,*
« *les mesurer...* Il peut s'élever, mais sans compro-
« mettre la dignité de son caractère : *elle est perdue*
« *par ces tours de force, par cette véhémence ou-*
« *trée*, etc. » (*Traduction de La Grange.*)

Il n'y a pas là un mot qui ne tombe à plomb sur
le style de tous les ouvrages de Sénèque : il ne lui
manquait que d'ajouter : Faites comme moi, pour

renouveler la fable de l'écrevisse qui enseigne à marcher en avant. Ce morceau est le résultat le plus exact de l'analyse faite et à faire de tous les écrits de cet auteur, et c'est lui qui nous l'a fourni. Mais qu'en faut-il inférer? Que du moins il savait très bien comment il fallait faire, quoiqu'il ne le fît pas? qu'il avait un goût sain et éclairé, quoique sa manière d'écrire fût très mauvaise? Nullement. Tout le monde peut connaître et répéter ces notions de critique générale, sans en être plus habile à les appliquer, non-seulement dans la composition, mais dans le jugement. Le vrai goût, comme le vrai talent, ne se constate qu'à l'épreuve. Il faut avoir approché des objets, soit pour les traiter en écrivain, soit pour les examiner en critique, et c'est alors seulement que l'on peut voir si vous pouvez les manier. Rien n'est moins rare que de rencontrer des esprits faux qui recommandent la justesse ; et des auteurs boursoufflés qui blâment l'enflure. Comme eux, Sénèque était de bonne foi en parlant de *la mesure des paroles et du frein dans le style*, et ne se doutait pas que nul auteur n'en avait eu moins que lui. De Belloy se piquait d'être admirateur de Racine, et s'était même engagé à nous dévoiler le secret de son élégance. On a dit qu'il y avait aussi une conscience d'écrivain : il faut s'entendre. Je croirais bien qu'il y a une arrière-conscience qui parle fort bas et fort rarement, et à qui l'amour-propre impose bien vite le silence, comme la passion l'impose aux remords du méchant. Mais la conscience habituelle qui tourmente et irrite les mauvais écrivains, c'est celle du rang qu'ils occupent dans l'opinion : c'est là ce qu'ils ne peuvent guère se dissimuler malgré tous les efforts, parce que toujours la voix publique se fait entendre un peu plus tôt, un peu plus tard, et de là les blessures secrètes de l'amour-propre. On a vu ce même de Belloy mourir à peu près de chagrin, après les plus brillants succès, également persuadé que le public le regardait comme un très mauvais versificateur et un très médiocre poète tragique, et que ce public était prévenu contre lui. Sénèque ne put pas même être averti, comme lui, par la froide indifférence et le silence du mépris, succédant à un fol engouement : Sénèque fut l'écrivain de son temps le plus à la mode, mais l'illusion ne dura pas plus que sa vie. Quintilien le mit, quoique avec beaucoup de ménagement, à sa véritable place ; et, à la renaissance des lettres en Europe, l'opinion publique le relégua parmi les auteurs de la seconde classe, quoiqu'il ait eu encore alors quelques suffrages comme moraliste, bien plus que comme écrivain ; suffrages qui seront évalués avant de finir cet article, qui doit nous mener plus loin.

Il écrit à Lucilius : « Si votre ami savait ce que « c'est *qu'un homme de bien*, il ne se flatterait pas « de l'être ; il désespérerait même de jamais le de- « venir. » Que les stoïciens parlassent ainsi de leur sage, qui n'était, à leur dire, qu'*un vœu* plutôt qu'une réalité, il n'y avait pas grand mal : on n'était guère tenté d'y croire. Mais il est d'une bien mauvaise philosophie de faire de l'*homme de bien* un *phénix qui peut paraître tout au plus une fois en cinq cents ans :* ce sont les termes de l'auteur. Si cela n'était pas heureusement un paradoxe aussi outré que cent autres de la même plume, il n'y aurait là qu'une dispense d'être *homme de bien*, une excuse pour qui ne l'est pas, un découragement pour qui voudrait l'être, une injure pour celui qui l'est.

« La bonne conscience veut des témoins : la mau« vaise, dans un désert, aurait encore des alar« mes. » Il eût été beaucoup plus juste de dire : La bonne conscience ne craint pas les témoins, et n'en a pas besoin : le méchant les craint, même quand il est seul.

« Vous rougissez d'apprendre la vertu : pour *un* « *art* de cette importance, est-il donc humiliant « de prendre *un maître ?* Espérez-vous que le ha« sard la fera descendre en pluie dans votre âme ? »

Un sophiste pouvait se donner pour un *maître de vertu*, et appeler la vertu *un art :* il voulait se faire payer ses leçons en argent ou en louanges. Un philosophe aurait dû savoir que, si la morale théorique est *un art*, la morale pratique ou *la vertu* n'en est pas un, et qu'on n'étudie et qu'on n'apprend celle-ci qu'entre Dieu et sa conscience. *Le hasard qui la fait descendre en pluie* n'est qu'une platitude, comme il y en a mille autres, et n'est pour moi qu'une occasion d'avertir que je ne m'arrête pas aux fautes de style, aussi nombreuses, mais beaucoup moins importantes que les fautes de sens.

« Apprendre la vertu, c'est désapprendre le vice. » Fort bien ; mais pourquoi ajouter : « La vertu ne

« se désapprend pas. » Hélas! plus aisément que le vice; c'est une vérité d'expérience.

« La philosophie ne veut que des respects. » Dieu est donc meilleur que la philosophie, et n'est pas si fier : il veut l'amour.

« La vieillesse ne vaut pas un désir, elle ne mé-
« rite pas non plus un refus. « Cela est dit ingé-
nieusement et à la manière de Sénèque, quand il est à peu près tout ce qu'il peut être. Mais il ajoute :
« Aussi n'est-il pas décidé qu'on doive renoncer
« aux dernières années de la vieillesse, et se don-
« ner la mort au lieu de l'attendre. » *Pas décidé!* mais je l'espère : quelle grace vous nous faites! *En vérité*, disait Voltaire dans ses moments de gaieté *ces philosophes sont de drôles de gens!* Est-il possible que la comédie n'ait guère fait qu'ébau-
cher un sujet si riche *? Il l'est au point que ce ne serait pas trop de tout Molière pour le remplir.

« Avant la vieillesse, je ne pensais qu'à bien vivre :
« et je ne pense aujourd'hui qu'à bien mourir, c'est-
« à-dire avec résignation. » Voilà du bon sens : je le saisis quand je le rencontre. « La nécessité n'est que
« pour les rebelles : il n'y en a plus quand on se
« soumet. » Encore mieux, ainsi que tout ce qui suit sur la perte de nos amis. « Hâtons-nous de jouir
« de nos amis, parce que nous ne savons pas si nous
« en jouirons long-temps. Voyez combien de fois
« nous les quittons pour de longs voyages, combien

* *Les Philosophes*, de M. Palissot, sont un ouvrage plein d'esprit, de goût et d'élégance : ne l'eût-il pas fait plus fort de comique, s'il l'avait fait plus tard?

« de temps nous passons dans le même endroit
« qu'eux sans les voir; et vous sentirez que ce n'est
« point leur trépas qui nous en prive le plus. Mais
« que dire de ces insensés qui négligent leurs amis,
« et se désolent de leur perte? Ils n'aiment que les
« amis qu'ils n'ont plus. Leur douleur est sans bor-
« nes, parce qu'ils craignent qu'on ne doute s'ils
« aimaient : ils s'y prennent trop tard pour le prou-
« ver. » C'est là penser et observer en moraliste.
Pourquoi Diderot ne cite-t-il rien dans ce goût?
Il y en a peu d'exemples; mais il y a, entre autres,
toute la *Lettre sur la manière dont il faut traiter
ses domestiques*, la meilleure, à peu de chose près,
de tout le recueil, et dont Diderot ne parle même
pas. Je la rapporterais volontiers, s'il ne suffisait pas
à l'équité de l'indiquer ici, dans un article que je
ne saurais conduire à son but sans m'étendre un
peu plus que je ne l'aurais désiré. Pourquoi Diderot
ne nous offre-t-il rien dans ce genre? C'est qu'il y a
des hommes (et des femmes) qui se sont mis dans la
tête, mais très sérieusement, que l'esprit ne peut
guère se rencontrer avec le bon sens, ce qui est
vrai.... de leur esprit.

« Une marque infaillible d'imperfection, c'est de
« pouvoir augmenter. » D'accord; mais, au lieu d'en
conclure qu'étant imparfaits, nous devons travailler
à *augmenter* en nous ce qui est bon, la sagesse et
la vertu, il en conclut que la vertu, la sagesse, qui
sont *le souverain bien, ne sont susceptibles en nous;
ni de plus, ni de moins; que toutes les vertus sont
parfaites, parce que toutes sont divines*, etc. Je ne

sais s'il y a eu au monde de plus mauvais raisonneurs que les stoïciens. Comment tant d'hommes *graves* n'ont-ils pas compris que, dans une substance imparfaite, tous les attributs sont imparfaits, et que par conséquent la sagesse parfaite en Dieu ne saurait l'être en nous? Ils auraient pu dire de même que notre intelligence est sans bornes, parce qu'elle émane de l'intelligence divine, qui n'en a pas. Mais tout ce que nous en avons reçu est dans une proportion nécessaire pour notre nature, et Dieu luimême ne pouvait pas lui communiquer une perfection qui n'est qu'en lui. *Rêves de Zénon*, nous dit-on : je le sais; mais pourquoi Sénèque les a-t-il délayés dans cinquante amplifications que vous nous donnez pour de l'éloquence, quand il n'y a que de l'ennui?

« La mort la plus longue est toujours la plus fâ« cheuse. » Passons que cela soit *toujours* vrai ; pourquoi donc l'auteur a-t-il compté entre les avantages de la vieillesse *une dissolution lente et graduée ?* La contradiction est manifeste, et Sénèque se contredit sans cesse d'une page à l'autre, et souvent dans la même page : c'est ainsi qu'il affirme que *le besoin d'aimer est inhérent à l'homme* (ce qui est vrai), quatre lignes après cette autre assertion, que *le sage se suffit.* Or, à moins que ce *besoin d'aimer* ne soit celui de s'aimer soi-même (ce qui n'aurait pas de sens, et ce que l'auteur ne veut pas dire), qu'est-ce qu'un être *qui se suffit, et à qui le besoin d'aimer est inhérent?* Au reste je ne reviendrai plus sur les contradictions : il y en a trop.

Mais voici de la raison et de haute raison, et savez-vous pourquoi? C'est qu'elle est de Platon. Sénèque, qui paraît en faire plus de cas que son éditeur, le cite en quelques endroits de ses *Lettres*, et c'est une occasion dont je profite : « Admirons « ces formes qui remplissent l'espace, et au milieu « d'elles un Dieu bienfaisant qui par sa sagesse « corrige le vice de la matière et sauve du trépas « un monde qui n'est pas indestructible par lui-« même. S'il subsiste et se conserve, c'est par les « soins d'un surveillant : s'il était éternel, il n'au-« rait pas besoin de gardien. Mais il faut que le même « bras qui l'a formé le soutienne, et qu'à la faiblesse « de l'ouvrage supplée la puissance de l'ouvrier. »

Quand on trouve après ce morceau, quoique dans une autre *lettre*, que « la mort *la plus dégoû-*« *tante* est préférable à la servitude *la plus propre*, » on se sent tomber de haut, et l'on passe du génie de Platon à l'esprit de Sénèque. Les antithèses lui tiennent lieu même de raisonnement, comme dans l'endroit où il prouve que le suicide est suffisamment indiqué par *la loi éternelle qui n'a ouvert qu'une porte pour entrer dans la vie, et mille pour en sortir.* La facétie n'est pas mauvaise, mais l'induction est bien étrange, et cette manière-là n'est pas *grave*.

Veut-il prouver que la raison est ce qui nous rend supérieurs aux animaux, il nous dit : « L'homme a « une voix ; mais celle des chiens n'est-elle pas *plus* « *claire*, celle des aigles *plus perçante*, celle des tau-« reaux *plus grave ?* » On peut lui passer ses aigles et leur voix perçante, mais la voix *claire* des chiens et la voix *grave* des taureaux, mises en contraste avec l'organe de l'homme, sont d'un choix bien hétéroclite. En fait d'organe, la *gravité* de celui des taureaux ne me semble bonne à citer que comme la bouffissure de Sénèque s'appelle *gravité* de style chez ses apologistes.

Non-seulement il gâte ses pensées par la redondance, ou la disconvenance, ou la frivolité des détails, mais souvent aussi par l'impuissance de rendre bien une seule fois ce qu'il rend mal à plusieurs reprises. Il a eu, par exemple, une pensée juste et noble, que la ferme résolution à mourir pour sa patrie est aussi honorable pour celui qui l'a formée que pour celui qui l'exécute. Mais comment l'exprime-t-il ? « Vous *mourrez* pour la patrie, quand
« même votre résolution ne s'exécuterait pas sur-le-
« champ, du moment même où vous serez con-
« vaincu qu'il faut le faire. » Cette phrase est louche et à peine intelligible, dans le texte comme dans la version, sur-tout par l'équivoque du futur, *vous mourrez*, qui laisse douter si c'est au propre ou au figuré. Mais s'il eût dit : « Êtes-vous bien convaincu
« qu'il faut mourir pour la patrie ? Êtes-vous bien
« déterminé à mourir pour elle s'il le faut ? C'est
« assez : le sacrifice de votre vie est fait, quand même
« il n'y aurait pas lieu à la donner, et la patrie a ac-
« cepté votre mort ; » sa pensée était complète et entendue.

« Vous voulez savoir ce que je pense des arts
« libéraux ? Il n'en est pas un dont je fasse cas,
« pas un que je range dans la classe des *biens*.
« C'est l'appât du gain qui les excite : études

« mercenaires, abjectes ; exercices d'enfants, etc. »

L'éditeur et Diderot ont également improuvé ce passage, qui ne blesse pas seulement la justice, mais qui va jusqu'à l'absurde, comme si tout travail devenait *abject* par un salaire légitime. Sénèque était loin d'avoir aperçu cet admirable plan d'une Providence, dans la dépendance réciproque des besoins et des travaux, et dans l'intérêt de chacun à travailler pour autrui en travaillant pour soi. Il est même fort douteux que ceux qui ont si justement repoussé cette incartade de Sénèque y aient vu autre chose que l'injure faite aux beaux-arts.

On peut encore s'égayer, en passant, sur son goût délicat et sur la force de ses raisons, quand il conseille de ne pas attendre la mort dès qu'on a *épuisé* la vie : et comment *épuisé ?* « Vous connaissez la « saveur du vin et du miel. Qu'importe qu'il en « passe cent ou cent mille tonneaux dans votre « corps ? Vous n'êtes dans le vrai qu'un sac. Vous « connaissez le goût de l'huître et du surmulet, etc. »

Il est clair qu'alors ce n'est plus la peine de vivre. Cela est *grave, moral, philosophique,* et le style vaut les pensées.

Diderot nous dit que « si Sénèque revenait au « monde, il serait bien plus fâché d'avoir fait un « mauvais raisonnement qu'une mauvaise phrase. » Cela aurait quelque sens, s'il ne *faisait* pas l'un aussi fréquemment que l'autre. Mais, s'il se trouve, d'après les citations, que le penseur ne vaille pas mieux que l'écrivain, comment excuserez-vous l'un par l'autre ? « Sénèque *ne veut pas* que le phi-

« losophe, que l'orateur même s'occupe de l'élé-
« gance et de la pureté du style : il l'aime mieux
« véhément qu'apprêté. » *Did.* Sénèque *ne veut pas!*
Eh bien ! il a dit une sottise, et il avait apparemment ses raisons pour la dire. Pourquoi la répéter?
Est-ce pour en faire un précepte? A moins que l'*élégance* et la *pureté* ne nuisent à la pensée, il n'y
a pas de sens dans ce que *veut* Sénèque. Dès qu'on
écrit, il faut *s'occuper* d'écrire le mieux qu'on peut;
car, si le philosophe écrit mal, il ne sera pas lu. A
l'égard de l'orateur, cela ne mérite pas même de
réponse : il suffit de renvoyer l'homme à la fable du
renard sans queue. Sénèque aime que l'orateur soit
véhément plutôt qu'*apprêté* : cela est merveilleux !
Il aime mieux une bonne qualité qu'une mauvaise.
La véhémence est une qualité oratoire très bonne,
à moins qu'elle ne soit déplacée : l'*apprêt* est vicieux
partout ; et qui jamais a loué l'*apprêt* dans le style?

Le *philosophe* a donc dit une niaiserie, et un
autre l'a répétée. Cela n'est-il pas fort imposant?

La *Consolation à Marcia* et celle *à Helvia* sont
proprement deux déclamations de sophiste. L'une
pleurait son mari* depuis trois ans; l'autre, mère
de Sénèque, venait de perdre le plus jeune de ses
fils**. Le *consolateur* dit à Marcia que c'est l'habitude, et non pas le regret, qui prolonge l'affliction
et les larmes ; ce qui est obligeant pour celle qui

---

* C'est une erreur : lisez, *son fils.* Ce n'est point de la perte de son mari
que Sénèque la console.   J.-V. Le Clerc.

** Ce n'est pas là non plus le sujet de l'ouvrage. Sénèque, qui venait
d'être exilé, console sa mère.   J.-V. L.

pleure depuis si long-temps, et qui aurait pu lui répondre : Si vous avez cette opinion de ma douleur, vous êtes bien bon de prendre la peine de me *consoler*. Mais Sénèque *s'occupe-t-il* d'être conséquent? Il dit à l'autre [*] : « Votre fils est mort trop tôt; et « Pompée, et Caton, et Cicéron, et tant d'autres, « ont vécu trop d'une année. » Et Diderot : *Cela est beau.* S'il eût perdu sa fille, et qu'on lui eût adressé une pareille *consolation*, il eût dit : Quel plat sophisme ! Pour me consoler d'une perte réelle, vous m'offrez l'idée d'un malheur possible et éventuel. Taisez-vous, et sachez qu'il n'y a qu'une bonne manière de consoler l'affligé ; c'est de s'affliger avec lui.

« Les funérailles des enfants sont toujours pré-« maturées lorsque les mères y asssistent. » Ah ! pour cette fois vous parlez bien : en ce cas, pleurez donc avec moi.

Les autres ouvrages moraux de Sénèque sont les traités *de la Colère*, *des Bienfaits*, *de la Clémence*, *de la Tranquillité de l'Ame*, *du Loisir du Sage*, *de la Brièveté de la Vie*, *de la Constance du Sage*, *de la Providence*. Partout le même ton et le même esprit ; et ses *Traités* sont comme ses *Lettres*, et ses *Lettres* comme ses *Traités*. Ce qui était bon à dire peut se réduire au tiers, et ce qui est bien dit, à quelques pages.

Il prétend que la colère *n'est pas conforme à la nature de l'homme*, parce qu'*elle n'est que le désir*

---

[*] Ou plutôt : *il lui dit encore ;* car ce passage se trouve aussi dans la *Consolation à Marcia*, chap. XX.   J.-V. L.

de la vengeance. La première fausseté est si évidente, que l'éditeur et l'apologiste l'avouent : la seconde est moins sensible, sans être moins réelle, et l'on n'en a rien dit. La colère n'est pas *le désir de la vengeance*, quoique souvent ce désir suive ou accompagne la colère. Rien n'est plus commun que de se mettre en colère sans avoir envie de faire aucun mal. La colère est un mouvement violent de l'âme, qui repousse ce qui blesse. Mais il ne faut pas demander des définitions à Sénèque : je ne crois pas qu'il y en ait une bonne dans tout ce qu'il a écrit, et, quand il ajoute que, si la colère n'est *pas naturelle à l'homme, c'est parce que l'homme ne désire pas naturellement la vengeance*, il entasse fausseté sur fausseté, et raisonne comme il définit.

« Si c'est Dieu qui nous frappe, *on perd sa peine* « *en s'emportant contre lui, comme en essayant de* « *le fléchir.* Si Sénèque avait cette idée de la Divinité, il avait bien *perdu sa peine* à nous en parler tant. La Divinité est chez lui, ici comme en vingt endroits, aussi indifférente, aussi nulle que celle d'Épicure. Celui qui *s'emporte contre Dieu* n'est pas seulement insensé, il est coupable ; et, si Dieu était inflexible, il serait plus mauvais que l'homme, qui se laisse *fléchir.* Vous pouvez remarquer, en passant, combien les idées de l'ancienne philosophie sur la Divinité étaient souvent erronées : celles de Platon, de Cicéron, de Plutarque, les meilleures de toutes, ne sont pas elles-mêmes exemptes d'erreur ; et souvent en ce genre l'instinct naturel a mieux valu que la philosophie. Mais nous ne considérons ici que celle de Sénèque, qui nous donne pour unique preuve de ce paradoxe, que *le désir de la vengeance n'est pas naturel à l'homme*, l'exemple des magistrats qui font périr les coupables sans avoir aucune envie de se venger d'eux. On ne revient pas de cette fréquente absence de toute logique, et de cette imperturbable déraison. Il nous apprend que *la colère est la seule passion qui s'empare des sociétés entières.* Il ne devait pourtant pas ignorer que, quand les Cimbres, les Teutons et les Ambrons vinrent fondre sur la Gaule et l'Italie, ces *sociétés* assez nombreuses n'étaient nullement guidées par la *colère*. La passion qui s'était emparée d'elles, comme de tant d'autres peuplades barbares, était uniquement le désir du bien d'autrui.

Il a dit à Néron, à qui son traité *de la Clémence* est adressé : « La servitude la plus gênante de la « grandeur est de ne pouvoir en descendre ; mais « cette nécessité vous est commune avec les dieux : « le ciel est leur prison. » Trait de rhéteur ; car, dans la croyance vulgaire, les dieux quittaient cette *prison* quand ils voulaient, et l'on sait à quel point ils aimaient à s'humaniser ; et, dans les principes philosophiques, dans ceux de Sénèque, Dieu est partout. Une pareille phrase pouvait être excusable dans le jeune disciple : elle ne l'est pas dans le vieux précepteur. On a conté qu'Alexandre fit exposer Lysimaque à un lion, et que l'homme sans armes vint à bout de la bête féroce. Ce trait, qui a toujours passé pour fabuleux, et dont Quinte-Curce ne parle pas, fournit à Sénèque cette apostrophe :

« Je te le demande, ô Alexandre! quelle différence
« y avait-il entre exposer Lysimaque à un lion, ou
« le déchirer de tes propres dents? » L'indignation
qu'inspire la cruauté autorise cette hyperbole oratoire, et c'est là proprement de la véhémence, et
de la véhémence louable et bien placée. Mais l'auteur n'était pas homme à s'en tenir là; il ajoute:
« Sa gueule était ta bouche, tu aurais voulu sans
« doute être armé de griffes et de mâchoires assez
« larges pour dévorer un homme. » Voilà le pathos.
Même mélange dans le morceau souvent cité de la
mort de Caton. « Voici deux athlètes dignes des re« gards de Dieu : un homme de courage aux prises
« avec la mauvaise fortune, » beau jusque là, « sur« tout quand il est l'agresseur. » Cela n'a plus de
sens ; la figure n'est plus suivie, car entre deux athlètes il n'y a point *d'agresseur;* et comment Caton
était-il *l'agresseur de la fortune*, quand il ne se tuait
que pour se dérober à ses coups? Cette inconséquence est puérile. « Les dieux furent pénétrés de
« la joie la plus pure quand ce grand'homme, cet
« enthousiaste sublime de la liberté veillait à la sû« reté des siens, disposait tout pour leur fuite ; lors« qu'il se livrait à l'étude la nuit même qui précéda
« sa mort ; » beau jusque là ; « lorsqu'il plongeait le
« fer dans sa poitrine sacrée ; » passe encore, à la
faveur des maximes païennes ; « lorsqu'il arrachait
« ses propres entrailles, *et tirait avec ses mains son*
« *âme vénérable, que le fer eût souillée.* » Ce phébus fait pitié : ne fallait-il pas écarter cette image
des *entrailles arrachées!* Cela est d'un furieux plus

que d'un sage. Mais, ce qui est indigne de tout écrivain sensé, c'est de *tirer son âme avec ses mains*, c'est cette pensée si folle et si contradictoire, que « *le fer eût souillé l'âme de Caton* plus que *ses* « *mains*, » comme si l'un eût touché l'âme plus que l'autre, comme si Caton en se frappant n'eût pas employé *le fer*, et comme si le fer pouvait *souiller* une *âme* plus que *les mains* : trois absurdités en trois mots : cela *est d'une trempe rare*.

« Les dieux ne laissent tomber la prospérité que « sur les âmes abjectes et vulgaires. » C'est pourtant une vérité assez reconnue de tous temps, que la prospérité est la plus forte épreuve de la sagesse; et Tite-Live * avait dit, avec l'approbation générale : *Secundæ res sapientium animos fatigant;* la prospérité fatigue les forces du sage. Sénèque, qui fut très riche, et long-temps puissant et honoré, se croyait-il alors *abject* devant les dieux? Au reste, il y a des moments où ses prétentions morales paraissent extrêmement bornées, comme dans cet endroit où il dit : « Je ne me propose pas d'égaler les plus ver-« tueux, mais de surpasser les méchants. » Il est pourtant assez raisonnable de se proposer le mieux possible en fait de conduite : on en approche au moins le plus qu'on peut; mais que peut-on gagner à se comparer aux méchants? Qui croirait que ce fût là l'émulation d'un *philosophe?* Ce n'est sûrement pas celle de l'homme de bien.

J'ai dit que je ne parlerais plus de contradictions;

---

* Non pas Tite-Live, mais Salluste. (*Catil.* XI.)

F.

mais en voici une si inconcevable, que je ne saurais me dispenser d'en tenir compte. « Peut-on douter « que le *sage* ne trouve plus d'occasions de déployer « son âme dans l'opulence que dans la pauvreté? » Et c'est lui qui vient de dire que les *dieux ne laissent tomber la prospérité que sur les âmes abjectes!*

Selon Diderot, « le traité *de la Colère* est par- « fait dans son genre : l'auteur s'y montre grand « moraliste, excellent raisonneur, et de temps en « temps peintre sublime. » Cet éloge est de la même mesure que tous ceux qu'il prodigue aux différents ouvrages de son philosophe favori ; et, d'après les procédés qu'il a suivis dans la revue de ses ouvrages, tout ce que l'on peut conclure, c'est qu'il n'était pas difficile en *perfection*, et que, plus il se croyait permis d'affirmer, moins il se croyait obligé de prouver : ce dernier caractère est celui de tous ses écrits.

Il ne laisse pas de combattre dans cet *excellent raisonneur*, et dans ce même traité comme dans les autres, les absurdités les plus intolérables, et que lui-même trouve telles. Les expressions les plus fortes contre Sénèque ne sont pas ici sous la plume des *détracteurs*, mais sous la plume de l'apologiste qui les réfute « Cela est d'un fou... cela est d'un vil « esclave... Vous demandez l'impossible, le nuisible « même.... Sénèque, mon philosophe, que faites- « vous? Vous administrez *sciemment* du poison..... « Je le répète : Sénèque m'est odieux..... J'entre dans « une espèce d'indignation, etc. » Qui s'exprime ainsi? Diderot. Mais, en même temps, quels hommes ont été les *critiques* de Sénèque? «Des ignorants qui

« ne l'avaient pas lu, des envieux qui l'avaient lu
« avec prévention, des épicuriens dissolus et révoltés
« de sa morale austère, des littérateurs qui préfé-
« raient la pureté du style à la pureté des mœurs. »
Qui parle ainsi ? Encore Diderot. Je ne sais dans laquelle de ces classes il veut être placé; mais aucun *critique*, que je sache, n'en a dit davantage contre Sénèque. Il lui reproche les *contradictions*, les *subtilités*, les assertions les plus *révoltante*, *des vues antisociales, superstitieuses, pusillanimes, perfides, un esprit monacal;* il argumente contre lui, et fréquemment, et de façon à le réduire à l'absurde; ce qui n'est pas difficile. Demanderez-vous comment il concilie ses louanges avec tant de reproches qui les détruisent ? C'est que Diderot ne *s'occupe* pas plus que Sénèque d'être d'accord avec lui-même; c'est qu'il n'a jamais dans la tête que la page qu'il écrit, et qu'il oublie dans l'une ce qu'il a dit dans l'autre; c'est qu'enfin, lorsqu'il s'aperçoit lui-même des atteintes qu'il porte à son héros de philosophie, il en est quitte pour nous dire qu'il *faut pardonner à Sénèque*, parce que *rien n'est plus naturel et plus commun que de passer les bornes de la vérité*, *par intérêt pour la cause qu'on défend;* et il est vrai que *rien n'est plus naturel et plus commun* aux têtes chaudes et aux mauvais esprits, à qui sans doute on peut le *pardonner*, pourvu qu'on nous *pardonne* aussi d'en faire fort peu de cas, et pourvu qu'on se souvienne que les bons esprits et les bons écrivains n'ont pas besoin de ce *pardon*-là.

Malheureusement encore Diderot reprend dans

Sénèque le vrai comme le faux, et j'en donne sur-le-champ la preuve. Il s'agissait de répondre à ceux qui avaient soutenu très mal à propos que la colère en elle-même était utile, et servait de soutien et de mobile aux vertus, par exemple, au courage dans les combats, comme si l'on n'était brave que par colère, et que le premier mérite de la bravoure ne fût pas le calme et le sang-froid qui la distingue de l'emportement et de la témérité. Sénèque traite fort sensément cet endroit, quoique beaucoup trop longuement, comme de coutume. Il s'écrie à ce sujet : « La vertu serait bien malheureuse si elle avait « besoin du secours des vices. » C'est peut-être une *des plus belles lignes* (pour parler comme Diderot) qui soient venues sous la plume de Sénèque. Mais pour cette fois ce n'est pas l'avis de Diderot, qui ne veut pas que les passions soient des *vices*; et il est ici question de la colère comme habitude, *iracundia**, disaient les Latins, mot qui nous manque en français pour exprimer substantivement la différence de l'homme en colère à l'homme colère. Dès-lors il est hors de doute que l'*iracundia* est une habitude vicieuse, une passion, un vice. Mais Diderot soutient le contraire, c'est-à-dire qu'il nie qu'une *passion* soit un *vice*. Cependant nous appelons *passions*, dans un sens absolu et générique, les affections déréglées de l'âme ; et quand nous voulons donner à ce mot une acception favorable,

---

* *Ira*, la colère ; *iratus*, l'homme en colère ; *iracundus*, l'homme colère. Jusque là nous sommes en équivalent ; mais pour *iracundia*, nous sommes obligés de dire l'habitude de la colère.

nous y joignons toujours une épithète qui le relève et le corrige, comme une *passion noble, louable, légitime*, etc., espèce de figure de diction reçue dans toutes les langues. Mais comment Diderot prouve-t-il sa thèse? Comme il a coutume de prouver. Il *ne conçoit pas qu'un être sensible agisse sans passion*; et il confond ainsi les affections naturelles quelconques avec les affections vicieuses, qu'on appelle en français *passions*. Pour nous faire entendre qu'*on n'agit point sans passions* quoique ce seul énoncé, *agir avec passion*, soit universellement l'expression du blâme, il ne lui faut que deux lignes, et pas un mot de plus : « Le magistrat juge sans « passions ; mais *c'est par goût ou par passion* qu'il « est magistrat. » Je ne connais guère que Dandin qui fût *magistrat par passion*, et j'en ai connu beaucoup qui ne l'étaient pas même *par goût*, sans compter que le *goût* n'est point la *passion*; mais qu'importe à Diderot? Vous voyez qu'il est au niveau de Sénèque, et, comme lui, *excellent raisonneur et sublime moraliste*. Mais c'est avec cette *rare* logique qu'on endoctrine le *genre humain*, et qu'on lui commande *de respecter les philosophes*.

« La raison est tranquille ou furieuse. » Ce n'est pas un axiome de Sénèque, c'est une *ligne* de Diderot, dont la *raison* en effet est souvent *furieuse*, en ce sens, que la fureur lui tient lieu de *raison*, comme dans ses réponses aux censeurs de Sénèque. Vous verrez qu'elles ne sont jamais que des invectives qui supposent la fureur, ou des sophismes audacieux qui supposent un homme hors de sens.

Il s'est appliqué sur-tout, ainsi que l'éditeur, à donner un grand poids aux suffrages qu'a obtenus Sénèque, et à décrier ceux qui se sont réunis contre lui, depuis Quintilien jusqu'à nos jours. Ceci nous mène à l'examen des autorités qu'on a voulu balancer, et qui sont curieuses à peser. Mais auparavant je crois devoir compléter cette analyse par un morceau du choix de nos adversaires, qui met à portée de les prendre pour ainsi dire corps à corps, et de les combattre sur leur propre terrain. Il faut leur ôter le subterfuge banal dans ces sortes de controverses : que l'on n'a montré que le côté faible de l'auteur. J'ai commencé par faire tout le contraire; mais ce n'est pas assez: je veux finir de même, et de la manière la plus plus décisive. Diderot nous propose un morceau de deux pages, sur lequel il consent que Sénèque soit jugé. « Si l'on doute, « dit-il, que Sénèque *sache penser de grandes cho-* « *ses et les rendre avec noblesse*, j'en appellerai au « discours qu'il a mis dans la bouche de Néron, au « commencement du traité *de la Clémence*, et je « demanderai *quelques pages plus belles en aucun* « *auteur*, sans en excepter Tacite. »

Tant mieux : cela s'appelle se présenter de bonne grace ; et pourquoi l'apologiste n'est-il pas toujours aussi franc du collier ? Cependant il n'a pas voulu cette fois confier *son auteur* à un autre, et sa version n'est pas celle de La Grange; mais il est juste de préférer celle-ci, car elle est plus fidèle et meilleure; et, d'un côté, Diderot a joint ses fautes à celles de Sénèque, ce dont je ne veux pas profiter; et de l'autre, il s'est permis des suppressions qui changeraient un peu l'état des choses, et par conséquent celui de la question. Lisons le morceau.

« Il est agréable de se dire à soi-même : Seul de
« tous les mortels, j'ai été choisi pour représenter
« les dieux sur la terre. Arbitre absolu de la vie et
« de la mort des nations, le sort et l'état de chaque
« individu est remis dans mes mains. C'est par ma
« bouche que la Fortune déclare ce qu'elle veut ac-
« corder à chaque homme : c'est de mes réponses que
« les peuples et les villes reçoivent les motifs de leur
« joie. Nulle partie du monde n'est florissante que
« par ma faveur et ma volonté. Ces milliers de
« glaives que la paix retient dans le fourreau, d'un
« clin-d'œil je les en ferai sortir. C'est moi qui dé-
« cide quelles nations doivent être anéanties ou
« transportées ailleurs, affranchies ou réduites en
« servitude; quels souverains doivent être faits es-
« claves; quels fronts doivent être ceints du ban-
« deau royal; quelles villes doivent être détruites,
« quelles cités s'élever sur leurs débris. Malgré cette
« puissance suprême, on ne peut pas me reprocher
« un seul supplice injuste. Je ne me suis laissé em-
« porter ni par la colère, ni par la fougue de la jeu-
« nesse, ni par la témérité et l'obstination des hom-
« mes, qui fait perdre patience aux âmes les plus
« tranquilles, ni par l'ambition cruelle, et pourtant
« si commune aux maîtres du monde, de montrer leur
« pouvoir par la terreur. Chez moi, le glaive est
« enfermé, ou plutôt captif dans le fourreau. Je suis

« avare du sang même le plus vil; et, quand on n'au-
« rait pas d'autre recommandation que le titre
« d'homme, c'en serait une suffisante auprès de
« moi. A ma cour, la sévérité se cache, et la clé-
« mence se montre à découvert. Je m'observe
« comme si je devais compte de ma conduite aux
« lois que j'ai tirées des ténèbres pour les exposer
« au grand jour. Je suis touché de la jeunesse de
« l'un, de l'âge avancé de l'autre : je fais grace à la
« grandeur de celui-ci, à la faiblesse de celui-là; et,
« si je ne trouve pas d'autre motif de commiséra-
« tion, je pardonne pour me faire plaisir à moi-
« même. Si les dieux immortels me demandent
« compte aujourd'hui de mon administration, je
« suis prêt à leur faire le dénombrement du genre
« humain. »

Si l'on doute qu'avec beaucoup de connaissances on puisse avoir très peu de tact, et ne pas distinguer l'enflure de la grandeur et la déclamation de l'éloquence, ce jugement solennel de Diderot en sera une preuve et un exemple. Il n'est pas même besoin d'un goût très exercé pour apercevoir toute la grossière inconvenance de ce morceau. Comment Sénèque et Diderot n'ont-ils pas senti, l'un plus que l'autre, tous les vices de cette composition? Il n'y a là en tout qu'une seule idée : « Je jouis
« du plus grand pouvoir, et n'en ai point abusé;
« je puis faire beaucoup de mal, et n'ai fait que
« du bien. » Voilà le fond : admettez ensuite l'amplification oratoire; elle doit avoir partout ses bornes : Cicéron ne les passe jamais. Elles sont ici ou-

tre-passées au dernier excès, et devaient être d'autant plus resserrées, qu'on ne supporte pas longtemps un homme qui se rend un compte si gratuit de tout ce qu'il est, de tout ce qu'il peut, de tout ce qu'il vaut, de tout le bien qu'il a fait. Aucun panégyrique ne paraît plus long à l'auditeur ou au lecteur que celui qu'on fait de soi-même. Cette prolixité, fastidieuse en soi, est donc ici doublement insupportable. L'emphase ne l'est pas moins ; elle est l'opposé de la *noblesse* modeste et de la dignité simple, qui sied sur-tout au témoignage de la conscience. Qu'est-ce que ce gigantesque étalage de la puissance impériale, dont personne ne doit être moins ébloui que celui qui la possède ? Il pourrait passer dans la bouche d'un flatteur : il ne saurait être dans celle du maître du monde. Les détails mêmes en sont faux et du plus mauvais choix. Un homme raisonnable ne croit jamais être en droit de faire le mal, d'*anéantir des nations*, de *détruire des villes*, de *faire esclaves des souverains*, etc. ; et ce n'est pas seulement le pouvoir, c'est aussi le droit qui est exprimé dans les termes de l'auteur[*]. Cette jactance féroce est d'un chef de hordes barbares, d'un Attila, d'un Tamerlan, et il n'y a qu'un maladroit rhéteur qui puisse l'attribuer à un empereur romain, qu'il croit agrandir et qu'il fait petit. En écoutant Néron, je croyais entendre le Matamore dont je parlais ci-dessus :

[*] Que les nations *doivent* être anéanties, etc., et tout le reste de la phrase est de même, ainsi que dans le latin.

Il est vrai que je rêve* et ne sais que résoudre,
Lequel des deux je dois le premier mettre en poudre,
Du grand Sophi de Perse ou bien du grand Mogol.

N'est-ce pas la même chose? Et vous voyez que la fausse grandeur, dans la comédie qui veut faire rire, a le même ton et le même langage que dans un philosophe qui veut faire admirer la véritable grandeur. Le rapport peut-il être plus frappant et plus instructif? Voulez-vous quelque chose qui le soit davantage? C'est l'exemple du bon substitué à celui du mauvais. Racine a fait usage de ce qu'il y avait de bien vu dans le dessein de Sénèque, et n'a rien pris de l'exécution. Il a rempli et rectifié son idée en la restreignant à ce qui peut instruire et toucher, c'est-à-dire à la satisfaction intérieure d'un bon prince qui jouit du bonheur qu'il donne. Il fait dire à Burrhus, en scène avec Néron :

Quel plaisir de penser et de dire en vous-même :
Partout, en ce moment, on me bénit, on m'aime;
On ne voit point le peuple à mon nom s'alarmer;
Le ciel dans tous leurs pleurs ne m'entend point nommer
Leur sombre inimitié ne fuit point mon visage :
Je vois voler partout les cœurs à mon passage.

Quelle différence de ton et de style! C'est celle de l'écrivain éloquent à celui qui tâche de l'être. Il n'a d'ailleurs, dans cette même scène, rien emprunté de Sénèque, que ce seul vers, placé beaucoup plus convenablement dans la bouche de Burrhus :

---

* *L'Illusion comique*, de P. Corneille.

Le sang le plus abject vous était précieux :

vers qui n'a rien de fort remarquable ; mais celui-ci,

Le ciel dans tous leurs pleurs ne m'entend point nommer,

réunit au sentiment cette élégance qui est de Racine. Ce seul vers vaut mille fois mieux que toute la rhétorique de Sénèque.

Parmi les autorités que Diderot veut faire valoir en faveur de *son philosophe*, on nous permettra, je crois, de ne pas compter pour beaucoup Juste-Lipse, savant du XVIe siècle *, et l'un de ses commentateurs, dont le travail n'a pas été inutile, mais dont le goût n'a jamais fait loi ; ni un abbé Ponçol, qui de nos jours a donné une *Vie de Sénèque* et une traduction du traité *des Bienfaits*, ouvrages fort ignorés, que Diderot a cru devoir tirer de l'oubli,

* Juste-Lipse fut dans son enfance un prodige d'érudition et de mémoire, et ensuite un prodige de ridicule, comme homme et comme écrivain. Il s'était pris de belle passion pour Tacite ; et ce qui prouve que ce n'était pas une passion fort éclairée, c'est qu'il en avait une encore plus grande pour Sénèque. Il se mit en tête de ressusciter le stoïcisme, et d'en expliquer toute la doctrine, qu'il prétendait avoir toujours été mal entendue ; et on lui a prouvé que c'était lui qui ne l'entendait pas. Il prit Sénèque pour son modèle de style, et n'en imita que les défauts, qu'il porta au point de tout écrire en épigrammes et en pointes, même son épitaphe que nous avons, et qui est un morceau rare en ce genre. L'éditeur de La Grange avait dit lui-même dans ses notes, que Juste-Lipse *avait plus d'érudition que de goût*. Mais quand la querelle s'allume, ce même Juste-Lipse devient, dans l'ouvrage de Diderot, un juge plus compétent que tous les littérateurs modernes, *parce qu'il savait mieux le latin*. Mais ce n'est point de *latin* qu'il s'agit, c'est de goût ; et, si vous convenez qu'il n'en avait guère, pourquoi donc le citez-vous ?

apparemment pour nous apprendre que d'ordinaire un traducteur faisait cas de l'auteur qu'il prenait la peine de traduire ; ce que personne ne contestera. Il suffirait, pour annuler le jugement de Juste-Lipse, de rappeler ce que Diderot et l'éditeur étalent en latin et en français, avec une bonne foi et une complaisance également admirables, que ce savant retrouvait dans Sénèque *la véhémence* de Démosthène. C'est à coup sûr la seule fois qu'on a mis ces deux noms ensemble : Démosthène et Sénèque ! Pour déterrer ce bizarre alliage, il fallait fouiller dans les broussailles des scoliastes avec l'infatigable curiosité de nos deux apologistes, déterminés à tirer parti de quiconque aurait pu dire du bien de Sénèque. Si l'on voulait dire du mal d'Horace, il n'y aurait qu'à produire de même les inepties pédantesques de Jules Scaliger, heureusement ensevelies avec lui. Que n'eussent-ils pas dit eux-mêmes, si on leur eût allégué en toute autre occasion l'autorité de Juste-Lipse ? Comme ils se seraient moqués, et non sans raison, et du pédant, et de ses écoliers ! Mais aujourd'hui, à tout ce qui a été avancé contre le style de Sénèque, ils répondent *gravement* : *Ce n'est pas l'avis de Juste-Lipse* ; et ils partent de Juste-Lipse pour nous donner comme une chose convenue que Démosthène et Sénèque sont, du moins pour la *véhémence*, sur la même ligne. Quiconque a étudié les Anciens autrement que les glossateurs du XVIe siècle, quiconque a un peu d'usage des principes de l'art d'écrire, ne daignera pas même mettre à l'examen ce blasphème littéraire. Il se contentera d'assurer que Démosthène n'eût pas même voulu d'un Sénèque pour élève dans l'art oratoire. Il lui aurait dit : N'y pensez pas ; vous n'êtes point né orateur, sur-tout pour des Athéniens. Vous avez deux défauts, entre autres, qui sont l'opposé de notre atticisme, la verbosité et l'affectation. Notre peuple d'Athènes a une telle aversion pour ce qui est surabondant, que nous sommes toujours occupés à réduire nos harangues au lieu de les amplifier. Il a une telle aversion pour le faux, que tout l'art, toute l'élégance et tout l'éclat de la diction d'Eschine peuvent à peine faire écouter ses sophismes : encore ne lui ont-ils guère réussi. Croyez-moi, restez, comme votre père, *un bon déclamateur* [*] des écoles. Il n'y a veine chez vous qui tende à ce que nous appelons l'*éloquence*, nous autres qui passons pour nous y connaître.

On nous oppose aussi le témoignage de Lamothe-Levayer ; mais il ne porte que sur la morale de Sénèque, et personne ne nie qu'il n'y ait de belles et bonnes choses, bien ou mal dites, parmi une foule d'autres qui sont outrées, et même extravagantes. Diderot en convient, et prétend qu'il faut les mettre sur le compte de son stoïcisme. Tant pis pour son stoïcisme et pour lui : voilà une plaisante excuse ! Et qu'importe que ce soit de sa secte ou de lui que vienne ce qui fait une grande partie de ses écrits, et ce qui en rend la lecture si difficile à soutenir ?

On fait grand bruit d'un suffrage de Montaigne,

---

[*] C'est l'expression de Diderot, en parlant du père de Sénèque.

qui en effet est un autre homme que ceux-là ; mais d'abord, pour ce qui concerne Sénèque, Montaigne lui reconnaît de grands défauts ; et, s'ils adoptent l'avis de Montaigne quand il loue, et le rejettent quand il blâme, pourquoi n'aurions-nous pas le droit d'en faire autant? Montaigne n'est pas plus infaillible dans l'un que dans l'autre, et pas plus pour nous que pour eux. Diderot et l'éditeur placent Sénèque *au-dessus de tous les moralistes*, et multiplient toutes les expressions du mépris pour quiconque a pu en douter. Cependant je ne vois pas que du parallèle que fait Montaigne de Plutarque avec Sénèque, on puisse conclure, à beaucoup près, la supériorité du dernier. Vous en jugerez en écoutant Montaigne lui-même, qu'on est toujours bien aise d'entendre.

« Plutarque est plus uniforme et constant, Sénè-
« que plus ondoyant et divers. Celui-ci *se peine*,
« *se raidit et se tend* pour armer la vertu contre la
« faiblesse, la crainte et les vicieux appétits : l'autre
« semble n'estimer pas tant leurs efforts, et dédai-
« gner d'en hâter son pas et se mettre sur sa garde.
« Plutarque a des opinions platoniques, *douces et*
« *accommodantes à la société civile* : l'autre les a
« stoïques et épicuriennes*, plus éloignées de l'usage

---

* On demandera peut-être comment Montaigne réunit deux choses si différentes : c'est d'abord en ce qu'Épicure, comme Zénon, *s'éloignait de l'usage commun* des mots : on en a vu la preuve dans tout ce qui a été dit de leur philosophie. De plus, il paraît que Montaigne, ainsi que Sénèque, considère ici Épicure dans sa morale personnelle, qui était très sévère, et non pas dans sa doctrine publique, qui certainement, quoi qu'on en ait dit, anéantit les devoirs et les vertus. On disait de lui : « Il détruit les devoirs par

« commun, mais, selon moi, plus commodes en par-
« ticulier et plus fermes. » Cela paraissait plus *commode* à Montaigne, mais peu de gens ont été de son avis et en seront ; et de plus, il ne s'agit ici, comme on voit, que de morale, et ceci n'a point trait au mérite de l'écrivain. « Il paraît en Sénèque qu'il
« se prête un peu à la tyrannie des empereurs de son
« temps. » Voilà bien Montaigne au rang des *échos de Suillius*, et *de Dion*, et *de Xyphilin*, comme disent les apologistes, puisque ces *échos* n'en ont guère dit davantage, « Car je tiens pour certain que
« c'est d'*un jugement forcé* qu'il condamne la cause
« de ces généreux meurtriers de César. » Si Montaigne ne doute pas que le philosophe Sénèque n'ait laissé *forcer son jugement*, pourquoi serait-ce un si grand crime de penser qu'*il s'est un peu prêté à la tyrannie* en bien d'autres occasions ? « Plutar-
« que *est libre partout*. » Il me semble que ce n'est pas là un avantage médiocre ; et, si Plutarque a écrit sous Trajan, il écrivit aussi sous Domitien. « Sénè-
« que est plein de pointes et de saillies ; Plutarque
« de chose. » Lequel vaut le mieux ? « Celui-là vous
« échauffe plus et vous émeut. » N'en déplaise à Montaigne, il me semble ici peu conséquent, à moins qu'il n'ait voulu dire que Sénèque *échauffait plus la tête*. « Celui-ci vous contente davantage et vous paie
« mieux. » Ceci confirme ma conjecture, et donne beaucoup plus à Plutarque qu'à Sénèque, ou je n'en-

---

« ses paroles, mais il les soutient par ses exemples. » On pourrait répondre qu'un philosophe qui *détruit les devoirs par ses paroles*, donne en effet le plus pernicieux de tous *les exemples*.

tends pas le français. « Il nous guide, l'autre nous « pousse. » En morale, celui qui est capable de *guider* est le plus sûr : celui qui *pousse* peut quelquefois *pousser* tout de travers.

Conclusion : qu'au dire de Montaigne même, qu'on nous oppose avec un préambule foudroyant, non-seulement Sénèque n'est pas *plus grand moraliste*, *plus grave*, *plus profond*, *plus utile* que Plutarque, mais même est entaché de plus d'un défaut et de plus d'une faiblesse, qui ne sont rien moins que sans conséquence, tandis que ce même Montaigne ne fait pas à Plutarque le moindre reproche ; et, s'il fallait choisir d'après ce parallèle, qui est-ce qui balancerait à vouloir être Plutarque plutôt que Sénèque ?

— Mais comment les apologistes ont-ils eux-mêmes cité ce qui leur est si contraire ? — Je vous l'ai dit : c'est qu'il n'ont jamais qu'une idée à la fois, et qu'ils n'ont vu dans tout le passage que la préférence donnée, en philosophie morale à Plutarque et à Sénèque conjointement, sur Platon et Cicéron, comme vous l'allez voir ; et, à la faveur de ce résultat, ils ont laissé passer Plutarque sans y faire trop d'attention, non plus qu'à la nature des motifs de préférence énoncés dans Montaigne, qui nous dit au même endroit: « Tous deux ont *cette notable* « *commodité pour mon humeur*, que la science que « j'y cherche *y est traitée à pièces décousues*, qui « ne demandent pas l'obligation d'un long travail, de « *quoi je suis incapable*. Aussi sont-ce les *Opuscules* « de Plutarque et les *Épîtres* de Sénèque *qui sont*

« *la plus belle partie de leurs ouvrages, et la plus
« profitable.* Il ne faut pas grande entreprise pour
« m'y mettre, et les quitter où il me plaît, car elles
« n'ont point de suite et dépendance les unes aux
« autres. »

C'est donc l'humeur paresseuse de Montaigne qui est le premier motif de sa prédilection pour les *Épîtres* de Sénèque, et les petits *Traités moraux* de Plutarque, que l'on peut prendre et quitter comme on veut; au lieu qu'en effet il y a beaucoup plus de suite et d'étendue dans les dialogues philosophiques de Platon et de Cicéron, dont on ne peut pas perdre de vue le tissu sans être totalement dérouté. Il se peut que l'autre manière soit plus *commode* pour la paresse; mais il me semble que la dernière suppose un mérite plus essentiellement philosophique, et une bien plus grande force de tête et de composition. On peut bien ne pas convenir non plus que les *Opuscules* de Plutarque et les *Lettres* de Sénèque soient *la plus belle partie de leurs ouvrages, et la plus profitable.* Les *Vies parallèles* du premier ont toujours passé pour ce qu'il a fait *de plus beau*; et sa manière d'écrire est si morale dans l'histoire, qu'elle peut y être tout aussi *profitable* que dans ses œuvres philosophiques. Pour ce qui est du dernier, Diderot lui-même n'est pas de l'avis de Montaigne : il préfère les *Traités* de Sénèque à ses *Lettres*, et là-dessus je pense comme lui; ce qui prouve encore que Montaigne n'est pas plus irréfragable pour lui que pour nous. Vous ne serez pas surpris, sur ce que Montaigne nous dit de sa façon de lire, qu'il *s'ennuie* de la manière d'écrire de Cicéron, qui ne traite rien *à piéces décousues*, et qui se croit obligé de remplir chaque objet à sa place. Mais peut-être le serez-vous qu'il ne trouve dans les écrits philosophiques de l'orateur de Rome *que du vent*: c'est une opinion qui lui est particulière, et qui fait un grand sujet de joie pour nos adversaires, quoiqu'elle fasse plus de tort à Montaigne qu'à Cicéron. Personne n'estime plus que moi l'auteur des *Essais* [*], mais lui-même sentait si bien qu'il allait heurter l'opinion de tous les siècles, qu'avant d'énoncer la sienne, il nous prévient, avec sa naïveté badine, que, *quand on a franchi les bornes de l'impudence, il n'y a plus de bride*. Vous concevez que ce mot d'*impudence* ne signifie rien de plus ici que de la légèreté; et vous concevez aussi la place qu'il peut avoir dans son véritable sens, quand nous en serons à l'objet le plus important de cette réfutation.

Mais s'il ne s'agissait que d'autorités, voilà Bayle, plus foncé en ces matières, sans contredit, que Montaigne, et qui trouve *plus de substance dans une période de Cicéron que dans sept ou huit de Sénèque*. Je suis entièrement de son avis; mais je pense, avant tout, que si ces divers sentiments peuvent mettre quelque chose dans la balance, ils ne l'emportent pas. Ne partons que de ce qui est constaté: jusqu'ici Montaigne seul peut être cité contre Cicéron; et Bayle, quand il serait seul, le vaut

---

[*] *Voyez*, dans l'Introduction à la seconde partie du *Cours de Littérature*, l'éloge de cet écrivain. (T. XVII, p. 458 et 459 du *Répertoire*.)

pour le moins, et l'opinion générale est pour Bayle et pour nous. J'en trouve l'aveu dans les apologistes eux-mêmes, qui cherchent pourquoi Sénèque *est si peu lu et si peu goûté :* ce sont leurs termes ; ils sont positifs. Or, pourquoi est-il en effet *si peu lu et si peu goûté?* Est-ce en raison de la nature des sujets ? Ils sont les mêmes que ceux de Cicéron, et souvent de Plutarque, et tous deux sont *lus et goûtés.* On nous répond que ce qui dégoûte de Sénèque *c'est qu'il a trop d'héroïsme pour nous.* Depuis quand les leçons nous font-elles assez de peur pour l'emporter sur notre plaisir ? Nos orateurs de la chaire les plus suivis, Bourdaloue et Massillon, étaient les plus sévères, et pouvaient effrayer bien davantage. Mais ne serait-ce pas que l'on va chercher ce qui est bien loin pour fermer les yeux sur ce qui est bien près ? Si Sénèque n'est *ni lu ni goûté*, ne serait-ce pas parce qu'il écrit mal, et assez mal pour n'être pas moins rebutant en français qu'en latin, pour fatiguer également le lecteur et le choquer à tout moment dans une langue comme dans l'autre ? Voilà tout le mystère ; voilà le fait et l'explication du fait : l'un est avoué, l'autre ne peut pas s'appeler une décision tranchante, mais bien une démonstration, après qu'on vous a montré l'auteur là même ou ses partisans se plaisent à nous le montrer.

Ils voudraient bien qu'il en fût de Cicéron comme de Sénèque, puisqu'ils prétendent qu'on ne lit guère non plus Cicéron quand on est sorti des classes. Cela peut être vrai jusqu'à un certain point des ouvrages oratoires, que les gens du monde ne relisent guère, précisément parce qu'ils les ont beaucoup lus au collège; mais, comme on n'y lit guère ses autres écrits, ceux-ci sont dans les mains de tous les hommes bien élevés; et, ce qui doit le faire présumer, c'est le grand nombre de traductions qu'on a faites de ses œuvres philosophiques, et qui ont eu du succès. Qui est-ce qui n'a pas lu le livre *De la Nature des Dieux*, traduit par d'Olivet, et ceux *De la Vieillesse* et *De l'Amitié* et *Des Devoirs*, traduits par tant d'autres? Et, avant la traduction de Sénèque par La Grange, il n'y en avait point de connue, et celle-là même, malgré les efforts et les moyens d'une secte qui en avait fait une affaire de parti, n'a pas réhabilité Sénèque.

Rien ne tourmente plus ses apologistes que le jugement qu'en a porté Quintilien, regardé depuis dix-sept siècles comme l'oracle du bon goût, au point que son nom est devenu celui de la saine critique, comme Cicéron celui de l'éloquence. Son opinion sur Sénèque, considéré comme écrivain, a été confirmée unanimement jusqu'à nous, si l'on excepte Juste-Lipse, le seul, absolument seul, parmi les gens de lettres de tous les siècles, que nos adversaires aient pu découvrir pour faire une exception dont il n'y a pas trop à se vanter. Il leur importait donc beaucoup de décrier le jugement de l'Aristarque de Rome; et leur premier moyen, celui qui leur est familier dans ces sortes d'occasions, a été de dénigrer sa personne, de noircir son caractère et d'envenimer ses intentions. Pour la première fois, Quintilien, qui n'avait jamais essuyé, ni de ses contemporains, ni de la postérité, le plus léger reproche sur son impartialité, a été parmi nous diffamé et calomnié. Pourquoi? parce qu'en rendant justice à l'esprit; au talent, aux connaissances de Sénèque, il a osé dire que *son style est presque partout corrompu, et ses exemples dangereux. Indè iræ.*

La Harpe, *Cours de Littérature.*

II.

Après avoir rendu justice au mérite et à l'érudition de ce grand homme, et avoir reconnu qu'on trouve dans ses écrits beaucoup de belles pensées et de maximes solides pour les mœurs, Quintilien ajoute que, par rapport à l'éloquence, ils sont d'un goût dépravé et corrompu presque en tout, et d'autant plus dangereux qu'ils sont pleins de défauts agréables, et qu'on ne peut s'empêcher d'aimer. C'est pourquoi il dit qu'il aurait été à souhaiter qu'un si beau génie, capable de ce qu'il y a de plus grand dans l'éloquence, si riche et si fertile pour l'invention, eût eu un goût plus épuré, et un discernement plus exact; qu'il eût été moins amoureux de toutes ses productions; qu'il eût su en faire le choix, et surtout qu'il n'eût point affaibli l'importance des matières qu'il traite par un amas de petites pensées, qui peuvent flatter d'abord par une apparence et une lueur d'esprit, mais que l'on trouve froides et puériles quand on les examine avec quelque attention.

Je rapporterai quelques endroits de cet auteur, afin que les jeunes gens puissent comparer son style avec celui de Cicéron et de Tite-Live, et voir si le jugement qu'en porte Quintilien est fondé sur de bonnes raisons, ou s'il n'est que l'effet de sa prévention contre Sénèque.

Entretien de Démarate avec Xerxès *.

** « Cùm bellum Græciæ indiceret Xerxes, ani-
« mum tumentem, oblitumque quàm caducis con-
« fideret, nemo non impulit. Alius aiebat, non la-
« turos nuncium belli, et ad primam adventûs fa-
« mam terga versuros. Alius, nihil esse dubii quin
« illâ mole non vinci solùm Græcia, sed obrui pos-
« set; magis verendum ne vacuas desertasque urbes
« invenirent, et profugis hostibus vastæ solutidines
« relinquerentur, non habituris ubi tantas vires

---

* Senec. *De Benef.* VI, 31.

** Dans le temps que Xerxès, enflé d'orgueil, et aveuglé par une vaine confiance en ses forces, songeait à porter la guerre contre la Grèce, tous les courtisans qui l'environnaient travaillèrent à l'envi à le pousser, par des flatteries outrées, dans le précipice où son ambition l'entraînait. L'un disait que la nouvelle seule de la guerre jetterait le trouble parmi les Grecs, et qu'au premier bruit de sa marche ils prendraient la fuite; un autre, qu'avec une armée si nombreuse, il était sûr non-seulement de vaincre la Grèce, mais de l'accabler; et que tout ce qu'il avait à craindre, était de trouver à son arrivée les villes désertes et les campagnes réduites en solitude par la retraite précipitée des habitants, et de n'avoir plus de quoi employer de si grandes forces. D'un autre côté, on lui faisait entendre qu'à peine la nature entière lui suffirait-elle; que les mers étaient trop étroites pour contenir ses flottes; que nul camp ne pourrait renfermer ses troupes de pied; qu'il n'y avait point de plaine assez étendue pour sa cavalerie, et qu'à peine l'air suffirait-il pour les traits qu'on aurait à lancer.

« exercere possent. Alius, illi vix rerum naturam
« sufficere ; angusta esse classibus maria, militi cas-
« tra , explicandis equestribus copiis campestria ;
« vix patere cœlum satis ad emittenda omni manu
« tela.

* « Cùm in hunc modum multa undiquè jactaren-
« tur, quæ hominem nimiâ æstimatione suî furen-
« tem concitarent, Demaratus Lacedæmonius solus
« dixit, ipsam illam quâ sibi placeret multitudinem,
« indigestam et gravem, metuendam esse ducenti ;
« non enim vires, sed pondus habere : immodica
« nunquàm regi posse ; nec diù durare, quicquid
« regi non potest.

** « In primo, inquit, statim monte Lacones ob-

---

* Parmi tous ces discours, si capables de faire tourner la tête à un prince déjà enivré de l'idée de sa grandeur, Démarate, Lacédémonien, fut le seul qui osât représenter au roi que ce qui faisait le sujet de sa confiance était ce qui devait lui inspirer le plus de crainte ; que ce vaste corps d'armée, cette masse énorme et monstrueuse, n'avait que de la pesanteur, et non de la force ; qu'il n'est pas possible de gouverner ce qui n'a ni borne ni mesure ; et que ce qui ne peut-être gouverné ne peut subsister long-temps.

** Une poignée de gens que vous rencontrerez d'abord à une première montagne, vous fera connaître ce que sont les citoyens de Sparte. Trois cents Spartiates arrêteront ces millions d'hommes que vous traînez avec vous. Inébranlables dans le poste qu'on leur aura confié, ils le défendront jusqu'au dernier soupir, et feront une barrière et un rempart de leurs corps. Toutes les forces de l'Asie ne leur feront pas faire un pas en arrière. Seuls ils soutiendront le choc formidable de presque tout l'univers réuni contre eux. Après avoir forcé la nature à changer toutes ses lois pour vous ouvrir un passage, vous demeurerez tout court à un défilé. Vous pourrez juger des pertes que vous ferez dans la suite, par ce que vous aura coûté le passage des Thermopyles. En voyant qu'on peut vous arrêter, vous comprendrez qu'on pourra aussi vous mettre en fuite.

« jecti dabunt tibi sui experimentum. Tot ista gen-
« tium millia trecenti morabuntur : hærebunt in
« vestigio fixi, et commissas sibi angustias tuebun-
« tur, et corporibus obstruent. Tota illos Asia non
« movebit loco. Tantas minas belli, et penè totius
« humani generis ruinam, paucissimi sustinebunt.
« Cùm te mutatis legibus suis natura transmiserit,
« in semitâ hærebis, et æstimabis futura damna,
« cùm putaveris quanti Thermopilarum angusta
« constiterint. Scies te fugari posse, cùm scieris
« posse retineri.

* « Cedent quidem tibi pluribus locis, velut tor-
« rentis modo ablati, cujus cum magno terrore
« prima vis defluit : deindè hinc atque illinc coo-
« rientur, et tuis te viribus prement.

** « Verum est quod dicitur, majorem belli appa-
« ratum esse, quàm qui recipi ab his regionibus
« possit, quas oppugnare constituis. Sed hæc res
« contra nos est. Ob hoc ipsum, te Græcia vincet,
« quia non capit. Uti toto te non potes.

« *** Prætereà, quæ una rebus salus est, occurere

---

* Vos armées, comme un torrent impétueux dont rien ne peut soutenir le premier effort, pourront d'abord tout dissiper; mais bientôt vos ennemis se rallieront, et, vous attaquant de divers côtés, vous détruiront
par vos propres forces.

** On dit vrai quand on avance que le pays que vous voulez attaquer
n'a pas un espace suffisant pour un appareil de guerre si immense ; mais
c'est précisément ce qui est contre nous. La Grèce vous vaincra, parce
qu'elle ne peut vous contenir. Vous ne pouvez faire usage que d'une partie de vous-même.

*** D'ailleurs, ce qui fait la sûreté et la ressource d'une armée vous devient
absolument impraticable. Vous ne pourrez ni donner les ordres à propos

« ad primos rerum impetus et inclinatis opem ferre
« non poteris, nec fulcire ac firmare labantia. Multò
« antè vinceris, quàm victum esse te sentias.

« * Cæterùm, non est quòd exercitum tuum ob
« hoc sustineri putes non posse, quia numerus ejus
« duci quoque ignotus est. Nihil tam magnum est,
« quod perire non possit, cui nascitur in perni-
« ciem, ut alia quiescant, ex ipsâ magnitudine suâ
« causâ.

« ** Acciderunt quæ Demaratus prædixerat. Di-
« vina atque humana impellentem, et mutantem
« quicquid obstiterat, trecenti stare jusserunt :
« stratusque per totam passim Græciam Xerxes in-
« tellexit quantùm ab exercitu turba distaret.

« *** Itaque Xerxes, pudore quàm damno mise-
« rior, Demarato gratias egit, quòd solus sibi ve-

ni vous trouver à temps au premier mouvement, ni soutenir ceux qui plient,
ni rassurer ceux qui commencent à s'ébranler. Vous serez vaincu long-
temps avant que d'être à portée de vous en apercevoir.

* Au reste, ne vous flattez pas que vos troupes ne puissent rien trouver qui leur résiste, parce que le nombre prodigieux en est inconnu
même à leur chef. Il n'y a rien de si grand qui ne puisse périr; puisqu'au
défaut de tout autre obstacle, sa grandeur même est une cause de ruine.

** Tout ce que Démarate avait prédit à Xerxés arriva. Ce prince,
qui se piquait de surmonter tous les obstacles que les dieux et les hommes
mettaient à ses entreprises, qui changeait et renversait tout ce qui s'opposait à son passage, fût arrêté par trois cents hommes; et bientôt Xerxès,
voyant les débris de ses formidables armées répandus dans toutes les parties de la Grèce, comprit quelle différence il y avait entre une foule
d'hommes et une armée.

*** Alors ce prince, plus malheureux encore par la honte d'une si folle
expédition, que par la perte qu'il y fit, remercia Démarate de ce que seul
il lui avait dit la vérité, et lui permit de lui demander telle grace qu'il

« rum dixisset, et permisit petere quod vellet. Peti-
« vit ille ut Sardes, maximam Asiæ civitatem, curru
« vectus intraret, rectam capite tiaram gerens; id
« solis datum regibus. Dignus fuerat præmio ante-
« quàm peteret. Sed quàm miserabilis gens, in quâ
« nemo fuit qui verum diceret regi, nisi qui non
« dicebat sibi! »

Il faut avouer que ce morceau de Sénèque est fort beau, et que le discours de Démarate est plein de sens et de réflexions solides : mais il me semble que le style en est trop uniforme, et que l'anti-thèse s'y montre trop souvent. Les pensées sont trop serrées et trop entassées. Elles sont toutes détachées l'une de l'autre, et par cette raison rendent le style trop concis et trop sautillant*. Une espèce de pointe finit presque chaque période**.
« Scies te fugari posse, cùm scieris posse retineri...
« Ob hoc ipsum te Græcia vincet, quia non capit...
« Multò antè vinceris, quàm victum esse te sentias. »
Cela choque moins quand on ne lit qu'un endroit séparé ; mais quand tout un ouvrage est sur ce ton, il est difficile d'en soutenir sans peine une lecture

---

voudrait. Celui-ci demanda d'entrer à Sardes, l'une des plus grandes villes d'Asie, monté sur un char, portant la tiare droite sur la tête ; privilège qui n'était accordé qu'aux rois. Il aurait mérité cette récompense, s'il ne l'avait pas demandée. Mais que doit-on penser d'une nation où il ne se trouva personne pour dire la vérité au roi, qu'un homme qui ne se la disait pas à lui-même ?

* Undè soluta ferè oratio, et è singulis non membris, sed frustis collata. Quintil. VIII, 5.

** Nunc illud volunt, ut omnis locus, omnis sensus, in fine sermonis feriat aurem. Ibid.

un peu longue et suivie ; au lieu que celle de Cicéron et de Tite-Live ne fatigue jamais. D'ailleurs un style si coupé et si brusque peut-il être employé dans les discours où il s'agit d'instruire et de toucher les auditeurs ; et par cette raison convient-il à l'éloquence du barreau et de la chaire ?

On trouve quelquefois dans Cicéron de ces sortes de pensées qui terminent la période d'une manière courte et vive ; mais il sait employer avec discrétion et sobriété ces graces du discours qui en font le sel et l'assaisonnement, et qui, par cette raison, ne doivent pas être prodiguées.

« Leviculus sanè noster Demosthenes, qui illo
« susurro delectari se dicebat aquam ferentis mu-
« lierculæ, ut mos in Græciâ est, insusurrantisque al-
« teri : Hic est ille Demosthenes. Quid hoc levius ?
« at quantus orator ! Sed apud alios loqui videlicet
« didicerat, non multùm ipse secum *. » Cette pensée a beaucoup de rapport avec celle de Senèque :
« Quam miserabilis gens, in quâ nemo fuit qui ve-
« rum diceret regi, nisi qui non dicebat sibi ! »

Réflexion de Sénèque sur une parole d'Auguste **.

Sénèque rapporte une parole d'Auguste, qui, se

---

* Il fallait que Démosthène, que nous admirons tant, fût bien vain, d'être aussi sensible qu'il avoue lui-même qu'il l'était à ce petit mot flatteur d'une porteuse d'eau, qui, le montrant du doigt, disait à sa voisine : Vois-tu bien ? c'est là ce Démosthène ! Quelle petitesse ! et cependant quel grand orateur que Démosthène ! Mais c'est qu'il avait appris à parler aux autres, et qu'il se parlait rarement à lui-même. (Cic., *Tuscul.* liv. V, n° 103.)

** *De Benef.* VI, 32.

repentant extrêmement d'avoir lui-même divulgué les désordres de sa fille, disait que cette imprudence ne lui serait pas échappée si Agrippa ou Mécène eussent vécu. « Horum nihil mihi accidisset, « si aut Agrippa, aut Mæcenas vixisset. » Sénèque, pour relever cette parole, ajoute une réflexion très sensée : «* Adeò tot habenti millia hominum « duos reparare difficile est ! Cæsæ sunt legiones, et « protinùs scriptæ : fracta classis, et intra paucos « dies natavit nova : sævitum est in opera publica « ignibus, surrexerunt meliora consumptis. Totâ « vitâ, Agrippæ et Mæcenatis vacavit locus. » Rien n'est plus beau ni plus solide que cette pensée : « Toutes les pertes se réparent, excepté celle d'un « ami ; mais il fallait en demeurer là.

**« Quid putem ? *ajoute Sénèque*. Defuisse simi- « les qui assumerentur, an ipsius vitium fuisse,

---

* Tant il est difficile de trouver parmi tant de millions d'hommes, de quoi en remplacer deux ! Des légions ont été taillées en pièces, on en a bientôt levé d'autres ; une flotte a été brisée, en peu de jours on en bâtit une nouvelle ; le feu a consumé des édifices publics, on en voit d'autres plus somptueux que les premiers sortir presque aussitôt de terre. Mais, tant que vécut Auguste, la place d'Agrippa et de Mécène demeura toujours vacante.

** Que penserai-je de cette parole d'Auguste? Dois-je croire qu'en effet il ne restait plus dans tout l'empire de tels hommes qu'il pût choisir pour amis, ou si c'était la faute du prince, qui aimait mieux se plaindre que d'en chercher ? Il n'y a pas d'apparence qu'Agrippa et Mécène eussent coutume de lui dire la vérité ; et s'ils avaient vécu, ils auraient, dans cette occasion, gardé le silence comme les autres. Mais le caractère des princes est d'aimer à dire du bien des morts, pour faire honte et peine aux vivants, et de louer dans les premiers une liberté courageuse de dire la vérité, dont ils n'ont plus rien à craindre.

« qui maluit queri quàm quærere? Non est quod
« existimemus Agrippam et Mæcenatem solitos illi
« vera dicere; qui, si vixissent, inter dissimulantes
« fuisse. Regalis ingenii mos est in præsentium con-
« tumeliam amissa laudare, et his virtutem dare
« vera dicendi, à quibus jam audiendi periculum
« non est. »

Outre que rien n'est plus petit que ce jeu de mots, *maluit queri quàm quærere*, la seconde réflexion ruine absolument la première. Celle-ci suppose qu'il est fort difficile de remplacer de bons amis, et l'autre dit tout le contraire. D'ailleurs, pourquoi Sénèque fait-il cette injure à Auguste, ou plutôt à ses deux amis, d'avancer qu'ils n'avaient pas coutume de dire la vérité à ce prince, et qu'ils n'auraient pas osé le faire dans l'occasion dont il s'agit? Mécène était de tous temps en possession de lui parler librement; et l'on sait que, dans un jugement où Auguste paraissait pencher vers la cruauté, ce favori ne pouvant approcher de lui à cause de la presse, lui jeta un billet où il avait écrit: *Levez-vous, et ne faites point le bourreau* [*]. Pour Agrippa, lorsque Auguste, maître de l'empire, délibéra sur le parti qu'il devait prendre, il osa bien lui conseiller de rétablir la république dans son ancienne liberté.

On voit par là que Sénèque manquait d'une qualité essentielle à l'orateur, qui est de savoir se tenir dans les bornes du vrai et du beau, et de retrancher impitoyablement tout ce qui est au-delà

---

[*] Surge tandem, carnifex.

du parfait, selon cette belle règle d'Horace * : *Recideret omne quod ultra perfectum traheretur.* Il était trop amateur de son propre génie ** ; il ne pouvait se résoudre à perdre ni à sacrifier aucune de ses productions ; et souvent par de petites et minces pensées il affaiblissait la force et avilissait la noblesse des choses dont il parlait.

Autre pensée de Sénèque, sur la rareté des vrais amis ***.

On trouve dans le même endroit une autre pensée, au sujet des amis, qui est fort belle. Sénèque parle de cette foule de personnes qui font leur cour aux grands seigneurs**** : « Ad quemcumque istorum
« veneris, *dit-il,* quorum salutatio urbem concu-
« tit, scito, etiamsi animadverteris obsessos ingenti
« frequentiâ vicos, et commeantium in utramque
« partem catervis itinera compressa, tamen venire
« te in locum hominibus plenum, amicis vacuum. In
« pectore amicus, non in atrio quæritur. Illò reci-
« piendus est, illic retinendus, et in sensus recon-

* Satyr. I, 10.

** Si aliqua contempsisset.... Si non omnia sua amâsset, si rerum ponderā minutissimis sententiis non fregisset, consensu potiùs eruditorum quàm puerorum amore comprobaretur. (Quintil., X, 1.)

*** Senec. *De Benef.* VI, 34.

**** Si vous allez chez quelqu'un de ces grands seigneurs, chez qui toute la ville abonde pour leur faire la cour, sachez que, bien que vous trouviez les rues assiégées et les chemins bouchés par une foule innombrable de personnes qui vont et qui retournent, cependant vous venez dans un lieu rempli d'hommes et vide d'amis. C'est dans le cœur qu'il faut chercher l'ami, et non dans l'antichambre. C'est là où il faut le recevoir et le retenir, et l'y mettre comme en dépôt et en sûreté.

« dendus. » On ne peut nier qu'il n'y ait une grande beauté et une grande vivacité dans cette pensée et dans ce tour, *venire te in locum hominibus plenum, amicis vacuum*. Après tout ce qui a été dit du fracas que cause dans la ville ce concours incroyable de citoyens qui s'empressent d'aller chez les grands, et qui remplissent leur maison, cette opposition est fort belle, *in locum hominibus plenum, amicis vacuum*; foule de courtisans, solitude d'amis. Mais que signifie ce qui suit : *in pectore amicus, non in atrio quæritur?* « Il faut chercher l'ami dans le cœur, « et non dans l'antichambre. » J'y vois une antithèse, mais je n'y découvre rien de plus, et j'avoue que je n'ai pu en comprendre le sens.

Le P. Bouhours n'a pas manqué de nous apprendre quel jugement il fallait porter de cet auteur. « De « tous les écrivains ingénieux, dit-il, celui qui sait le « moins réduire ses pensées à la mesure que demande « le bon sens, c'est Sénèque. Il veut toujours plaire, « et il a si peur qu'une pensée belle d'elle-même ne « frappe pas, qu'il la propose dans tous les jours « où elle peut être vue, et qu'il la pare de toutes « les couleurs qui peuvent la rendre agréable; de « sorte qu'on peut dire de lui ce que son père di-« sait d'un orateur de son temps : En répétant la « même pensée, et la tournant de plusieurs façons, « il la gâte*; n'étant pas content d'avoir bien dit une « chose une fois, il fait en sorte qu'il ne l'a pas

---

* Habet hoc Montanus vitium, sententias suas repetendo corrumpit : dùm non est contentus unam rem semel benè dicere, efficit ne benè dixerit. Controver. IX, 5.

« bien dite. » Il cite un mot du cardinal Palavicin, « qui sent bien le style italien, mais qui a du sens. « Sénèque, *dit ce cardinal*, parfume ses pensées « avec un ambre et une civette qui à la longue don- « nent dans la tête ; elles plaisent au commence- « ment, et lassent fort dans la suite. »

Un autre auteur[*] fort célèbre porte le même jugement de Sénèque, et donne en peu de mots d'excellentes règles sur les pensées.

« Il y a, dit-il, deux sortes de beautés dans l'élo- « quence, auxquelles il faut tâcher de rendre les « enfants sensibles. L'une consiste dans les pensées « belles et solides, mais extraordinaires et surpre- « nantes. Lucain, Sénèque et Tacite sont remplis « de ces sortes de beautés. L'autre, au contraire, ne « consiste nullement dans les pensées rares, mais « dans un certain air naturel, dans une simplicité « facile, élégante et délicate, qui ne bande point « l'esprit, qui ne lui présente que des images com- « munes, mais vives et agréables, et qui sait si bien « le suivre dans ses mouvements, qu'elle ne man- « que jamais de lui proposer sur chaque sujet les « objets dont il peut être touché, et d'exprimer « toutes les passions et les mouvements que les cho- « ses qu'elle représente y doivent produire. Cette « beauté est celle de Térence et de Virgile ; et l'on « voit par là qu'elle est encore plus difficile que « l'autre, puisqu'il n'y a point d'auteurs dont on « ait moins approché que de ces deux-là.

« Si l'on ne sait mêler cette beauté naturelle et

---

[*] M. Nicole, dans l'*Éducation d'un prince*, 2. part, n. 39 et 40.

« simple avec celle des grandes pensées, on est en
« danger d'écrire et de parler d'autant plus mal, que
« l'on s'étudiera davantage à bien écrire et à bien
« parler; et plus on aura d'esprit, plus on tombera
« dans un genre vicieux : car c'est ce qui fait qu'on
« se jette dans le style des pointes, qui est un très
« mauvais caractère. Quand même les pensées seraient
« solides et belles en elles-mêmes, néanmoins elles
« lassent et accablent l'esprit, si elles sont en trop
« grand nombre, et si on les emploie en des sujets
« qui ne les demandent point. Sénèque, qui est ad-
« mirable, étant considéré par parties, lasse l'esprit
« quand on le lit tout de suite ; et je crois que si
« Quintilien a dit de lui avec raison qu'il est rem-
« pli de défauts agréables, *abundat dulcibus vitiis*,
« on en pourrait dire avec autant de raison, qu'il
« est rempli de beautés désagréables par leur mul-
« titude, et par ce dessein qu'il paraît avoir eu de
« ne rien dire simplement, et de tourner tout en
« forme de pointe. Il n'y a point de défaut qu'il
« faille plus faire sentir aux enfants, lorsqu'ils sont
« un peu avancés, que celui-là, parce qu'il n'y en
« a point qui fasse plus perdre le fruit des études
« en ce qui regarde le langage et l'éloquence. »

Cela n'empêche pas que la lecture de Sénèque
ne puisse être fort utile aux jeunes gens, quand
ils commenceront à avoir le goût et le jugement
formés par celle de Cicéron. Sénèque est un esprit
original, propre à donner de l'esprit aux autres, et
à leur faciliter l'invention. On peut tirer du *Traité de
la Clémence*, et de celui *de la Brièveté de la Vie*,

beaucoup d'endroits qui accoutumeront les jeunes gens à trouver d'eux-mêmes des pensées. Cette lecture leur servira aussi à faire le discernement du bon et du mauvais. Mais le maître doit les conduire dans cette étude, et ne les pas abandonner à eux-mêmes, de peur qu'ils ne prennent pour vertus les vices même de Sénèque, d'autant plus dangereux pour eux, qu'ils ont plus de conformité au caractère de leur âge, et que d'ailleurs, comme nous l'avons déjà remarqué, ils sont mêlés de charmes capables de séduire les plus clairvoyants.

Rollin, Traité des Études.

SÉVIGNÉ (Marie de Rabutin-Chantal, marquise de), naquit le 5 février 1626, à Bourbilly près de Sémur. Fille de Celse-Bénigne, baron de Rabutin-Chantal, et de Marie de Coulanges, elle appartenait, par son père, à une famille illustrée dans la carrière des armes, et par sa mère, à une famille de robe non moins distinguée. M. de Chantal était d'une vaillance reconnue; il périt dans l'attaque de l'île de Rhé, faite en 1627 par les Anglais, pour soutenir La Rochelle et le protestantisme; on prétend même qu'il y fut tué de la main de Cromwell. Marie de Rabutin trouva dans sa famille maternelle un autre genre d'illustration. Son aïeule, fondatrice de l'institut des religieuses de la Visitation, sous la direction de saint François de Sales, a reçu la canonisation pour récompense de sa piété. Il était réservé à l'héritière de ces honneurs si différents, de se créer par elle-même une gloire non moins différente et non moins durable.

La jeune de Chantal, privée de son père, lorsqu'elle n'avait encore qu'un an et demi, fut bientôt tout-à-fait orpheline; nous la voyons en effet, dès l'année 1636, sous la tutelle de son oncle maternel, Christophe de Coulanges, abbé de Livry.

On est généralement curieux de connaître quelle fut la jeunesse des personnes célèbres. Ces sortes de recherches ont de l'attrait; on aime à considérer les progrès et la marche d'un heureux naturel, à trouver dans l'enfance les prémices d'un âge mûr qui fut brillant. Certes, un pareil examen serait bien intéressant, ayant pour objet une femme dont le nom est, si j'ose le dire, synonyme de l'esprit le plus délicat, et dont l'heureux talent est devenu proverbial. Si les détails de la première éducation de mademoiselle de Rabutin nous manquent, la lecture de ses *Lettres* y supplée. On y voit, auprès de ce que la seule nature peut donner, une instruction solide, un savoir étendu et varié, un goût de style que la nature ne donne point. On sait d'ailleurs qu'elle avait été élevée au milieu de ses parents, qui étaient des personnes instruites; et l'on ne peut douter qu'avec un esprit aussi bien fait que le sien, elle n'ait elle-même complété son éducation. Le lecteur attentif trouvera donc dans les *Lettres* de madame de Sévigné le portrait moral de cette femme remarquable; je dis plus, si nous ne possédions l'exacte ressemblance de ses traits et de sa personne, il serait aisé de se la représenter aussi par ces mêmes *Lettres*.

Elle avait dix-huit ans lorsqu'elle entra dans le monde par son mariage avec le marquis de Sévigné. Elle apportait à son époux une dot de cent mille écus, somme très considérable pour ce temps-là. M. de Sévigné, d'une famille noble et ancienne de Bretagne, était allié à celle de Retz, et parent de l'archevêque et du coadjuteur de Paris. Cette parenté des Sévigné avec la maison de Retz les liait à la Fronde : aussi est-il à remarquer que Louis XIV resta prévenu contre eux, et qu'ils eurent peu de part à ses largesses.

Les premiers temps de cette union furent heureux, mais ce bonheur s'évanouit. Le marquis joignait à un grand fond d'insouciance et de légèreté, un goût immodéré pour le plaisir et la dépense. Au reste, on est tenté de le regarder comme un homme d'un esprit assez ordinaire. Bien que sa liaison connue avec la célèbre Ninon de l'Enclos semble démentir cette assertion, elle acquiert un certain poids si l'on considère qu'il ne se fit pas scrupule de négliger sa femme pour se livrer à des attachements indignes de soutenir la comparaison. L'époux de madame de Sévigné, coupable d'infidélités vulgaires, mérite peu notre attention, et ne sort de l'oubli qu'à la faveur d'une circonstance presque fortuite. On juge bien que madame de Sévigné, brillante d'attraits, de jeunesse et d'esprit, eut plus d'une occasion de venger son amour-propre blessé : la séduction vint l'entourer avec les formes gracieuses qu'elle sait revêtir à la cour : les mœurs flexibles de ce temps-là pouvaient couvrir des fautes rendues communes ; l'usage paraissait légitimer jusqu'à un certain point les représailles ; mais, ainsi qu'on l'a remarqué judicieusement, l'esprit sert beaucoup à la vertu. La première qualité eût sauvé madame de Sévigné, indépendamment de la seconde, et elle possédait toutes les deux au suprême degré. Le comte de Bussy, son cousin, bel homme et homme de mérite, que nous voyons figurer dans la correspondance, se passionna pour elle ; mais il fut éconduit avec la fermeté que sait prendre une femme, forte d'une vertu exempte de pruderie et du sentiment de sa supériorité.

Madame de Sévigné atteignait sa vingt-cinquième année lorsque son mari fut tué en duel. La cause de cet évènement est restée inconnue ; des conjectures contradictoires sont loin de l'éclaircir. Quoique madame de Sévigné eût beaucoup souffert de l'inconstance de son mari, elle lui donna des larmes sincères. Bussy rend justice à tous les deux quand il dit : « Il aima partout, et n'aima rien de « si aimable que sa femme ; cependant elle n'aima « que lui avant et après sa mort. »

Restée veuve à vingt-cinq ans, son cœur fut plus que jamais en butte à de galantes entreprises. Parmi ses adorateurs se distinguèrent le prince de Conti, frère du grand Condé ; le trop malheureux surintendant Fouquet, dont elle raconte la disgrace d'une manière si intéressante, et pour qui elle manifesta une amitié si courageuse ; le chevalier de Méré, connu par son intimité avec madame de Maintenon ; Ménage, et le comte de Lude. Mais la sagesse de notre auteur donna un démenti continuel à la malice de Bussy, qui brûlait d'inscrire sa cousine sur la liste des femmes galantes de la cour. Avec les amants se présentèrent les maris ; mais l'amour maternel ne laissait point de place à d'autres sentiments dans le cœur de Sévigné. Elle ne voulut pas consentir à échanger son indépendance contre une félicité douteuse ; et se consacrant désormais à ses enfants, leur bonheur devint son unique étude. Elle vécut dès-lors avec cette douce sécurité que donnent un cœur pur, un esprit élevé, et l'estime publique réservée aux vertus.

Un fils et une fille étaient les seuls fruits de son mariage. Le fils hérita de la légèreté de son père, avec plus de mérite et d'agréments dans l'esprit. Quelques écarts de jeunesse causèrent plus d'une alarme à sa mère, qui le témoigne assez par ces mots : « *Que « de chagrins on a quand on aime avec attention !* » Toutefois, le marquis de Sévigné se recommande, non-seulement comme guerrier et homme du monde, mais encore comme amateur des lettres. Racine et Boileau furent ses amis. Cette liaison honorable suffirait pour attester la pureté de son goût, si la tradition ne nous eût transmis qu'à divers talents précieux il unissait d'une façon éminente cette exquise politesse, caractère distinctif de la cour de Louis XIV.

On ne peut prononcer le nom de madame de Sévigné, sans que celui de sa fille vienne aussitôt s'y joindre. Quoique l'une nous intéresse beaucoup plus que l'autre, elles sont toutes deux inséparables dans nos souvenirs. C'est le propre des grands talents de refléter leur gloire sur leur entourage, et de faire passer aux siècles futurs les objets d'une affection qu'ils ont illustrée. La fille de madame de Sévigné jouit de cet avantage. Ces deux femmes charmantes vont à la postérité l'une à côté de l'autre. Leur amitié mutuelle fait le fond de ces *Lettres* tant relues. La tendresse de la mère prête de nouveaux charmes à la fille. Cette tendresse, il est vrai, cause bien des redites ; mais, comme l'a fait observer un homme très spirituel (Chamfort), *s'il y a des redites pour l'oreille et pour l'esprit, il n'y en a point pour le cœur*. Ce n'est pas qu'il ne se soit élevé contre la fille des préventions qui n'ont pas même épargné la mère. Certaines brouilleries suivies de raccommodements, et plusieurs bouderies plus ou moins prolongées, ont donné lieu à de fâcheuses conclusions et notamment à celle-ci, savoir, que cette amitié n'était pas sincère. Une telle assertion nous semble avoir été victorieusement combattue par un éditeur qui a fait une étude spéciale des *Lettres* de Sévigné : c'est pourquoi nous la laissons tomber d'elle-même. Malheur aux esprits chagrins qui, par une critique intempestive, troublent leur propre plaisir et celui des autres !

Parler de madame de Grignan, c'est encore s'occuper de sa mère ; toutefois, rendons toute notre attention à celle-ci, et jetons les yeux sur les restes d'une si belle vie.

En mariant sa fille avec M. de Grignan, de préférence à tout autre, elle avait compté conserver près d'elle cet objet d'une si tendre sollicitude. Il n'en fut pas ainsi. M. de Grignan eut ordre de se rendre dans le gouvernement de Provence. Son séjour y fut prolongé par l'absence du gouverneur, le duc de Vendôme. C'est à cette circonstance, indifférente en elle-même, que nous devons ces lettres qui charment nos loisirs; en sorte que cette séparation, nommée par l'auteur *son mauvais temps*, nous procure les heures les plus délicieuses : nous nous enrichissons de ce qu'elle perd ; ses privations composent nos jouissances ; et peu s'en faut que nous ne nous applaudissions de sa douleur maternelle. Dès ce moment, nous voyons la mère et la fille s'appeler, se désirer, voyager alternativement l'une vers l'autre. Dans les intervalles de réunion ou de séparation, nous perdons, nous ressaisissons tour à tour leurs aimables confidences : c'est un plaisir mêlé de regrets ; il n'en a peut-être que plus de vivacité.

L'établissement de M. de Sévigné, en 1684, mit cette généreuse mère dans un embarras de fortune assez grand, par suite des nombreux sacrifices qu'elle voulut faire. Pour y subvenir, et réparer ce malaise, il ne fallut pas moins que toute son économie, et la sagesse de son administration ; car, pour le dire en passant, si ce qu'on est convenu d'appeler esprit se concilie rarement avec cet art plus commun de gouverner sa fortune, madame de Sévigné a fait voir cette alliance de l'esprit le plus brillant avec l'esprit d'ordre le mieux entendu. Ce fait ajoute, ce me semble, à la gloire d'une femme dont la seule ambition était, avant tout, de se montrer une bonne mère de famille.

Or, l'existence d'une mère dont le cœur fut le mobile de toutes les actions, d'une femme qui, bien que née dans un rang élevé de la société, n'eut jamais la pensée de fixer l'attention du public, une telle existence doit être semée de peu d'incidents. Son biographe chercherait en vain à donner au récit une couleur dramatique. Ses efforts superflus à cet égard sont encore un nouvel éloge pour madame de Sévigné. Heureuse la femme dont le panégyrique se résume en peu de mots, et dont l'histoire est simplement celle de son esprit et de son cœur ! S'il est vrai que *la vie des gens de lettres est dans leurs ouvrages*, celle de notre aimable auteur est toute dans ses *Lettres* ; celui qui voudrait dignement la représenter dans les détails de sa vie privée, aurait donc à emprunter les détails même de ses *Lettres*, et risquerait trop d'en affaiblir le coloris.

Pour achever rapidement cette esquisse, il suffit de montrer madame de Sévigné allant et venant de Paris en Provence, de Provence à Paris ; en Provence, portant l'effusion d'une active sensibilité ; à Paris, répandant cette même sensibilité dans ses *Lettres*, ou bien faisant les délices d'une société choisie, dont M. de La Rochefoucauld et madame de La Fayette étaient les fidèles habitués ; soit enfin cherchant le calme de la retraite à sa terre des *Rochers*, qu'elle nommait sa *solitude*.

Avec tant d'autres avantages, madame de Sévigné eut le privilège de conserver long-temps ses agréments extérieurs; à cinquante ans, Coulanges la gratifie du nom de *Mère-beauté*. Nous tairions cette circonstance peu importante en soi, si elle ne fournissait un nouvel exemple de cette vérité, que la sérénité de l'âme contribue beaucoup à préserver la beauté du ravage des ans.

Madame de Sévigné habitait sa *solitude*, lorsqu'elle reçut la nouvelle que sa fille était en danger. Soudain elle vole en Provence, prodigue à madame de Grignan les soins les plus empressés, l'arrache au trépas, et peu de temps après, le 18 avril 1696, succombe elle-même à tant d'agitations et d'inquiétudes. Elle était âgée de soixante-dix ans quand la mort l'enleva à ses nombreux amis et à la France, qui n'appréciait pas encore la grandeur de cette perte. Elle avait vécu avec tranquillité, elle mourut de même. Déposés dans l'église collégiale de Grignan, ses restes y demeurèrent paisiblement jusqu'en 1793, époque où ils furent profanés par des vandales qui se partagèrent le cercueil de plomb renfermant ce qu'il y eut de plus aimable sur la terre.

Nous l'avons déjà dit, la vie de Sévigné est dans ses *Lettres*. Elle s'y trouve d'autant plus fidèlement tracée, que jamais cette femme distinguée n'eut la pensée que sa correspondance dût être publiée un jour. C'est donc une heureuse trahison en faveur de la postérité, le secret d'un cœur sensible et généreux dévoilé avec une douce perfidie; en un mot, c'est la nature prise sur le fait.

Indépendamment de cet intérêt touchant qu'elle sait répandre sur les détails de sa vie domestique, madame de Sévigné nous offre un tableau vrai de la cour de Louis XIV. Une foule de particularités et d'anecdotes, de riens, si l'on veut, mais de riens charmants, nous mettent au fait des mœurs de cette cour renommée, de son étiquette, du ton qui régnait alors. Les *Lettres* de Sévigné sont, à cet égard, de curieux mémoires. On est d'accord dès longtemps quant au mérite du style. Tantôt fort, tantôt léger ; tour à tour d'un abandon facile, ou d'une éloquence nerveuse ; presque toujours élégant et animé, il se plie avec flexibilité à tous les tons à tous les sujets. Un naturel exquis en fait le charme, et partout on sent que ces *Lettres* sont une aimable causerie écrite.

Madame de Sévigné a été comparée à Montaigne : il peut y avoir là quelque chose de vrai ; on a cru aussi lui reconnaître des traits de ressemblance avec La Fontaine : le rapport réel qui existe, à mon gré, entre elle et ce dernier, c'est que, ainsi que La Fontaine, madame de Sévigné ne peut se comparer qu'à elle-même. Toutefois, j'aime à lui appliquer ce que La Harpe dit de notre *fablier ;* je me trompe fort si le passage suivant, écrit pour lui, n'aurait pas pu l'être aussi bien pour madame de Sévigné :

« Il a inventé sa manière d'écrire, et cette inven-
« tion n'est pas commune ; elle lui est demeurée
« tout entière : il en a trouvé le secret et l'a gardé.
« Il n'a été dans son style, ni imitateur, ni imité ;
« c'est là son mérite. Comment s'en rendre compte?

« Il échappe à l'analyse, qui peut faire valoir tant
« d'autres talents, et qui ne peut approcher du sien.
« Définit-on bien ce qui nous plaît? Peut-on discuter
« ce qui nous charme? Quand nous croirons avoir
« tout dit, le lecteur ouvrira le livre, et se dira qu'il
« a senti cent fois davantage; et peut-être, si ce gé-
« nie heureux et facile pouvait lire tout ce que nous
« écrivons à sa louange, peut-être nous dirait-il:
« Vous vous donnez bien de la peine pour expliquer
« comment j'ai su plaire; il m'en coûtait bien peu
« pour y parvenir. »

Parmi les éditions nombreuses qui ont été faites des *Lettres de madame de Sévigné*, on distingue 1° celle de Grouvelle, 1806, 8 vol. in-8°, avec portraits et *fac-simile*; 2° celle de M. de Monmerqué, 1819, 10 vol. in-8° avec figures; 3° celle plus récente encore de M. Gault-de-Saint-Germain, 1824, 12 vol. in-8°. Le libraire Boulland a publié une fort jolie édition abrégée, sous le titre de *Choix moral de Lettres de madame de Sévigné*, 1824, 3 vol. in-12 et in-18, de l'imprimerie de F. Didot : elle est précédée d'une *Notice* dont l'auteur a cru pouvoir se permettre d'offrir ici l'analyse.

H. LEMONNIER.

JUGEMENT [*].

Un seul recueil de lettres a mérité de passer jusqu'à nous, et de vivre dans la postérité ; et c'est ce-

---

[*] *Voyez* le jugement de Marmontel sur madame de Sévigné, art. GOUT, tom. XIV, pag. 424 et 425 de notre *Répertoire*.

F.

lui dont l'auteur ne songeait à faire, ni un roman,
ni une satire, ni un ouvrage quelconque. Tout le
monde me prévient, et nomme madame de Sévigné.

C'est avec justice qu'on lui a dit dans un poëme
dont le sujet, ébauché dans un temps plus heureux,
n'est guère de nature à être achevé dans le nôtre :

Charmante Sévigné, quels honneurs te sont dus !
Tu les as mérités, et non pas attendus.
Tu ne te flattais pas d'avoir pour confidente
Cette postérité pour qui l'on se tourmente.
Dans le cœur de Grignan tu répandais le tien :
Tes *Lettres* font ta gloire, et sont notre entretien.
Ce qu'on cherche sans fruit, tu le trouves sans peine.
Que tu m'as fait pleurer le trépas de Turenne !
Qui te surpassera dans l'art de raconter ?
Ces portraits d'une cour qu'on se plaît à citer
Se retracent chez toi bien mieux que dans l'histoire :
Ces héros, dont ailleurs je n'appris que la gloire,
Je les vois, les entends, et converse avec eux, etc.

Si le plus grand éloge d'un livre est d'être beaucoup relu, qui a été plus loué que ces *Lettres?* Elles
sont de toutes les heures : à la ville, à la campagne,
en voyage, on lit madame de Sévigné. N'est-ce pas
un livre précieux, que celui qui vous amuse, vous
intéresse, et vous instruit presque sans vous demander d'attention ? C'est l'entretien d'une femme
très aimable, dans lequel on n'est point obligé de
mettre du sien ; ce qui est un grand attrait pour les
esprits paresseux, et presque tous les hommes le
sont, au moins la moitié de la journée.

Je sais bien que les détails historiques d'un siècle et d'une cour qui ont laissé une grande renommée font une partie de l'intérêt qu'on prend à cette lecture; mais la cour d'Anne d'Autriche et la Fronde sont aussi des objets piquants pour la curiosité, et madame de Motteville est un peu moins lue que madame de Sévigné. Il y a donc ici un avantage personnel; et qui pourrait l'ignorer ou le méconnaître? C'est le mélange heureux du naturel, de la sensibilité et du goût; c'est une manière de narrer qui lui est propre. Rien n'est égal à la vivacité de ses tournures et au bonheur de ses expressions. Elle est toujours affectée de ce qu'elle dit et de ce qu'elle raconte; elle peint comme si elle voyait, et l'on croit voir ce qu'elle peint. Une imagination active et mobile, comme l'est ordinairement celle des femmes, l'attache successivement à tous les objets; dès qu'elle s'en occupe, ils prennent un grand pouvoir sur elle. Voyez dans ses *Lettres* la mort de Turenne : personne ne l'a pleuré de si bonne foi ; mais aussi personne ne l'a tant fait pleurer. C'est la plus attendrissante des oraisons funèbres de ce grand homme; mais ce n'est pas seulement, il faut l'avouer, parce que tout est vrai et senti, c'est qu'on ne se méfie pas d'une lettre comme d'un panégyrique. C'est une terrible tâche que de dire : Écoutez-moi; je vais louer : écoutez-moi, et vous allez pleurer. Alors précisément on pleure et on admire le moins qu'on peut; et lorsque l'orateur nous y a forcés, il a fait son métier, et l'on peut mettre sur le compte de son art une partie de la gloire de son héros. Madame de Sévigné probablement n'aurait pas fait le beau discours de Fléchier, et si elle produit plus d'impression, c'est qu'elle s'entretient familièrement avec nous, qu'elle n'a point de mission à remplir, que son âme parle à la nôtre sans annoncer de dessein de lui parler, et qu'elle nous communique tout ce qu'elle sent.

Ceux qui aiment à réfléchir et à tirer une instruction de leur plaisir même peuvent trouver dans ces *Lettres* un autre avantage: c'est d'y voir sans nuage l'esprit de son temps, les opinions qui régnaient, ce qu'était le nom de Louis XIV, ce qu'était la cour, ce qu'était la dévotion, ce qu'était un prédicateur de Versailles, ce qu'était le confesseur du roi, le jésuite La Chaise, chez qui Luxembourg accusé allait faire une retraite; cet assemblage de faiblesse, de religion et d'agrément, qui caractérisait les femmes les plus célèbres; cette délicatesse d'esprit qui dans les courtisans se mêlait à l'adulation; ce ton qui était encore un peu celui de la chevalerie et de l'héroïsme, et qui n'excluait pas le talent de l'intrigue. Il est peu de livres qui donnent plus à penser à ceux qui lisent pour réfléchir, et non pas seulement pour s'amuser.

Une autre remarque à faire sur madame de Sévigné, c'est qu'on peut montrer beaucoup de goût dans son style et fort peu dans ses jugements, parce que son style est notre esprit, et que nos jugements sont souvent l'esprit des autres, sur-tout dans ce qu'on appelle le monde. Les gens de lettres sont sujets à mal juger, par un intérêt qui va jusqu'à la passion;

les gens du monde, d'abord par une indifférence qui leur fait adopter légèrement l'avis qu'on leur donne, ensuite par un entêtement qui leur fait soutenir le parti qu'ils ont embrassé. Voilà ce qui fait durer plus ou moins les préventions de société, source de tant d'injustices ; de là celle de madame de Sévigné envers Racine, dont elle a dit qu'*il passera comme le café.* Elle se défendait de l'admirer, pour ne pas avoir l'air de revenir sur Corneille. On croirait pourtant qu'il n'y a rien de plus simple et de plus aisé que d'admirer à la fois deux grands écrivains; mais il n'en est pas ainsi de la plupart des hommes. Il semble qu'ils n'aient tout au plus que ce qu'il faut pour en goûter un, qu'ils soient jaloux dans leur opinion, comme on l'est dans l'amour, et qu'ils ne puissent pas souffrir que l'on compare rien à l'objet de leur choix; et puis ne faut-il pas se dédommager sur l'un de la justice que l'on rend à l'autre, et faire la part de la malignité? On ne loue presque que pour rabaisser, et sans sortir de notre temps, j'ai vu depuis vingt années, sept ou huit écrivains dont chacun a été à son tour, *le seul poète*, *le seul génie*, *le seul talent* que nous eussions. Il est vrai que le temps a mis tout le monde d'accord en les faisant tous oublier, et il est bien juste de faire place à d'autres.

On a fait à madame de Sévigné un reproche plus grave, mais qui n'est nullement fondé : on a prétendu qu'elle faisait parade, dans ses *Lettres*, d'un sentiment qui n'était point dans son âme; qu'en un mot, elle n'aimait point sa fille. Cette accusation est non-seulement dénuée de preuve, mais de probabilité; on n'affecte pas de ce ton-là, et si madame de Sévigné ne sentait rien, qui donc l'obligeait à cette effusion de tendresse? A quoi bon cette pénible hypocrisie? Heureusement elle est impossible. On contrefait plutôt le ton d'un amant que le cœur d'une mère; et madame de Sévigné ne pouvait puiser que dans le sien cette prodigieuse abondance d'expressions qui ne pouvait se sauver d'une ennuyeuse monotonie qu'à force de vérité.

Le faux est toujours fade, ennuyeux, languissant;
Mais la nature est vraie, et d'abord on la sent.

C'est Boileau qui l'a dit; et si ce n'était pas lui, ce serait la raison.

La Harpe, *Cours de Littérature*.

MORCEAUX CHOISIS.

I. Madame de Sévigné à sa fille.

Voici un terrible jour, ma chère enfant; je vous avoue que je n'en puis plus. Je vous ai quittée dans un état qui augmente ma douleur. Je songe à tous les pas que vous faites, et à tous ceux que je fais; et combien il s'en faut qu'en marchant toujours de cette sorte, nous puissions jamais nous rencontrer! Mon cœur est en repos quand il est auprès de vous : c'est son état naturel, et le seul qui peut lui plaire.

Ce qui s'est passé ce matin me donne une douleur sensible, et me fait un déchirement dont votre philosophie sait les raisons. Je les ai senties et les sentirai long-temps. J'ai le cœur et l'imagination tout remplis de vous, je n'y puis penser sans pleurer, et j'y pense toujours; de sorte que l'état où je suis n'est pas une chose soutenable : comme il est extrême, j'espère qu'il ne durera pas dans cette violence. Je vous cherche toujours, et je trouve que tout me manque, parce que vous me manquez. Mes yeux qui vous ont tant rencontrée depuis quatorze mois ne vous trouvent plus. Le temps agréable qui est passé rend celui-ci douloureux, jusqu'à ce que je sois un peu accoutumée; mais ce ne sera jamais pour ne pas souhaiter ardemment de vous revoir et de vous embrasser.

Je ne dois pas espérer mieux de l'avenir que du passé : je sais ce que votre absence m'a fait souffrir; je serai encore plus à plaindre, parce que je me suis fait imprudemment une habitude nécessaire de vous voir. Il me semble que je ne vous ai pas assez embrassée en partant. Qu'avais-je à ménager? Je ne vous ai point assez dit combien je suis contente de votre tendresse; je ne vous ai point assez recommandée à M. de Grignan; je ne l'ai point assez remercié de toutes ses politesses et de toute l'amitié qu'il a pour moi : j'en attendrai les effets sur tous les chapitres.

Je suis déjà dévorée de curiosité; je n'espère de consolation que de vos lettres, qui me feront encore bien soupirer. En un mot, ma fille, je ne vis que pour vous. Dieu me fasse la grace de l'aimer quelque jour comme je vous aime! Jamais un départ n'a été si triste que le nôtre : nous ne disions pas un mot. Adieu, ma chère enfant; plaignez-moi de vous avoir quittée. Hélas! nous voilà dans les lettres.

II. Madame de Sévigné à M. de Coulanges.

Je m'en vais vous mander la chose la plus étonnante, la plus surprenante, la plus merveilleuse, la plus miraculeuse, la plus triomphante, la plus étourdissante, la plus inouïe, la plus singulière, la plus extraordinaire, la plus incroyable, la plus imprévue, la plus grande, la plus petite, la plus rare, la plus commune, la plus éclatante, la plus secrète jusqu'aujourd'hui, la plus digne d'envie; enfin une chose dont on ne trouve qu'un exemple dans les siècles passés, encore cet exemple n'est-il pas juste; une chose que nous ne saurions croire à Paris, comment la pourrait-on croire à Lyon? une chose qui fait crier miséricorde à tout le monde; une chose qui comble de joie madame de Rohan et madame de Hauteville; une chose enfin qui se fera dimanche; où ceux qui la verront croiront avoir la berlue; une chose qui se fera dimanche, et qui peut-être ne sera pas faite lundi. Je ne puis me résoudre à vous la dire, devinez-la : je vous la donne en trois. Jetez-vous votre langue aux chiens?

Hé bien, il faut donc vous la dire : M. de Lauzun épouse dimanche, au Louvre, devinez qui? Je vous le donne en quatre, je vous le donne en dix, je vous le donne en cent. Madame de Coulange dit : Voilà qui est bien difficile à deviner! c'est madame de la Vallière? — Point du tout, Madame. — C'est donc mademoiselle de Retz ? — Point du tout : vous êtes bien provinciale ! — Ah, vraiment, nous sommes bien bêtes ! dites-vous : c'est mademoiselle Colbert. — Encore moins. — C'est assurément mademoiselle de Créqui. — Vous n'y êtes pas. Il faut donc à la fin vous la dire. Il épouse, au Louvre, avec la permission du roi, mademoiselle, mademoiselle de... devinez le nom; il épouse dimanche Mademoiselle, fille de feu Monsieur, Mademoiselle, petite-fille de Henri IV ; mademoiselle d'Eu, mademoiselle de Dombes, mademoiselle de Montpensier, mademoiselle d'Orléans, Mademoiselle, cousine-germaine du roi ; Mademoiselle, destinée au trône; Mademoiselle, le seul parti de France qui fût digne de Monsieur.

Voilà un beau sujet de discourir. Si vous criez, si vous êtes hors de vous-mêmes, si vous dites que nous avons menti, que cela est faux, qu'on se moque de vous, que voilà une belle raillerie, que cela est bien fade à imaginer ; si enfin vous nous dites des injures, nous trouverons que vous avez raison ; nous en avons fait autant que vous : adieu. Les lettres qui seront portées par cet ordinaire vous feront voir si nous disons vrai ou non.

III. Mort de Vatel.

Le roi arriva le jeudi au soir ; la promenade, la collation dans un lieu tapissé de jonquilles, tout cela fut à souhait. On soupa ; il y eut quelques tables où le rôti manqua, à cause de plusieurs dîners auxquels on ne s'était point attendu. Cela saisit Vatel ; il dit plusieurs fois : « Je suis perdu d'honneur ; voici « une affaire que je ne supporterai pas. » Il dit à

Gourville : « La tête me tourne ; il y a douze nuits « que je n'ai dormi ; aidez-moi à donner des « ordres. » Gourville le soulagea en ce qu'il put. Le rôti qui avait manqué, non pas à la table du roi, mais à la vingt-cinquième, lui revenait toujours à l'esprit. Gourville le dit à M. le Prince. M. le Prince alla jusque dans la chambre de Vatel, et lui dit : « Vatel, tout va bien ; rien n'était « plus beau que le souper du roi. » Il répondit : « Monseigneur votre bonté m'achève ; je sais que le « rôti a manqué à deux tables. » — « Point du tout, « dit M. le Prince ; ne vous fâchez point, tout va « bien. » Minuit vient : le feu d'artifice ne réussit point ; il fut couvert d'un nuage ; il coûtait seize mille francs. A quatre heures du matin, Vatel s'en va partout ; il trouve tout endormi. Il rencontre un petit pourvoyeur, qui lui apportait seulement deux charges de marée. Il lui demande : « Est-ce là tout?» — « Oui, monsieur. » Il ne savait pas que Vatel avait envoyé à tous les ports de mer. Vatel attend quelque temps ; les autres pourvoyeurs ne vinrent point. Sa tête s'échauffait ; il crut qu'il n'y aurait point d'autre marée. Il trouva Gourville ; il lui dit : «Monsieur, je ne survivrai point à cet affront-ci.» Gourville se moqua de lui. Vatel monte à sa chambre, met son épée contre la porte, et se la passe au travers du cœur ; mais ce ne fut qu'au troisième coup (car il s'en donna deux qui n'étaient pas mortels) qu'il tomba mort. La marée cependant arrive de tous côtés ; on cherche Vatel pour la distribuer ; on va à sa chambre, on heurte, on enfonce la porte; on le trouve noyé dans son sang. On court à M. le Prince, qui fut au désespoir. M. le duc pleura; c'était sur Vatel que tournait tout son voyage de Bourgogne. M. le Prince le dit au roi fort tristement. On dit que c'était à force d'avoir de l'honneur à sa manière. On le loua fort, on loua et blâma son courage *.

IV. Mort de Turenne.

Turenne voulait se confesser, et, en se cachotant, il avait donné ses ordres pour le soir, et devait communier le lendemain dimanche qui était le jour qu'il croyait donner la bataille.

Il monta à cheval le samedi à deux heures, après avoir mangé; et comme il avait bien des gens avec lui, il les laissa tous à trente pas de la hauteur où il voulait aller, et dit au petit d'Elbeuf : « mon ne- « veu, demeurez là, vous ne faites que tourner au- « tour de moi, vous me feriez reconnaître. » M. d'Hamilton, qui se trouva près de l'endroit où il allait, lui dit : « Monsieur, venez par ici, on tire du côté « où vous allez. Monsieur, *lui dit-il*, vous avez rai- « son, je ne veux point du tout être tué aujour- « d'hui; cela sera le mieux du monde. » Il eut à peine tourné son cheval, qu'il aperçut Saint-Hilaire, le chapeau à la main, qui lui dit : « Monsieur, « jetez les yeux sur cette batterie que je viens de « faire placer là. » M. de Turenne revint, et dans « l'instant, sans être arrêté, il eût le bras et le corps

---

* *Voyez* le même sujet traité par Berchoux, tome II, page 331 de notre *Répertoire*.   F.

fracassés du même coup qui emporta le bras et la main qui tenaient le chapeau de Saint-Hilaire. Ce gentilhomme, qui le regardait toujours, ne le voit point tomber; le cheval l'emporte où il avait laissé le petit d'Elbeuf; il était penché le nez sur l'arçon : dans ce moment le cheval s'arrête, le héros tombe entre les bras de ses gens; il ouvre deux fois de grands yeux et la bouche, et demeure tranquille pour jamais : songez qu'il était mort, et qu'il avait une partie du cœur emportée. On crie, on pleure; M. d'Hamilton fait cesser ce bruit, et ôte le petit d'Elbeuf qui s'était jeté sur ce corps, qui ne voulait pas le quitter, et qui se pâmait de crier. On couvre le corps d'un manteau; on le porte dans une haie; on le garde à petit bruit; un carrosse vient, on l'emporte dans sa tente : ce fut là où M. de Lorges, M. de Roye, et beaucoup d'autres, pensèrent mourir de douleur; mais il fallut se faire violence, et songer aux grandes affaires qu'on avait sur les bras. On lui a fait un service militaire dans le camp, où les larmes et les cris faisaient le véritable deuil : tous les officiers avaient pourtant des écharpes de crêpe; tous les tambours en étaient couverts; ils ne battaient qu'un coup ; les piques traînantes et les mousquets renversés; mais ces cris de toute une armée ne peuvent pas se représenter sans que l'on en soit ému. Ses deux neveux étaient à cette pompe, dans l'état que vous pouvez penser. M. de Roye, tout blessé, s'y fit porter ; car cette messe ne fut dite que quand ils eurent repassé le Rhin. Je pense que le pauvre chevalier (de Grignan) était bien abymé de douleur. Quand ce corps a quitté son armée, ç'a été encore une désolation ; et partout où il a passé on n'entendait que des clameurs : mais à Langres ils se sont surpassés ; ils allèrent au-devant de lui en habits de deuil au nombre de plus de deux cents, suivis du peuple ; tout le clergé en cérémonie ; il y eut un service solennel dans la ville, et en un moment ils se cotisèrent tous pour cette dépense qui monta à cinq mille francs, parce qu'ils reconduisirent le corps jusqu'à la première ville, et voulurent défrayer tout le train. Que dites-vous de ces marques naturelles d'une affection fondée sur un mérite extraordinaire ? Il arrive à Saint-Denis ce soir ; tous ses gens l'allèrent reprendre à deux lieues d'ici ; il sera dans une chapelle en dépôt, on lui fera un service à Saint-Denis, en attendant celui de Notre-Dame qui sera solennel.

...... Ne croyez point, ma fille, que son souvenir soit déjà fini dans ce pays-ci ; ce fleuve qui entraîne tout, n'entraîne pas sitôt une telle mémoire ; elle est consacrée à l'immortalité. J'étais l'autre jour chez M. de la Rochefoucauld avec madame de Lavardin, madame de La Fayette et M. de Marsillac. M. le Premier y vint : la conversation dura deux heures sur les divines qualités de ce véritable héros : tous les yeux étaient baignés de larmes, et vous ne sauriez croire comme la douleur de sa perte est profondément gravée dans les cœurs : vous n'avez rien par-dessus nous que le soulagement de soupirer tout haut, et d'écrire son panégyrique. Nous remarquions une chose, c'est que ce n'est pas depuis sa mort que l'on admire la grandeur de son cœur, l'étendue de ses lumières et l'élévation de son âme; tout le monde en était plein pendant sa vie : et vous pouvez penser ce que fait sa perte par-dessus ce qu'on était déjà : enfin ne croyez point que cette mort soit ici comme celle des autres. Vous pouvez en parler tant qu'il vous plaira, sans croire que la dose de votre douleur l'emporte sur la nôtre. Pour son âme, c'est encore un miracle qui vient de l'estime parfaite qu'on avait pour lui; il n'est pas tombé dans la tête d'aucun dévôt qu'elle ne fût pas en bon état : on ne saurait comprendre que le mal et le péché pussent être dans son cœur : sa conversion si sincère nous a paru comme un baptême; chacun conte l'innocence de ses mœurs, la pureté de ses intentions, son humilité éloignée de toute sorte d'affectation, la solide gloire dont il était plein sans faste et sans ostentation, aimant la vertu pour elle-même, sans se soucier de l'approbation des hommes, une charité généreuse et chrétienne.

SHAKSPEARE (WILLIAM), célèbre poète anglais, naquit le 23 avril 1564, à Stratfort, dans le comté de Warwick. Son bisaïeul avait reçu de Henri VII, comme *récompense de ses services*, quelques propriétés dans ce comté, et son père exerçait à Stratfort, en 1569, les fonctions de grand bailli, ce qui suppose que la prospérité et la considération appartenaient alors à cette famille dont quelque triste revers paraît avoir ensuite changé la situation. On peut donc admettre que Shakspeare fit d'abord quelques études, et que lorsqu'un changement de fortune le força d'y renoncer, « il avait déjà acquis, dit « M. Guizot, ces premières habitudes d'une éduca- « tion libérale qui suffisent à un homme supérieur « pour débarrasser son esprit de la gaucherie, de « l'ignorance, l'accoutumer à se servir de la pensée « et le mettre en possession des formes convenues « dont il a besoin de savoir la revêtir. C'est là plus « qu'il n'en faut, continue le même écrivain, pour « expliquer comment Shakspeare manqua des con- « naissances qui constituent une bonne éducation, « en possédant les élégances qui l'accompagnent. »

Shakspeare était à peine âgé de quinze ans, lorsqu'il fut retiré des écoles pour partager les travaux de son père, qui, selon les uns, se fit boucher lorsqu'il fut appauvri, et selon les autres, marchand de laine. Il se maria ensuite, dès l'âge de dix-huit ans, avec la fille d'un cultivateur, et cette union, si hâtivement contractée, offrit, dit-on, peu de bonheur aux deux époux.

Enfin il vint à Londres en 1584, se fit comédien, se livra ensuite à la composition, et ses productions dramatiques, en élevant son nom au plus haut point de gloire, lui valurent les faveurs de la cour, et lui procurèrent des gains si considérables, qu'en peu d'années il eut amassé une très belle fortune.

Il mourut à Stratfort le 23 avril 1616, le jour même où il avait atteint sa cinquante-deuxième année. On lui a érigé en 1742, un beau monument dans l'abbaye de Westminster.

Celles des pièces de ce poète qu'on estime le

plus sont, *Othello*, les *Femmes de Windsor*, *Hamlet*, *Macbeth*, *Jules-César*, *Henri IV* et la *Mort de Richard III*.

Louis Théobald a donné, en 1740, une très bonne édition des *OEuvres de Shakspeare*, qui a été réimprimée en 1752, 8 vol. in-8°. On estime aussi les corrections et les notes critiques faites sur ce poète par le savant Guillaume Warburton. Nous citerons encore les éditions de Thomas Hanmer, 1744, 6 vol. in-4°, et de Bâle, avec des notes, 24 vol. in-8°. On trouve dans les dernières éditions de Shakspeare, outre ses *Tragédies*, des *Comédies* et des *Poésies mêlées*. Les unes et les autres offrent de grands traits de génie, mais sans bienséance et sans régularité. M. de La Place a donné en français la *Vie de Shakspeare*, et a traduit plusieurs de ses pièces dans son *Théâtre anglais*, 1745. M. Le Tourneur en a donné une traduction complète, commencée en 1776, et finie en 1783, 20 vol. in-8°, dont on a publié en 1822 une nouvelle édition, revue et corrigée par MM. Guizot et Pichot, précédée d'une *Vie de Shakspeare*. Madame de Montagu a publié, en 1769, un *Essai sur le génie et les écrits de Shakspeare*, dont il a paru une traduction française, Londres, 1777, in-8°.

JUGEMENTS [*].

I.

Je ne t'oublîrai point, toi, dont le noir pinceau
Traça des grands malheurs le terrible tableau;

---

[*] *Voyez* le jugement de Marmontel sur Shakspeare, articles GOUT et POÉSIE, tom. XIV, p. 364; XXII, 161-162 de notre *Répertoire*.

Qui, de sombres couleurs rembrunissant la scène,
D'une robe sanglante habillas Melpomène.
Poète des enfers, de la terre et des cieux,
Dès que la nuit reprend son cours silencieux,
A la pâle lueur de lampes sépulcrales,
Aux gémissements sourds des ombres infernales,
A travers des débris, des urnes, des tombeaux,
De la pourpre des rois promenant les lambeaux,
De spectres, d'assassins, ta muse s'environne :
Ton sceptre est un poignard, un cyprès ta couronne;
La nature pour toi n'est qu'un vaste cercueil,
Que parcourent l'effroi, la douleur et le deuil.
Non, dans ses plus beaux jours, jamais la scène antique
N'imprima plus avant la tristesse tragique :
Soit que le grand César, entouré d'ennemis,
Parmi ses meurtriers reconnaisse son fils ;
Soit qu'Hamlet, éperdu, dans sa coupable mère
Retrouve avec horreur le bourreau de son père;
Soit qu'un Maure jaloux, d'un bras désespéré,
Immole, en le pleurant, un objet adoré;
Soit que d'un conjuré la femme criminelle
Dans le sang de son roi trempe sa main cruelle,
Et, du bras qui trancha ses vénérables jours,
Efface en vain le sang qui reparaît toujours ;
Soit que, de ses états, chassé par sa famille,
Le vieux Léar s'exile, appuyé sur sa fille,
Et mêle dans la nuit ses lugubres accents
Au fracas de la foudre, au murmure des vents.

L'Anglais, de son Eschyle amateur idolâtre,
Se presse, en sanglottant, autour de son théâtre;
De Sophocle lui-même égalant la terreur,
Il tend plus fortement tous les ressorts du cœur;
A la mort étonnée arrache ses victimes,

Aux tombeaux leurs secrets, et leurs voiles aux crimes ;
Fait rugir la fureur, fait pleurer les remords,
Et marche dans le sang sur la cendre des morts.
Les spectateurs troublés frissonnent ou gémissent ;
L'épouvante l'écoute, et les pleurs l'applaudissent.
Delille, *L'Imagination.*

II.

Le caractère général de la tragédie anglaise est d'être plus animée, plus passionnée, mais aussi moins régulière et moins correcte, moins élégante et moins soumise aux bienséances que la tragédie française. Il faut ne point perdre de vue que le pathétique est l'âme de la tragédie ; aussi doit-on accorder à l'Angleterre d'avoir particulièrement cherché à atteindre le but le plus essentiel de l'art, quoique dans l'exécution nous n'ayons pas toujours su joindre au pathétique les autres genres de beautés qui devraient en être inséparables.

Le premier objet qui se présente à nous en parlant du théâtre anglais, c'est le grand Shakspeare. Il mérite ce nom de grand, parce que, dans la tragédie comme dans la comédie, son génie naturel n'a point trouvé d'égaux pour l'étendue et la force [*] ;

---

[*] Dryden nous a laissé un portrait de Shakspeare aussi remarquable par sa ressemblance, que par le talent et l'élégance avec lesquels il est tracé :

« Shakspeare, dit-il, avait l'âme plus étendue et plus sensible qu'aucun
« poète moderne, et peut-être même qu'aucun poète de l'antiquité. Toutes
« les impressions que peut produire la nature, lui étaient sans cesse pré-
« sentes, et il les exprimait sans peine et avec une vérité frappante. L'objet
« qu'il décrit, non-seulement on le voit, mais encore on le touche. Le re-
« proche qu'on lui fait quelquefois de manquer d'études, est le plus grand
« éloge que l'on puisse lui donner ; la nature seule était son guide. Ce n'est
« point dans les livres qu'il avait appris à la connaître. Il descendait au

mais aussi c'était un génie sauvage, que le goût, l'art et l'instruction ne guidaient pas assez. Shakspeare est depuis long-temps l'idole de sa nation. Que n'a-t-on pas dit, que n'a-t-on pas écrit sur lui? Il n'est pas un de ses mots que la critique n'ait passé en revue, et cependant on doute encore si ses beautés ou ses défauts l'emportent. Ses pièces sont pleines de scènes et de passages admirables; il y a des morceaux auxquels on ne peut rien comparer ; mais aussi il n'en est peut-être pas une que l'on puisse appeler véritablement bonne, ou que l'on puisse lire avec un plaisir égal depuis le commencement jusqu'à la fin. Outre l'extrême irrégularité de sa marche et l'amalgame étrange de sérieux et de comique dans la même pièce, on est à chaque instant offusqué par des pensées bizarres, des expressions dures, un phébus inintelligible, et des jeux de mots qui ne finissent point; et ces taches se reproduisent presque toujours dans les endroits où l'on voudrait le moins les rencontrer. Mais Shakspeare rachète ces défauts par les deux plus grandes qualités que puisse posséder un poëte tragique, je veux dire la peinture vive et variée des caractères, et l'expression forte et vraie des passions. C'est là tout son mérite, et il n'est pas possible de le lui

« fond de son cœur, et c'est là qu'il la découvrait. J'avoue qu'il n'est pas
« toujours égal à lui-même; s'il l'avait été, ce ne serait pas assez de le com-
« parer aux hommes que leur génie a élevés au dessus de leurs semblables.
« Quelquefois il s'abaisse beaucoup trop; son comique dégénère en burles-
« que; il met de l'enflure dans les endroits les plus sérieux, mais il se
« montre toujours grand dans les occasions où il doit l'être. »

DRYDEN, *Essai sur la Poésie dramatique.*

contester. Malgré ses nombreuses absurdités, il semble, quand nous lisons ses pièces, que nous sommes au milieu de nos semblables, nous voyons des personnages vulgaires dans leurs mœurs, durs et grossiers dans leurs sentiments; mais ces personnages sont véritablement des hommes, ils parlent le langage de tous les hommes, il éprouvent les passions des hommes; nous prenons un vif intérêt à leurs discours et à leurs actions, parce que nous sentons qu'ils sont d'une nature parfaitement analogue à la nôtre. Ne soyons donc pas surpris si les spectateurs, après avoir entendu des compositions plus polies et plus régulières, mais plus froides et moins naturelles, retournent avec plaisir à ces représentations de la nature humaine, si pleines de feu et de vérité. Shakspeare a encore le mérite de s'être créé un monde d'êtres surnaturels. Ses sorciers, ses fantômes, ses fées, ses esprits de toute espèce sont environnés d'un mystérieux si extraordinaire et si imposant; ils parlent un langage qui convient si bien au rôle qu'ils jouent, que leur apparition frappe toujours vivement l'imagination du spectateur. Ses deux chefs-d'œuvre, les deux tragédies dans lesquelles il a le mieux déployé, selon moi, toute la force de son génie, ce sont *Othello* et *Macbeth*. Quant à ses pièces historiques, ce ne sont, à proprement parler, ni des tragédies, ni des co-

* On trouve dans l'*Essai* de madame de Montagu sur les ouvrages et le génie de Shakspeare, une défense excellente de ses pièces historiques, et des observations fort justes sur ses différents genres de mérite comme poète tragique.

médies, mais bien des compositions dramatiques d'une espèce toute particulière, dans lesquelles l'auteur n'avait en vue que de rappeler les mœurs des temps où il transporte ses différentes scènes, d'en représenter les principaux personnages, et de reporter notre imagination sur les évènements les plus intéressants de l'histoire de notre patrie.

BLAIR, *Cours de Rhétorique*.

III.

Le théâtre anglais fut très animé, mais le fut dans le goût espagnol : la bouffonnerie fut jointe à l'horreur. Toute la vie d'un homme fut le sujet d'une tragédie. Les acteurs passaient de Rome, de Venise, en Chypre; la plus vile canaille paraissait sur le théâtre avec des princes, et ces princes parlaient souvent comme la canaille.

J'ai jeté les yeux sur une édition de Shakspeare, donnée par le sieur Samuel Johnson. J'y ai vu qu'on y traite de petits esprits les étrangers qui sont étonnés que, dans les pièces de ce grand Shakspeare, un sénateur romain fasse le bouffon, et qu'un roi paraisse sur le théâtre en ivrogne.

Je ne veux point soupçonner le sieur Johnson d'être un mauvais plaisant et d'aimer trop le vin; mais je trouve un peu extraordinaire qu'il compte la bouffonnerie et l'ivrognerie parmi les beautés du théâtre tragique; la raison qu'il en donne n'est pas moins singulière : « Le poète, dit-il, dédaigne « ces distinctions accidentelles de conditions et de « pays, comme un peintre qui, content d'avoir peint

« la figure néglige la draperie. » La comparaison serait plus juste, s'il parlait d'un peintre qui, dans un sujet noble, introduirait des grotesques ridicules, peindrait, dans la bataille d'Arbelles, Alexandre-le-Grand monté sur un âne, et la femme de Darius buvant avec des goujats dans un cabaret.

Il n'y a point de tels peintres aujourd'hui en Europe, et s'il y en avait chez les Anglais, c'est alors qu'on pourrait leur appliquer ce vers de Virgile :

« Et penitùs toto divisos orbe Britannos. »

On peut consulter la traduction exacte des trois premiers actes de *Jules-César,* de Shakspeare, dans les *OEuvres* de Corneille.

C'est là que Cassius dit que César demandait à boire quand il avait la fièvre; c'est là qu'un savetier dit à un tribun qu'il veut le ressemeler; c'est là qu'on entend César s'écrier qu'il ne fait jamais de tort que justement; c'est là qu'il dit que le danger et lui sont nés dans la même ventrée, qu'il est l'aîné, que le danger sait bien que César est plus dangereux que lui, et que tout ce qui le menace ne marche jamais que derrière son dos. C'est ainsi qu'on parlait sur le théâtre tragique de Londres. Le génie de Shakspeare ne pouvait être que le disciple des mœurs et de l'esprit du temps.

Scène traduite de la Cléopâtre de Shakspeare.

Cléopâtre ayant résolu de se donner la mort, fait venir un paysan qui apporte un panier sous son bras, dans lequel est l'aspic dont elle veut se faire piquer.

CLÉOPATRE.

As-tu le petit ver du Nil qui tue et qui ne fait point de mal?

LE PAYSAN.

En vérité, je l'ai, mais je ne voudrais pas que vous y touchassiez, car sa blessure est mortelle; ceux qui en meurent n'en reviennent jamais.

CLÉOPATRE.

Te souviens-tu que quelqu'un en soit mort?

LE PAYSAN.

Oh! plusieurs hommes et plusieurs femmes. J'ai entendu parler d'une, pas plus tard qu'hier; c'était une bien honnête femme, si ce n'est qu'elle était un peu sujette à mentir; ce que les femmes ne devraient faire que par une voie d'honnêteté. Oh! comme elle mourut vite de la morsure de la bête! quels tourments elle ressentit! Elle a dit de très bonnes nouvelles de ce ver; mais qui croit tout ce que les gens disent ne sera jamais sauvé que par la moitié de ce qu'ils font; cela est sujet à caution. Ce ver est un étrange ver.

CLÉOPATRE.

Va-t-en, adieu.

LE PAYSAN.

Je souhaite que ce ver-là vous donne beaucoup de plaisir.

CLÉOPATRE.

Adieu.

LE PAYSAN.

Voyez-vous, Madame, vous devez penser que ce ver vous traitera de son mieux.

CLÉOPATRE.

Bon, bon, va-t-en.

LE PAYSAN.

Voyez-vous, il ne faut se fier à mon ver que quand il est entre les mains de gens sages ; car, en vérité, ce ver-là est dangereux.

CLÉOPATRE.

Ne te mets pas en peine, j'y prendrai garde.

LE PAYSAN.

C'est fort bien fait : ne lui donnez rien à manger, je vous en prie ; il ne vaut, ma foi, pas la peine qu'on le nourrisse.

CLÉOPATRE.

Ne mangerait-il rien ?

LE PAYSAN.

Ne croyez pas que je sois si simple ; je sais que le diable même ne voudrait pas manger une femme ; je sais bien qu'une femme est un plat à présenter aux dieux pourvu que le diable n'en fasse pas la sauce : mais, par ma foi, les diables sont des fils de ...... qui font bien du mal au ciel quand il s'agit des femmes; si le ciel en fait dix, le diable en corrompt cinq.

CLÉOPATRE.

Fort bien, va-t-en, adieu.

LE PAYSAN.

Je m'en vais, vous dis-je, bonsoir...... Je vous souhaite bien du plaisir avec votre ver.

Scène traduite de la tragédie de Henri V.

HENRI.

Belle Catherine, très belle, vous plairait-il d'enseigner à un soldat les paroles qui peuvent entrer dans le cœur d'une damoiselle, et plaider son procès d'amour devant son gentil cœur.

LA PRINCESSE CATHERINE.

Votre Majesté se moque de moi, je ne peux parler votre anglais.

HENRI.

Oh! belle Catherine, ma foi, vous aimerez fort et ferme, avec votre cœur français. Je serais fort aise de vous l'entendre avouer dans votre baragouin, avec votre langue française : *Me goûtes-tu, Catau ?*

CATHERINE.

Pardonnez-moi, je n'entends pas ce que veut dire *vous goûter*.

HENRI.

Goûter * c'est ressembler; un ange vous ressemble, Catau; vous ressemblez à un ange.

CATHERINE. (*A une espèce de dame d'honneur qui est auprès d'elle.*)

Que dit-il? que je suis semblable à des anges?

LA DAME D'HONNEUR.

Oui, vraiment, sauf votre honneur, ainsi dit-il.

HENRI.

C'est ce que j'ai dit, chère Catherine, et je ne dois pas rougir de le confirmer.

CATHERINE.

Ah bon Dieu! les langues des hommes sont pleines de tromperies.

HENRI.

Que dit-elle, ma belle, que les langues des hommes sont pleines de fraudes?

LA DAME D'HONNEUR.

Oui, que les langues des hommes sont pleines de fraudes, c'est-à-dire, des princes.

HENRI.

Eh bien, la princesse en est-elle meilleure anglaise? Ma foi, Catau, mes soupirs sont pour votre entendement, je suis bien aise que tu ne puisses pas parler mieux anglais; car si tu le pouvais, tu

---

* *Goûter, like,* signifie en anglais *ressembler.*

me trouverais si franc roi, que tu penserais que j'ai vendu ma femme pour acheter une couronne. Je n'ai pas la façon de hacher menu en amour. Je te dis tout franchement, je t'aime. Si tu en demandes davantage, adieu mon procès d'amour. Veux-tu ? Réponds, réponds, tapons d'une main, et voilà le marché fait. Qu'en dis-tu, lady ?

CATHERINE.

Sauf votre honneur, moi entendre bien *.

On croirait que c'est là une des plus étranges scènes des tragédies de Shakspeare, mais dans la même pièce il y a une conversation entre la princesse de France, Catherine, et une de ses filles d'honneur, anglaise, qui l'emporte de beaucoup sur tout ce qu'on vient d'exposer.

Tout cela a été joué très long-temps sur le théâtre de Londres, en présence de la cour.

Il y a une chose bien plus extraordinaire que tout ce qu'on vient de lire, c'est que Shakspeare est un génie. Les Italiens, les Français, les gens de lettres de tous les autres pays, qui n'ont pas demeuré quelque temps en Angleterre, ne le prennent que pour un gille de la Foire, pour un farceur au-dessous d'arlequin, pour le plus méprisable bouffon qui ait jamais amusé la populace. C'est pourtant dans ce même homme qu'on trouve des morceaux qui élèvent l'imagination et qui pénètrent le cœur. C'est la vérité, c'est la nature elle-même qui parle son propre lan-

---

* Me understand well.

gage sans aucun mélange de l'art. C'est du sublime, et l'auteur ne l'a point cherché.

Quand, dans la tragédie de la mort de César, Brutus reproche à Cassius les rapines qu'il a laissé exercer par les siens en Asie, il lui dit : « Souviens-« toi des ides de mars : souviens-toi du sang de Cé-« sar. Nous l'avons versé parce qu'il était injuste. « Quoi ! celui qui porta les premiers coups, celui « qui le premier punit César d'avoir favorisé les « brigands de la république, souillerait ses mains « lui-même par la corruption ! »

César, en prenant enfin la résolution d'aller au sénat, où il doit être assassiné, parle ainsi : « Les « hommes timides meurent mille fois avant leur « mort ; l'homme courageux n'éprouve la mort « qu'une fois. De tout ce qui m'a jamais surpris, « rien ne m'étonne plus que la crainte. Puisque la « mort est inévitable, qu'elle vienne. »

Brutus, dans la même pièce, après avoir formé la conspiration, dit : « Depuis que j'en parlai à Cas-« sius pour la première fois, le sommeil m'a fui ; « entre un dessein terrible et le moment de l'exé-« cution, l'intervalle est un songe épouvantable. « La mort et le génie tiennent conseil dans l'âme. « Elle est bouleversée ; son intérieur est le champ « d'une guerre civile. »

Il ne faut pas omettre ici ce beau monologue de Hamlet, qui est dans la bouche de tout le monde, et qu'on a imité en français avec les ménagements qu'exige le langage d'une nation scrupuleuse à l'excès sur les bienséances.

Demeure, il faut choisir de l'être et du néant,
Ou souffrir ou périr, c'est là ce qui m'attend.
Ciel, qui voyez mon trouble, éclairez mon courage.
Faut-il vieillir courbé sous la main qui m'outrage?
Supporter ou finir mon malheur ou mon sort?
Qui suis-je, qui m'arrête et qu'est-ce que la mort?
C'est la fin de nos maux, c'est mon unique asyle;
Après de longs transports, c'est un sommeil tranquille.
On s'endort, et tout meurt; mais un affreux réveil
Doit succéder peut-être aux douceurs du sommeil.
On nous menace, on dit que cette courte vie
De tourments éternels est aussitôt suivie.
O mort! moment fatal! affreuse éternité,
Tout cœur à ton seul nom se glace épouvanté.
Eh! qui pourrait sans toi supporter cette vie,
. . . .
D'une indigne maîtresse encenser les erreurs,
Ramper sous un ministre, adorer ses hauteurs,
Et montrer les langueurs de son âme abattue
A des amis ingrats qui détournent la vue?
La mort serait trop douce en ces extrémités;
Mais le scrupule parle, et nous crie : arrêtez;
Il défend à nos mains cet heureux homicide,
Et d'un héros guerrier fait un chrétien timide.

 Que peut-on conclure de ce contraste de grandeur et de bassesse, de raisons sublimes et de folies grossières; enfin de tous les contrastes que nous venons de voir dans Shakspeare? qu'il aurait été un poète parfait s'il avait vécu du temps d'Addison.

Voltaire, *Dict. phil.*

MORCEAUX CHOISIS.

I. Brutus après la mort de César.

Romains, compatriotes et amis! écoutez ma justification, et gardez le silence afin de m'entendre : croyez-moi sur mon honneur, et respectez mon honneur afin de me croire : condamnez-moi dans votre sagesse, et prêtez-moi une oreille attentive, afin de mieux juger. S'il est dans cette assemblée quelque ami de César, je lui dirai que Brutus n'aimait pas moins que lui César. Si ensuite cet ami me demande pourquoi Brutus a levé le glaive contre César, voici ma réponse : je n'aimais pas moins que lui César, mais j'aimais Rome davantage. Aimeriez-vous mieux voir César vivant, et mourir tous esclaves, que de voir César mort, et de vivre tous affranchis de la servitude? César m'aimait, je pleure son sort; il était heureux, je me réjouis de ses succès; il était vaillant, j'honore son courage; mais il était ambitieux, je l'ai tué. Voilà mes larmes pour son amour, ma joie pour sa fortune, mes hommages pour sa valeur, et la mort pour son ambition. Y a-t-il ici un homme assez vil pour vouloir être esclave? S'il en est un, qu'il parle, car c'est lui que j'ai offensé. Y a-t-il ici un homme assez abject pour ne vouloir pas être romain? S'il en est un, qu'il parle, car c'est lui que j'ai offensé. Y a-t-il ici un homme assez infâme pour ne pas aimer son pays? S'il en est un, qu'il parle, car c'est lui que j'ai offensé.... J'attends une réponse..... Aucune? Je n'ai donc offensé personne : je n'ai rien fait contre César que vous ne puissiez faire contre Brutus. La question de sa mort est inscrite au Capitole ; la gloire qu'il a méritée par ses vertus est sans atteinte, et rien n'est ajouté aux attentats pour lesquels il a reçu la mort.

On apporte ici son corps arrosé de larmes par Marc-Antoine, qui, bien qu'il n'ait eu aucune part à sa mort, en recueillera le fruit, une place dans la république ; et quel est celui de vous qui ne jouira pas de cet avantage ? Avant de partir, voici mes derniers mots : comme j'ai tué mon meilleur ami pour l'intérêt de Rome, je garde le même poignard pour moi-même, quand il plaira à mon pays de demander mon sang.

Jules-César, Act. III, Sc. 2.

II. Antoine prononce l'oraison funèbre de César.

Amis, Romains, compatriotes, écoutez-moi ; je viens rendre les derniers devoirs à César, et non prononcer son éloge. Le mal que font les hommes leur survit, et souvent leurs bonnes actions sont ensevelies avec leurs ossements : que tel soit le sort de César. Le noble Brutus vous a dit que César était ambitieux. Si ce reproche est juste, c'était un grand crime, et César l'a cruellement expié. Cependant, avec la permission de Brutus et de ses amis (car Brutus est un honorable citoyen, comme il le sont tous ; oui, tous ont droit à ce titre), je viens rendre les honneurs funèbres à César. Il fut pour moi un ami généreux et fidèle ; mais Brutus assure qu'il était ambitieux, et Brutus est un honorable citoyen. Il a conduit à Rome de nombreux captifs, dont les rançons servaient à grossir les trésors de l'état : est-ce là ce qu'on accuse d'ambition dans César? Quand les pauvres gémissaient, César versait des larmes ; l'ambition n'est pas aussi compatissante : cependant Brutus assure qu'il était ambitieux, et Brutus est un honorable citoyen. Vous savez tous que, lors des Lupercales, trois fois je lui présentai la couronne royale, et que trois fois il la refusa : était-ce là de l'ambition? Cependant Brutus assure qu'il était ambitieux, et certes c'est un honorable citoyen. Je ne viens pas pour blâmer le discours de Brutus; mais je suis ici pour dire ce que je sais. Vous chérissiez tous autrefois César, et ce n'était pas sans cause : quel motif vous empêche donc de pleurer sa mort? O mémoire! tu t'es réfugiée chez les stupides animaux, et les hommes ont abjuré leur raison...... Pardonnez ma faiblesse; mon cœur est au cercueil avec César, et je suis contraint d'attendre que j'aie repris mes sens.....

Si vous avez des larmes, préparez-vous maintenant à les répandre. Tous, vous reconnaissez ce manteau ; je me souviens encore du jour où César le porta pour la première fois; c'était dans un soir d'été, sous sa tente, le jour même où il vainquit les Nerviens. Contemplez-le! C'est là que pénétra le poignard de Cassius; voyez quelle profonde blessure lui fit l'odieux Casca! Voici la place où le perça son bien-aimé Brutus ; et tandis qu'il retirait le parricide acier, observez comme le sang de César jaillit sous ses coups! Il semblait, en s'élançant à gros bouillons, attester que c'était bien Brutus qui le frappait avec tant d'inhumanité; car Brutus, vous le savez, était le plus cher favori de César. Jugez, grands dieux! combien César l'aimait tendrement: ce fut, oui, ce fut pour lui le coup le plus rigoureux; car, lorsque le noble César lui vit lever le bras, l'ingratitude, plus puissante que la main des traîtres, abattit tout son courage; son cœur magnanime fut brisé: il enveloppa son visage de son manteau, et au pied de la statue de Pompée, sur laquelle rejaillit tout son sang, le grand César alla tomber. O mes concitoyens, quelle chute funeste à Rome! Alors, vous et moi, tous nous tombâmes avec ce héros, tandis que la trahison sanguinaire s'applaudissait de son triomphe. Vous pleurez maintenant, et je vois que vous éprouvez les émotions de la pitié; délicieuses larmes! Généreux Romains, quoi! vous pleurez au seul aspect des sanglantes dépouilles de notre César! Tournez ici vos yeux! le voici lui-même, comme vous voyez, assassiné par des traîtres!.....

Dignes amis, chers compagnons, ne vous laissez pas entraîner aux soudains transports de votre indignation: ceux qui ont commis cet attentat sont d'honorables citoyens. Quel secret ressentiment les a poussés à ce meurtre? hélas! je l'ignore: ils sont sages et honorables, et ils sauront, n'en doutez pas, se justifier devant vous. Je ne viens pas, amis, pour émouvoir vos cœurs; je ne suis pas un orateur comme Brutus; je ne suis, vous le savez tous, qu'un homme simple et sincère, attaché à son ami; et c'est ce que savaient aussi ceux qui m'ont permis publiquement de vous parler de César

Je n'ai ni talent, ni artifice de la parole, ni action persuasive, ni éloquence pour éveiller les passions ; je ne connais que le langage de la vérité : je vous dis ce que vous savez vous-mêmes ; je vous montre les blessures du généreux César, tristes et muets interprètes qui parlent pour moi ; mais si j'étais Brutus, et si Brutus était à ma place, alors Antoine vous enflammerait d'ardeur, prêterait une voix à chaque blessure de César, et forcerait les pierres mêmes de Rome à se lever et à demander vengeance.

Ibid.

III. Monologue du roi dans Hamlet.

Oh ! mon crime est odieux ; il révolte le ciel ; il porte avec lui la première, la plus terrible malédiction, celle qui suivit le meurtre d'un frère..... Prier ! je ne le puis, malgré l'ardeur du plus vif désir : mon forfait plus puissant résiste à toutes mes résolutions ; et, comme un homme attentif à deux projets, je cherche lequel je dois d'abord entreprendre, et je les abandonne tous deux. Qu'importe que cette main maudite soit rougie du sang d'un frère ? le ciel miséricordieux n'a-t-il plus de rosée pour la blanchir ? A quoi sert la clémence divine, sinon à effacer les traces de la faute ? et quel est l'avantage de la prière, si ce n'est ce salutaire appui qui nous soutient avant que nous tombions, et nous fait pardonner après la chute ?.... Levons donc les yeux au ciel : mon crime est accompli..... Mais, hélas ! quelle formule de prières dois-je ici choisir ? Pardonne-moi mon horrible assassinat !.... Cela ne se peut, puisque je retiens encore le salaire pour lequel j'ai commis cet attentat, ma couronne, la reine, tous les objets de mon ambition. Sur le théâtre de ce monde pervers, l'or du coupable peut corrompre la justice, et l'on voit bien souvent le prix infâme du crime payer un favorable arrêt; mais il n'en est pas ainsi dans les cieux. Là, point de séduction; le forfait y paraît dans son vrai jour, et nous sommes contraints de porter sur nos fronts le témoignage de nos crimes. Que faire? quel espoir me reste-t-il donc? Essayons ce que peut le repentir : que ne peut-il pas? mais que peut-il quand on ne saurait se repentir? O affreux supplice! ô conscience plus noire que l'enfer! ô âme surprise dans le piège, qui, en cherchant à te dégager, y retombes plus avant! Anges protecteurs, tentez sur moi une épreuve! Pliez-vous, genoux rebelles; et toi, cœur plus endurci que l'acier, deviens souple comme les membres de l'enfant nouveau né! Tout peut se réparer encore.

Hamlet, Act. III, Sc. 3.

IV. Richemond encourage ses soldats contre Richard III.

Nous avons pénétré jusqu'au sein de ce pays sans obstacle : ce sanglier féroce et altéré de sang, dont la rage dévorante a dévasté nos campagnes, ravagé cette belle contrée, et moissonné dans sa fleur l'espérance d'une noble postérité, Richard est maintenant au centre de l'île. Il est triplement armé celui dont la cause est juste : mais le coupable, dont le remords déchire la conscience, est désarmé sous une cuirasse d'acier. Le poids des crimes de Richard suffira pour l'écraser. Marchons, braves amis, et regardons-le en face. Dans la paix, rien ne sied mieux à l'homme qu'une contenance calme et modeste; mais, quand le souffle de la guerre frémit sur nos têtes, soyons des tigres dans nos farouches transports. Pour moi, j'offrirai en expiation de cette entreprise hardie mon corps couché sur cette froide poussière : mais si nous triomphons, le dernier soldat aura sa part du glorieux succès. Déployez vos étendards, tirez vos vaillantes épées; que les tambours et les trompettes donnent le signal ; criez gaiement et avec audace : « Vive saint George, Richemond et la victoire ! »

Richard III, Act. V.

V. Les Ages.

Le monde entier est un théâtre; les hommes et les femmes sont de vrais comédiens; on les voit entrer sur la scène, et en sortir ; le même acteur joue tour à tour différents rôles, et sept âges sont les actes du drame de la vie. D'abord l'enfant pleure et vomit dans les bras de sa nourrice. Puis l'écolier lambin, avec son portefeuille et sa face vermeille, se traîne à regret au collège, comme un limaçon. Bientôt l'amant, avec des soupirs brûlants comme une fournaise, chante une plaintive ballade pour les beaux yeux de sa maîtresse. Ensuite le soldat, prodigue de jurements étranges, et barbu comme un léopard, jaloux de son honneur, vif et fougueux dans les querelles, va chercher une vaine gloire jusqu'à la gueule du canon. Après lui le juge, avec une ample bedaine bien garnie, des regards sévères et une barbe vénérable, plein de doctes maximes et de profonds arguments, joue aussi son rôle. Le sixième âge change de costume, prend les pantoufles et le pantalon; les lunettes sur le nez, et des poches à sa ceinture, il trouve ses bas d'autrefois trop larges pour ses jambes amoindries; sa voix, naguère mâle et ferme, redevient, comme dans ses premières années, un fausset aigre et sifflant. La dernière scène de ce drame bizarre et fertile en évènements est une seconde enfance, un engourdissement léthargique, sans dents, sans yeux, sans goût, sans aucun sentiment.

Comme il vous plaira, Act. II, Sc. 7.

SILIUS ITALICUS (Caius), né, à ce qu'on croit, vers l'an 25 de J.-C., s'est rendu célèbre par son poème de la seconde guerre punique.

Il n'était pas né poète, et l'étude ne suppléa pas entièrement à ce qui lui manquait du côté de la nature. D'ailleurs il ne s'appliqua à faire des vers qu'après avoir long-temps exercé dans le barreau la fonction d'avocat, et avoir été consul, c'est-à-dire dans un âge déjà fort avancé et languissant.

Quelque éloge que lui donne Martial, il n'est pas fort estimé en qualité de poète; mais on trouve qu'il surpasse tous ceux de son temps pour la pureté de la langue. Il suit avec assez d'exactitude la vérité de l'histoire, et l'on peut tirer de son poème des lumières pour les temps mêmes qui ne sont pas de son principal dessein, y ayant des faits qui ne se trouvent point ailleurs.

Ce qu'il y dit de Domitien fait assez voir qu'il le composait sous ce prince, après la guerre des Sarmates, sous laquelle il peut comprendre celle des Daces.

On croit que sa mort arriva sous Trajan, l'an 100. Il se laissa mourir de faim, ne pouvant plus souffrir la douleur d'un clou que les médecins ne pouvaient guérir. Pline remarque que Silius s'étant retiré dans la Campanie à cause de sa vieillesse, ne quitta point sa retraite pour venir à Rome féliciter Trajan sur son avènement à l'empire. On estima Trajan de n'avoir point été offensé de cette liberté, et lui d'avoir osé la prendre.

Si notre poète n'a pu arriver à une parfaite imitation de Virgile, du moins son respect pour lui ne pouvait pas aller plus loin. Il était devenu maître du lieu où était le tombeau de Virgile. C'était pour lui un lieu sacré, et qu'il respectait comme un temple. Il célébrait tous les ans le jour natal de Virgile avec plus de joie et de solennité que le sien propre. Il ne put souffrir qu'un monument si respectable demeurât négligé entre les mains d'un pauvre paysan, et il en fit l'acquisition.

> Jam propè desertos cineres, et sancta Maronis
>   Nomina qui coleret, pauper et unus erat.
> Silius optatæ succurrere censuit umbræ:
>   Silius et vatem, non minor ipse, colit.
>   MARTIAL, *lib.* XI, *Epigramm.* 50.

L'ouvrage de Silius était demeuré enseveli depuis plusieurs siècles dans la poussière de la bibliothèque de Saint-Gall. Pogge l'y trouva pendant le concile de Constance, avec plusieurs autres manuscrits.

Rollin, *Histoire ancienne*.

JUGEMENT.

Silius Italicus, qui fut consul l'année de la mort de Néron, et qui mourut sous Trajan, a imité Virgile, comme Duché et La Fosse ont imité Racine. Nous avons de lui un poème, non pas épique, mais historique, en dix-sept livres, dont le sujet est la seconde guerre punique. Il y suit scrupuleusement l'ordre et le détail des faits depuis le siège de Sagonte jusqu'à la défaite d'Annibal et la soumission de Carthage. Il n'y a d'ailleurs aucune espèce d'invention ni de fable, si ce n'est qu'il fait quelquefois intervenir très gratuitement Junon avec sa vieille haine contre les descendants d'Énée, et son ancien amour pour Carthage. Mais comme tout cela ne produit que quelques discours inutiles, la présence de Junon n'empêche pas que l'ouvrage ne soit une gazette en vers. La diction passe pour être assez pure, mais elle est faible et habituellement médiocre. Les amateurs n'y ont remarqué qu'un petit nombre de vers dignes d'être retenus; encore les plus beaux sont-ils empruntés de la prose de Tite-Live. Silius possédait une des maisons de campagne de Cicéron, et une autre près de Naples, où était le tombeau de Virgile, ce qui était plus aisé que de ressembler à l'un ou à l'autre.

La Harpe, *Cours de Littérature*.

SILIUS ITALICUS.

MORCEAU CHOISI.

Serment d'Annibal.

Au milieu des remparts de la fière Carthage,
S'élève un temple antique à Didon consacré.
Des ifs et des sapins l'impénétrable ombrage
Chasse les traits du jour de ce lieu retiré.
Là, de Siché, dit-on, l'épouse infortunée,
  Par un ingrat abandonnée,
Avait fini ses jours. Ses touchantes douleurs
  Sur le marbre vivent encore;
Elle paraît encor, les yeux mouillés de pleurs,
Rappeler, mais en vain, l'inconstant qu'elle adore.
Il a fui, l'infidèle, et déjà dans sa main
Elle tient un poignard tourné contre son sein.
C'est là qu'une prêtresse, aux ondes infernales
  Mêlant des flots de sang humain,
  De ces libations fatales
  Arrose cent autels d'airain.
Là, les cheveux épars et la bouche écumante,
Elle évoque à grands cris les spectres des enfers;
Ses accents font trembler la terre mugissante;
Un feu magique brille et vole dans les airs.
Dociles à sa voix, mille spectres funèbres
  Quittent les horribles ténèbres
  Du silencieux Achéron;
  Un peuple vain de noirs fantômes,
  Guidé par la sombre Alecton,
  Erre sous ces lugubres dômes;
Le marbre s'épouvante, et les yeux de Didon
  Ont laissé tomber quelques larmes.

Jeune encore, introduit dans ce séjour d'alarmes,
Tandis qu'autour de lui tout est rempli d'horreur,

Annibal seul voit sans terreur
Mille fantômes prophétiques,
Sous ces lambris silencieux,
Se traîner dans le sang qui rougit les portiques
Et souille les autels des dieux.

Cependant le regard d'un père
Observait du héros les moindres mouvements,
Et cherchait dans ses yeux son âme tout entière.
Quel transport pénètre ses sens,
Lorsqu'il le voit du terrible mystère
Braver les noirs enchantements,
Et, sans crainte, approcher de l'affreux sanctuaire :
« C'en est assez, dit-il, Annibal, ô mon fils !
« Je vais donc sans regret descendre dans la tombe!
« Que ton courage plaît à mes sens attendris !
« Si je ne puis plus rien pour Carthage qui tombe,
« Tes mains relèveront quelque jour ses débris.
« Mon fils, déjà des mers tu franchis les abymes,
« Les Alpes sous tes pas ont abaissé leurs cimes ;
« Le plus hardi Romain tremble en pensant à toi ;
« Et, dans ces fiers remparts qui menacent le monde,
« Au seul nom d'Annibal, le cœur saisi d'effroi,
« Chaque épouse pâlit et craint d'être féconde.
« Romains, c'en est assez, tous mes vœux sont contents;
« Vous saurez en mourant que mon sang est fidèle
  « A nos justes ressentiments.
« Jure leur donc, mon fils, une haine éternelle,
« Jure ; nos dieux vaincus attendent tes serments. »
Il a dit : deux Romains, pris au sein des batailles,
   Tombent sous le couteau sacré ;
   La prêtresse ouvre leurs entrailles,
Et la main dans leur sang Annibal a juré.

Traduction libre de Ch. Loyson.

SIMONIDE, poète grec, né à Céos, aujourd'hui Zia, île de la mer Égée, florissait du temps de Darius, fils d'Hystaspe, vers l'an 480 avant J.-C. La poésie fut son principal talent; il excella sur-tout dans l'élégie. A l'âge de 80 ans, il lutta pour le prix des vers, et remporta la victoire. Hiéron, roi de Syracuse, l'appela à sa cour, où il débita des apophtegmes de morale; car il se piquait aussi de philosophie; mais ses maximes pratiques n'en étaient pas plus sages. Hiéron lui demanda la définition de Dieu; Simonide dit qu'il lui fallait un jour pour méditer cette réponse : ce jour passé, il en demanda un second, et plusieurs de suite : enfin il répondit: « Que plus il méditait, plus l'espérance de pouvoir « le définir s'éloignait : Quia quantò diutiùs consi- « dero, tantò mihi res videtur obscurior. » (Cicéron, *De Naturâ Deorum*, lib. I, n. 22): tant ces prétendus sages étaient inférieurs aux enfants des chrétiens ! « L'Évangile, comme dit un auteur mo- « derne, ayant mis plus de lumières dans les esprits « ordinaires, que le Portique et le Lycée n'avaient « tâché d'en mettre dans les têtes philosophiques « des anciens temps. » Si néanmoins Simonide parlait d'une définition proprement dite, *per genus et differentiam*, il n'avait pas tort; mais ces sortes de définitions sont moins propres à faire connaître un objet qu'à servir elles-mêmes de matière aux disputes philosophiques. Ce poète mourut l'an 460 avant J.-C., à 89 ans, méprisé pour son avarice et la vénalité de sa plume. Il avait écrit en dialecte dorique les batailles de Marathon et de Salamine, et composé des *Odes*, des *Tragédies*, etc.; mais il ne nous reste que des fragments de ses poésies, dont Léo Allatius a donné les titres. Saint Jérôme en portait un jugement avantageux, puisqu'en parlant des *Psaumes*, il appelle David le Simonide des chrétiens : « David Simonides noster, Pindarus, Alcæus, « Flaccus quoque. » Fulvius Ursinus les a recueillis, avec des notes, Anvers, 1598, in-8°; et dans le *Corpus poetarum græcorum*, Genève, 1606 et 1614, 2 vol. in-fol. Phénix, général des Agrigentins, ayant pris Syracuse, fit démolir le tombeau de Simonide. Callimaque fit à cette occasion une pièce de vers où il introduisit Simonide, se plaignant de ce que ce général n'avait pas pour ses cendres les mêmes égards que Castor et Polux qui l'avaient sauvé d'une maison près de tomber. Cette dernière anecdote a été bien rendue dans les fables de Phèdre et de La Fontaine. Simonide avait, dit-on, une mémoire prodigieuse, et on lui attribue l'invention de la mémoire locale artificielle. *Voyez* Cicéron, *De Oratore*, lib. II, n. 86, et *De Fin.*, lib. II, n. 32.

FELLER, *Dictionnaire historique*.

JUGEMENT.

Simonide était poète et philosophe. L'heureuse réunion de ces qualités rendit ses talents plus utiles et sa sagesse plus aimable. Son style, plein de douceur, est simple, harmonieux, admirable pour le choix et l'arrangement des mots. Les louanges des dieux, les victoires des Grecs sur les Perses, les triomphes des athlètes, furent l'objet de ses chants. Il décrivit en vers les règnes de Cambyse et de Darius ; il s'exerça dans presque tous les genres de poésie, et réussit principalement dans les élégies et les chants plaintifs. Personne n'a mieux connu l'art sublime et délicieux d'intéresser et d'attendrir ; personne n'a peint avec plus de vérité les situations et les infortunes qui excitent la pitié. Ce n'est pas lui qu'on entend, ce sont des cris et des sanglots ; c'est une famille désolée qui pleure la mort d'un père ou d'un fils ; c'est Danaé, c'est une mère tendre qui lutte avec son fils contre la fureur des flots, qui voit mille gouffres ouverts à ses côtés, qui ressent mille morts dans son cœur ; c'est Achille enfin qui sort du fond du tombeau, et qui annonce aux Grecs, prêts à quitter les rivages d'Ilium, les maux sans nombre que le ciel et la mer leur préparent.

Ces tableaux que Simonide a remplis de passion et de mouvement, sont autant de bienfaits pour les hommes : car c'est leur rendre un grand service que d'arracher de leurs yeux ces larmes précieuses qu'ils versent avec tant de plaisir, et de nourrir dans leur cœur ces sentiments de compassion destinés par la nature à les rapprocher les uns des autres, et les seuls en effet qui puissent unir des malheureux.

Comme les caractères des hommes influent sur leurs opinions, on doit s'attendre que la philosophie de Simonide était douce et sans hauteur. Son système, autant qu'on en peut juger d'après quelques-uns de ses écrits et plusieurs de ses maximes, se réduit aux articles suivants :

« Ne sondons point l'immense profondeur de
« l'Être Suprême ; bornons-nous à savoir que tout
« s'exécute par son ordre, et qu'il possède la vertu
« par excellence. Les hommes n'en ont qu'une fai-
« ble émanation, et la tiennent de lui ; qu'ils ne se
« glorifient point d'une perfection à laquelle ils ne
« s'auraient atteindre ; la vertu a fixé son séjour
« parmi des rochers escarpés : si, à force de tra-
« vaux, ils s'élèvent jusqu'à elle, bientôt mille cir-
« constances fatales les entraînent au précipice.
« Ainsi leur vie est un mélange de bien et de mal ; et
« il est aussi difficile d'être souvent vertueux qu'im-
« possible de l'être toujours. Faisons-nous un plaisir
« de louer les belles actions ; fermons les yeux sur
« celles qui ne le sont pas, ou par devoir lorsque
« le coupable nous est cher à d'autres titres, ou par
« indulgence lorsqu'il nous est indifférent. Loin de
« censurer les hommes avec tant de rigueur, souve-
« nous nous qu'ils ne sont que faiblesse, qu'ils sont
« destinés à rester un moment sur la surface de la
« terre, et pour toujours dans son sein. Le temps vole ;
« mille siècles, par rapport à l'éternité, ne sont
« qu'un point, ou qu'une très petite partie d'un
« point imperceptible. Employons des moments si
« fugitifs à jouir des biens qui nous sont réservés,
« et dont les principaux sont la santé, la beauté, et
« les richesses acquises sans fraude ; que de leur
« usage résulte cette aimable volupté, sans laquelle
« la vie, la grandeur, et l'immortalité même, ne sau-
« raient flatter nos désirs. »

Ces principes, dangereux en ce qu'ils éteignent

le courage dans les cœurs vertueux, et les remords dans les âmes coupables, ne seraient regardés que comme une erreur de l'esprit, si, en se montrant indulgent pour les autres, Simonide n'en avait été que plus sévère pour lui-même. Mais il osa proposer une injustice à Thémistocle, et ne rougit pas de louer les meurtriers d'Hipparque, qui l'avaient comblé de bienfaits. On lui reproche d'ailleurs une avarice que les libéralités d'Hiéron ne pouvaient satisfaire, et qui, suivant le caractère de cette passion, devenait de jour en jour plus insatiable. Il fut le premier qui dégrada la poésie en faisant un trafic honteux de la louange. Il disait vainement que le plaisir d'entasser des trésors était le seul dont son âge fût susceptible; qu'il aimait mieux enrichir ses ennemis après sa mort que d'avoir besoin de ses amis pendant sa vie; qu'après tout personne n'était exempt de défauts, et que s'il trouvait jamais un homme irrépréhensible, il le dénoncerait à l'univers. Ces étranges raisons ne le justifièrent pas aux yeux du public, dont les décrets invariables ne pardonnent jamais les vices qui tiennent plus à la bassesse qu'à la faiblesse du cœur.

Simonide mourut âgé d'environ quatre-vingt-dix ans. On lui fait un mérite d'avoir augmenté dans l'île de Céos l'éclat des fêtes religieuses, ajouté une huitième corde à la lyre, et trouvé l'art de la mémoire artificielle; mais ce qui lui assure une gloire immortelle, c'est d'avoir donné des leçons utiles aux rois; c'est d'avoir fait le bonheur de la Sicile en retirant Hiéron de ses égarements, et le forçant de vivre en paix avec ses voisins, ses sujets et lui-même.

Barthelemy, *Voyage d'Anacharsis.*

SIMPLE. L'un des trois genres d'éloquence que les rhéteurs ont distingués.

Rollin, qui, d'après Cicéron et Quintilien, a très bien analysé ces trois genres, le simple, le sublime et le tempéré, compare le simple « à ces tables ser-« vies proprement, dont tous les mets sont d'un « goût excellent, mais d'où l'on bannit tout raffi-« nement, toute délicatesse étudiée, tout ragoût « recherché. » Cette image est d'autant plus juste, qu'en effet, dans l'un ou l'autre sens, plus nous avons le goût pur et sain, plus nous aimons les choses simples.

Cicéron, de son côté, en parlant de ce genre de style et d'éloquence naturelle et modeste, nous le présente sous la figure de ce négligé décent, qui, dans une femme, est quelquefois plus séduisant que la parure, et qui n'admet pour ornement qu'une élégante simplicité : « Elegantia modo et munditia « remanebit. » Il lui interdit toute espèce de fard : « Fucati vero medicamenta candoris et ruboris om-« nia repelluntur : » en quoi il semble faire la satire du genre tempéré, du genre des sophistes, qui admettaient ces fausses couleurs.

Quoi qu'il en soit, la même observation qui confirme la comparaison de Rollin prouve encore la justesse de celle-ci ; car moins nos yeux sont fascinés par les prestiges de la mode et du luxe, plus nous sommes touchés des charmes de la beauté naïve et simple. Mais dans l'une et l'autre image, n'oublions pas que la simplicité, pour avoir tout son prix, suppose ou la bonté ou la beauté réelle. Ce sont en effet les deux attributs d'un naturel exquis.

Ici disparaît la distinction que l'on a faite du genre simple, du tempéré et du sublime, en destinant l'un à instruire, l'autre à plaire, et le troisième à émouvoir. Ce sont bien là réellement les trois fonctions de l'éloquence; mais elles ne sont ni exclusives l'une de l'autre, ni exclusivement attachées au genre qui leur convient le mieux. Il ne serait pas raisonnable de refuser le don de plaire et de toucher à la beauté simple et sans fard. Or, il est bien vrai qu'en instruisant il est permis de négliger le soin de plaire; que, si l'objet dont on s'occupe est sérieux et grave, il a droit d'attacher par son utilité sans avoir l'attrait du plaisir ; qu'il ne serait pas digne de la philosophie, de l'histoire, de l'éloquence même d'un certain caractère, de donner trop à l'agrément; mais la sagesse, la vérité, le sentiment ont leur beauté, leurs graces naturelles. Et ce n'est pas sans choix, sans étude et sans art, mais avec un choix, une étude, un art imperceptible, et d'autant plus difficile et rare, que se compose une simplicité qui plaît comme sans le vouloir : « Quod « sit venustius, sed non ut appareat. »

Ce genre de beauté, ce don d'attacher et de plaire, convient également au simple et au sublime; car l'un et l'autre se confondent assez souvent : rien même ne sied mieux au sublime que d'être simple, mais il l'est avec majesté, et voilà ce qui les distingue. En sculpture, l'Apollon, le Laocoon, le Moïse de Michel-Ange, sont du genre sublime, et vraisemblablement le Jupiter de Phidias en était le chef-d'œuvre; le gladiateur mourant, le faune, la Vénus, sont du genre simple. Il n'y a pas une statue antique du caractère que Cicéron attribue au genre que nous appelons *tempéré*.

Celui-ci cependant, quoique plus visiblement orné que les deux autres, ne laisse pas d'avoir du naturel lorsque son luxe et sa parure ne semblent être que l'abondance et la richesse de son sujet, et que le simple, en s'y mêlant, comme cela doit être, lui donne quelquefois un air de négligence et d'abandon. Mais ce qui fait sa bonté réelle et donne du prix à sa beauté, c'est de ne plaire que pour instruire, et c'est le dégrader que d'en faire un objet frivole et de pur agrément.

A l'égard du don d'émouvoir, il est certain qu'au plus haut degré il caractérise le sublime. Mais distinguons deux pathétiques; l'un qui sans doute n'appartient qu'aux mouvements de la haute éloquence, c'est celui qui ébranle et renverse; l'autre qui, plus doux, plus modeste, et souvent humble et suppliant, pénètre et s'insinue sans éclat et sans bruit :

Telephus aut Peleus; cùm pauper et exul uterque.
HORAT., *De Art. poet.*

celui-ci me semble le partage du genre simple, a

moins qu'on ne dise qu'alors le simple est sublime lui-même, et tel est bien mon sentiment. Mais ce n'est pas ce qu'ont dit les rhéteurs.

Il n'y aurait donc que le genre moyen dont l'artifice et la parure seraient incompatibles avec la gravité de l'indignation, avec la fougue et l'énergie de la colère, des menaces, des reproches de la douleur véhémente et impérieuse, avec l'humilité craintive des prières, des plaintes, des supplications. Mais dans un sujet même où la richesse des peintures et des images solliciterait l'éloquence et viendrait s'offrir d'elle-même, si l'un ou l'autre genre de pathéthique y trouvait sa place, le simple ou le sublime prendrait celle du tempéré. (*Voyez*, dans les *Géorgiques*, l'épisode d'Orphée.)

Ainsi, sans refuser à aucun des trois genres l'avantage d'instruire, ni les moyens de plaire, ni le don d'émouvoir, tâchons de prendre dans son vrai sens ce partage de Cicéron : « Quot sunt officia « oratoris, tot sunt genera dicendi : subtile, in pro- « bando ; modicum, in delectando ; vehemens, in « flectendo. »

Voulez-vous instruire, éclairer, persuader par la raison ? appliquez-vous à donner à votre éloquence un caractère délié, un langage fin et subtil. Voulez-vous délasser l'attention et un moment vous occuper à plaire ? employez-y la séduction d'un style tempéré, légèrement semé de fleurs. (*Voyez* TEMPÉRÉ.) Voulez-vous toucher, émouvoir, étonner, troubler, entraîner vos auditeurs ? employez-y la véhémence. Et en effet chacun de ces trois caractères convient plus ou moins au sujet, au lieu, aux personnes, au naturel de l'orateur; l'erreur n'est que de les classer et de leur marquer des limites; car le plus souvent ils se mêlent et se combinent comme les éléments. Telle fable de La Fontaine, telle ode d'Horace, telle page de Cicéron, de Bossuet ou de Racine, nous les présente tous les trois. Les sujets les plus favorables à l'éloquence sont ceux qui donnent lieu à cette variété harmonieuse et ravissante, et les ouvrages où elle règne sont du petit nombre de ceux dont on ne se lasse jamais.

MARMONTEL, *Éléments de Littérature.*

SISMONDI (JEAN-CHARLES-LÉONARD), membre du conseil représentatif de la république de Genève et de plusieurs académies et sociétés savantes, est né à Genève le 9 mai 1773. Outre un grand nombre d'écrits sur l'économie politique, on a de lui deux ouvrages estimés : l'*Histoire des Républiques italiennes du moyen âge*, Zurich et Paris, 16 vol. in-8°; et de *la Littérature du midi de l'Europe*, Paris, 1813, 4 vol. in-8°. Il publie en ce moment une *Histoire de France*.

MORCEAU CHOISI.

La Peste de Florence.

En 1348, la peste infecta toute l'Italie, à la réserve de Milan et de quelques cantons au pied des Alpes, où elle fut à peine sentie. La même année, elle franchit les montagnes, et s'étendit en Provence, en Savoie, en Dauphiné, en Bourgogne, et, par Aigues-Mortes, pénétra en Catalogne. L'année suivante elle comprit tout le reste de l'Occident jusqu'aux rives de la mer Atlantique, la Barbarie, l'Espagne, l'Angleterre et la France. Le Brabant seul parut épargné, et ressentit à peine la contagion. En 1350, elle s'avança vers le Nord, et envahit les Grisons, les Allemands, les Hongrois, les Danois et les Suédois. Ce fut alors, et par cette calamité, que la république d'Islande fut détruite. La mortalité fut si grande dans cette île glacée, que les habitants épars cessèrent de former un corps de nation.

Les symptômes ne furent pas partout les mêmes. En Orient, un saignement de nez annonçait l'invasion de la maladie; en même temps, il était le présage assuré de la mort. A Florence, on voyait d'abord se manifester, à l'aine ou sous les aisselles, un gonflement qui surpassait même la grosseur d'un œuf. Plus tard, ce gonflement, qu'on nomma *gavocciolo*, parut indifféremment à toutes les parties du corps. Plus tard encore, les symptômes changèrent, et la contagion s'annonça le plus souvent par des tâches noires ou livides, qui, larges et rares chez les uns, petites et fréquentes chez les autres, se montraient d'abord sur les bras ou sur les cuisses, puis sur le reste du corps, et qui, comme le *gavocciolo*, étaient l'indice d'une mort prochaine. Le mal bravait toutes les ressources de l'art : la plupart des malades mouraient le troisième jour, et presque toujours sans fièvre, ou sans aucun accident nouveau.

Bientôt tous les lieux infectés furent frappés d'une terreur extrême, quand on vint à remarquer avec quelle inexprimable rapidité la contagion se propageait. Non-seulement converser avec les malades ou s'approcher d'eux, mais toucher aux choses qu'ils avaient touchées, ou qui leur avaient appartenu, communiquait immédiatement la maladie. Des animaux tombèrent morts en touchant à des habits qu'ils avaient trouvés dans les rues. On ne rougit plus alors de laisser voir sa lâcheté et son égoïsme. Les citoyens s'évitaient l'un l'autre ; les voisins négligeaient leurs voisins ; et les parents mêmes, s'ils se visitaient quelquefois, s'arrêtaient à une distance qui trahissait leur effroi. Bientôt on vit le frère abandonner son frère, l'oncle son neveu, l'épouse son mari, et même quelques pères et mères s'éloigner de leurs enfants. Aussi ne resta-t-il d'autres ressources à la multitude innombrable des malades, que le dévouement héroïque d'un petit nombre d'amis, ou l'avarice des domestiques, qui, pour un immense salaire, se décidaient à braver le danger. Encore ces derniers étaient-ils, pour la plupart, des campagnards grossiers et peu accoutumés à soigner les malades ; tous leurs soins se bornaient d'ordinaire à exécuter quelques ordres des pestiférés, et à porter à leur famille la nouvelle de leur mort.

Cet isolement et la terreur qui avait saisi tous les esprits, fit tomber en désuétude la sévérité des mœurs antiques et les usages pieux par lesquels les vivants prouvent aux morts leur affection et leurs regrets. Non-seulement les malades mouraient sans être entourés, suivant l'ancienne coutume de Florence, de chacun de ses parents, de ses voisines, et des femmes qui lui appartenaient de plus près; plusieurs n'avaient pas même un assistant dans les derniers moments de leur existence. On était persuadé que la tristesse préparait à la maladie; on croyait avoir éprouvé que la joie et les plaisirs étaient le préservatif le plus assuré contre la peste; et les femmes mêmes cherchaient à s'étourdir sur le lugubre appareil des funérailles, par le rire, le jeu et les plaisanteries. Bien peu de corps étaient portés à la sépulture par plus de dix ou douze voisins; encore les porteurs n'étaient-ils plus des citoyens considérés et de même rang que le défunt, mais des fossoyeurs de la dernière classe, qui se faisaient nommer *becchini*. Pour un gros salaire, ils transportaient la bière précipitamment, non point à l'église désignée par le mort, mais à la plus prochaine, quelquefois précédés de quatre ou six prêtres avec un petit nombre de cierges, quelquefois aussi sans aucun appareil religieux, et jetaient le cadavre dans la première fosse qu'ils trouvaient ouverte.

Le sort des pauvres, et même des gens d'un état médiocre, était bien plus déplorable : retenus par l'indigence dans des maisons malsaines, et rapprochés les uns des autres, ils tombaient malades par milliers; et, comme ils n'étaient ni soignés, ni servis, ils mouraient presque tous. Les uns, et de jour et de nuit, terminaient dans les rues leur misérable existence; les autres, abandonnés dans les maisons, apprenaient leur mort aux voisins par l'odeur fétide qu'exhalait leur cadavre. La peur de la corruption de l'air, bien plus que la charité, portait les voisins à visiter les appartements, à retirer des maisons les cadavres, et à les placer devant les portes. Chaque matin on en pouvait voir un grand nombre ainsi déposés dans les rues; ensuite on faisait venir une bière, où, à défaut, une planche sur laquelle on emportait le cadavre. Plus d'une bière contint en même temps le mari et la femme, ou le père et le fils, ou deux ou trois frères. Lorsque deux prêtres avec une croix cheminaient à des funérailles, et disaient l'office des morts, de chaque porte sortaient d'autres bières qui se joignaient au cortège, et les prêtres, qui ne s'étaient engagés que pour un seul mort, en avaient sept ou huit à ensevelir.

La terre consacrée ne suffisant plus aux sépultures, on creusa dans les cimetières des fosses immenses, dans lesquelles on rangeait les cadavres par lits, à mesure qu'ils arrivaient, et on les recouvrait ensuite d'un peu de terre. Cependant les survivants, persuadés que les divertissements, les jeux, les chants, la gaieté, pouvaient seuls les préserver de l'épidémie, ne songeaient plus qu'à chercher des jouissances, non-seulement chez eux, mais dans les maisons étrangères, toutes les fois qu'ils croyaient y trouver quelque chose à leur gré. Tout était à leur discrétion; car chacun, comme ne devant plus vivre, avait abandonné le soin de sa personne et de ses biens. La plupart des maisons étaient devenues communes, et l'étranger qui y entrait, y prenait tous les droits du propriétaire. Plus de respect pour les lois divines et humaines ; leurs ministres, et ceux qui devaient veiller à leur exécution, étaient ou morts, ou frappés, ou tellement dépourvus de gardes et de subalternes, qu'ils ne pouvaient imprimer aucune crainte : aussi chacun se regardait-il comme libre d'agir à sa fantaisie.

Les campagnes n'étaient pas plus épargnées que les villes ; les châteaux et les villages, dans leur petitesse, étaient une image de la capitale. Les malheureux laboureurs qui habitaient les maisons éparses dans la campagne, qui n'avaient à espérer ni conseils de médecins, ni soins de domestiques, mouraient sur les chemins, dans leurs champs, ou dans leurs habitations, non comme des hommes, mais comme des bêtes. Aussi, devenus négligents de toutes les choses de ce monde, comme si le jour était venu où ils ne pouvaient plus échapper à la mort, ils ne s'occupaient plus à demander à la terre ses fruits ou le prix de leurs fatigues, mais se hâtaient de consommer ceux qu'ils avaient déjà recueillis. Le bétail, chassé des maisons, errait dans les champs déserts, au milieu des récoltes non moissonnées ; et, le plus souvent, il rentrait de lui-même le soir dans ses étables, quoiqu'il ne restât plus de maîtres ou de bergers pour le surveiller.

Aucune peste, dans aucun temps, n'avait encore frappé tant de victimes. Sur cinq personnes, il en mourut trois, à Florence et dans tout son territoire. Bocace estime que la ville seule perdit plus de cent mille individus. A Pise, sur dix, il en périt sept mais, quoique dans cette ville on eût reconnu comme ailleurs, que quiconque touchait un mor ou ses effets, ou même son argent, était atteint de la contagion, et, quoique personne ne voulût pour un salaire rendre aux morts les derniers devoirs cependant nul cadavre ne resta dans les maisons privé de sépulture. A Sienne, l'historien Agnolo de Tura raconte que, dans les quatre mois de mai juin, juillet et août, la peste enleva quatre-vingt mille âmes, et que lui-même ensevelit, de ses propres mains, ses cinq fils dans la même fosse. La ville de Trapani, en Sicile, resta complètement déserte. Gênes perdit quarante mille habitants, Naples soixante mille, et la Sicile, sans doute avec la la Pouille, cinq cent trente mille. En général, on calcula que dans l'Europe entière, qui fut soumise, d'une extrémité à l'autre, à cet épouvantable fléau, la peste enleva les trois cinquièmes de la population.

Histoire des Républiques italiennes du moyen âge.

SITUATION. En poésie, on appelle situation un moment de l'action épique ou dramatique, où, de la seule position des personnages, résulte pour le spectateur un saisissement de crainte ou de pitié si la situation est tragique, de curiosité, d'impatience ou de maligne joie si la situation est comique. C'est dans l'un et l'autre genre le plus infaillible moyen de l'art.

Pour bien juger d'une situation, il faut supposer

les acteurs muets dans ce moment critique, et se demander à soi-même : Quel mouvement excitera dans le spectacle la seule vue de la scène? Si le spectateur, pour être ému, doit attendre qu'on ait parlé, il n'y a plus de situation.

Le père de Rodrigue outragé dit à son fils : « J'ai « reçu un soufflet; mon bras, affaibli par les ans, « n'a pu me venger; voilà mon épée, venge-moi.— « De qui?—Du père de Chimène. » Rodrigue, dès ce moment, n'a qu'à rester immobile et muet d'étonnement et de douleur : nous sentirons, avant qu'il le dise, le coup terrible qui l'accable.

Ce même Rodrigue se présente aux yeux de Chimène, l'épée nue et sanglante à la main : l'impression de cet objet n'a pas besoin, pour être sentie, des paroles qui vont la suivre.

Chimène à son tour va se jeter aux pieds du roi et demander vengeance contre un coupable qu'elle adore; ces mots : *Sire, sire, justice!* nous en disent assez; et tous les cœurs, comme le sien, sont déchirés dans ce moment.

La situation tragique est tantôt ce que les Latins appelaient *rerum angustiæ*, un détroit dans lequel l'acteur se voit comme entre deux écueils ou sur le bord de deux abymes; telle est la situation du Cid, telle est celle de Zamore, lorsqu'on lui propose le choix ou de renoncer à ses dieux, ou de voir périr sa maîtresse; telle est celle de Mérope, réduite à l'alternative ou de donner sa main au meurtrier de son époux, ou de voir immoler son fils; telle est la fameuse situation de Phocas dans *Héraclius*, lorsque entre son fils et son ennemi, et ne pouvant discerner l'un de l'autre, il dit ces vers si beaux et tant de fois cités :

O malheureux Phocas! ô trop heureux Maurice!
Tu retrouves deux fils pour mourir après toi,
Et je n'en puis trouver pour régner après moi.

Tantôt elle ressemble à la position d'un vaisseau battu par deux vents opposés, ou au combat de deux vents contraires : c'est le choc de deux passions ou de deux puissants intérêts : tel est, dans l'âme d'Agamemnon, le combat de l'ambition et de la nature, de la tendresse et de l'orgueil; tel est, dans l'âme d'Orosmane, le combat de l'amour et de la vengeance; tel est, entre Oreste et Pylade, le combat de l'amitié; entre Agamemnon et Achille, celui de l'orgueil irrité; entre Zamti et Idamé, celui de l'héroïsme et de l'amour maternel.

Tantôt c'est un simple danger, mais pressant, terrible, inconnu à celui qui en est menacé : l'acteur ressemble alors au voyageur qui va marcher sur un serpent, ou qui, la nuit, va tomber dans un précipice : telle est la situation de Britannicus lorsqu'il se confie à Narcisse; telle et plus effroyable encore est la situation d'OEdipe, cherchant le meurtrier de Laius; telle est la situation de Mérope et d'Iphigénie sur le point d'immoler l'une son fils, l'autre son frère.

Tantôt c'est comme un orage qui gronde sur la tête du personnage intéressant, ou comme un naufrage au milieu duquel il est au moment de périr :

l'horreur du danger lui est connue, mais sans espoir d'y échapper : telle est la situation d'Hécube, d'Andromaque, de Clytemnestre, à qui on arrache leurs enfants.

Les situations comiques sont les moments de l'action qui mettent le plus en évidence l'adresse des fripons, la sottise des dupes, le faible, le travers, le ridicule enfin du personnage qu'on veut jouer. Pour exemples de ces situations comiques se présentent en foule les scènes de Molière, et ces exemples sont la preuve que le comique de situation est presque indépendant des détails du style : pour rire aux éclats, il suffit de se rappeler, même confusément, les situations de *l'École des Maris*, du *Tartufe*, de *l'Avare*, des deux *Sosie*, de *Georges Dandin*, etc.

Le premier soin du poëte, dans l'un ou l'autre genre, doit donc être de former son intrigue de situations touchantes ou plaisantes par elles-mêmes, sans se flatter que les détails, l'esprit, le sentiment et l'éloquence même puissent jamais y suppléer. Son action ainsi disposée, qu'il prenne soin d'y joindre les développements que la situation demande et que la nature lui indique; qu'il y emploie le langage propre aux caractères, aux mœurs, à la qualité des personnes; il aura presque atteint le but de l'art; mais ce n'est pas assez, s'il n'a de plus observé les passages, les gradations d'une situation à l'autre; et c'est la grande difficulté.

On réussit plus communément à inventer des situations, qu'à les bien amener et à les bien lier ensemble. La crainte d'être froid et languissant fait quelquefois qu'on les brusque et qu'on les entasse; alors le naturel, la vraisemblance, l'intérêt même n'y est plus. Ce n'est point par secousses que l'âme des spectateurs veut être émue : un coup de foudre imprévu les étonne, mais ne fait que les étourdir; pour que l'orage imprime sa terreur, il faut qu'il vienne lentement, qu'on l'ait vu se former de loin et qu'on l'ait entendu gronder.

C'est peu même de savoir amener les situations avec vraisemblance et les graduer avec art; quand le personnage y est engagé, il faut savoir l'en faire sortir, soit pour le tirer de péril ou de peine au moment que l'action l'exige, soit pour l'engager dans une situation ou plus tragique ou plus risible encore.

Lorsque, dans le *Philoctète* de Sophocle, Néoptolème a rendu à Philoctète ses armes, on se demande : Comment, par la seule persuasion, ce cœur ulcéré sera-t-il adouci? et on attend ce prodige ou de la vertu de Néoptolème ou de l'éloquence d'Ulysse. Mais dans la pièce de Sophocle, ni l'une ni l'autre ne l'opère : voilà une situation avortée. Dans *Cinna*, *Rodogune*, *Alzire*, lorsqu'Émilie et Cinna sont convaincus de trahison, lorsque Zamore a tué Gusman et qu'il est pris, lorsqu'Antiochus a le poison sur les lèvres, on se demande : Par quels prodiges échapperont-ils à la mort? et la clémence d'Auguste, la religion de Gusman, l'idée qui se présente à Rodogune de faire l'essai de la coupe, viennent dénouer tout naturellement ce qui paraissait insoluble.

SITUATION.

Quant aux situations passagères, la réponse d'Émilie,

. . . . Qu'il dégage sa foi,
Et qu'il choisisse après entre la mort et moi.

la réponse de Curiace,

Dis-lui que l'amitié, l'alliance et l'amour
Ne pourront empêcher que les trois Curiaces
Ne servent leur pays contre les trois Horaces.

la réponse de Chimène,

Malgré des feux si beaux qui troublent ma colère,
Je ferai mon possible à bien venger mon père ;
Mais, malgré la rigueur d'un si cruel devoir,
Mon unique souhait est de ne rien pouvoir.

la réponse d'Alzire,

Ta probité te parle, il faut n'écouter qu'elle.

sont des modèles accomplis des plus heureuses solutions.

Dans le comique, un excellent moyen de sortir d'une situation qui paraît sans ressource, c'est la ruse qu'emploie la femme de Georges Dandin lorsqu'elle fait semblant de se tuer, et qu'elle réussit, par la frayeur qu'elle lui cause, à le mettre dehors et à rentrer chez elle.

Le moyen qu'emploie Isabelle dans *l'École des Maris*, pour empêcher Sganarelle d'ouvrir sa lettre,

Lui voulez-vous donner à croire que c'est moi ?

n'est ni moins naturel ni moins ingénieux, et il est d'un plus fin comique.

Mais le prodige de l'art, pour se tirer d'une situation difficile, c'est ce trait de caractère du *Tartufe* :

Oui, mon frère, je suis un méchant, un coupable,
Un malheureux pécheur, tout plein d'iniquité,
Le plus grand scélérat qui jamais ait été.

Ce serait là le dernier degré de perfection du comique, si, dans la même pièce et après cette situation, on n'en trouvait une encore plus étonnante: je parle de celle de la table, au-delà de laquelle on ne peut rien imaginer.

MARMONTEL, *Éléments de Littérature*.

———

SMOLLET (TOBIE), médecin et littérateur anglais, né à Cameron en Écosse, en 1720, mort en Italie en 1771, s'était trouvé au siège de Carthagène, en qualité de chirurgien. Cette circonstance de sa vie est rappelée dans son roman de *Rodrick Random*, et dans l'*Abrégé de l'Histoire des Voyages*, qui lui est attribué.

On a de lui: l'*Histoire d'Angleterre*, 4 vol. in-4°, traduite en français par Farge, qui y a ajouté une suite jusqu'en 1763; *Voyage en France*, 1766; *Abrégé de l'Hstoire des Voyages*, par ordre chronologique, 7 vol. in-12; plusieurs romans: *Piskle*, 4 vol. in-12; *Ferdinand, comte Fathom*; *Lancelot Greaves*; *Rodrick Random*, traduit en français;

Humphry Clinker, 1771, 3 vol. in-12; la *Traduction* anglaise de *Gil Blas*, celle de *Don Quichotte*, et celle du *Télémaque*, qui ne parut qu'après sa mort. Cet écrivain a encore publié l'*Histoire universelle d'une société de gens de lettres*, particulièrement en ce qui regarde l'*Histoire de France*, celle d'*Italie* et d'*Allemagne*. Il a aussi travaillé au journal intitulé *Critical Review*, depuis 1755 jusqu'en 1763. Le docteur Anderson a donné, en 1796, une *Vie de Smollet*.

MORCEAUX CHOISIS.

I. Guillaume III.

Guillaume III était d'une taille médiocre, d'une complexion faible, et d'un tempérament délicat; il était sujet à un asthme et à une toux continuelle depuis son enfance. Il avait le nez aquilin, les yeux brillants, le front large, l'air froid et sérieux. Il était fort avare de paroles; sa conversation était sèche et ses manières désagréables, excepté dans un jour de combat : alors il montrait de la franchise, de l'ardeur et de la gaieté. En courage, en bravoure et en sang-froid, il égalait les plus fameux capitaines de l'antiquité, et la sagacité naturelle de son esprit corrigeait le défaut de son éducation qui avait été peu soignée. Il était religieux, sobre, généralement juste et sincère, étranger aux transports violents des passions, et il aurait pu passer pour un des meilleurs princes du siècle où il vivait, s'il n'était jamais monté sur le trône de la Grande-Bretagne.

Mais le trait distinctif de son caractère était l'ambition : il lui sacrifia les scrupules de l'honneur et des bienséances, en déposant son beau-père et son oncle; il la satisfit au dépens de la nation qui l'avait élevé au souverain pouvoir. Il aspirait à l'honneur de paraître comme arbitre dans tous les démêlés de l'Europe, et le second objet de son attention était la prospérité du pays qui l'avait vu naître. Soit qu'il crût réellement que l'intérêt du Continent et celui de la Grande-Bretagne étaient inséparables, ou qu'il cherchât seulement à faire entrer l'Angleterre dans la confédération comme une alliée utile, il n'en est pas moins certain qu'il entraîna ce royaume dans des liaisons étrangères, qui probablement causeront sa ruine. Afin d'accomplir son dessein favori, il ne se fit aucun scrupule d'employer tous les moyens de la corruption, et il déprava ainsi complètement le caractère moral de la nation. Il obtint la sanction du parlement pour une armée permanente qui semble maintenant faire partie de la constitution. Il introduisit l'usage désastreux des emprunts; expédient qui fit nécessairement éclore un essaim d'usuriers, de courtiers et d'agioteurs qui s'engraissèrent aux dépens de leur pays. Il légua à la nation une dette toujours croissante et un système politique source de misère, de désespoir et de ruine. Pour comprendre en peu de mots son caractère. Guillaume était fataliste en religion, infatigable dans la guerre, entreprenant en politique, insensible à toutes les généreuses et nobles émotions du cœur humain, parent froid, assez bon mari, homme désagréable dans la vie privée, prince peu affable, et monarque impérieux.

Il mourut le 8 mars 1701, à l'âge de cinquante-deux ans, après avoir régné treize années.

Histoire d'Angleterre.

II. Le Tableau grotesque.

(*Apologue.*)

Un jeune peintre, dans une saillie de gaieté, esquissa une sorte de tableau de mœurs, représentant un ours, un hibou, un singe et un âne, et pour rendre sa composition plus piquante, plus comique et plus morale, il distingua chacun de ses personnages par quelque emblême de la vie humaine.

Martin était représenté dans le costume et l'attitude d'un vieux soldat édenté et ivre ; le hibou, perché sur le manche d'une cafetière, avec une large paire de lunettes, semblait comtempler un journal ; et l'âne, coiffé d'une énorme perruque à marteaux, dont l'ampleur ne pouvait cependant cacher ses longues oreilles, faisait peindre son portrait par le singe, qui paraissait avec les attributs de la peinture. Ce groupe fantasque excita quelque gaieté, et obtint une approbation générale, jusqu'à ce qu'un mauvais plaisant s'avisa de dire que c'était une caricature aux dépens de quelques amis de l'artiste. Cette maligne insinuation n'eut pas plutôt circulé, que les mêmes personnes qui avaient applaudi auparavant commencèrent à s'alarmer, et s'imaginèrent même qu'elles étaient désignées par les divers acteurs du tableau.

Parmi les autres, un grave personnage d'un âge mûr, qui avait servi avec distinction dans l'armée, furieux de cet outrage prétendu, se rendit au logement du peintre, et, l'ayant trouvé chez lui : « En-
« tendez-vous, monsieur le singe, dit-il, j'ai bien
« envie de vous prouver que, si l'ours a perdu ses
« dents, il a encore ses griffes, et qu'il n'est pas
« assez ivre pour ne pas s'apercevoir de votre imper-
« tinence. Morbleu ! cette mâchoire édentée est une
« détestable et scandaleuse diffamation : mais ne
« croyez pas que mes gencives soient assez déla-
« brées pour me mettre hors d'état de ruminer ma
« vengeance. » Ici il fut interrompu par l'arrivée d'un docte médecin qui, s'avançant vers le prévenu avec la rage dans les yeux, s'écria : « Si par hasard
« en alongeant les oreilles de l'âne, vous faisiez rac-
« courcir celle du babouin ! Allons point de sub-
« terfuge ; car, par la barbe d'Esculape, il n'y a pas
« un poil dans cette perruque dont le témoignage
« ne dépose en justice pour vous convaincre d'in-
« sulte personnelle. Observez, capitaine, comme ce
« malheureux petit drôle a copié jusqu'à la frisure.
« La couleur, il est vrai, est différente ; mais la
« forme et le toupet sont parfaitement identiques. » Pendant qu'il s'emportait ainsi en vociférations, entre un vénérable sénateur, qui s'avance en chancelant vers l'accusé. « Sapajou ! s'écrie-t-il, je vous
« ferai bien voir que je sais lire autre chose qu'un
« journal, et sans avoir besoin de lunettes. Voici
« un billet de votre main, pendard, une reconnais-
« sance de l'argent que je vous ai avancé, faute de

« quoi vous auriez vous-même ressemblé à un hi-
« bou, et vous n'auriez pas osé montrer votre face
« au jour, ingrat et impudent coquin que vous êtes.»

En vain le peintre surpris protesta qu'il n'avait eu aucune intention de les offenser ni de désigner personne en particulier. Ils soutinrent que la ressemblance était trop palpable pour être l'effet du hasard, et l'accusèrent d'insolence, de malice et d'ingratitude. Enfin leurs clameurs ayant été entendues par le public, le capitaine fut un ours, le docteur fut un âne, et le sénateur un hibou, jusqu'à leur dernier jour.

Lecteur, je te conjure de te rappeler cet exemple, quand tu t'amuses à lire un roman comique, ou un conte moral, et de ne pas chercher à te faire l'application de ce qui convient également à mille autres individus. Si tu rencontres un caractère qui réfléchisse ton image sous un jour désagréable, garde bien le secret : songe qu'un trait ne fait pas le visage, et que, bien que tu sois pourvu d'un nez en pied de marmite, dix de tes voisins peuvent se trouver dans la même catégorie.

SONNET. Ce genre de poésies, qui a été si long-temps en crédit, est aujourd'hui entièrement passé de mode. Boileau paya lui-même une sorte de tribut à l'opinion, en traçant laborieusement dans son *Art poétique*, les règles du sonnet*, et finissant par dire :

---

* On dit, à ce propos, qu'un jour ce dieu bizarre,
Voulant pousser à bout tous les rimeurs françois,

SONNET.

Un sonnet sans défaut vaut seul un long poëme.

Cela est un peu fort, et c'est pousser un peu loin le respect pour le sonnet. On a remarqué avec raison qu'il n'y avait point de différence essentielle entre la tournure d'un sonnet et celle des autres vers à rimes croisées, et qu'il doit seulement, comme le madrigal et l'épigramme, finir par une pensée remarquable : il n'y a pas là de quoi lui donner une si grande valeur. Dans le très petit nombre de ceux qui ont échappé au naufrage général, on compte celui de Desbarreaux, qui finit par une belle idée, rendue par une belle image, mais où les connaisseurs ont remarqué des idées fausses ou trop répétées, de mauvaises rimes et des expressions impro-

> Inventa du sonnet les rigoureuses lois ;
> Voulut qu'en deux quatrains de mesure pareille
> La rime avec deux sons frappât huit fois l'oreille ;
> Et qu'ensuite six vers artistement rangés
> Fussent en deux tercets par le sens partagés.
> Sur-tout de ce poëme il bannit la licence :
> Lui-même en mesura le nombre et la cadence ;
> Défendit qu'un vers faible y pût jamais entrer,
> Ni qu'un mot déjà mis osât s'y remontrer.
> Du reste il l'enrichit d'une beauté suprême :
> Un sonnet sans défaut vaut seul un long poëme.
> Mais en vain mille auteurs y pensent arriver ;
> Et cet heureux phénix est encore à trouver.
> A peine dans Gombaut, Maynard et Malleville,
> En peut-on admirer deux ou trois entre mille :
> Le reste, aussi peu lu que ceux de Pelletier,
> N'a fait de chez Sercy (a) qu'un saut chez l'épicier.
> Pour enfermer son sens dans la borne prescrite,
> La mesure est toujours trop longue ou trop petite.

(a) Libraire du palais.

pres; celui de Haynaut sur *l'Avorton*, qui est plein d'esprit, mais qui pèche par une multiplicité d'antithèses recherchées, monotones, et disant presque toutes la même chose, un autre de ce même Haynaut, qui malheureusement est une satire injuste contre Colbert, et, dans le style badin, celui de Fontenelle sur Daphné. Je citerai les deux derniers comme les meilleurs. Oublions que l'esprit de parti a dicté celui de Haynaut : l'auteur était créature de Fouquet; il écrivait contre l'ennemi de son bienfaiteur. La reconnaissance est du moins une excuse, et le repentir qu'il en témoigna depuis peut lui mériter son pardon : n'examinons que les vers,

Ministre avare et lâche, esclave malheureux,
Qui gémis sous le poids des affaires publiques,
Victime dévouée aux chagrins politiques,
Fantôme révéré sous un titre onéreux!

Vois combien des grandeurs le comble est dangereux!
Contemple de Fouquet les funestes reliques;
Et tandis qu'à sa perte en secret tu t'appliques,
Crains qu'on ne te prépare un destin plus affreux.

Il part plus d'un revers des mains de la Fortune;
La chute *comme à lui te peut être commune :*
Nul ne tombe innocent d'où l'on te voit monté.

Cesse donc d'animer ton prince à son supplice :
Et, près d'avoir besoin de toute sa bonté,
Ne le fais pas user de toute sa justice.

La tournure des vers est un peu uniforme; mais elle est ferme, et la précision, l'élégance, la noblesse, peuvent racheter quelques fautes. Voici le sonnet de Fontenelle :

Je suis (criait jadis Apollon à Daphné,
Lorsque, tout hors d'haleine, il courait après elle,
Et racontait pourtant la longue kyrielle
Des rares qualités dont il était orné);

Je suis le dieu des vers, je suis bel-esprit né.
Mais les vers n'étaient point le charme de la belle.
Je sais jouer du luth. Arrêtez. — Bagatelle.
Le luth ne pouvait rien sur ce cœur obstiné.

Je connais la vertu de la moindre racine;
Je suis, par mon savoir, dieu de la médecine.
Daphné courait encor plus vite que jamais.

Mais, s'il eût dit : Voyez quelle est votre conquête :
Je suis un jeune dieu, toujours beau, toujours frais,
Daphné, sur ma parole, aurait tourné la tête *.

SOPHOCLE d'Athènes, où plutôt du bourg de Colona, fils de Sophile, naquit la seconde année de la LXXe olympiade (498 ans avant J.-C.) lorsque Eschyle avait vingt-sept ans; il en avait lui-même quarante-deux lorsque ce poète mourut. Ces deux grands génies concoururent plusieurs fois pour le prix de la tragédie. La première fois qu'Eschyle fut vaincu par son rival, celui-ci était âgé de vingt-

---

* Pour compléter cet article, *voyez* à l'art. BENSERADE, tom. III, p. 323 de notre *Répertoire*, la querelle des *Uranistes* et des *Jobelins*, au sujet de deux sonnets, l'un de Benserade, l'autre de Voiture.

F.

neuf ans. Les juges ne pouvant s'accorder à qui des deux poètes le prix était dû, l'archonte Apséphion déféra la décision à Cimon et à ses neuf collègues qui venaient de battre les Perses sur l'Eurymédon: les généraux adjugèrent le prix à Sophocle. La tragédie couronnée portait le titre de *Triptolème*. Quoique plus âgé qu'Euripide de dix-sept ans, Sophocle lui survécut de quelques mois. La représentation de son *Antigone* lui valut un commandement militaire contre les Samiens.

Sophocle introduisit plusieurs changements dans la tragédie. Il fit paraître sur la scène un troisième acteur, et, regardant l'action comme la principale partie du drame, il abrégea encore davantage les chants du chœur, et lui assigna le rôle d'un simple spectateur, s'intéressant toujours à l'évènement qui se passe sous ses yeux, mais y prenant rarement part dans ses discours. Les chœurs de Sophocle se distinguent aussi de ceux d'Eschyle par le genre de leurs réflexions : tout est grandiose et guerrier dans Eschyle; tout est gracieux et agréable dans Sophocle. En abrégeant le rôle du chœur, il augmenta le nombre des *épisodes*, ou ce qu'on nomme improprement actes. Tant que le chœur avait été la principale partie de la tragédie, les acteurs ne faisaient qu'interrompre de temps en temps son monologue pour y placer l'action qu'il s'agissait de représenter. L'amélioration imaginée par Sophocle intervertit les rôles. L'action étant alors devenue la partie la plus importante de la pièce, c'était elle qu'interrompait à son tour le chœur pour raisonner sur la marche de l'évènement ou de la fable.

Sophocle est regardé comme le poète tragique le plus parfait de l'antiquité : c'est ce qu'on a voulu exprimer en l'appelant l'Homère de la tragédie, ou en donnant au chantre de l'*Iliade* l'épithète de Sophocle de l'épopée. Dans ses pièces, l'action est toujours nouée avec art, et la catastrophe préparée de loin. Ses caractères sont grands et héroïques ; mais il ne s'élèvent pas, comme ceux d'Eschyle, au-dessus de l'humanité. Sophocle est un grand peintre des passions, et il avait scruté le cœur humain dans ses replis les plus cachés. Le langage qu'il met dans la bouche de ses personnages est toujours parfaitement convenable à leur caractère, au lieu et aux circonstances où ils se trouvent. Son style est noble sans que ses expressions soient gigantesques : sa versification est riche et harmonieuse.

Les Anciens nous apprennent que l'aménité et la douceur qui caractérisent Sophocle, lui ont fait donner le surnom d'*Abeille attique*.

Nous allons placer ici le portrait qu'a tracé de Sophocle un littérateur allemand qui occupe aussi une place distinguée parmi les écrivains français [*].

« On dirait, c'est ainsi que s'exprime M. Schle-
« gel [**], pour parler dans le sens des religions an-
« ciennes, qu'une providence bienfaisante voulut
« faire connaître au genre humain la dignité et la
« félicité auxquelles il est quelquefois réservé, lors-

---

[*] Par son ouvrage sur la langue et la littérature provençales. *Paris* 1818, in-8°.

[**] Über dramatische Kunst und Litteratur, vol. I, p. 169.

« qu'elle réunit dans cet homme unique tous les
« dons divins capables à la fois d'orner l'esprit et
« d'élever l'âme, à tous les biens terrestres qu'on
« peut désirer. Le premier avantage de Sophocle
« fut de devoir le jour à des parents riches et consi-
« dérés, et de naître citoyen de l'état le plus civilisé
« de la Grèce libre. La beauté du corps et celle de
« l'âme; l'usage non interrompu de ses forces et de
« ses facultés intellectuelles jusqu'à la fin de sa lon-
« gue carrière; une éducation soignée où la gymnas-
« tique et la musique concoururent, par ce qu'elles
« ont de plus recherché et de plus parfait, à donner
« l'une une énergie nouvelle aux précieuses dispo-
« sitions de la nature, l'autre à les mettre toutes en
« harmonie entre elles; l'agrément et les charmes
« de la jeunesse; la maturité et les fruits de l'âge
« mûr; le talent de la poésie, développé avec un
« art infini dans toute son étendue; la pratique de
« la plus haute sagesse; l'estime et l'amour de ses
« concitoyens; la célébrité la plus grande parmi les
« étrangers; la bienveillance et la faveur des dieux :
« tels sont les traits principaux de la vie de ce poète
« pieux et vraiment sacré. Les dieux, parmi les-
« quels il choisit de préférence le dieu qui dispense
« la gaieté et qui forma à la civilisation les hommes
« auparavant grossiers, Bacchus, à qui il se consa-
« cra de bonne heure en prenant part aux jeux de
« ses fêtes, origine de la tragédie....; ne croirait-on
« pas que ces dieux auraient souhaité de le rendre
« immortel, tant ils retardèrent la fin de ses jours?
« Mais ne pouvant changer l'ordre du destin, ils le

« firent sortir de la vie de la manière la plus douce,
« afin que, sans s'en apercevoir, il échangeât une
« immortalité pour une autre, et que la cessation
« de sa longue existence sur la terre fût le commen-
« cement d'une gloire qui ne devait jamais s'étein-
« dre. A l'âge de seize ans, sa beauté le fit choi-
« sir pour conduire en dansant au son des instru-
« ments, le chœur des jeunes gens qui formaient le
« pæan; c'était, on le sait, la danse sacrée qu'on
« exécutait autour des trophés élevés après cette
« bataille de Salamine, où Eschyle avait combattu,
« et qu'il a dépeinte avec tant d'énergie. Ainsi la jeu-
« nesse de Sophocle brilla de son plus bel éclat à l'é-
« poque la plus glorieuse de l'histoire de sa patrie.
« Aux approches de la vieillesse, il remplit les fonc-
« tions de général, concurremment avec Périclès et
« Thucydide, et celle de prêtre d'un héros d'Athè-
« nes. A l'âge de vingt-cinq ans il commença à don-
« ner des tragédies; vingt fois il obtint la palme : sou-
« vent il occupa la seconde place, jamais il ne des-
» cendit à la troisième. Des succès toujours crois-
« sants signalèrent ses pas dans cette carrière, qu'il
« poursuivit au-delà de sa quatre-vingtième année ;
« peut-être même quelques-uns de ses chefs-d'œu-
« vre datent-ils de ses derniers temps. On rapporte
« qu'un de ses enfants, ou que ses enfants d'un pre-
« mier lit l'accusèrent d'être tombé en enfance,
« et de n'être plus en état d'administrer son bien,
« parce qu'il leur préférait un fils d'une seconde
« femme. Pour toute réponse, il lut à ses juges son
« *OEdipe à Colone*, qu'il venait d'achever, ou seu-

« lement, suivant d'autres auteurs, le chœur ma-
« gnifique de cette pièce où il célèbre Colone, sa
« patrie. Le tribunal se sépara, frappé d'admiration,
« et Sophocle fut reconduit chez lui en triomphe.
« S'il est certain qu'il a écrit ce second *Œdipe* dans
« un âge très avancé (et en effet on reconnaît des
« traces de vieillesse dans cette composition dénuée
« de l'impétuosité de la jeunesse, et recommanda-
« ble par la douceur de la maturité), n'y trouvons-
« nous pas l'image de la vieillesse la plus aimable à
« la fois et la plus respectable? Les récits de sa
« mort, qui tous semblent fabuleux, diffèrent entre
« eux, et cependant s'accordent sur un point qui,
« sans doute, fait allusion à la vérité : c'est qu'occu-
« pé de son art ou de quelque chose qui y avait rap-
« port, il a fini sans éprouver de maladie ; et,
« comme l'oiseau consacré à Apollon, quand il est
« au terme de son existence, il a exhalé sa vie au
« milieu des chants poétiques. C'est encore ainsi
« que j'ajoute foi à ce que l'on raconte de ce géné-
« ral lacédémonien qui, ayant entouré le tombeau
« de son père d'un mur de défense, fut averti, en
« songe, par Bacchus, d'y placer la sépulture de
« Sophocle, et envoya à ce sujet un héraut à Athè-
« nes ; et je crois de même à tout ce qui sert à met-
« tre dans son jour la vénération dont jouissait ce
« grand homme. Je l'ai appelé pieux et vraiment
« sacré, dans le sens même qu'il eût adopté. Si ses
« ouvrages respirent la grandeur, l'aménité et la sim-
« plicité antique, il n'est pas moins de tous les
« poètes grecs celui dont les sentiments ont le plus

« d'analogie avec l'esprit de notre religion. La na-
« ture lui avait refusé un seul don, un bel organe
« pour le chant; il ne pouvait que guider les voix
« étrangères, lorsqu'elles répétaient les accents
« harmonieux dont il avait donné le sujet. Voilà
« pourquoi il s'affranchit personnellement de l'u-
« sage où étaient les poètes de jouer dans leurs
« pièces; une seule fois, dit-on, il parut, jouant de
« la lyre, dans le rôle de l'aveugle Thamiris. »

On dit que Sophocle composa au-delà de cent tragédies : ce nombre se réduirait probablement à soixante-dix, si l'on en séparait celles de ses disciples. Il ne nous en reste que sept; elles ont été toutes écrites après la cinquante-troisième année de l'âge du poète, qui termina sa carrière la troisième année de la XCIII^e olympiade (406 avant J.-C.).

SCHOELL., *Histoire de la Littérature grecque profane*.

JUGEMENT [*].

Il ne nous reste des nombreux ouvrages qui remplirent la longue carrière de Sophocle, que sept tragédies, *les Trachiniennes*, *Ajax furieux*, *Antigone*, *OEdipe roi*, *OEdipe à Colonne*, *Électre*, et *Philoctète*.

Tout le monde sait que Sophocle a fait de belles tragédies : l'on ignore communément qu'il commanda les armées, et fut élevé à la dignité d'archonte, la première de la république d'Athènes. On a souvent rappelé ce procès intenté par l'ingra-

---

[*] *Voyez*, à l'art. EURIPIDE, le parallèle d'Eschyle, de Sophocle et d'Euripide, par Barthélemy, tom. XIII, pag. 57 de notre *Répertoire*.   F.

titude et gagné par le génie ; cette odieuse accusation des enfants de Sophocle, qui, las d'attendre son héritage et impatients de sa longue vieillesse, demandèrent son interdiction à l'aréopage, sous prétexte que sa tête était affaiblie. Le vieillard, pour toute défense, demanda aux juges la permission de leur lire la dernière pièce qu'il venait d'achever. C'était son *OEdipe à Colonne*, ouvrage qui devait confondre doublement ses accusateurs, puisqu'il y représente un père dépouillé par des fils ingrats. Il semblait qu'un sentiment secret lui eût dicté sa propre histoire. Il fut reconduit jusque chez lui avec des acclamations, et, plus indulgent qu'OEdipe, il pardonna à ses enfants. Il avait près de cent ans, et avait composé cent vingt tragédies, lorsqu'il fut couronné devant toute la Grèce aux jeux olympiques. Il mourut dans les transports de sa joie et dans le sein de la gloire. Il n'a manqué au Sophocle de nos jours, pour être aussi heureux que l'ancien, que de mourir comme lui au milieu de son triomphe.

Je commencerai par ceux de ses ouvrages qui nous sont le moins familiers, parce qu'ils n'ont pas été encore transportés sur notre théâtre. Je finirai par ceux qu'on y a pour ainsi dire naturalisés, et et sur sept, il y en a quatre, les deux *OEdipes*, *Électre* et *Philoctète*.

Le sujet des *Trachiniennes* est la mort d'Hercule causée par la jalousie de Déjanire et la fatale robe de Nessus. Les alarmes et les inquiétudes de cette femme qui attend son époux absent depuis plus

d'un an, un chœur de jeunes filles et son fils Hyllus qui la rassurent et la consolent, forment l'exposition de la pièce. Déjanire est d'autant plus inquiète, qu'un oracle a prédit qu'Hercule périrait dans l'expédition d'OEchalie pour laquelle il est parti, ou que, désormais rendu à lui-même, il jouirait, après tant de travaux, d'un destin doux et tranquille : oracle à double sens, comme tant d'autres, car ce repos ne veut dire ici que la mort qui attend Hercule au retour, et le bûcher d'où il s'élevera dans l'Olympe. Déjanire aime dans Hercule un héros, un libérateur et un époux. Elle se plaint que la gloire l'enlève trop souvent à sa tendresse. « Vous serez épou-
« ses quelque jour (dit-elle à ces jeunes filles qui
« l'entourent), et vous saurez alors tout ce qu'on
« peut souffrir dans la situation où je suis. » C'est un endroit que Racine paraît avoir imité dans Andromaque, quand cette princesse dit à Hermione :

. . . . Vous saurez quelque jour,
Madame, pour un fils jusqu'où va notre amour, etc.

Un envoyé vient annoncer à la reine qu'il a rencontré Lycas, l'ami d'Hercule, qui précède son maître; que ce héros revient triomphant, et lui envoie les dépouilles des ennemis et les captives qu'il a ramenées. En effet, Lycas paraît un moment après, suivi de toutes ces femmes prisonnières, qui se rangent au fond du théâtre. On distingue à leur tête la jeune Iole, remarquable par sa beauté. Déjanire, à cette vue, éprouve un mouvement douloureux, qu'elle attribue à la pitié que lui inspire le sort de ces infortunées ; mais le spectateur démêle déjà les premières impressions de la jalousie. La reine s'occupe particulièrement de cette jeune captive ; elle est touchée de sa beauté, de sa douleur modeste et noble. Elle l'interroge plusieurs fois. Iole baisse les yeux et garde le silence. La reine interroge Lycas, qui ne lui donne aucune lumière. Elle la fait entrer avec toutes les prisonnières dans l'intérieur du palais. Un homme survient, et s'offre à lui révéler un secret important : elle lui ordonne de parler. Il lui apprend que Lycas la trompe ; que Lycas a lui-même avoué, en arrivant, les nouvelles faiblesses d'Hercule ; que ce héros, épris des charmes d'Iole, n'a fait la guerre à Euryte, roi d'OEchalie, que pour ravir sa fille, et qu'Iole, bien loin d'être traitée en captive, va régner en souveraine sur la Thessalie et sur Déjanire elle-même. « Mal« heureuse (s'écrie-t-elle) ! quel serpent ai-je reçu « dans mon sein ! » Lycas reparaît pour prendre ses ordres, et près d'aller rejoindre Hercule qui s'est arrêté au promontoire de Cénée pour faire un sacrifice à Jupiter, Déjanire irritée lui reproche sa perfidie ; elle sait tout, et veut tout savoir : c'est le cri de la jalousie. Elle s'emporte, elle menace. Lycas persiste à nier qu'il sache rien de ce qu'elle demande. Alors elle feint de s'appaiser par degrés : elle n'est indignée que de ce qu'on veut lui en imposer ; car d'ailleurs elle est accoutumée à pardonner aux infidélités de son époux. Enfin elle fait si bien, que Lycas ne croit plus devoir lui cacher ce qu'après tout, dit-il, son maître ne cache pas lui-même. Toute cette scène est parfaitement conduite, et l'on voit déjà un art inconnu à Eschyle *. C'est alors que Déjanire, occupée tout entière des moyens d'écarter sa rivale et de regagner le cœur de son époux, se ressouvient que le sang de Nessus est un philtre, qui, si elle en croit ce que lui a dit le centaure mourant, rallume l'amour près de s'éteindre. Elle teint de ce sang une robe qu'elle envoie à son mari, et qu'elle remet à Lycas. Ce n'est pourtant pas sans inquiétude et sans effroi qu'elle se résout à employer ce charme inconnu dont elle n'a pas encore fait l'épreuve; car son caractère n'a rien d'odieux, et elle n'a pas une pensée coupable : elle n'est que jalouse et crédule. A peine Lycas est-il parti, qu'elle confie au chœur ses alarmes, ses remords, ses funestes pressentiments. Elle se rappelle que les flèches qui ont percé Nessus étaient infectées des poisons mortels de l'hydre de Lerne. Elle se livre au désespoir et jure que, s'il faut que son mari soit victime de son imprudence, elle ne lui survivra pas un moment. Ses craintes ne tardent pas à être confirmées. Son fils Hyllus, qui était allé au-devant de son père, l'a vu revêtir la robe empoisonnée, et en

* La Harpe montre peut-être ici quelqu'injustice pour le génie d'Eschyle, qu'il n'avait guère compris, comme on peut s'en convaincre par l'examen superficiel et les critiques hasardées qu'il a faits de son théâtre, et à qui l'art d'ordonner un ensemble et de conduire une scène n'étaient pas, il s'en faut, aussi étrangers qu'on le dit ici. *Voy.* dans notre *Répertoire*, tom. XII, pag. 438, l'article ESCHYLE. Du reste, La Harpe fait très bien ressortir les beautés de cette scène. Brumoy, qui en fait aussi grand cas, rapproche de l'adresse de Déjanire à surprendre le secret de Lycas, celle de Mithridate à pénétrer les sentiments de Monime (Act. III, Sc. 5).

H. PATIN.

a vu les horribles effets. Cette description, digne du pinceau de Sophocle, remplit le quatrième acte *. Ces sortes de morceaux plaisaient infiniment aux Grecs, et occupaient chez eux beaucoup plus de place que nous ne leur en permettons aujourd'hui. Hyllus accable sa mère de reproches. Elle sort sans répondre un seul mot, et l'on apprend, un moment après, qu'elle s'est donné la mort, et que son fils lui-même, instruit de l'erreur qui l'avait rendu criminelle, a embrassé sa mère mourante, et l'a baignée de ses larmes. On apporte sur le théâtre le malheureux Hercule, que l'excès de ses maux a endormi un moment. Il se réveille bientôt, et le spectacle prolongé de ses douleurs est une sorte de situation passive qui réussirait moins parmi nous que chez les Grecs, sur-tout dans un cinquième acte : nous voulons aller plus rapidement au but **. Au reste on

* Nous avons eu de nombreuses occasions, lorsqu'il a été question dans notre recueil d'Aristophane, d'Eschyle, d'Euripide, et principalement tom. I, pag. 51; II, 101, 109, 119; XII, 347; XIII, 96, de nous élever contre cette division en trois actes et en cinq actes, à laquelle on soumet arbitrairement les ouvrages des Grecs, qui ne la connaissaient pas, et que La Harpe adopte trop facilement dans ses analyses. Nous ne croyons pas nécessaire de revenir ici sur ce que nous avons dit des inconvénients que présente cette manière de partager les pièces grecques.

H. P.

** La Harpe remarque avec justesse, comme une chose qui n'est pas dans les usages de notre théâtre, l'étendue que le poète a donnée aux plaintes d'Hercule. On peut toutefois faire au sujet de cette critique quelques remarques. D'abord il n'est pas tout-à-fait exact de prétendre que cette scène n'offre qu'une situation passive; elle renferme une sorte de révolution théâtrale, de péripétie. Hyllus, pour calmer son père, à qui l'idée de la perfidie de Déjanire est plus insupportable que les souffrances mêmes, lui fait connaître l'innocence de sa mère. Cette révélation découvre à Hercule que les

peut s'attendre que Sophocle ne met dans sa bouche que des plaintes éloquentes et dignes d'Hercule. Cicéron les a traduites en vers latins, et Racine le fils en vers français :

Plus barbare pour moi qu'Eurysthée et Junon,
O fille d'OEnéus ! quelle est ta trahison !
Et quels sont les tourments dont tu me rends la proie,
Par le fatal présent que ta fureur m'envoie !
Tu m'as enveloppé de ce voile mortel,
Ce voile que pénètre un poison si cruel,
Voile affreux qu'ont tissu Mégère et Tisiphone.
Tout mon sang enflammé dans mes veines bouillonne
Je succombe, je meurs brûlé d'un feu caché,
Qu'allume en moi ce voile à mon corps attaché.
Ainsi ce que n'ont pu, dans l'horreur de la guerre,
Centaures ni géants, fiers enfants de la terre,
Ce que tout l'univers n'osa jamais tenter,
Une femme le tente, et l'ose exécuter.
Mon fils, soutiens ton nom : ton amour pour ton père
Doit effacer en toi tout amour pour ta mère.

oracles qu'il redoutait sont accomplis, et que son heure est venue. Il ne lu reste plus qu'à se résigner à sa destinée, et à faire, comme il convient à un héros, les apprêts de sa mort. On peut dire, en second lieu, que cette scène n'arrête en rien la marche de la pièce ni la progression de l'intérêt ; car on n'a pas le moindre doute sur le dénoûment, et le spectateur peut suivre sans préoccupation importune, les admirables développements auxquels se livre ici le poète. Du reste, il est très vrai que les Grecs s'arrêtaient beaucoup plus que nous à peindre certaines situations, et ils le pouvaient faire sans nuire à l'effet de leurs drames, qui n'offraient pas au même degré que les nôtres cet intérêt de curiosité, d'attente, de surprise, qui nous précipite vers le dénoûment, et ne nous permet guères d'accorder notre attention à des morceaux qui ne nous paraîtraient que des longueurs. C'est une des différences principales qui distinguent les deux systèmes dramatiques.

H. Patin.

Va chercher, va saisir celle qui m'a trahi ;
Traîne-là jusqu'à moi, va, cours et m'obéi.
Cours venger... Mais hélas! que fais-je, misérable!
Je pleure, et jusqu'ici, d'un front inébranlable,
De tant d'affreux revers j'ai soutenu l'horreur.
Mon fils, de ce poison, vois quelle est la fureur!
Ose approcher ; et vous, accourez tous ensemble,
Peuples ; que dans ces lieux mon malheur vous rassemble.
Contemplez en moi seul tous les tourments divers.
Ah! précipite-moi dans le fond des enfers,
Termine par ta foudre, et ma vie et ma honte,
Grand dieu! témoin des maux dont l'excès me surmonte.
Qu'est devenu ce corps que j'ai reçu de toi?
Mes membres t'offrent-ils quelque reste de moi?
Non, cette main si faible et presque inanimée
N'est plus la main fatale au lion de Némée.
Est-ce donc là ce bras de Cerbère vainqueur,
Ce bras dont le Centaure éprouva la vigueur,
Ce bras qui fit tomber le monstre d'Érymanthe,
L'hydre contre mes coups sans cesse renaissante,
Et l'affreux surveillant de ce fruit renommé ;
Ce bras qu'aucun mortel n'a jamais désarmé? etc.

Dans les principes du théâtre grec, cette tragédie est fort bien conduite. Pour nous le sujet aurait quelques inconvénients, et demanderait à être traité différemment. La Déjanire de Sophocle est très dramatique* : son Hercule ne l'est pas. Nous ne voudrions pas qu'un héros ne parût sur la scène que

* Nous avons indiqué, tom. IX, pag. 208 de notre *Répertoire*, un rapprochement entre ce rôle et celui d'*Ariane*, dans la tragédie de Th. Corneille.

H. P.

pour y mourir; que sa maîtresse ne fît qu'un personnage muet, et qu'en mourant il la résignât à son fils, comme fait Hercule dans Sophocle. Mithridate en fait autant pour Monime; mais il sait qu'elle aime Xipharès, et leurs amours ont fait le nœud de la pièce. Ceux d'Iole et d'Hercule ne sont qu'en récit, et nous verrons tout à l'heure un autre exemple encore plus frappant, qui nous prouvera que l'amour n'entrait point dans le système théâtral des Grecs. Ce sujet de la mort d'Hercule a été traité plusieurs fois parmi nous, soit en tragédie, soit en opéra, et toujours sans aucun succès. Le rôle d'Hercule est très difficile à faire : ces sortes de personnages, dont la grandeur est plus qu'humaine, ne sont guère faits pour notre système tragique. Je crois pourtant qu'avec un véritable talent pour la scène, on pourrait tirer parti de ce sujet. Les rôles de Déjanire, d'Iole, du jeune Hyllus, sont susceptibles d'intérêt, sur-tout si la rivalité des deux femmes était traitée avec art, et que la jeune Iole, insensible à l'amour d'Hercule, en eût pour son fils. Il est pourtant vrai de dire que ces sortes d'intrigues amoureuses sont un peu épuisées, et que ces sujets anciens ne peuvent se rajeunir aujourd'hui que par la magie des couleurs poétiques.

Le sujet d'*Ajax furieux* est d'abord le désespoir de ce héros, dont la raison est aliénée par Minerve, après qu'Ulysse a remporté sur lui les armes d'Achille; ensuite sa mort et ses funérailles. Il n'y a pas autre chose, et il n'en faut pas plus pour faire une tragédie grecque. Ne nous hâtons pas de condamner, et ne perdons pas de vue leurs mœurs et leur religion. Songeons que nous sommes pour un moment à Athènes. Quand le cinquième acte d'*Oreste*, que Voltaire avait trop fidèlement imité du grec, fut mal reçu par le public de Paris: *C'est pourtant Sophocle*, disait l'auteur à madame de Graffigny; elle lui répondit en parodiant un vers des *Femmes savantes* :

Excusez-nous, Monsieur, nous ne sommes pas Grecs.

Elle avait raison. Quand on fait des tragédies en France, il faut les faire pour des Français; et Voltaire le sentit, car il refit un autre cinquième acte. Mais ce qu'on disait à Voltaire, on ne doit pas le dire à Sophocle : on ne peut pas lui reprocher d'avoir écrit pour sa nation. Ce qui est faux et monstrueux est condamnable partout; mais ce qui n'a d'autre défaut que d'être appuyé sur ces idées conventionnelles qui varient d'un peuple à l'autre, ne peut pas être reproché à l'auteur. Voyons l'*Ajax* d'après ce principe, et si nous n'y trouvons pas une tragédie française, nous y trouverons du moins de quoi admirer le poète grec.

La première chose à remarquer, comme n'étant pas dans nos usages, c'est l'intervention d'une divinité. Minerve est un des personnages de la pièce; elle ouvre la scène avec Ulysse près du pavillon d'Ajax. Ce guerrier a fait, pendant la nuit, un massacre horrible de troupeaux et de ceux qui les gardaient. La déesse protectrice des Grecs dit à Ulysse que, pour les sauver de la fureur d'Ajax, elle lui a ôté la raison, au point qu'il a assouvi sur de vils animaux et d'innocents bergers la rage qu'il croyait exercer sur les Atrides et sur Ulysse. Elle veut rendre celui-ci le témoin invisible de l'état de démence où elle a réduit son malheureux rival. Elle appelle Ajax, qui sort de sa tente, et se vante d'avoir tué le fils d'Atrée et les autres rois. Quant à celui d'Ithaque, il le tient renfermé, dit-il, pour le faire périr dans un long supplice. Il rentre, et Minerve, s'adressant à Ulysse, lui dit :

Eh bien! des immortels vous voyez la puissance.
Voilà ce grand Ajax, la terreur des guerriers!
L'oubli de sa raison a flétri ses lauriers.
Les dieux l'ont égaré : sa gloire est éclipsée.

ULYSSE.

Je le vois et le plains : loin de moi la pensée
D'insulter au malheur même d'un ennemi !
Quel affreux changement! Mon cœur en a frémi.
Je dois vous l'avouer : son infortune extrême,
Par un retour secret, m'a consterné moi-même.
Que sommes-nous, hélas! nous fragiles humains,
Fantômes passagers, vains jouets des Destins!

MINERVE.

Redoutez donc ces dieux, dont vous êtes l'ouvrage,
Ne prononcez jamais un mot qui les outrage.
Que l'éclat des grandeurs ne vous puisse éblouir :
Vous voyez qu'un moment peut les anéantir.
Gardez que la valeur, le pouvoir, la richesse,
Ne vous fassent de l'homme oublier la faiblesse.
Le courage modeste est protégé des cieux,
Et le mortel superbe est en horreur aux dieux.

Cette morale religieuse et cette honorable protection que Minerve accorde aux Grecs, devaient leur plaire également, et c'était un double mérite pour l'auteur. Quant à l'égarement d'Ajax, observons que les Anciens et les Modernes ont employé sur le théâtre l'aliénation d'esprit comme un moyen d'intérêt. Les Anglais sur-tout en ont fait un fréquent usage, mais avec plus de succès dans leurs romans que dans leur drames. La folie, l'une des misères les plus humiliantes de la condition humaine, nous inspire aisément cette pitié dont nous voyons avec plaisir qu'Ulysse lui-même ne peut se défendre dans la scène de Sophocle; mais aussi n'oublions pas que la folie est tout près du ridicule. Il faut donc beaucoup d'art pour la montrer aux hommes, et sur-tout il faut qu'elle ne soit que passagère, et tienne à une de ces grandes passions ou de ces grandes infortunes qui peuvent troubler la raison. On sent qu'il serait trop aisé de faire déraisonner un homme pendant toute une pièce, et que ce spectacle à la longue ne peut être que dégoûtant et fastidieux. L'art consiste à jeter dans le langage confus qui convient à ces sortes d'accès des choses vraies et senties, où l'âme paraît se trahir elle-même, et se peint sans le vouloir par des mots qui s'échappent d'une tête en désordre, et nous frappent comme des éclairs dans la nuit; car la folie est comme l'enfance; elle intéresse, parce qu'elle ne trompe pas. Sophocle ne montre celle d'Ajax que dans une scène très courte, et qu'il relève, autant qu'il est possible, par la noble compassion d'Ulysse et les sages leçons de Minerve; car d'ailleurs la démence d'Ajax ne produirait sur nous aucun effet, et nous serions peu touchés de le voir rentrer dans sa tente pour aller battre de verges Ulysse, qu'il a, dit-il, attaché à une colonne. Mais ce qui est intéressant, c'est le moment où Minerve, pour le punir, permet qu'il revienne à lui-même, et retrouve toute sa raison. C'est alors qu'en voyant les excès honteux où il s'est emporté, il tombe dans un désespoir digne d'un héros qui s'est avili; c'est là que son rôle devient pathétique et théâtral; sa douleur profonde intéresse, et l'on admire ensuite sa fermeté tranquille quand il se résout à mourir. Tecmesse, épouse d'Ajax, autrefois sa captive, attirée par les cris des Salaminiens qui demandent à voir leur roi, leur fait une peinture très touchante de l'état où il est réduit. « Il est revenu de sa fureur, dit-elle, « mais son mal n'en est que plus terrible. Plongé « dans une sombre tristesse, il me fait trembler. Il « ignorait son malheur, et il le connaît. » Mot d'une grande vérité. Elle l'entend qui appelle son fils Eurysace. « Ah! mon fils! s'écrie-t-elle en frémissant, « il t'appelle! » Mouvement naturel, qui peint bien tout ce qu'on peut craindre d'Ajax. Il paraît, et Sophocle le fait parler avec cette éloquence tragique que la prose dégraderait trop, et que la poésie seule peut rendre. Les Anciens excellaient à peindre ces douleurs de héros, à prêter à ces personnages fameux un langage proportionné à l'idée de leur grandeur; mais cette grandeur a besoin de la perspective du théâtre et des couleurs poétiques. La prose, trop rapprochée de nous, la dément pour ainsi dire, et fait tomber l'illusion. Cette raison seule suffirait pour faire voir combien c'est dénaturer la tragédie que de lui ôter le langage qui lui appartient. Rien ne fait moins d'honneur à notre siècle, que d'avoir imaginé cette ridicule innovation. Une tragédie en prose ne peut être qu'un monstre né de l'impuissance et du mauvais goût, et il faut pardonner aux artistes de ne pas voir de sang-froid qu'on abuse à ce point de l'esprit philosophique pour attenter aux beaux-arts.

C'est aussi par ce motif que, toutes les fois que j'ai voulu donner une idée des beautés du théâtre grec, j'ai essayé de vaincre la difficulté de traduire en vers, comme j'ai fait ci-devant pour Eschyle, et comme je le ferai encore tout à l'heure pour Sophocle et Euripide.

Tecmesse, qui prevoit le funeste dessein d'Ajax, emploie pour l'en détourner tout ce que l'amour conjugal et maternel a de plus touchant. Il demande à voir son fils encore enfant, et ces scènes puisées dans la nature sont, comme on sait, le triomphe des poètes grecs. Tecmesse le conjure encore au nom des dieux.... Il l'interrompt : « Igno-« rez-vous que je ne dois plus rien aux dieux? » Cependant il commence à craindre que sa femme et ses sujets ne s'opposent à sa résolution. Il feint de céder, et sort comme pour aller se purifier dans une fontaine lustrale, et ensevelir dans la terre la fatale épée qu'il a reçue d'Hector, et dont il a fait un si honteux usage. Arrive un envoyé de Teucer qui demande Ajax. On lui répond qu'il est absent. Là-dessus il s'écrie qu'un oracle de Calchas avait marqué ce jour comme celui que Minerve destinait à sa vengeance, et avait prédit que si dans ce jour Ajax sortait, c'était fait de lui. Tout cet acte est un peu de remplissage. Il y a des longueurs que notre théâtre ne comporte point, et l'oracle annonce trop l'évènement qui va suivre. Ajax rentre. Il a enfoncé la garde de son épée dans la terre pour se précipiter sur la pointe, tandis que tout s'est dispersé pour le chercher. Il y a de l'adresse dans l'auteur à écarter ainsi tout ce qui pourrait s'opposer au dessein d'Ajax, et l'on reconnaît ici les vraisemblances théâtrales qu'il a observées le premier *.

Pour bien juger le monologue qui termine le rôle d'Ajax, il faut se souvenir de l'importance extrême que les Anciens attachaient aux honneurs de la sépulture. En être privé, était pour eux un des plus cruels affronts et un des plus grands malheurs : ce n'était qu'après l'avoir reçue avec les cérémonies accoutumées, que leur ombre pouvait passer le Styx et reposer dans la demeure des morts : c'était sur

* Cet éloge donné à Sophocle est une censure peu juste d'Eschyle; ensuite La Harpe loue ici son auteur d'une sorte d'*adresse* qui ne mériterait guère d'être approuvée. Pourquoi Ajax *rentrerait-il* dans un lieu qu'il n'a quitté que pour être libre, où il a ordonné au chœur de rester, et qu'il n'a aucune raison de supposer vide ? Il vaut mieux croire, avec M. de Rochefort, que la décoration changeait, et représentait le rivage de la mer. Il est vrai qu'il est assez étrange que les divers personnages de la pièce se rencontrent à point nommé dans ce désert. Peut-être les inconvénients que présentent l'un et l'autre système étaient-ils sauvés par une disposition de théâtre particulière, comme le veulent Dupuis et Barthelemy.

H. P.

leurs tombeaux qu'ils recevaient encore, lorsqu'ils n'étaient plus, les hommages pieux de leurs parents et de leurs amis. Tout concourait chez eux à lier les idées de la vie présente et celles de la vie future, et c'est ce qu'il ne faut jamais perdre de vue quand on lit les ouvrages de ces siècles reculés. Ne soyons donc pas surpris qu'Ajax, avant de mourir, mêle à ses imprécations contre ses ennemis des vœux ardents et inquiets pour le retour de son frère Teucer, de qui il attend les derniers devoirs. Rappelons-nous aussi que les imprécations de mourants étaient regardées comme des prédictions qui devaient être accomplies, et que par conséquent elles produisaient plus d'effet sur l'ancien théâtre que sur le nôtre.

Oui, le glaive est tout prêt; il va finir ma vie.
Enfoncé dans les flancs d'une terre ennemie,
Placé dans des rochers où l'a fixé ma main,
Il présente la pointe où s'appuîra mon sein.
Ce don d'un ennemi que la Grèce déteste,
Ce fer, présent d'Hector, qui dut m'être funeste,
Aujourd'hui seul remède aux horreurs de mon sort,
Rend un dernier service à qui cherche la mort.
O vous? ô dieux puissants! exaucez ma prière!
Je ne demande pas une faveur trop chère;
Mais au moins, dans l'instant où je perdrai le jour,
De Teucer en ces lieux, dieux, hâtez le retour!
Que Teucer me retrouve, et qu'il rende à la terre
Le cadavre sanglant de son malheureux frère,
De peur qu'un ennemi, prévenant ses secours,
Ne m'abandonne en proie aux avides vautours.
Que le fils de Maïa, qui sur les rives sombres

Des pavots de son sceptre endort les tristes ombres,
Dans le dernier sommeil suspendant mes ennuis,
Y plonge mollement mes mânes assoupis.
Vous, filles de la Nuit, déités implacables,
Qui, la torche à la main, poursuivez les coupables,
Ministres des enfers, dont le regard vengeur
Observe incessamment le crime et le malheur,
Je vous invoque ici, puissantes Euménides!
Voyez ce que m'ont fait les injustes Atrides.
Auteurs de tous mes maux, leur superbe mépris
Insulte à mon trépas : payez-leur en le prix.
Qu'ainsi que par mes mains ma vie est terminée,
La main de leurs parents tranche leur destinée;
Que les Grecs soient punis et leur camp ravagé;
N'en épargnez aucun : tous ils m'ont outragé.
Soleil, arrête-toi dans ta course divine;
Détourne tes chevaux aux murs de Salamine;
Raconte à Télamon, chargé du poids des ans,
Et les destins d'Ajax, et ses derniers moments.
Oh! combien ce récit va frapper sa vieillesse!
Oh! qu'il va de ma mère affliger la tendresse!
J'entends ses cris perçants, sa lamentable voix....
Je te parle, ô soleil, pour la dernière fois :
Pour la dernière fois mon œil voit ta lumière.
O mort! ô mort! approche et ferme ma paupière;
Approche : ton aspect ne peut m'épouvanter.
A jamais avec toi je m'en vais habiter.
O jour! ô Salamine! ô terres paternelles!
Fleuves sacrés, et vous, mes nourrices* fidèles!
Noble peuple d'Athène, à mon sang allié!
Troie, où, pour mon malheur, les dieux m'ont envoyé!

---

* La Harpe est ici trompé par le mot. Le héros s'adresse à ceux qui l'ont *nourri*, à ses parents, qui ont ses derniers adieux.

H. P.

Vous, que ma voix appelle à cette dernière heure,
Recevez mes adieux ; il est temps que je meure,
Que je termine enfin ma plainte et mes revers :
Mon ombre va chercher du repos aux enfers.

Pour nous ce monologue serait trop long dans le moment où il est prononcé*, et les apostrophes paraîtraient trop multipliées ; mais voilà ce que les Anciens appelaient *novissima verba*, les dernières paroles, les paroles de mort, qui avaient chez eux une sorte de sanction religieuse et redoutée. On voit qu'Ajax n'oublie rien dans ses adieux, pas même ses nourrices. Les apostrophes sont multipliées dans ce monologue : en général, elles sont plus fréquentes chez eux que parmi nous, parce qu'ils personnifiaient une foule d'êtres qui ne nous présentent que des idées purement physiques, les fontaines, les foyers domestiques, les bocages, les fleuves ; ils animaient et consacraient tout. Ils parlaient plus à l'imagination, et nous à la raison. La poésie s'accommode bien mieux de l'une que de l'autre. Aussi ceux des Modernes qui se sont appliqués avec succès à la grande poésie et à la grande éloquence,

---

* On peut répondre plus directement que ne le fait La Harpe à ce reproche. Le monologue d'Ajax ne pourrait être trop long, que s'il arrêtait l'action. Mais elle est à son terme ; la résolution du héros va s'accomplir, on n'en peut plus douter. Le spectateur ne peut se plaindre qu'on l'arrête sur ce moment solennel. En outre le suicide d'Ajax n'est pas un mouvement passionné, mais un acte réfléchi, qui permet et demande même d'assez longues paroles. Enfin, dans tout ce morceau il n'y a rien d'inutile : point de redites, point de longueurs.

H. P.

se sont approchés le plus qu'ils ont pu de la manière antique.

Après le morceau qu'on vient d'entendre et la mort d'Ajax, la pièce serait finie pour nous. Elle ne l'est pas pour les Grecs ; car il s'agit de savoir ce que deviendra le corps d'Ajax. Le chœur entre d'un côté, Tecmesse de l'autre ; Teucer, attendu si long-temps, se montre enfin. Il apprend le malheur de son frère. Le chœur remarque qu'Hector, lorsqu'il fut traîné par Achille, était attaché avec le baudrier qu'il avait reçu d'Ajax, et qu'Ajax à son tour s'est percé du glaive qu'Hector lui avait donné. *Ces dons mutuels et funestes de deux ennemis ont sans doute*, dit-il, *été fabriqués par les Furies*. Toujours des idées et des présages attachés aux êtres inanimés : c'est là le langage de l'antiquité. Ménélas vient, de la part des chefs de l'armée, défendre à Teucer d'ensevelir Ajax, qui a voulu faire périr les Atrides ; dispute très vive entre Ménélas et Teucer. Le premier se retire en menaçant d'employer la force. Teucer coupe de ses cheveux et de ceux d'Eurysace, et, obligé de s'éloigner un moment pour trouver un lieu propre à la sépulture d'Ajax, il ne laisse pour le garder que sa femme Tecmesse et son fils Eurysace. Il met ses restes sacrés sous la protection de la faiblesse et de l'enfance. « Périsse, dit-il, quiconque oserait toucher à ce « dépôt ! Que lui et tous les siens tombent comme « cette chevelure est tombée sous le ciseau. » Transportons-nous dans ce siècle si différent du nôtre, et voyons si ce n'est pas un spectacle touchant que le corps du père menacé d'être enlevé par ses ennemis, et gardé par une femme et un enfant; voyons si ce tableau, qui serait beau sur la toile, le serait moins sur le théâtre, et avouons que cette religion était poétique et théâtrale, et que Sophocle et Homère s'en sont servis en grands hommes.

Au cinquième acte, Agmemnon lui-même vient renouveler la défense de Ménélas et la querelle avec Teucer. C'est un défaut réel : c'en est un sur-tout que deux scènes qui ont le même objet, sans que l'action ait fait un pas. Ulysse vient à propos pour mettre fin à cette indécente contestation, portée aux plus violentes injures. Il soutient la noblesse de son caractère, et fait sentir au fils d'Atrée qu'il est indigne de s'acharner sur un ennemi mort. Agamemnon se rend, et la pièce finit.

Deux actes ont été employés à savoir si le corps d'Ajax serait enseveli *. Voici une pièce entière, et ce n'est pas une des moins touchantes de Sophocle, où il ne s'agit d'autre chose que de la sépulture refusée à Polynice : c'est *Antigone*. Elle eut à Athènes trente-deux représentations, et l'auteur eut pour récompense la préfecture de Samos. Le vieux Rotrou en donna une imitation qui eut du succès dans son temps, et qui n'est pas indigne de l'auteur de *Venceslas*.

Cette pièce est la suite de *la Thébaïde*. Les deux fils d'OEdipe sont morts; OEdipe lui-même est enseveli dans une retraite profonde. Créon règne à

* Pas entièrement, même d'après la division adoptée par La Harpe. Ensuite, comme nous l'avons tant de fois répété, cette division était inconnue aux Grecs. *Voyez* plus haut une des notes sur *les Trachiniennes*. H. P.

Thèbes, et le premier acte de son autorité est de défendre que l'on donne la sépulture à Polynice, tué les armes à la main contre sa patrie. Nous avons déjà vu ce sujet faire une partie des *Coëphores* d'Eschyle, mais à peine y est-il indiqué. Il est traité supérieurement dans Sophocle. Je me bornerai à un extrait fort succinct. L'exposition est très simple, et se fait très heureusement par une scène contrastée entre les deux sœurs de Polynice, Ismène et Antigone. L'une craint de désobéir et de s'attirer la colère du roi, l'autre est résolue de tout braver et de n'en croire que la voix de la nature, qui lui ordonne de rendre les derniers devoirs à son frère que tout le monde abandonne. Nous reverrons ailleurs ce même contraste de la faiblesse et de la fermeté dans les deux sœurs d'Oreste, Électre et Chrysothémis : c'est encore une beauté dramatique dont Sophocle a donné les premiers modèles. Antigone exécute son généreux dessein ; elle est arrêtée par les gardes de Créon et menée devant le tyran ; car son caractère atroce lui mérite ce nom. Elle lui répond avec une fierté courageuse qui ne fait que l'irriter davantage. Il paraît déterminé à la faire mourir comme rebelle. Son fils Hémon, promis pour époux à Antigone, s'efforce de le fléchir ; mais, voyant que le roi est inexorable, il lui fait les reproches les plus vifs, et lui déclare que, s'il persiste dans sa cruelle résolution, il peut s'attendre à ne plus revoir son fils. Créon, plus furieux que jamais, condamne Antigone à être enfermée dans une grotte pour y mourir de faim.

A peine est-elle sortie pour aller au lieu de son supplice, que le devin Tirésias, aveugle et conduit par un enfant, vient annoncer à Créon les plus affreux malheurs en punition de sa barbarie. Créon, qui d'abord a mal reçu le vieillard, est effrayé de ses prédictions menaçantes : il balance entre la crainte qu'elles lui inspirent, et la honte de révoquer ses ordres. Il cède à la fin, et sort pour aller lui-même empêcher l'exécution de sa sentence. Mais il n'est plus temps, et l'on apprend, au cinquième acte, que Créon n'est arrivé que pour voir Antigone étranglée avec ses voiles, et le prince Hémon se percer de son épée, et mourir en l'embrassant. Ce récit se fait par un officier du palais, et s'adresse à Eurydice, femme de Créon. Elle sort sans rien dire, et se tue de la même manière qu'Antigone. C'est encore un défaut sur un théâtre perfectionné. Il ne faut pas introduire un personnage uniquement pour mourir, et celui d'Eurydice est ici absolument inutile, et multiplie tout aussi inutilement les meurtres dans une pièce où il y en a déjà assez. Je ne m'arrêterai qu'à une réflexion que cet ouvrage doit naturellement faire naître. Si jamais il y eut un drame où l'amour dût occuper une grande place, c'est sûrement celui-ci, où un père condamne à la mort une princesse aimée de son fils, et qu'il lui avait destinée en mariage, et où ce jeune prince, après avoir inutilement essayé de sauver sa maîtresse, se donne la mort pour ne pas lui survivre. Il y a là de quoi fournir aux Modernes plus d'une scène très tendre, et remplie de tous les développements d'une passion malheureuse. Eh bien! il n'en est pas même question dans la pièce de Sophocle. Rien ne prouve plus évidemment que les Anciens ne regardaient point l'amour comme fait pour entrer dans la tragédie. Nous, de notre côté, prenons garde qu'une préférence trop exclusive pour les sujets d'amour n'égare notre jugement et ne borne nos plaisirs. Il n'y en a jamais trop : n'en excluons aucun. Trop de gens sont portés à regarder comme des ouvrages froids ceux où l'amour ne joue pas un très grand rôle, et nous en avons de très beaux qui n'ont point cette sorte d'intérêt. Mais quoi donc! n'y en aurait-il plus d'autre! L'amour est-il le seul sentiment dramatique? La tragédie n'a-t-elle pas une foule d'autres ressorts qu'elle met en œuvre tout aussi heureusement, et souvent même avec plus de mérite? On s'est accoutumé à un étrange abus d'expression, qui est encore de nos jours : c'est de ne reconnaître de sensibilité dans les ouvrages, que celle qui peint les sentiments tendres, comme s'il en fallait moins pour peindre les passions fortes et violentes ; c'est une sensibilité d'un autre caractère, mais qui n'a ni moins d'effet ni moins d'énergie. Un auteur peut-il être regardé comme froid, lorsque, sans employer l'amour, il sait attacher, échauffer, transporter même le spectateur? Le cinquième acte de *Cinna*, le quatrième des *Horaces*, ne vous font pas fondre en larmes, ne vous déchirent pas? Et quoiqu'on ait vu bien des gens qui ne veulent plus reconnaître la tragédie qu'à ces seuls caractères, oseraient-ils nier que ces beaux morceaux ne donnent à notre âme une des émotions les plus vives et les plus douces qu'elle puisse éprouver, puisqu'ils l'élèvent et l'attendrissent à la fois? Ne cherchons donc jamais à rabaisser un genre de mérite pour en élever un autre : admettons-les chacun à leur place, et que jamais une préférence ne devienne une exclusion. Laissons à l'esprit de parti cette logique trop commune : « Tel ouvrage n'est pas dans tel genre, « donc il n'est pas bon. » Encore cette logique est-elle sujette à d'étranges alternatives, comme l'est toujours celle des passions. L'auteur que l'on veut décrier a-t-il fait un ouvrage touchant où il est impossible de nier les larmes, alors tout ce qu'il y a de plus commun dans le monde, c'est, dit-on, le talent de faire pleurer. En a-t-il fait un autre d'un intérêt différent, et qui remue l'âme sans la bouleverser, alors il n'existe plus d'autre mérite que de faire répandre des larmes. Les mêmes variations se représentent en d'autres genres ; et ce n'est pas la première fois que j'ai cru devoir m'élever contre toutes ces poétiques du moment à l'usage de la haine et de l'envie. Quelle est au contraire la poétique des écrivains honnêtes et de bonne foi, celle qu'on ne peut jamais accuser de partialité? c'est celle qui, fondée sur des principes invariables, se retrouve la même dans tous les temps, depuis Aristote jusqu'à Quintilien, et depuis Horace jusqu'à Despréaux; qui, sans faire valoir aucune partie de l'art aux dépens de toutes les autres, démontre leur dépendance mutuelle et leurs effets différents; qui, en distinguant les genres sans exalter l'un pour déprécier l'autre, montre ce que chacun d'eux a de mérite, en laissant à tout le monde la liberté de choisir. Voilà celle dont on ne peut se défier sans injustice. Il faut être au-dessus des petites passions pour trouver la vérité, et c'est encore un moyen de plus pour avoir l'esprit juste, que d'avoir un cœur honnête et droit.

Le sujet d'*OEdipe à Colonne* a été transporté, du moins en partie, dans une tragédie moderne, l'*OEdipe chez Admète*, de M. Ducis, et l'on aurait souhaité que l'auteur ne l'eût pas mêlé avec l'*Alceste* d'Euripide : la réunion de deux pièces étrangères l'une à l'autre doit nécessairement nuire à toutes les deux. Mais tout ce qu'il avait emprunté de Sophocle a été généralement goûté ; ce qui prouve qu'il a su imiter en homme de talent. Il a même, dans les scènes tirées du poète grec, des traits d'une grande beauté qu'il ne doit point à Sophocle, et qui en sont dignes ; ces deux vers, par exemple, que prononce OEdipe dans son imprécation contre Polynice :

Je rends grace à ces mains qui, dans mon désespoir,
M'ont d'avance affranchi de l'horreur de te voir.

Le sentiment et l'expression sont d'une égale énergie. Le Théâtre de l'Opéra s'est aussi emparé du même sujet et avec beaucoup de succès : j'en parlerai ailleurs.

Une sépulture, un tombeau, voilà encore le fond que nous retrouvons ici ; mais le contraste de l'ingratitude dénaturée de Polynice et de la tendresse héroïque et fidèle de ses sœurs, Ismène et Antigone; la situation d'OEdipe, le développement de ses longues douleurs et de ses profonds ressentiments, voilà les ressorts de l'intérêt, ressorts très simples comme tous ceux qu'employaient les Grecs, et qui n'en sont pas moins puissants. A cet intérêt général s'en joignait un particulier aux Athéniens : c'est la tradition établie dans la pièce, qu'OEdipe a choisi son tombeau dans l'Attique; et les oracles, accrédités par la croyance populaire, avaient déclaré que le pays où OEdipe choisirait sa tombe serait favorisé des dieux, et deviendrait funeste aux Thébains. Ceux-ci, dans le temps où la pièce fut représentée, étaient au moment d'une rupture avec les Athéniens. Ainsi, des circonstances politiques ajoutaient au mérite de l'ouvrage. L'ouverture est imposante, pittoresque et pathétique : on voit un bois sacré, un temple, une ville dans l'éloignement, et un vieillard aveugle conduit par une jeune fille. L'exposition est tout entière en spectacle et en action, comme dans l'*OEdipe roi*, que nous verrons tout à l'heure. C'est un très grand mérite dans une tragédie, parce qu'il importe beaucoup d'attacher d'abord les yeux, la curiosité et l'imagination. Ce mérite, dont tous les sujets ne sont pas susceptibles, est particulier à Sophocle, qui l'a porté au plus haut degré. Eschyle ne lui en avait point donné l'exemple, et Euripide ne l'a pas imité *. Comme OEdipe cherche un asyle, il est tout naturel que sa fille Anti-

* Ces deux assertions, comme nous l'avons déjà remarqué, manquent de vérité. La plupart des pièces d'Eschyle s'ouvrent par un spectacle impo-

gone s'informe du lieu où elle est. Un habitant l'en instruit en détail, et par là le spectateur apprend tout ce qu'il doit savoir, que la ville que l'on découvre est Athènes, que le lieu où l'on est se nomme *Colonne*, que le temple et le bocage sont consacrés aux Euménides, que Thésée règne dans le pays. Le chœur, composé de Colonniates qui se sont rassemblés autour du vieillard étranger, l'avertit de sortir du bocage où il est entré, et où il n'est permis à aucun mortel de s'asseoir. On lui dit même que, s'il s'obstine à y demeurer, personne ne peut ni l'écouter ni lui répondre. Il sort donc de son asyle, et vient se placer sur une pierre. Antigone implore l'hospitalité pour son père et pour elle. OEdipe demande que Thésée vienne le trouver, parce qu'il a, dit-il, à lui révéler des secrets importants. Il se met sous la protection des Euménides, et les prie de le recevoir et de souscrire à l'oracle d'Apollon, qui a prédit que leur temple serait le lieu où il trouverait le terme de ses malheurs, et que sa présence y deviendrait un présage funeste pour ceux qui l'avaient chassé, et heureux pour ceux qui le recevraient. Il se nomme enfin, et ce nom fait frémir tous ceux qui l'entendent. Au milieu de cet entretien, Antigone voit arriver sa sœur Ismène, qui, animée des mêmes sentiments qu'elle, a quitté Thèbes pour venir s'attacher au sort de son père. Elle leur apprend que la guerre est déclarée entre

---

sant; et, malgré l'abus des prologues, Euripide n'était pas étranger à l'art de ces expositions.

H. P.

Étéocle et Polynice; que ce dernier est banni de Thèbes; que les Thébains, instruits de l'oracle qui attache de si grandes destinées au tombeau d'OEdipe, vont lui députer Créon pour le supplier de revenir à Thèbes. Le chœur alors commence à comprendre combien ce vieillard aveugle et proscrit est un personnage important, et combien les dieux et les hommes s'occupent de lui. Remarquez qu'il ne fallait rien moins pour rendre vraisemblable la démarche d'un roi tel que Thésée, qui va venir lui-même chercher un étranger suppliant, réduit à la plus extrême misère : c'est ainsi que Sophocle sait observer la vraisemblance. L'entrevue entre OEdipe et Thésée est ce qu'elle doit être : d'une part, des offres sincères et généreuses; de l'autre, une noble résignation. Thésée propose au vieillard de venir dans son palais; mais OEdipe préfère de demeurer où il est, et, quoi qu'on lui dise des desseins de Créon contre lui, il ne peut croire qu'on ose employer la violence pour enlever l'hôte d'un roi tel que Thésée. Cependant, après que ce prince s'est retiré, Créon arrive avec une suite de soldats, et d'abord essaie de fléchir OEdipe; mais, voyant qu'il n'en peut rien obtenir, il prend le parti qu'il croit le plus sûr pour le forcer de revenir à Thèbes : c'est de lui ôter ses deux derniers soutiens, ses deux filles, qu'il enlève en effet malgré les cris et les plaintes d'OEdipe et du chœur, qui, n'étant formé que de vieillards désarmés, ne peut résister à la force. Mais Thésée, qui n'est pas éloigné, met en fuite les ravisseurs, ramène les deux princesses, et fait à Créon des reproches également nobles et modérés sur l'indigne violence où il s'est emporté. Il se présente ici deux observations relatives au progrès de l'art : l'une, qu'il ne faut pas mettre sur la scène deux personnages tels qu'Ismène et Antigone, faisant absolument la même chose, et n'ayant qu'un même objet dans la pièce, parce que c'est diviser mal à propos l'intérêt qui doit se réunir sur l'une des deux sœurs. Aussi, dans la pièce de M. Ducis, n'a-t-on vu qu'Antigone, et non pas Ismène. Deux filles vertueuses au lieu d'une, et deux appuis au lieu d'un, diminuent l'effet de la situation, bien loin de le doubler. C'est un principe d'une vérité sensible : la vertu dont on ne voit qu'un modèle nous frappe plus que celle qui est commune à deux, et l'infortune avec deux soutiens est moins à plaindre que celle qui n'en a qu'un. L'autre observation rappelle un précepte d'Aristote, qui dit que rien n'est plus froid qu'un personnage qui ne paraît dans une pièce que pour tenter une entreprise qui ne réussit pas. Tel est ici Créon, qui veut enlever deux princesses, et qui, après y avoir échoué, ne reparaît plus. Cet épisode, dont il ne résulte qu'un péril passager, est donc une espèce de hors-d'œuvre. Règle générale : rien de ce qui forme un nœud dans un drame, rien de ce qui met en danger les personnages ne doit se dénouer qu'à la fin, sans quoi c'est un moyen avorté, ce qui est toujours d'un très mauvais effet au théâtre. Ici, par exemple, on sent bien que la venue de Créon et l'enlèvement des deux princesses ne sont qu'un remplissage ; car il est tout simple que Créon n'ait aucun pouvoir sur l'esprit d'OEdipe, et l'on s'attend bien que Thésée ne laissera pas enlever chez lui les deux filles dont il a pris le père sous sa protection. Quel est donc le nœud véritable ? c'est Polynice. Les remords du fils, soutenus des supplications de la sœur, l'emporteront-ils sur les justes ressentiments d'OEdipe, que ses deux enfants ont indignement chassé de Thèbes ? Voilà l'intérêt qui doit nous occuper. Il ne commence qu'avec le quatrième acte ; mais aussi quel parti Sophocle en a tiré ! Thésée annonce d'abord simplement qu'un étranger est venu embrasser l'autel de Neptune, et qu'il demande sûreté pour voir OEdipe. C'est Polynice, c'est mon frère, dit Antigone à Ismène, qui ne doute pas non plus que ce ne soit lui. Elles le disent en tremblant à leur père, qui défend d'abord qu'on l'introduise devant lui : les deux princesses engagent Thésée à joindre ses prières aux leurs, pour obtenir qu'OEdipe veuille entendre un fils suppliant. Il cède à leurs instances réitérées, mais de manière à faire comprendre que Polynice n'a rien à espérer. Il faut se rappeler ici tout ce qui fonde cette situation, pour en bien juger l'effet. OEdipe, dans les premiers transports de son désespoir, quand sa malheureuse destinée lui avait été révélée, s'était condamné lui-même à l'exil. On s'y était d'abord opposé, et il était resté à Thèbes ; mais dans la suite Polynice sacrifiant la nature à son ambition, avait eu la cruauté de forcer son père à exécuter contre lui-même ses fatales imprécations, lorsqu'il se repentait de les avoir prononcées, et que sa douleur commençait à se calmer. C'était donc Polynice qui avait renouvelé contre son père l'arrêt de proscription, et qui l'avait, pour ainsi dire, rendu aux Furies, en l'arrachant du sein de sa patrie et de ses dieux domestiques. Depuis ce temps OEdipe a été réduit à errer et à mendier son pain. Polynice, à son tour, banni de Thèbes, dépouillé du trône par son frère Étéocle, forcé de demander du secours à des rois alliés, et sachant combien il importe à sa cause qu'OEdipe se range de son parti, tourmenté d'ailleurs par les remords qui s'éveillent dans l'infortune, frappé d'effroi, d'horreur et de pitié à la vue de l'état où il a réduit son père et ses sœurs, est certainement dans une des situations les plus violentes où un homme puisse se trouver. Il a le plus grand intérêt à fléchir OEdipe ; et tout ce qu'il voit doit lui en ôter l'espérance. Il regarde son père, et il pleure. Il fait les derniers efforts pour l'émouvoir, et n'obtient pas même de réponse. Le vieillard, assis sur la pierre, les yeux baissés, immobile, garde un morne silence. Ses deux filles, qui ont tant de droits sur son cœur, intercèdent pour le coupable, mais en vain. Le chœur alors prend la parole, et représente que Polynice est envoyé par Thésée, roi d'Attique, qui exerce l'hospitalité envers OEdipe ; qu'ainsi le vieillard, tout irrité qu'il est, ne peut refuser de lui répondre. A ce grand mot d'hospitalité, si sacré chez les Anciens, OEdipe sent qu'il est de son devoir de parler à celui que Thésée lui adresse ; mais sa réponse est

telle que ce long et terrible silence a dû la faire
présumer.

> Puisqu'il ose parler, puisqu'il faut le confondre,
> En faveur de Thésée, oui, je vais lui répondre.
> Si de Thésée ici vous n'attestiez les droits,
> Polynice jamais n'eût entendu ma voix.
> Mais ce coupable fils, qui vient braver un père,
> N'en remportera pas tout le fruit qu'il espère.
> Perfide, c'est toi seul, c'est toi qui m'as banni;
> Tu m'as chassé de Thèbes, et les dieux t'ont puni.
> Tu ne peux maintenant, sans une honte amère,
> Voir mes vêtements vils, souillés par la misère;
> Ah! fils dénaturé! toi seul m'en as couvert.
> Si tu souffres l'exil comme je l'ai souffert,
> C'est de tes cruautés le prix trop légitime.
> En voyant ton malheur je rappelle ton crime.
> Je vois deux fils ingrats que Némésis poursuit.
> Barbare! en quel état tous deux m'ont-ils réduit!
> Errant de ville en ville, aveugle, je mendie
> L'aliment nécessaire à ma pénible vie;
> Et je l'aurais perdue, hélas! depuis long-temps,
> Si mes filles, prenant pitié de mes vieux ans,
> Au-dessus de leur sexe, au-dessus de leur âge,
> N'avaient de ma misère accepté le partage.
> Je dois tout à leurs soins : leur tendre piété
> Assiste ma vieillesse et ma calamité,
> S'acquitte d'un devoir qui dut être le vôtre :
> Voilà, voilà mon sang, et je n'en ai plus d'autre.
> Va contre Thèbes, va porter tes étendards;
> Mais ne te flatte pas d'abattre ses remparts.
> Vous tomberez tous deux au pied de ses murailles,
> Et le champ des combats verra vos funérailles.
> J'ai prononcé sur vous, en présence du ciel,

Les imprécations du courroux paternel ;
Je les prononce encor : ma voix, ma voix funeste
Appelle encor sur vous la vengeance céleste.
Mes filles, mes enfants, qui m'ont su respecter,
Hériteront du trône où vous deviez monter ;
Récompense trop juste, et que leur a promise
La justice éternelle, au haut des cieux assise,
Et tenant la balance auprès de Jupiter.
Pour toi, fuis de mes yeux ; va, monstre ! que l'enfer
Accumule, à ma voix, sur ta tête perfide
Tous les maux qu'il prépare à l'enfant parricide !
Fuis, remporte avec toi, remporte avec horreur
Mes malédictions qu'entend le ciel vengeur,
Puisses-tu ne rentrer jamais dans ta patrie,
Exhaler sous ses murs ton exécrable vie,
Verser le sang d'un frère et mourir sous ses coups !
Et vous, dieux infernaux, vous que j'invoque tous,
Toi, plus terrible qu'eux, ministre de colère,
Ombre triste et sanglante, ô Laïus ! ô mon père.
Et toi, dieu des combats, Mars exterminateur,
O Mars ! qui dans leur sein as versé ta fureur ;
Noires divinités de ce couple barbare,
Hâtez-vous, l'heure approche, entraînez-le au Tartare,
Reporte maintenant ma réponse aux Thébains ;
Dis quels vœux j'ai formés pour deux fils inhumains.
Dis que je vais mourir ; que, pour votre partage,
Je vous laisse à tous deux cet horrible héritage.

Polynice se retire désespéré, et court accomplir les fatales prédictions de son père. On entend un coup de tonnerre qu'OEdipe reconnaît pour le signal de sa fin prochaine. Thésée revient, et le vieillard, annonce d'un ton majestueux et prophétique

que les dieux l'appellent par la voix des foudres et des vents. Il se sent inspiré par eux, et va, dit-il, marcher sans guide vers le lieu où il doit expirer. « Les destins me forcent d'y arriver. Suivez-moi, « mes filles ; je vous servirai de guide comme vous « m'en avez servi jusqu'à ce jour. Qu'on me laisse, « qu'on ne m'approche pas. Seul, je trouverai l'en- « droit où la terre doit m'ouvrir son sein. C'est « par là : suivez-moi ; Mercure et les déesses des en- « fers sont mes conducteurs. Cher Thésée, et vous, « généreux Athéniens, soyez toujours heureux, et « souvenez-vous d'OEdipe. » Un chœur sert d'intervalle entre sa sortie et le récit de sa mort, récit aussi rempli de merveilleux que toute la fable de cette pièce. Arrivé à l'endroit où le chemin se partage en diverses routes, il s'est assis, a quitté ses vêtements, s'est fait apporter de l'eau puisée dans une source voisine, et, après s'être purifié, s'est couvert de la robe dont on a coutume de revêtir les morts. La terre a tremblé : il a fait ses derniers adieux à ses filles, qui se frappaient la poitrine en gémissant. Une voix s'est fait entendre du ciel : « OEdipe, qu'attendez-vous ? » Il a embrassé ses filles, les a recommandées encore à Thésée, et leur a ordonné de s'écarter pour n'être pas spectatrices d'une mort dont Thésée seul, suivant l'ordre des dieux, doit être le témoin, et conserver le secret. Tout le monde s'est éloigné, et, un moment après, l'on n'a plus vu OEdipe, mais seulement Thésée, se couvrant le visage de ses mains, comme si ses regards eussent été éblouis d'un spectacle céleste.

« Pour Œdipe (continue celui qui fait ce récit) on
« ignore le genre de sa mort : mais sans doute la
« terre s'est ouverte pour le recevoir sans douleur
« et sans violence. »

Il règne dans toute cette pièce une sorte de terreur religieuse, une mystérieuse horreur qui plaît beaucoup à ceux qui aiment la tragédie. Il y a des beautés éternelles; mais je crois qu'il faudrait beaucoup d'art pour accommoder le dénouement à notre théâtre, et n'en pas faire une scène d'opéra.

Cette race des Labdacides, si souillée de meurtres, d'incestes, et de toutes sorte d'attentats, a fourni trois pièces à Sophocle. Celle qui se présentait la première, en suivant l'ordre des évènements, c'était l'*Œdipe roi*, dont je vais parler ; mais je l'ai réservée, ainsi que l'*Électre*, pour réunir les deux ouvrages que Voltaire a jugés dignes de lui servir de modèle.

Le sujet d'*Œdipe roi* est si universellement connu, que je crois devoir me borner à quelques remarques sur ce que les deux pièces ont de commun, et sur ce qu'elles ont de différent.

L'ouverture et l'exposition de Sophocle sont heureuses et théâtrales. Des vieillards, des enfants, un grand-prêtre, des sacrificateurs, la tête ornée de bandelettes sacrées, et des rameaux dans les mains en signe de supplications, sont prosternés au pied d'un autel qui est à l'entrée du palais d'Œdipe. Il paraît, et a voulu, dit-il, s'assurer par ses yeux de la situation de ses malheureux sujets. Le grand-prêtre prend la parole, et fait un tableau pathétique des ravages que la peste cause dans Thèbes. Les Thébains implorent les seuls appuis qui leur restent, les cieux et leur roi, ce roi si sage et si heureux qui les a délivrés du Sphinx, et qui a déjà été leur sauveur avant d'être leur souverain. Il a prévu leur demande, et a envoyé à Delphes son beau-frère Créon, pour savoir ce qui attire sur Thèbes la colère du ciel. Il attend à tout moment Créon qui devrait être de retour. Ce prince paraît, et annonce que l'oracle ordonne de rechercher les auteurs du meurtre de Laïus, et de venger sa mort. OEdipe s'engage à donner tous ses soins à cette recherche, et prononce par avance les plus terribles imprécations contre le meurtrier, imprécations dont l'effet est d'autant plus grand pour le spectateur, qu'elles retombent sur celui qui les prononce. Voltaire les a rendues en beau vers :

Et vous, dieux des Thébains, dieux qui nous exaucez,
Punissez l'assassin, vous qui le connaissez.
Soleil, cache à ses yeux le jour qui nous éclaire!
Qu'en horreur à ses fils, exécrable à sa mère,
Errant, abandonné, proscrit dans l'univers,
Il rassemble sur lui tous les maux des enfers,
Et que son corps *sanglant*, privé de sépulture,
Des vautours *dévorants* devienne la pâture.

Toute la marche de ce premier acte est parfaite. Voltaire n'a point fait usage de cette belle exposition; et, ce qu'il y a de pis, c'est qu'au lieu de regretter le parti qu'il aurait pu en tirer, il en parle avec un mépris très injuste dans les *Lettres* qui parurent à la suite de la première édition d'*OEdipe*, et que lui-même supprima dans toutes les éditions générales de ses œuvres, mais qu'on a remises dans celles qui ont paru pendant ses dernières années, et dont il avait laissé le soin à des libraires. Ce n'est pas que ces lettres ne soient curieuses et très dignes de l'impression, puisqu'elles contiennent une très bonne critique de son *OEdipe* faite par lui-même et des réflexions judicieuses sur ce sujet. Il est à présumer que quand il les retrancha, c'est qu'il sentit qu'il n'avait pas parlé d'un ton convenable de ce même Sophocle à qui depuis il rendit plus de justice dans la préface d'*Oreste*; et j'ose croire que s'il avait relu ces lettres quand on les réimprima il n'aurait pas laissé subsister les censures très déplacées qu'il hasarde contre cette exposition de l'*OEdipe* grec, qu'il eût mieux fait d'imiter. Voici comme il en parle, sans donner à l'auteur la plus légère louange.

« La scène ouvre par un chœur de Thébains
« prosternés au pied des autels. OEdipe, leur libé-
« rateur et leur roi, paraît au milieu d'eux. *Je suis*
« *OEdipe*, leur dit-il, *si vanté par tout le monde.* Il
« y a quelque apparence que les Thébains n'igno-
« raient pas qu'il s'appelait OEdipe. »

Non, il ne l'ignoraient pas; mais Voltaire ignorait la langue grecque; et, faisant dire à Sophocle ce qu'il ne dit pas, il s'est exposé à tomber dans des méprises qui avertissent de ne juger que de ce que l'on sait. Que dirait-on d'un critique qui, entendant ce premier vers d'*Iphigénie*,

Oui, c'est Agamemnon, c'est ton roi qui t'éveille,

reprocherait à Racine d'avoir dit : « *Je suis Aga-*
« *memnon, je suis ton roi,* » et ajouterait : « *Il y a*
« *quelque apparence qu'Arcas connaissait son roi,*
« *connaissait Agamemnon ?* » On lui dirait que c'est
une manière de parler très convenable et très reçue,
et qu'il est tout naturel qu'Arcas étant surpris d'être éveillé par son roi, celui-ci l'assure qu'il ne se
trompe pas, que c'est bien *Agamemnon*, que c'est
son roi qui l'éveille; et qui, pour le dire en passant, annonce déjà une situation critique qui nécessite une pareille démarche. Cette explication même
est si claire, qu'on ne la croirait nécessaire que
pour un étranger, moins instruit que nous des
tournures de notre langue. Eh bien! le vers d'Agamemnon est précisément celui d'OEdipe, et l'un
n'est pas plus ridicule que l'autre. « Je suis sorti,
« dit-il, au bruit de vos gémissements, et n'ai pas
« voulu m'en rapporter à d'autres. Je suis venu moi-
« même, moi, cet OEdipe dont le nom est dans la
« bouche de tous les hommes. » Remarquez que l'énigme du Sphinx l'avait rendu très célèbre, et que
les Anciens ne faisaient nulle difficulté d'avouer
que leur nom était fort connu ; témoin ce que dit
à la reine de Carthage le modeste Énée, de tous
les héros le moins accusé d'orgueil : « Je suis le
« pieux Énée dont la renommée s'élève jusqu'aux
« cieux. » Cette extrême réserve qu'imposent les
bienséances sociales, et qui défend à l'amour-propre de chacun de se montrer en quoi que ce soit,

de peur de blesser celui de tous, cette modestie de convention et de raffinement n'était point un devoir dans des mœurs plus simples et plus franches, et tous les héros de l'antiquité en sont la preuve. Il n'y a donc point d'orgueil dans ce qu'OEdipe dit de lui-même, comme il n'y a point de *simplicité grossière* dans la manière dont il se nomme, comme il n'y a rien de *déplacé* à faire la peinture des maux qui accablent les Thébains; car, quoiqu'OEdipe n'ignore pas que la peste règne dans Thèbes, ces sortes de développements naturels au malheur ne sont point hors de propos et font plaisir au spectateur, en peignant à l'imagination tout ce qu'il a d'affreux dans la situation des personnages. Qu'on juge d'après cela si Voltaire était fondé à terminer ainsi ses critiques inconsidérées : « Tout cela n'est guère une
« preuve de cette perfection où l'on prétendit, il
« y a quelques années, que Sophocle avait porté
« la tragédie (c'étaient Racine et Boileau qui
« l'avaient prétendu). Il ne paraît pas qu'on ait
« grand tort dans ce siècle de *refuser son admira-*
« *tion* à un poète qui n'emploie d'autre artifice
« pour faire connaître ses personnages, que de
« faire dire : *Je suis OEdipe. Cette grossièreté ne*
« s'appelle plus une noble simplicité. »

On est un peu étonné que Voltaire refuse *son admiration* à Sophocle, dans le temps où il lui emprunte toutes les beautés qui ont fait le succès de sa tragédie. Tout ce qu'on peut dire pour son excuse, c'est qu'alors il était très jeune; et que lui-même probablement s'était condamné depuis puisqu'il avait jugé à propos de retrancher ces *Lettres* de toutes les éditions dont il a été le rédacteur.

Il me semble aussi aller beaucoup trop loin quand il soutient que la pièce de Sophocle est finie au second acte, et que les paroles du devin Tirésias sont si claires, qu'OEdipe ne peut manquer de s'y reconnaître. Pour juger de ce reproche, voyons ce que dit le devin. C'est le chœur qui conseille au roi de le faire venir, et le roi répond que Créon lui a déjà donné le même avis, qu'en conséquence il a déjà envoyé deux fois chercher cet interprète des dieux si révéré dans Thèbes, et qu'il s'étonne que Tirésias tarde si long-temps Le vieillard aveugle, à qui le ciel a donné la connaissance de ce qu'il y a de plus secret, et qui est parmi les mortels ce qu'Apollon est parmi les dieux, est amené sur la scène, et j'avoue que ce personnage me paraît mieux adapté au sujet, et produire plus de curiosité et de terreur que celui du grand-prêtre dans la pièce française, rôle beaucoup moins caractérisé que celui de Tirésias. Tous les deux tiennent d'abord le même langage, tous deux résistent long-temps avant que de parler, et ne se déterminent qu'à regret à nommer OEdipe comme le meurtrier de Laïus. Il s'emporte également dans les deux pièces, et le grand-prêtre et Tirésias sont également traités d'imposteurs. Mais voici comme Voltaire, dans la fin de la scène, a restreint son imitation :

Vous me traitez toujours de traître et d'imposteur.

Votre père, autrefois, me croyait plus sincère.

OEDIPE.

Arrête : que dis-tu ? Quoi ! Polybe ? mon père !...

LE GRAND-PRÊTRE.

Vous apprendrez trop tôt votre funeste sort :
Ce jour va vous donner la naissance et la mort.

Ce vers prophétique est admirable. Le vers de Sophocle peut faire connaître combien la langue grecque était plus hardie que la nôtre dans son expression : *Ce jour vous enfantera et vous tuera* ; et le vers de Voltaire fait voir comme il faut traduire.

Vos destins sont comblés : vous allez vous connaître ?
Malheureux ! savez-vous quel sang vous donna l'être.
Entouré de forfaits à vous seul réservés,
Savez-vous seulement avec qui vous vivez ?

Jusqu'ici le poète français traduit : là il s'arrête, et termine ainsi la scène :

O Corinthe ! ô Phocide ! exécrable hyménée !
Je vois naître une race impie, infortunée,
Digne de sa naissance, et de qui la fureur
Remplira l'univers d'épouvante et d'horreur,
Sortons.

Tirésias en dit beaucoup davantage : « Je vous
« le dis pour la dernière fois : cet homme que vous
« cherchez, ce criminel, ce meurtrier est dans Thè-
« bes. On le croit étranger ; mais on saura bientôt
« qu'il est Thébain. Sa fortune va s'évanouir comme

« un songe. Aveugle, réduit à l'indigence, courbé
« sur un bâton, on le verra errer dans les contrées
« étrangères. Quelle confusion quand il se reconnaî-
« tra frère de ses fils, époux de sa mère, incestueux
« et parricide! Allez, prince, éclaircissez ces terri-
« bles paroles, et si vous les trouvez trompeuses, je
« consens de passer pour un faux prophète.»

Je conviens qu'il y a plus d'art dans le poète français, qui se borne d'abord à ne faire voir dans OE-
dipe que le meutrier de Laïus, et enveloppe le reste
dans des paroles vagues et obscures qui ne peuvent
faire naître que des soupçons. C'est se conformer
aux règles de la progression dramatique, que de
développer par degrés toutes les horreurs de la destinée d'OEdipe, et de ne le montrer incestueux et
parricide, qu'à la fin de la pièce. Le moderne a
mieux observé ce précepte que l'ancien, et c'est en
cette partie sur-tout « que le Français de vingt-qua-
« tre ans, » comme l'a écrit Rousseau, qui dans ce
temps était juste, « l'a emporté sur le Grec de qua-
« tre-vingts. » C'est un progrès que l'art a dû faire,
mais est-il vrai que les paroles de Tirésias, qui en
apprennent trop au spectateur, révèlent tout le
sort d'OEdipe si clairement, qu'il faut, dit Voltaire,
« que la tête lui ait tourné, s'il ne regarde pas Tiré-
« sias comme un véritable prophète? » Cet arrêt me
paraît beaucoup trop sévère; car enfin OEdipe qui
se croit toujours, et qui doit se croire fils de Polybe,
roi de Corinthe, OEdipe à qui l'on n'a pas encore dit
un seul mot qui puisse lui faire connaître qu'il est
fils de Laïus, OEdipe peut-il deviner tout cela, parce

qu'on lui a dit que le meurtrier de Laïus se trouvera le mari de sa mère et le frère de ses enfants ? Ce qui est vrai, c'est qu'il devait être frappé du rapport qui se trouve entre les paroles du devin et l'oracle de Delphes, qui lui a prédit autrefois, à lui, OEdipe (comme il va l'avouer tout à l'heure à Jocaste), précisément les mêmes choses dont le menace Tirésias : ce rapport devrait l'inquiéter, et ici la critique est juste. Mais de ce qu'OEdipe ne fait pas ce qu'il a de mieux à faire, et ne dit pas ce qu'il y a de mieux à dire, il ne s'ensuit pas que son destin soit si manifestement dévoilé, que « la pièce « est entièrement finie; » et conclure que «Sophocle « ne savait pas même préparer les évènements et « cacher sous le voile le plus mince la catastrophe « de ses pièces, et qu'il viole les règles du sens com- « mun pour ne pas manquer en apparence à celles «du théâtre, » c'est joindre, ce me semble, beaucoup d'injustice dans les jugements à beaucoup de dureté dans les termes.

Un tort plus grand, et qui paraît à peine concevable, c'est d'avoir lu avec tant de précipitation l'ouvrage qu'il imitait, ou d'en parler de mémoire si légèrement, qu'il trouve dans Sophocle ce qui n'y est pas, et qu'il n'y voit pas ce que tout le monde peut y voir. « Lorsque OEdipe, dit-il, apprend de « Jocaste que le seul témoin de la mort de Laïus, « Phorbas, vit encore, il ne songe seulement pas « à le faire chercher. Le chœur lui-même, qui « donne toujours des conseils à OEdipe, ne lui « donne pas celui d'interroger ce témoin. Il le prie

« seulement d'envoyer chercher Tirésias. » Rien de
tout cela n'est conforme à la vérité. C'est au troisième acte qu'OEdipe apprend de Jocaste que Phorbas est vivant, et le chœur ne peut pas lui donner
là-dessus le conseil d'envoyer chercher Tirésias ; car
ce conseil a été donné dès le premier acte et exécuté
au second, et Jocaste ne voit OEdipe qu'après la
scène où le devin a parlé au roi. Le chœur ne peut
pas lui conseiller de faire venir Phorbas ; il n'en a
pas le temps, car le premier mot d'OEdipe, dès que
Jocaste lui a parlé, est celui-ci : « Faites venir Phor-
« bas au plus vite. » Jocaste s'en charge ; et avant de
la quitter, il lui repète encore : « Songez, je vous en
« conjure, à faire venir ce Phorbas qui peut seul
« éclaircir mon sort. » C'est par là que finit le troisième acte, et Phorbas, qui est retiré à la campagne,
arrive à la scène quatrième du quatrième acte. Il
ne paraît pas qu'il y ait de temps perdu, suivant
les règles de la vraisemblance : car il faut observer
que les Anciens n'avaient pas, comme nous, d'entr'actes proprement dits, qui laissent le théâtre vide
pendant un certain temps, et permettent de supposer un intervalle tel à peu près qu'on le veut pour
les évènements qui se passent derrière le théâtre.
Leurs actes n'étaient séparés que par des intermèdes
que chantait le chœur, qui ne quittait point la scène,
et qui par conséquent rendait la règle d'unité de
temps beaucoup plus rigoureuse que parmi nous.
Aussi arrive-t-il que, dans leurs pièces, les évènements paraissent quelquefois précipités. D'après
l'exposé fidèle qu'on vient d'entendre, que devien-

nent les critiques de Voltaire, qui reproche à Sophocle de n'avoir pas fait précisément tout ce qu'il a fait?

Ailleurs il lui fait dire ce qu'il n'a pas dit. « On « avait prédit à Jocaste que son fils porterait ses « crimes jusqu'au lit de sa mère; et lorsque OEdipe « lui dit : On m'a prédit que je souillerais le lit de « ma mère, elle doit répondre sur-le-champ : On en « avait prédit autant à mon fils. » Non, elle ne saurait faire cette réponse; car elle ne dit nulle part qu'on lui ait prédit cela de son fils : elle dit seulement que ce fils, suivant l'oracle, devait être *le meurtrier de son père.* Voltaire a ajouté, il est vrai, dans sa pièce : *et le mari de sa mère.* Mais sur ce qu'il fait dire à son OEdipe, il ne doit pas juger celui de Sophocle, qui n'en a pas dit un mot. Il prétend qu'*à moins d'un aveuglement inconcevable,* la conformité qui se trouve entre les prédictions faites à son fils et celles que l'oracle a faites à OEdipe, et celles de Tirésias, doit lui faire connaître manifestement la vérité. Mais Jocaste croit mort ce fils qu'elle a fait exposer; mais OEdipe croit que Polybe est son père; mais Sophocle a eu soin de donner à Jocaste, dans tout son rôle, un mépris marqué pour les oracles, depuis qu'on a vu périr, par la main de brigands inconnus, ce même Laïus qui devait périr par la main de ce même fils qu'elle a exposé et qu'elle croit mort. J'ose penser encore que toute cette intrigue est fort bien nouée, que les incertitudes et les obscurités y sont suffisamment ménagées, et que ce n'est pas sans raison qu'on a regardé l'*OEdipe* comme ce que les Anciens avaient fait de mieux en ce genre. Il n'y a de défaut réel que celui qui est inhérent au sujet, et qui se trouve dans le poète français comme dans le poète grec : c'est le peu de vraisemblance que Jocaste et OEdipe n'aient fait depuis si long-temps aucune recherche sur la mort de Laïus. Mais heureusement ce défaut est dans l'avant-scène, et c'est à ce propos qu'Aristote observe que, quand un sujet a des invraisemblances inévitables, il faut au moins les placer avant l'action. Voltaire convient lui-même qu'à moins de perdre un très beau sujet, il faut passer par-dessus cette invraisemblance; et l'on remarque en général que le spectateur ne se rend pas difficile sur ce qui a précédé l'action. Il permet au poète tout ce que celui-ci veut supposer, et ne se montre plus sévère que sur ce qui se passe sous ses yeux.

A ce vice du sujet, qui n'est pas, après tout, fort important, il faut ajouter une faute réelle, qui est celle du poète; c'est la querelle très mal fondée qu'OEdipe fait à Créon, et l'accusation intentée si légèrement contre lui, d'avoir suborné Tirésias pour accuser le roi[*]. Cet épisode très mal imaginé

---

[*] Peut-être peut-on défendre cet épisode, que blâme fort sévèrement La Harpe. Les soupçons d'OEdipe sont d'abord fondés sur le caractère que le poète a donné à son héros; ensuite certaines circonstances peuvent le justifier. Ils ne viennent pas tout d'un coup à l'esprit d'OEdipe; déjà, dans la première scène, il s'était étonné de la lenteur de Créon à revenir de Thèbes dans la seconde il avait paru le soupçonner d'avoir conduit la main des assassins de Laïus, pour s'emparer de son trône; les délais et les refus de Tirésias le surprennent; dans la conviction de son innocence, il doit être fort indigné de l'accusation portée contre lui par le devin; il songe que c'est pa

remplit tout le troisième acte de Sophocle. OEdipe y tient un langage et une conduite également indignes d'un roi, il accuse et condamne Créon avec une témérité inexcusable ; et il faut que Jocaste obtienne de lui, avec beaucoup de peine, de ne pas sévir contre un prince innocent. C'est encore là un de ces incidents épisodiques qui, ne produisant rien, sont vicieux dans tout système dramatique, parce qu'ils ne font qu'occuper une place qu'ils ôtent à l'action principale. C'est probablement parce que celle d'OEdipe est en elle-même extrêmement simple, que Sophocle, pour y remédier, est tombé dans ce défaut, que Voltaire n'a fait que remplacer par un autre en introduisant son Philoctète, plus étranger encore au sujet que Créon.

A l'égard du cinquième acte de Sophocle, Voltaire le trouve entièrement hors d'œuvre[*], et soutient que la pièce est finie quand le destin d'OEdipe est déclaré. Cela peut être vrai pour nous; mais je ne pense pas qu'il en fût de même pour les Grecs, et ce que nous avons déjà vu de leur théâtre confirme assez cette opinion. Ce cinquième acte contient la punition d'OEdipe, la mort de Jocaste qui se tue elle-même, et les adieux que vient faire à ses enfants ce père infortuné, qui s'est condamné

---

le conseil de Créon qu'il l'a mandé; il est ainsi conduit à les soupçonner tous deux d'une trame criminelle contre lui.

H. P.

[*] Voltaire semble depuis avoir changé d'avis. *Voyez* tom. XXIX, pag. 20 de notre *Répertoire*.

H. P.

à l'exil et à l'aveuglement. J'avoue que je ne vois rien là que j'aie envie de rejeter; et en supposant, ce dont je doute encore, que la scène du père et des enfants nous parût superflue au théâtre, il est sûr au moins qu'on ne peut la lire sans attendrissement. La voici. Il a recommandé ses fils à Créon qui va régner pendant leur minorité, et il demande ses deux filles qui sont encore dans l'enfance :

Que je les touche encor de mes mains paternelles.
Laissez-moi la douceur de pleurer avec elles,
O généreux Créon! c'est mon dernier espoir.
Oui, que je les embrasse, et je croirai les voir.
Que dis-je! Vous avez exaucé ma prière ;
Vous avez eu pitié de ce malheureux père.
Ne les entends-je pas?

CRÉON.

J'ai prévenu vos vœux.

OEDIPE.

Ah! pour prix de vos soins, cher prince, que les dieux
Signalent envers vous leur bonté tutélaire,
Comme ils ont envers moi signalé leur colère!
Où sont-elles? Venez, venez, approchez-vous,
Mes filles, chers enfants, objets jadis si doux!
Touchez encor ces mains aux crimes condamnées,
Ces mains que contre moi j'ai moi-même tournées,
O mes filles! voyez, voyez mes maux affreux,
Ceux que je me suis faits, ceux que m'ont faits les dieux.
Vous pleurez! ah! plutôt, ah! pleurez sur vous-même :
Je vois dans l'avenir votre infortune extrême.

Quel destin vous attend au milieu des humains !
Enfants haïs des dieux, de combien de chagrins
Ils sèment sous vos pas le sentier de la vie !
Ils ont à l'innocence attaché l'infamie.
A quels jeux, quelle fête, à quel festin sacré
Oserez-vous porter un front déshonoré ?
Quels spectacles pour vous auront encor des charmes ?
Vous n'en reviendrez point sans répandre des larmes.
Quand l'âge de l'hymen sera venu pour vous,
Quel père dans son fils voudra voir votre époux ?
Qui voudra de mon sang partager les souillures ?
Celui dont je suis né teignit mes mains impures.
L'inceste m'a placé dans le lit maternel,
Et vous êtes les fruits de ce nœud criminel.
Il faudra supporter l'affront de ces reproches ;
Vous verrez les mortels éviter vos approches,
Et vous arriverez au terme de vos ans,
Sans connaître d'époux, sans nourrir des enfants.

(A Créon.)

O vous, le seul appui qui reste à leur misère,
Vous, fils de Ménécée, hélas ! soyez leur père.
Elles n'en ont point d'autre ; elles sont sans secours :
La honte, l'indigence, environnent leurs jours.
Des yeux de la pitié regardez leur enfance ;
Vous ne les devez pas punir de leur naissance.
Donnez-moi votre main, gage de votre foi.

(A ses filles.)

Et vous, qui pour jamais vous séparez de moi,
Je vous en dirais plus, si vous pouviez m'entendre :
Mais que font les conseils dans une âge si tendre ?
Adieu, puisse le ciel, fléchi par mes revers,
Détourner loin de vous les maux que j'ai soufferts !

Peut-on douter qu'une pareille scène ne fît couler quelques larmes ? Je ne sais si je me trompe, mais il me semble qu'elle terminerait heureusement la tragédie d'*OEdipe*. Ne faut-il pas, pour que sa destinée s'accomplisse, qu'on le voie partir pour l'exil, qui est le châtiment auquel les dieux l'ont condamné? Ses adieux, son départ, ne font-ils pas dès-lors une partie essentielle de ses malheurs, qui sont l'objet de la pièce? Il y a plus : après que le cœur a été serré douloureusement par l'horreur qu'inspire cette complication de crimes involontaires commis par l'innocence, ce poids de la fatalité qui écrase un homme vertueux, et qui est, à mon gré, un des inconvénients de ce sujet, on éprouve volontiers un attendrissement dont on avait besoin. Jusque là l'on n'a vu que des atrocités dont les dieux sont les seuls auteurs; et les infortunes d'OEdipe semblent d'affreux mystères où la raison et la justice ont peine à se retrouver. Mais, lorsque ce malheureux père, aveugle et banni, embrasse pour la dernière fois ses enfants, dont il se sépare pour toujours, la nature se reconnaît dans ce tableau : on n'entend pas la plainte d'OEdipe sans être ému de compassion, et l'on donne à ses disgrâces des pleurs qu'on avait besoin de répandre.

Il ne faut point parler de l'*OEdipe* de Corneille: il n'est pas digne de son auteur, et le sujet n'y est pas même traité : il est étouffé par un long et froid épisode d'amour, qui s'étend d'un bout de la pièce à l'autre, et qui n'a pas, comme celui de Philoctète dans l'*OEdipe* de Voltaire, l'avantage d'être au moins racheté, autant qu'il peut l'être, par le mérite du style. Ce dernier a cependant emprunté de Corneille deux beaux vers, l'un qui est la peinture du Sphinx,

Ce monstre à voix humaine, aigle, femme et lion ;

l'autre, qui exprime heureusement l'excommunication en usage chez les Anciens,

Privé des feux sacrés et des eaux salutaires.

On a cité aussi fort souvent un morceau d'une tournure très philosophique sur ce dogme de la fatalité, si cher aux Anciens, et qui anéantit la liberté de l'homme. Ce morceau, quoiqu'il y ait quelques fautes de diction, est écrit et pensé avec une énergie particulière à Corneille; et Voltaire remarque très judicieusement qu'il naît du sujet, et n'est point un lieu commun comme tant d'autres, ni une déclamation étrangère à la pièce. « Des réflexions « sur la fatalité, dit-il, peuvent-elles être mieux pla- « cées que dans le sujet d'OEdipe ? » Elles contribuèrent même au succès de l'ouvrage, qui resta au théâtre jusqu'au moment où il céda sa place à celui du jeune rival de Sophocle. Lorsque la pièce de Corneille parut, on était fort occupé des querelles sur le libre arbitre, et les amateurs apprirent par cœur cette tirade, qui devint fameuse :

Quoi ! la nécessité des vertus et des vices
D'un astre impérieux doit suivre les caprices ;
Et Delphes malgré nous conduit nos actions
Au plus bizarre effet de ses prédictions !

L'âme est donc tout esclave : une loi souveraine
Vers le bien ou le mal incessamment l'entraîne ;
Et nous ne recevons ni crainte ni désir
De cette liberté qui n'a rien à choisir.
Attachés sans relâche à cet ordre sublime,
Vertueux sans mérite, et vicieux sans crime,
Qu'on massacre les rois, qu'on brise les autels,
C'est la faute des dieux, et non pas des mortels.
De toute la vertu sur la terre épandue,
Tout le prix à ces dieux, toute la gloire est due ;
Ils agissent en nous quand nous pensons agir ;
Alors qu'on délibère on ne fait qu'obéir ;
Et notre volonté n'aime, hait, cherche, évite,
Que suivant que d'en haut leur bras la précipite !
D'un tel aveuglement daignez me dispenser.
Le ciel juste à punir, juste à récompenser,
Pour rendre aux actions leur peine et leur salaire,
Doit nous offrir son aide, et puis nous laisser faire.
N'enfonçons toutefois ni votre *œil* ni le mien
Dans ce profond abyme où nous ne voyons rien.

Peut-être ne sera-t-on pas fâché de voir comment Voltaire a rendu précisément les mêmes idées dans un *Discours sur la liberté de l'homme*.

D'un artisan suprême impuissantes machines,
Automates pensants, mus par des mains divines,
Nous serions à jamais de mensonge occupés,
Vils instruments d'un dieu qui nous aurait trompés !
Comment, sans liberté, serions-nous ses images ?
Que lui reviendrait-il de ses *brutes* * ouvrages ?

* Faute de français. *Brutes* ne se dit que des animaux : *les brutes. Brut*, adjectif, qui signifie grossier, informe, s'écrit sans *e*, comme on le voit ici, au masculin, *un ouvrage brut, un diamant brut;* il ne prend l'e qu'au féminin, *une pierre brute*.

On ne peut donc lui plaire, on ne peut l'offenser.
Il n'a rien à punir, rien à récompenser.
Dans les cieux, sur la terre, il n'est plus de justice :
Caton fut sans vertu, Catilina sans vice :
Le destin nous entraîne à nos affreux penchants,
Et ce chaos du monde est fait pour les méchants.
L'oppresseur insolent, l'usurpateur avare,
Cartouche, Miriwitz, ou tel autre barbare,
Plus coupable enfin qu'eux *, le calomniateur
Dira : « Je n'ai rien fait, Dieu seul en est l'auteur;
« Ce n'est pas moi, c'est lui qui** *manque à ma parole*
« Qui frappe par mes mains, pille, brûle, viole. »
C'est ainsi que le dieu de justice et de paix
Serait l'auteur du trouble et le dieu des forfaits.
Les tristes partisans de ce dogme effroyable
Diraient-ils rien de plus, s'ils adoraient le diable?

On retrouve dans ce morceau la brillante facilité de l'auteur; mais en général il paraît avoir étendu dans des vers harmonieux ce que Corneille a resserré dans des vers énergiques; et, malgré le mérite de l'imitateur, la supériorité appartient ici tout entière à l'original, non-seulement par l'invention, mais encore pour l'exécution.

Compensation faite des beautés et des défauts, il serait difficile de prononcer entre les deux *Œdipes*. Il n'en est pas de même d'*Électre* : quelque belle que soit celle de Sophocle, celle de Voltaire l'emporte de beaucoup, au jugement des plus sévères connaisseurs ***. Il a fait ici de Sophocle le plus

---

* Hyperbole un peu trop forte.

** Hémistiche trop faible après ce qui précède.

*** Je crois que les connaisseurs ont un peu changé d'avis. La pièce me-

grand'éloge possible, en l'imitant presque en tout. Le beau caractère d'Électre, l'un des plus dramatiques que l'on connaisse; sa douleur profonde, tour à tour si touchante et si impétueuse; les regrets qu'elle donne à son père qu'elle a perdu, à son frère qu'elle a sauvé et qu'elle attend comme un libérateur; son esclavage, qui n'abat ni son courage ni sa fierté; la soif de vengeance qui l'anime sans cesse; enfin le contraste que forme le rôle de Chrysothémis, qui est l'Iphise de Voltaire, et dont la sensibilité douce et timide fait encore mieux ressortir l'élévation et l'énergie de sa sœur; les ordres d'Apollon, qui recommandent le secret à Oreste comme le ressort de toute son entreprise; le rôle du vieux gouverneur d'Oreste, qui est le Pammène de la pièce française; cette idée si théâtrale d'apporter une urne qui est supposée contenir les cendres du fils d'Agamemnon, et qui produit une scène fameuse dans toute l'antiquité par le grand effet qu'elle eut à Athènes et à Rome; ces alternatives de crainte et d'espérance, causées par la fausse nouvelle de la mort d'Oreste et par les présents qu'on a vus sur le tombeau de son père; cette situation déchirante de la malheureuse Électre, qui croit tenir en ses mains les cendres de son frère, tandis que ce frère est sous ses yeux; cette reconnaissance si naturellement amenée par l'attendris-

derne a peut-être sur l'ancienne l'avantage d'une intrigue plus vive; c'est la différence des deux théâtres. Mais qu'elle lui est inférieure pour tout le reste! *Voyez* l'éloge outré qu'en fait La Harpe, tom. XXX, pag. 47 de notre *Répertoire*.

H. P.

sement d'Oreste, qui ne peut résister aux larmes de sa sœur; en un mot cette simplicité d'action et d'intérêt si rare et si admirable, tout cela fait également le fond des deux pièces, tout cela est beau dans Sophocle, et plus encore dans Voltaire. Le poète français a rassemblé dans sa tragédie toutes les beautés qui appartiennent au sujet, et toutes celles que pouvait y joindre un talent tel que le sien, fortifié de ce que l'art a pu acquérir depuis Sophocle. Celui-ci n'avait pas, à beaucoup près, à fournir une carrière si longue et si difficile. Les chœurs et les récits en occupent une partie : celui de la mort d'Oreste, qui a péri, dit-on, en tombant de son char aux jeux olympiques *, tient la moitié du second acte. Il faut remarquer que Sophocle a commis en cet endroit un anachronisme **, puisque les jeux olympiques n'ont été établis que long-temps après l'époque où se passe l'action de la pièce. Mais les Grecs étaient si amoureux de ces sortes de descriptions, qu'ils pardonnèrent aisément au poète cette liberté, et que ce long morceau descriptif, qui nous paraîtrait fort déplacé, fut un de ceux qui attirèrent le plus d'applaudissements à l'auteur. On concevra, on excusera même cet enthousiasme, si l'on

* Il y ici une légère erreur. C'est aux jeux pythiques que Sophocle, dans ce récit, fait périr Oreste.

H. P.

** Aristote l'en blâme (*Poét.*, chap. XXIII). On rencontre dans Sophocle quelques-uns de ces anachronismes, souvent inévitables dans la poésie dramatique, où le poète doit s'accommoder aux idées et aux connaissances des spectateurs.

H. P.

se rappelle que les Grecs regardaient, non sans raison, les jeux olympiques comme une des plus belles institutions dont ils pussent se glorifier, et qu'ils étaient très flattés d'en voir le tableau tracé sur leur théâtre par le pinceau de Sophocle. Voltaire n'a pu en faire usage; mais celui qu'il a mis au cinquième acte, et où il peint en traits si nobles et si frappants la révolution que produit Oreste en se montrant aux anciens soldats d'Agamemnon, lui appartient entièrement, et a de plus le mérite d'appartenir au sujet.

Le poète français a enchéri encore sur son modèle dans la scène de l'urne. Chez Sophocle, Électre ne voit dans son frère qu'un envoyé de Strophius, qui apporte les cendres d'Oreste. Chez Voltaire, Oreste passe lui-même pour le meurtrier.

Des meurtriers d'Oreste, ô ciel! suis-je entourée?

dit Électre à Oreste et à Pylade; ce qui rend la situation bien plus douloureuse et plus terrible pour elle et pour son frère. Cette scène si heureusement imaginée par Sophocle, où Chrysothémis vient avec un transport de joie annoncer à sa sœur que sans doute Oreste est vivant, qu'il est même dans le palais, parce qu'elle a vu des offrandes et des cheveux sur le tombeau d'Agamemnon; cette nouvelle qu'elle apporte à Électre dans l'instant même où le bruit de la mort d'Oreste, qui semble certaine, vient de la mettre au désespoir, tout cela est encore embelli par l'art de l'imitateur. Dans le grec, cette nouvelle ne fait pas la moindre impression sur Électre, qui se croit trop sûre de la mort d'Oreste, dont elle a entendu le récit qu'on a fait à Clytemnestre devant elle; elle se contente de plaindre l'erreur de Chrysothémis, et celle-ci se repent elle-même de cette fausse joie qui l'a abusée un moment. Dans l'auteur français, Électre, qui n'a pas encore les mêmes raisons de croire son frère mort, reçoit avidement cet espoir qu'on lui présente. Elle quitte la scène à la fin du second acte, toute remplie de cette joie passagère dont pourtant elle se défie. Ah! dit-elle à sa sœur en sortant avec elle :

Ah! si vous me trompez, vous m'arrachez la vie.

On prévoit de là quelle sera sa douleur quand la mort d'Oreste paraîtra confirmée. Aussi rentre-t-elle en disant :

L'espérance trompée accable et décourage.
Un seul mot de Pammène a fait évanouir
Ces songes imposteurs dont vous osiez jouir.

Ces mouvements opposés qui se succèdent, ce flux et reflux de joie et d'affliction, sont l'âme de la tragédie, et c'est une des parties de l'art où les Modernes ont excellé.

Il y a une scène dont le poète français n'a point fait usage, et c'est peut-être la seule des beautés de cette pièce qu'il ne se soit point appropriée. Sophocle en avait pris l'idée dans les *Coëphores*; mais il l'a exécutée d'une manière toute différente. Elle est plus terrible dans Eschyle; dans Sophocle, elle est plus touchante. Chez lui, c'est Chrysothémis qui s'est chargée des offrandes et des expiations de Clytemnestre. Cette mère coupable est effrayée d'un songe menaçant dont elle voudrait détourner le présage. Chrysothémis trouve Électre sur son passage, lui expose les terreurs de leur mère et le dessein qui l'amène, Électre, saisie d'horreur, la conjure de se refuser à un pareil emploi :

Ah ! ma sœur, loin de vous ce ministère impie !
Loin, loin de ce tombeau ces dons d'une ennemie !
Voulez-vous violer tous les droits des humains ?
Avez-vous pu charger vos innocentes mains
Des coupables présents d'une main meurtrière,
Des présents qu'ont souillés le meurtre et l'adultère !
Voyez ce monument : c'est à nous d'empêcher
Que jamais rien d'impur ne puisse en approcher.
Jetez, jetez, ma sœur, cette urne funéraire,
Ou bien, loin de ces lieux, cachez-la sous la terre ;
Et, pour l'en retirer, attendez que la mort
De Clytemnestre un jour ait terminé le sort.
Alors reportez-la sur sa cendre infidèle :
Allez, de tels présents ne sont faits que pour elle.
Croyez-vous, s'il restait dans le fond de son cœur,
Après ces attentats, une ombre de pudeur,
Croyez-vous qu'aujourd'hui la fureur qui l'anime,
Vînt jusque dans sa tombe outrager sa victime,
Insulter à ce point les mânes d'un héros,
La sainteté des morts et les dieux des tombeaux ?
Et de quel œil, ô ciel ! pensez-vous que mon père
Puisse voir ces présents que l'on ose lui faire !
Ah ! n'est-ce pas ainsi, quand il fut massacré,
Qu'on plongea dans les eaux son corps défiguré,
Comme si l'on eût pu dans le sein des eaux pures

Laver en même temps le crime et les blessures !
Les forfaits à ce prix seraient-ils effacés?
Ne le permettez pas, dieux qui les punissez !
Et vous, ma sœur, et vous, n'en commettez point d'autres.
Prenez de mes cheveux, prenez aussi des vôtres.
Le désordre des miens atteste mes douleurs;
Souvent ils ont servi pour essuyer mes pleurs.
Il m'en reste bien peu ; mais prenez, il n'importe.
Il aimera ces dons que notre amour lui porte.
Joignez-y ma ceinture ; elle est sans ornement;
Elle peut honorer ce triste monument.
Mon père le permet; il voit notre misère;
Lui seul peut la finir, etc.

La naïveté des mœurs grecques se montre ici tout entière ; mais Voltaire nous y avait tellement accoutumés dans cette pièce, que ce morceau, sous sa plume, aurait pu, ce me semble, trouver place facilement. N'a-t-il pas su tirer parti même du rôle d'Égisthe, qui n'est rien dans Sophocle, puisqu'il ne paraît que pour être tué par Oreste? Nous avons déjà vu, dans plus d'une pièce grecque, qu'on ne regardait pas alors comme un défaut de ne faire venir un personnage que pour le dénouement : aucun de nos auteurs ne se l'est permis *. Cependant il ne serait pas impossible qu'il y eût tel sujet où cette marche fût raisonnable, c'est-à-dire absolu-

* Dans *Esther*, Zarès, la femme d'Aman, ne paraît qu'au dernier acte, un peu avant le dénouement, et pour une seule scène. On ne voit pas que cela ait jamais été désapprouvé. La Harpe, d'après la pratique ordinaire de notre théâtre, n'établit-il pas ici une règle de convention, dont l'observation scrupuleuse serait une grande gêne pour l'art?

H. P.

ment nécessaire; car je ne connais pas d'autre manière de la justifier.

Les personnages odieux dans la tragédie servent aux moyens : les personnages intéressants servent à l'effet. C'est en conséquence de ce principe que Voltaire s'est si bien servi d'Égisthe pour jeter Oreste dans le plus éminent danger depuis la fin du quatrième acte jusqu'au dénouement, et pour développer le grand caractère de Clytemnestre. C'est par ces deux endroits sur-tout qu'il est infiniment supérieur à Sophocle, et c'est ce qui mérite d'être détaillé.

Les Anciens, chez qui l'intrigue est en général la partie faible, parce qu'ayant d'autres ressources dans leur spectacle, ils avaient moins senti le besoin de perfectionner celle-là, les Anciens ne savaient pas nouer assez fortement une pièce pour mettre dans un grand péril les principaux personnages, et les en retirer sans invraisemblance. C'est là l'effort de l'art chez les Modernes, et Sophocle lui-même ne l'a pas porté jusque là. Dans son *Électre*, Égisthe est absent pendant toute la pièce : il ne revient que pour voir Clytemnestre déjà égorgée, et pour se trouver pris comme dans un piège. Qu'en arrive-t-il ? c'est qu'Oreste n'est jamais en danger. Je sais bien que le sort d'Électre inspire la pitié, et que sa situation et celle de son frère attendrissent l'âme et soutiennent la curiosité : mais la pitié même s'use et s'affaiblit, quand la situation est toujours la même pendant quatre actes, et n'est pas variée par des incidents qui font naître la crainte ou qui augmentent le malheur et le danger. Ce n'est pas assez que les personnages soient dans une position intéressante, il faut encore que cet intérêt aille en croissant ; s'il n'augmente pas, il diminue. C'est ce progrès continuel et nécessaire qui rend la tragédie si difficile. Ainsi, dans l'*Électre* française, à peine Oreste est-il reconnu par sa sœur, qu'il est découvert par le tyran, et mis dans les fers avec Pylade et Pammène ; en sorte que le spectateur, qui a respiré un moment en voyant le frère et la sœur réunis, n'en est que plus effrayé du péril qui les environne ; car rien ne peut arrêter le bras d'Égisthe que Clytemnestre elle-même ; et c'est ici, à mon gré, le coup de maître. Tout ce rôle de Clytemnestre est dans Voltaire une véritable création ; car, dans cette foule de pièces composées sur le même sujet, on ne trouve nulle part le moindre germe de cette idée. Ni Crébillon, ni Longepierre, ni étrangers, ni nationaux, ni Anciens, ni Modernes n'avaient imaginé que cette femme, qui avait assassiné son mari, pût défendre contre le complice de son crime le fils dont elle-même doit tout craindre. Les remords sont indiqués dans Sophocle, mais très faiblement ; et dans Voltaire tous est gradué, développé, achevé avec une égale supériorité.

S'il n'a point fait entrer dans sa pièce cette plainte éloquente d'Électre lorsqu'elle tient l'urne entre ses mains, c'est que l'étendue de ce morceau, proportionnée aux mœurs et aux convenances du théâtre d'Athènes, eût trop ralenti une scène dont l'action est plus vive et plus forte dans la pièce française que dans la grecque; et la traduction de cette espèce d'élégie dramatique fera ressortir davantage la différence du génie des deux théâtres, en prouvant que les beautés de l'un ne pouvaient pas toujours convenir à l'autre.

J'ai déjà dit que l'expression vraie et ingénue des affections de la nature devait être beaucoup plus facile dans la poésie grecque que dans la nôtre; et c'est une raison de plus pour que l'on juge avec quelque indulgence les efforts que j'ai faits dans ces différents essais de traduction, où j'ai tâché de me rapprocher de la simplicité antique, autant que me l'a permis la noblesse, quelquefois peut-être un peu trop superbe, de notre langue poétique.

O monument sacré du plus cher des humains!
Cher Oreste, est-ce toi que je tiens dans mes mains?
O toi? dont mes secours ont protégé l'enfance,
Toi que j'avais sauvé dans une autre espérance,
Est-ce ainsi que, pour moi depuis long-temps perdu,
Mon frère à mes regards devait être rendu!
Je devais donc de toi ne revoir que ta cendre!
Ah! qu'il eût mieux valu, dans l'âge le plus tendre,
Périr avec ton père, hélas! et du berceau
Descendre à ses côtés dans le même tombeau!
Et maintenant tu meurs, ô victime chérie,
Sous un ciel étranger et loin de ta patrie,
Loin de ta sœur!... et moi, je n'ai pu sur ton corps
Prodiguer les parfums, les ornements des morts!
D'autres ont pris pour toi les soins que j'ai dû prendre:
D'autres, sur le bûcher ont recueilli ta cendre!
Ces débris précieux, on les porte à ta sœur,
  Dans une urne vulgaire enfermés sans honneur!

O malheureuse Électre! ô frivoles tendresses!
Inutiles travaux et trompeuses caresses!
Soigner tes premiers ans fut mon plus doux plaisir,
Et de mes propres mains j'aimais à te nourrir,
M'occupant de toi seul, j'ai rempli près d'un frère
Le devoir de nourrice, et d'esclave et de mère;
Où sont-ils ces beaux jours, ces jours si fortunés!
Ah! la mort avec toi les a donc moissonnés!
Oreste! tu n'es plus!... et je n'ai plus de père!
Me voilà seule au monde; et ma barbare mère
Avec mes ennemis jouit de ma douleur!
Vainement à mes maux tu promis un vengeur.
Oreste a dans la tombe emporté mon attente;
Et qu'est-il aujourd'hui? rien qu'une ombre impuissante.
Que suis-je, hélas! moi-même, après t'avoir perdu,
Qu'une ombre, qu'un fantôme aux enfers attendu!
Mon frère, reçois-moi dans cette urne funeste;
D'Électre auprès de toi reçois le triste reste,
Les mêmes sentiments unissaient notre sort;
Soyons encor tous deux réunis dans la mort.
La mort est secourable et la tombe tranquille:
Ah! pour les malheureux il n'est point d'autre asyle.

Il est honorable pour la mémoire de Sophocle, qu'en voulant trouver le chef-d'œuvre de l'ancienne tragédie, il faille choisir entre deux de ses ouvrages, l'*OEdipe roi* et le *Philoctète*. Je ne sais si un intérêt particulier fait illusion à mon jugement; mais j'étais admirateur du second long-temps avant que j'eusse songé à en être l'imitateur, et ma prédilection pour cet ouvrage était connue. Il y a dans l'*OEdipe*, je l'avoue, un plus grand intérêt de curiosité; mais il y a dans le *Philoctète* un pathétique plus touchant. L'intrigue du premier se développe et se dénoue avec beaucoup d'art : c'est peut-être un art encore plus admirable d'avoir pu soutenir la simplicité de l'autre ; peut-être est-il encore plus difficile de parler toujours au cœur par l'expression des sentiments vrais, que d'attacher l'attention et de la suspendre, pour ainsi dire, au fil des évènements. Vous avez vu d'ailleurs qu'on pouvait faire à l'*OEdipe* des reproches assez graves : d'abord la nature du sujet, qui a quelque chose d'odieux, puisque l'innocence y est la victime des dieux et de la fatalité; mais surtout la querelle d'OEdipe avec Créon, épisode de pur remplissage, sans intérêt et sans motif; au lieu que dans le *Philoctète*, sujet encore plus simple que l'*OEdipe*, Sophocle a su se passer de tout épisode. On n'y peut remarquer qu'une scène inutile, celle du second acte, où un soldat d'Ulysse, déguisé, vient par de fausses alarmes presser le départ de Pyrrhus et de Philoctète : ressort superflu, puisque celui-ci n'a pas de désir plus ardent que de partir au plus tôt. Cette scène alonge inutilement la marche de l'action, et j'ai cru devoir la retrancher [*];

[*] Sans doute cette scène n'est pas indispensable; mais si l'on retranchait de la plupart de nos tragédies ce qui n'est pas absolument nécessaire à la fable, ce qui pourrait en disparaître, sans la détruire, on les réduirait de beaucoup, et elles perdraient à coup sûr en véritable intérêt ce qu'elles gagneraient en rapidité. La scène, dont il est ici question, ajoute-t-elle à l'agrément de l'ouvrage? Je crois qu'on ne peut le nier. C'est un artifice fort ingénieux pour rappeler aux spectateurs cet Ulysse que le poète ne peut leur montrer, mais qu'il ne veut pas qu'on oublie, et qui, *invisible et présent*, conduit toute cette intrigue. Elle est en outre pleine de naturel et de naïveté, et il faut une critique bien impitoyable pour ne pas se laisser désarmer par de tels mérites.   H. P.

mais, à cette seule faute près, si l'on considère que la pièce, faite avec trois personnages, dans un désert, ne languit pas un moment; que l'intérêt se gradue et se soutient par les moyens les plus naturels, toujours tirés des caractères, qui sont supérieurement dessinés; que la situation de Philoctète, qui semblerait devoir être toujours la même, est si adroitement variée, qu'après s'être montré le plus à plaindre des hommes dans l'île de Lemnos, après avoir regardé comme le plus grand bonheur possible que l'on voulût bien l'en tirer, c'est pour lui, dans les deux actes suivants, le plus grand des maux d'être obligé d'en sortir; que cette heureuse péripétie est si bien fondée en raison, que le spectateur change d'avis et de sentiment en même temps que le personnage; que ce personnage est en lui-même un des plus théâtrals qui se puissent concevoir, parce qu'il réunit les dernières misères de l'humanité aux ressentiments les plus légitimes, et que le cri de la vengeance n'est chez lui que le cri de l'oppression; qu'enfin son rôle est d'un bout à l'autre un modèle parfait de l'éloquence tragique, on conviendra facilement qu'en voilà assez pour justifier ceux qui voient dans cet ouvrage la plus belle conception dramatique dont l'antiquité puisse s'applaudir.

On avait regardé comme un défaut, du moins pour nous, l'apparition d'Hercule, qui produit le dénouement : cette critique ne m'a jamais paru fondée. Certes, ce n'est point ici que le dieu n'est qu'une machine. Si jamais l'intervention d'une divinité a été suffisamment motivée, c'est sans contredit en cette occasion : et ce dénouement, qui ne choque point la vraisemblance théâtrale, puisqu'il est conforme aux idées religieuses du pays où se passe l'action, est d'ailleurs très bien amené, nécessaire et heureux. Hercule n'est rien moins qu'étranger à la pièce; sans cesse il est question de lui : la possession de ses flèches est le nœud principal de l'intrigue ; le héros est son compagnon, son ami, son héritier; Philoctète a résisté et a dû résister à tout: qui l'emportera enfin de la Grèce ou de lui ? et qui tranchera plus dignement ce grand nœud, qu'Hercule lui-même ? De plus, ne voit-on pas avec plaisir que Philoctète, jusqu'alors inflexible, ne cède qu'à la voix d'un demi-dieu, et d'un demi-dieu son ami? C'est bien ici qu'on peut appliquer le précepte d'Horace, qui peut-être même pensait au *Philoctète* de Sophocle, quand il a dit :

Nec deus intersit, nisi dignus vindice nodus,

« Ne faites pas intervenir un dieu, à moins que le « nœud ne soit digne d'être tranché par un dieu. »

D'après ces raisons et ces autorités, j'ai osé croire que ce dénouement réussirait parmi nous comme il avait réussi chez les Grecs, et je ne me suis pas trompé.

Brumoy s'exprime très judicieusement sur ce sujet, et en général sur les différents mérites de cette tragédie, qu'il a très bien observés. « Les dieux font « entendre que la victoire dépend de Philoctète et « des flèches d'Hercule; mais comment déterminer « ce guerrier malheureux à secourir les Grecs, qu'il

« a droit de regarder comme les auteurs de ses
« maux? C'est un Achille irrité qu'il faut regagner,
« parce qu'on a besoin de son bras, et l'on a dû
« voir que Philoctète n'est pas moins inflexible qu'A-
« chille, et que Sophocle n'est pas au-dessous d'Ho-
« mère. Ulysse est employé à cette ambassade avec
« Néoptolème : heureux contraste dont Sophocle a
« tiré toute son intrigue; car Ulysse, politique jus-
« qu'à la fraude, et Néoptolème, sincère jusqu'à
« l'extrême franchise, en font tout le nœud, tandis
« que Philoctète, défiant et inexorable, élude la ruse
« de l'un, et ne se rend point à la générosité de l'au-
« tre; de sorte qu'il faut qu'Hercule descende du
« ciel pour dompter ce cœur féroce et pour faire le
« dénouement. On ne peut nier qu'un pareil nœud
« ne mérite d'être dénoué par Hercule. »

Après des réflexions si justes, on est un peu
étonné de trouver le résultat qui les termine. « *A
« suivre le goût de l'antiquité*, on ne peut reprocher
« à cette tragédie aucun défaut considérable. » Non,
pas même *à suivre le goût moderne* : ici l'un et l'autre sont d'accord. « Tout y est lié, tout y est soutenu,
« tout tend directement au but : c'est l'action même
« telle qu'elle a dû se passer. Mais, à en juger par
« rapport à nous, *le trop de simplicité* et le specta-
« cle d'un homme *aussi tristement malheureux* que
« Philoctète, ne peuvent nous faire *un plaisir aussi
« vif que les malheurs plus brillants et plus variés
« du Nicomède* de Corneille. »

Voilà un rapprochement bien étrange et un jugement bien singulier. Quant au *trop de simplicité*,

passons que cette opinion, assez probable alors, ne pût être démentie que par le succès. On en disait autant du sujet de *Mérope* avant que Voltaire l'eût traité, et je n'ai pas oublié ce qu'il m'a raconté plus d'une fois des plaisanteries qu'on lui faisait de tous côtés sur cette tendresse de Mérope pour son *grand enfant*, dont il voulait faire l'intérêt d'une tragédie. Mais que veut dire Brumoy sur ce rôle de Philoctète, *si tristement malheureux?* Si j'ai bien compris dans quel sens ces mots peuvent s'appliquer à un personnage dramatique, il me semble qu'ils ne peuvent convenir qu'à celui qui serait dans une situation monotone et irrémédiable : c'est alors que le malheur afflige plus qu'il n'intéresse, parce qu'au théâtre il n'y a guère d'intérêt sans espérance. Mais Philoctète n'est nullement dans ce cas, et ni l'un ni l'autre de ces reproches ne peut tomber sur ce rôle, reconnu si éminemment tragique. Enfin, de tous les ouvrages que l'on pourrait comparer au *Philoctète*, *Nicomède* est peut-être celui qu'il était le plus extraordinaire de choisir. Quel rapport entre ces deux pièces, quand le principal mérite de l'une est d'abonder en pathétique, et que le grand défaut de l'autre est d'en être totalement dépourvue? Qu'est-ce que ces *malheurs si brillants et si variés* de Nicomède? A quoi donc pensait Brumoy? Nicomède n'éprouve aucun *malheur*; il est triomphant pendant toute la pièce; il est, à la cour de son père, plus roi que son père lui-même, et il ne paraît qu'un moment en danger. Son rôle est *brillant*, il est vrai, mais ce n'est assurément point par le *malheur*. On peut aussi, sans manquer de respect pour le génie de Corneille, s'étonner du *plaisir vif* que procure, selon Brumoy, ce drame, qui est en effet le moins tragique de tous ceux où l'auteur n'a pas été absoment au-dessous de lui-même ; ce drame dans lequel il y a en effet quelques traits de grandeur, mais pas un moment d'émotion.

Le grand intérêt du rôle de Philoctète n'avait pas échappé à l'un des plus illustres élèves de l'antiquité, Fénelon, qui du chef-d'œuvre de Sophocle a tiré le plus bel épisode du sien : c'est encore un des morceaux de *Télémaque* qu'on relit le plus volontiers. Fénelon s'est approprié les traits les plus heureux du poète grec, et les a rendus dans notre langue avec le charme de leur simplicité primitive, en homme plein de l'esprit des Anciens, et pénétré de leur substance. Mais il faut observer ici une différence très remarquable entre la tragédie grecque et l'épisode du *Télémaque*; c'est que, dans l'une, Philoctète ne parle jamais d'Ulysse qu'avec l'expression de la haine et du mépris ; et dans l'autre, ce même Philoctète, racontant, mais long-temps après tous ses malheurs au fils d'Ulysse, semble condamner lui-même ses propres emportements, et représente Ulysse comme un sage inébranlable dans son devoir, et un digne citoyen qui faisait tout pour sa patrie. Rien ne fait plus d'honneur au jugement et au goût de Fénelon ; rien ne fait mieux voir comme il faut appliquer ces principes lumineux et féconds sur lesquels doit être fondé l'ensemble de tout grand ouvrage, et qui sont aujourd'hui si peu connus. Il sentait combien l'unité de dessein était une chose importante ; que, dans un ouvrage dont Télémaque était le héros, il fallait se garder d'avilir son père, et que d'ailleurs Philoctète, dont les ressentiments devaient être adoucis par le temps, pouvait alors être capable de voir sous un point de vue plus juste la sagesse et le patriotisme d'Ulysse.

C'était sans doute une nouveauté digne d'attention, de voir sur le théâtre de Paris une pièce grecque, telle à peu près qu'elle avait été jouée sur le théâtre d'Athènes. Nous n'avions eu jusque là que des imitations plus ou moins éloignées des originaux, plus ou moins raprochées de nos convenances et de nos mœurs ; et je pensais depuis longtemps que le sujet de *Philoctète* était le seul de ceux qu'avaient traités les Anciens qui fût de nature à être transporté en entier et sans aucune altération sur les théâtres modernes, parce qu'il est fondé sur un intérêt qui est de tous les temps et de tous les lieux, celui de l'humanité souffrante. Mais quand je songeais, d'un autre côté, que j'allais présenter à des Français une pièce non-seulement sans amour, mais même sans rôle de femme, je sentais qu'il y avait là de quoi effaroucher bien des gens. La seule tentative qu'on eût faite en ce genre, soutenue du nom et du génie de Voltaire, dans toute sa force, n'avait pas réussi de manière à encourager ceux qui voudraient la renouveler. *La Mort de César*, si estimée des connaisseurs, n'avait pu encore s'établir sur notre théâtre ; elle ne s'en est mise en possession que depuis que *Philoctète* nous eut un peu accoutumés à cette espèce de nouveauté. C'est en vain que les étrangers nous reprochaient, et avec raison, la préférence trop exclusive que nous donnions aux intrigues amoureuses, et d'où naît dans nos pièces une sorte d'uniformité dont les auteurs d'*Athalie* et de *Mérope* s'étaient efforcés de nous affranchir. Ces grands hommes, dont le goût était si exquis et si exercé, étaient les seuls qui eussent paru sentir tout le mérite de cette antique simplicité : elle doit devenir aujourd'hui d'autant plus recommandable, qu'elle peut servir d'antidote contre la contagion qui devient de jour en jour plus générale. Atteints de la maladie des gens rassasiés, nous voudrions rassembler tous les tableaux dans un même cadre, tous les intérêts dans un drame, tous les plaisirs dans un spectacle ; transporter l'opéra dans la tragédie, et la tragédie sur la scène lyrique : de là cette perversité d'esprit qui précipite tant d'écrivains dans le bizarre et le monstrueux. On ne songe pas assez qu'il fraudrait prendre garde de ne pas user à la fois toutes les sensations et toutes les jouissances, ménager les ressources afin de les perpétuer, admettre chaque genre à sa place et à son rang, n'en dénaturer aucun, et ne pas les confondre tous; ne rejeter que ce qui est froid et faux, et sur-tout éviter les extrêmes, qui sont toujours des abus.

Racine le fils, à qui son père avait appris à étudier les Anciens et à les admirer, mais qui n'avait pas hérité de lui le talent de lutter contre eux, a essayé, dans ses *Réflexions sur la Poésie*, de traduire

SOPHOCLE. 447

en vers quelques endroits de Sophocle, et en particulier de *Philoctète*. Je ne crains pas que l'on m'accuse d'une concurrence mal entendue : tel est mon amour pour le beau, que si la version m'avait paru digne de l'original, je l'aurais, sans balancer, substituée à la mienne. Mais ceux qui entendent le grec verront aisément combien le fils du grand Racine est loin de Sophocle. Ses vers ont de la correction et quelquefois de l'élégance, mais ils manquent le plus souvent de vérité, de précision et d'énergie ; ses fautes mêmes sont si palpables, qu'il est facile de les faire apercevoir à ceux qui ne connaissent point l'original. Je me bornerai à un seul morceau fort court, mais dont l'examen peut servir à faire voir en même temps combien les Anciens étaient de fidèles interprètes de la nature, et combien Racine le fils, qui les aime et qui les loue, les traduit infidèlement. Je choisis l'entrée de Philoctète sur la scène : voici d'abord la version en prose littérale :

« Hélas ! ô étrangers ! qui êtes-vous, vous qui
« abordez dans cette terre où il n'y a ni port ni
« habitation ? Quelle est votre patrie ? Quelle est
« votre naissance ? A votre habit je crois reconnaître la Grèce, qui m'est toujours si chère ; mais
« je voudrais entendre votre voix. Eh ! ne soyez
« point effrayés de mon extérieur farouche, ne me
« craignez point, mais plutôt ayez pitié d'un malheureux, seul dans un désert, sans secours, sans
« appui. Parlez, si vous venez comme amis : que
« vos paroles répondent aux miennes, c'est une
« grace, une justice que vous ne pouvez me refuser.»

Voilà Sophocle : ce langage est celui qu'a dû tenir Philoctète : rien d'essentiel n'y est omis, et il n'y a pas un mot de trop. Voici Racine le fils :

> Quel malheur vous conduit dans cette *île sauvage,*
> Et vous force à chercher ce *funeste rivage ?*
> Vous, que sans doute ici la tempête a jetés,
> De quel lieu, *de quel peuple êtes-vous écartés ?*
> *Mais quel est* cet habit *que je revois paraître ?*
> N'est-ce pas l'habit grec *que je crois reconnaître ?*
> Que cette vue, ô ciel ! chère à mon souvenir,
> Redouble en moi *l'ardeur de vous entretenir !*
> Hâtez-vous donc, parlez. Qu'il me tarde d'entendre
> Les sons qui m'ont frappé dans l'âge le plus tendre ;
> Et cette langue, hélas ! que je ne parle plus !
> Vous voyez un mortel qui, de la terre exclus,
> Des hommes et des dieux satisfait la colère.
> *Généreux inconnus, d'un regard moins sévère*
> Considérez *l'objet de tant d'inimitié,*
> Et soyez moins saisis d'horreur que de pitié.

Ces vers, considérés en eux-mêmes, ont de la douceur, et en général ne sont pas mal tournés ; mais jugez-les sur l'original et sur la situation, et vous serez étonnés de voir combien de fautes pires que des solécismes, combien de chevilles, d'inutilités, d'omissions essentielles. D'abord, quelle langueur dans les huit premiers vers, qui tombent tous deux à deux, et se répètent les uns les autres ! Quelle uniformité dans ces hémistiches accouplés, *cette île sauvage, ce funeste rivage, que je revois paraître, que je crois reconnaître !* Ce défaut serait peut-être moins répréhensible ailleurs ; mais ici c'est l'opposé des mouvements qui doivent se succéder avec rapidité dans l'âme de Philoctète, et que Sophocle a si bien exprimés. Où sont ces interrogations accumulées qui doivent se presser dans la bouche de cet infortuné qui voit enfin des hommes? Les retrouve-t-on dans ces deux vers si froids et si traînants?

Quel malheur vous conduit dans cette île sauvage,
Et vous force à chercher ce funeste rivage,

Supposons un souverain dans sa cour, recevant des étrangers : parlerait-il autrement ? Ce tranquille interrogatoire ressemble-t-il à ce premier cri que jette Philoctète : « Hélas ! ô étrangers ! qui êtes-« vous ? » Ce cri demande du secours, implore la pitié et peint l'impatience de la curiosité. Rien ne pouvait le suppléer, et les deux premiers vers de Racine le fils sont une espèce de contre-sens dans la situation.

. . . . *De quel peuple êtes-vous écartés?*

Ailleurs cette expression pourrait n'être pas mauvaise; ici elle est d'une recherche froide, parce que tout doit être simple, rapide et précis; « Quel est « votre nom ? Quelle est votre patrie ? » Voilà ce qu'il fallait dire : tout autre langage est faux.

Mais quel est cet habit?.........

Que ce *mais* est déplacé ? Et pourquoi interroger hors de propos quand la chose est sous les yeux ? Sophocle dit simplement : Si j'en crois l'apparence,

« votre habit est celui des Grecs. » Et qu'est-ce que *l'ardeur de vous entretenir ?* Il est bien question d'entretien ! C'est le son de la voix d'un humain que Philoctète brûle d'entendre. Sophocle le dit mot pour mot : « Je veux entendre votre voix. » Quelle différence !

> . . . . Qu'il me tarde d'entendre
> Les sons qui m'ont frappé dans l'âge le plus tendre,
> Et cette langue, hélas ! que je ne parle plus !

Ces vers ne sont pas dans le grec, mais ils sont dans la situation ; ils sont bien faits : cependant il eût mieux valu ne pas ajouter ici à Sophocle, et le traduire mieux dans le reste. Ce qu'on lui donne ne vaut pas ce qu'on lui a ôté. Il eût mieux valu ne pas commencer par mentir à la nature, ne pas omettre ensuite ce mouvement si vrai et si touchant : « Ne soyez point effrayés de mon aspect ; « ne me voyez point avec horreur. » C'est qu'en effet, dans l'état où est Philoctète, il peut craindre cette espèce d'horreur qu'une profonde misère peut inspirer. Le traducteur a reporté cette idée dans le dernier vers ; mais une idée ne remplace pas un mouvement.

> *Généreux inconnus, d'un regard moins sévère*
> Considérez *l'objet de tant d'inimitié.*

Tout cela est vague et faible, et n'est point dans Sophocle. Philoctète ne les appelle point *généreux*, car il ne sait point encore s'ils le seront, et tout ce qu'il dit peint la défiance naturelle au malheur ;

et si leur *regard est sévère*, pourquoi les suppose-t-il *généreux ?* Ce sont des chevilles qui amènent des inconséquences. Pourquoi leur parle-t-il *de tant d'inimitié ?* Toutes ces expressions parasites ne vont point au fait, ne rendent point ce que dit et doit dire Philoctète : « Ayez pitié d'un malheu-« reux abandonné dans un désert, sans secours, « sans appui. »

Cette analyse peut paraître rigoureuse ; elle n'est pourtant que juste : elle est motivée, évidente, et porte sur des fautes capitales. C'est en examinant dans cet esprit la poésie dramatique que l'on concevra quel est le mérite d'un Racine et d'un Voltaire, qui, dans leurs bons ouvrages, ne commettent jamais de pareilles fautes. C'est ainsi que l'on concevra en même temps pourquoi il n'est pas possible de lire une scène de tant de pièces applaudies un moment par une multitude égarée, et dont les succès scandaleux nous ramènent à la barbarie.

Il me reste à parler des chœurs que j'ai supprimés. On sait ce qu'ils étaient chez les Grecs : des morceaux de poésie lyrique, souvent fort beaux, qui tenaient à leur système dramatique, mais qui ne servaient de rien à l'action, quelquefois même la gênaient. Je les ai retranchés tous, comme inutiles et déplacés dans une pièce faite pour être jouée sur la scène française. Cette suppression, quoique indispensable, n'a pas laissé que de choquer beaucoup un *amateur des Anciens**, qui m'en fit une verte réprimande, et se plaignit encore de quel-

---

* L'abbé Auger, mort depuis, et qui alors ne se nomma pas.

ques autres torts qu'il prétendait que j'avais faits à Sophocle. Je ne répondis point alors à cette diatribe; mais aujourd'hui, qu'elle me fournit l'occasion de nouveaux éclaircissements sur le théâtre des Anciens comparé au nôtre, je vais discuter en peu de mots les observations de l'*auteur anonyme*.

Il me reproche de « n'avoir pas des idées tout-à-
« fait justes sur la simplicité de anciens drames :
« sans doute, dit-il, ils étaient simples, mais non
« pas nus et sans action. »

Pour que ce reproche fût fondé, il faudrait que j'eusse dit ou insinué quelque part que « les dra-
« mes grecs étaient nus et sans action; » mais je ne l'ai jamais dit ni pensé. Vous avez vu que j'établissais une différence très grande entre Eschyle et ses deux successeurs, précisément parce que les pièces du premier étaient dénuées d'*action* et d'intrigue, et que les deux autres, plus savants dans l'art, ont mis dans leurs ouvrages ce qui manquait à ceux d'Eschyle. J'ai ajouté, il est vrai, que les chœurs tenant une grande place dans les tragédies grecques, et ne pouvant avoir lieu chez nous, ces pièces fidèlement traduites, ne pouvaient fournir aux Modernes que trois actes, et j'ai avoué que nous avions porté plus loin que les Anciens l'art de la contexture dramatique, et mieux connu les ressources nécessaires pour soutenir une intrigue pendant cinq actes : je crois tout cela incontestable. Si j'ai parlé dans un autre endroit de cette simpli-
« cité si nue de Philoctète, » cela ne voulait pas dire qu'il fût *sans action;* car une pièce *sans action* est

essentiellement mauvaise, et ne mérite ni d'être traduite ni d'être jouée. J'ai voulu dire seulement que *Philoctète* était la pièce la plus simple des Grecs, qui n'en ont guère que de très simples, et qu'il n'y en a pas une dans Euripide ni dans Sophocle où l'on trouve des incidents plus variés, plus de personnages agissants et plus de spectacle.

A l'égard des chœurs supprimés, je pourrais trancher la question en un mot, en m'appuyant sur l'usage établi parmi nous, et rappelant au critique ce que tout le monde sait, qu'une pièce avec des chœurs ne serait pas jouée, et que, si les comédiens voulaient exécuter ces chœurs, le public se moquerait d'eux. C'est précisément ce qui arriva à la première représentation de l'*OEdipe* de Voltaire : il avait, par complaisance pour le savant Dacier, laissé subsister un chœur qui ne récitait que quatre vers : le public se mit à rire, et il fallut retrancher du théâtre ces quatre vers que l'auteur a conservés dans toutes ses éditions :

O mort! nous implorons ton funeste secours, etc.

Mais le critique, qui, à l'exemple de Dacier, ne veut pas qu'on ôte rien aux Anciens, ne se rendra peut-être pas à l'autorité de l'usage : il voudra des raisons. Eh bien! il faut lui en donner, et il suffira de lui présenter des observations qui lui paraîtront décisives, s'il les soumet à un examen impartial et réfléchi.

D'abord il faut se rappeler que la tragédie et la comédie chez les Grecs ne furent, dans la première origine, rien autre chose que ce que nous appelons un chœur. La scène et le dialogue ne furent inventés que dans la suite, et ce fut à Eschyle qu'on en eut l'obligation. C'est ce que Boileau a si bien exprimé dans son *Art poétique* :

Eschyle dans le chœur jeta les personnages,
D'un masque plus honnête habilla les visages, etc.

Mais comme rien n'est plus naturel aux hommes de tous les pays qu'un grand respect pour toute origine antique, il est probable que l'on conserva d'abord les chœurs parce qu'ils étaient anciens, et qu'on les crut de l'essence de la tragédie, quoiqu'il soit facile de démontrer que, s'il y a des occasions où l'on peut admettre un chœur sur la scène, il y serait le plus souvent très déplacé. Quant à nous, dont les premières pièces ont été dialoguées, nous n'avons pas eu la même vénération pour les chœurs; et de plus, une raison péremptoire et prise dans la nature des choses a dû les bannir de notre théâtre tragique : c'est que l'exécution en est impossible dans le système de la tragédie déclamée. Comment l'anonyme ne s'est-il pas souvenu que chez les Anciens les chœurs, ainsi que le dialogue, étaient chantés ? Or, qui ne voit que, dans ce cas, assujettis à l'harmonie et à l'unité d'effet, ils pouvaient produire un plaisir de plus, comme dans nos opéra : au lieu que des chœurs parlés ne peuvent former qu'une confusion de sons, une cacophonie ridicule et désagréable, essentiellement contraire aux lois du théâtre, où rien ne doit blesser les sens ?

Examinons maintenant ce que dit l'anonyme des fonctions du chœur chez les Anciens, et ce qu'il voudrait que j'en eusse fait dans *Philoctète*.

« Le chœur contribuait beaucoup au spectacle et
« à remplir la scène. »

Oui, mais plus souvent encore il nuisait en blessant la vraisemblance.

« C'était un des personnages de la pièce; il en
« faisait une partie intégrante, et ne pouvait en être
« séparé. »

On vient de voir pourquoi il n'en est pas de même parmi nous, chez qui la tragédie n'est point chantée, et je ne vois pas ce qu'on peut répondre. L'anonyme cite le vers d'Horace.

Actoris partes chorus officiumque virile, etc.

Il n'avait qu'à continuer à transcrire tout ce morceau de l'*Art poétique*, qui regarde le chœur : il n'en faut pas davantage pour prouver ce qu'il avait de défectueux, et combien nous sommes fondés à ne pas l'admettre sur un théâtre perfectionné. Voici donc ce que dit Horace : « Que le chœur tienne la
« place d'un personnage et en remplisse les fonc-
« tions ; qu'il ne chante rien entre les actes qui ne
« tienne au sujet; qu'il favorise les bons et leur
« donne des conseils utiles; qu'il réprime la colère
« et encourage la vertu ; qu'il loue la frugalité, l'é-
« quité, conservatrices des lois qui assurent la tran-
« quilité des états; qu'il garde les secrets confiés,
« et qu'il prie les dieux de secourir les malheureux
« et d'humilier les superbes. »

Cette morale est excellente, mais n'est-il pas évident que ce personnage moraliste est à peu près étranger à la pièce, puisqu'il ne partage ni les intérêts ni les passions d'aucun personnage, et que lui-même n'en a d'aucune espèce ? Or, rien n'est plus contraire à tout système théâtral bien entendu. Horace veut qu'*il garde les secrets*. Et qu'est-ce que des secrets confiés à une assemblée ? Cela rappelle ce vers d'une comédie :

On ne le saura pas : le public est discret.

Un seul exemple peut faire voir quels étaient les inconvénients de ce chœur que l'on n'osait jamais bannir de la scène. Phèdre, devant un chœur de femmes, se livre à tous les emportements d'une passion qu'elle a tant de peine à avouer à sa nourrice, et qu'elle voudrait se cacher à elle-même. Il n'y a guère d'invraisemblance plus forte, et voilà ce que peuvent produire l'habitude et le préjugé chez les nations les plus éclairées.

Prenons la supposition la plus favorable. Peut-être l'anonyme aurait-il désiré que j'eusse conservé les chœurs, non pas dans les entr'actes pour les y faire parler tous ensemble, mais dans les scènes où ils se seraient mêlés au dialogue, apparemment par l'organe d'un seul interlocuteur. Je réponds que, dans cette supposition même, je n'aurais rien gagné ni pour le spectacle ni pour l'action : pour le spectacle, parce qu'une poignée de soldats grecs toujours en scène n'offre ni pompe, ni variété :

pour la scène, parce que cet interlocuteur supposé n'aurait été qu'un confident ordinaire; et quand une scène de confident n'est pas nécessaire à l'exposition des faits ou au développement des situations, c'est un défaut réel qu'il faut soigneusement éviter sur notre théâtre, où l'on ne craint rien tant que la langueur. C'est par cette raison que, dans toute la pièce, je n'ai fait usage d'aucun confident, d'aucun interlocuteur subalterne, parce que j'ai vu qu'il n'y avait pas un seul moment où ils puissent faire autre chose que répéter ce qu'avaient dit les principaux personnages.

« Un soldat vient annoncer *froidement* que Phi-
« loctète approche. »

Je ne vois pas comment il l'aurait annoncé *chaudement*.

« Cela vaut-il ce cri confus et lamentable qu'on
« doit entendre dans l'éloignement, et qui doit faire
« frissonner le spectateur! »

Je me suis bien gardé de faire entendre ce cri. Quel effet auraient produit ensuite les cris que pousse Philoctète dans l'accès de douleur qui le saisit? *Non bis in idem;* il ne faut pas employer deux fois le même moyen. Si l'on veut montrer Philoctète souffrant à la fin de la scène, il ne faut pas le montrer tel en arrivant; car alors il n'y aurait plus de progression.

Voilà ce que l'étude réfléchie des effets du théâtre, observés depuis cent cinquante ans, a pu enseigner aux Modernes; voilà cette perfection des détails et des accessoires qu'ils ont pu ajouter à ce bel art que les Anciens leur ont appris ; et voilà, en un mot, ma justification pour le peu de changements et de retranchements que je me suis permis.

L'anonyme finit par un aveu aussi singulier qu'ingénu : c'est qu'*il n'a aucune connaissance de notre théâtre*. J'aurais cru que cette connaissance était nécessaire pour juger ce qu'avait dû faire un auteur qui transportait une pièce grecque sur le théâtre français.

Plus j'admirais Sophocle, plus je me suis cru obligé de faire, autant qu'il était en moi, ce qu'il eût fait s'il eût travaillé pour nous. La fin du dernier acte, par exemple, exigeait un retranchement assez important. Après que Philoctète, par un mouvement naturel et irrésistible, s'est jeté sur ses flèches pour en percer Ulysse au moment où il l'aperçoit, Sophocle prolonge en dialogue une scène qui ne comportait plus que de l'action, et Ulysse et Philoctète se parlent encore long-temps avant qu'Hercule paraisse. Ici c'eût été une faute inexcusable. J'ai réuni ces deux moments, et j'ai fait paraître Hercule précisément lorsque l'action est dans son point le plus critique, lorsque Philoctète n'a plus rien à entendre, et qu'Ulysse n'a plus rien à dire, lorsqu'enfin, malgré les efforts de Pyrrhus, la flèche fatale est près de partir : c'est alors que le tonnerre gronde, et que l'intervention nécessaire d'un dieu peut seule arrêter la vengeance et la main de Philoctète. C'est ainsi que ce dénouement, qui semblait hasardé sur notre scène, a paru former un spectacle frappant et un coup de théâtre d'un grand effet*.

Cependant l'anonyme regrette encore les adieux de Philoctète dans Sophocle, « ces adieux si tou-« chants qui terminent si bien la pièce, et que l'au-« teur de *Télémaque* n'a eu garde d'omettre. » Vraiment je les regrette aussi, et si j'avais fait un poème, je ne les aurais pas retranchés. Mais quand le nœud principal est coupé, quand le spectateur n'attend plus rien, des apostrophes accumulées à la lumière, à la caverne, aux nymphes, aux fontaines, à la mer, au rivage, peuvent fournir des vers harmonieux, et n'être pour nous qu'un lieu commun qui alonge inutilement la pièce. *Omne supervacuum*, etc. **.

* On ne peut se rendre plus franchement justice. Mais n'y a-t-il rien à reprendre dans ce perfectionnement de La Harpe? Ce *coup de théâtre* ne fait-il pas précisément ressortir le défaut, assez justement reproché aux Anciens, d'appeler une divinité à leur aide quand ils ne savent comment sortir d'intrigue, et de remuer alors une machine, à peu près *comme on remue le doigt*, disait le poète comique Antiphane (*Athenée* , lib. VI , ch. 1)? Dans l'ouvrage de Sophocle, Hercule ne descend du ciel que pour vaincre l'obstination de Philoctète, qui a résisté à tout. Cela est naturel ; et dans les idées religieuses de l'antiquité, cela est vraisemblable. Mais dans l'ouvrage de La Harpe, où Hercule vient, à point nommé, sauver Ulysse de la fureur de Philoctète, qu'arriverait-il du premier, si le dieu tardait en chemin? et ne voit-on pas que s'il arrive si à propos, c'est que le poète a *levé le doigt* et lui a fait signe de paraître ? En effet, il était grand temps.

H. P.

** Par quelle déplorable manie d'abréger, et pour ainsi dire d'émonder Sophocle, La Harpe a-t-il porté cette *serpe* de critique, *instrument de dommage*, jusque sur ces beaux vers ? Quel charme attendrissant y respire, et avec quel art merveilleux le poète y résume tout son ouvrage, et nous rappelle les longues souffrances de son héros et son invincible fermeté,

On a reproché au fils d'Achille de se plier à la dissimulation, et même de savoir à son âge trop bien dissimuler. Mais que l'on songe qu'il avait ordre de suivre en tout les conseils d'Ulysse, et que, s'il ne les suit pas, il perd tout espoir de prendre Troie et de venger son père. Sont-ce là de faibles motifs pour Pyrrhus? Les leçons d'Ulysse sont si bien tracées, qu'il ne faut pas une grande expérience pour les suivre; et pourtant combien Pyrrhus résiste avant de s'y rendre! et avec quel plaisir on voit ensuite ce jeune homme revenir à son caractère, qu'il n'a pu forcer qu'un instant, et céder à la pitié après avoir cédé à la politique! Que le moment où il rend les flèches à Philoctète est noble et attendrissant! et que c'est bien là le tableau de la nature, telle que Sophocle savait la peindre!

Je crois qu'il a marqué aussi beaucoup de jugement en s'écartant de la tradition reçue, qui attribuait la blessure de Philoctète à l'une de ces flèches terribles qui tomba sur son pied, pour le

qui ne cède qu'à l'amitié et à la voix du ciel! Est-il possible que l'esprit de système pervertisse à ce point le jugement d'un critique si éclairé; qu'il ne voie là que *des apostrophes, des vers harmonieux, un lieu commun*, et qu'il assimile la tragédie à un problème, dont la solution seule intéresse, et qu'on doit abandonner aussitôt qu'il est résolu et que l'inconnu est dégagé? Et comment La Harpe a-t-il remplacé l'admirable conclusion de Sophocle? par ces froids et détestables vers :

> Je me rends, c'en est fait : sous ces heureux auspices,
> Partons, brave Pyrrhus, avec les Dieux propices.
> Remplissons le destin qui nous est confié :
> Je sers, en vous suivant, les Dieux et l'amitié.

H. P.

punir d'avoir violé son serment en révélant le lieu de la sépulture d'Hercule. Sophocle a bien fait, ce me semble, de rejeter cette tradition, comme peu honorable pour son héros, et d'y substituer le serpent du temple de Chrysa.

A l'égard de son style, j'aurais été assez payé de mon travail par ce seul plaisir que l'on ne peut goûter qu'en traduisant un homme de génie. Il est doux d'être soutenu par le sentiment d'une admiration continue, et c'est alors que l'on jouit de ce qu'on ne saurait égaler.

La Harpe, Cours de Littérature.

MORCEAUX CHOISIS.

I. Electre aux femmes de Mycènes, qui l'engagent à réprimer ses emportements.

Loin de justifier mon aveugle courroux,
De mes cris éternels je rougis devant vous.
Mais telle est ma misère; ô vierges de Mycène,
Un invincible instinct me subjugue et m'entraîne.
Eh! quelle indigne fille, après le jour cruel
Qui lui montra le fer dans le sein paternel,
Écouterait encore une raison timide?
Non, non, loin d'effacer un sanglant parricide,
Chaque jour, chaque nuit sous des traits plus affreux,
Déploie à mes regards ce tableau douloureux.
Pardonnez!..... c'en est trop : celle dont je suis née
Nourrit contre sa fille une haine obstinée;
D'un père à mes côtés je vois les assassins;
J'attends en mon palais leurs ordres souverains;
Et leur main de mes maux calculant la mesure,
Me donne ou me refuse un peu de nourriture.

O supplice ! il faut voir un monstre ensanglanté
Au trône de mon père étaler sa fierté,
Usurper d'un héros la pourpre révérée,
Et verser la liqueur de sa coupe sacrée
Sur l'antique foyer où, d'un bras criminel,
Le perfide à son roi porta le coup mortel.
Pour dernier attentat, dans le lit de mon père,
Il faut voir son bourreau monter avec ma mère,
Si ma voix peut encor donner un nom si doux
A celle qui repose auprès d'un tel époux.
Dieux! pressant dans ses bras son horrible complice,
Elle ose des enfers défier la justice!
Triomphante, elle rit de ses premiers forfaits;
Et quand l'astre des mois vient rendre à ses souhaits,
L'instant où son époux expira dans ses pièges,
Elle ordonne aussitôt des danses sacrilèges,
Et chargeant les autels d'injurieux honneurs,
Présente un sacrifice aux dieux conservateurs.
Et moi, pâle témoin de leur joie adultère,
Je pleure, je maudis ce festin sanguinaire,
Que pour mieux attester leur lâche trahison,
Ils ont osé nommer *Festin d'Agamemnon*.
Que dis-je? il faut encor fuir leurs regards sévères,
Il faut me consumer en regrets solitaires,
Et ménager mes pleurs sans oser à loisir
Rassasier mes yeux d'un funeste plaisir.
La cruelle soudain, dont le soupçon s'éveille,
De ces terribles mots vient frapper mon oreille:
« Quoi! nul autre mortel n'a-t-il connu le deuil?
« Seule, as-tu vu ton père arriver au cercueil?
« Eh bien! meurs en pleurant, fatal objet de haine,
« Et puisse l'Achéron, loin d'assoupir ta peine,
« Éterniser le cours de tes gémissements! »

Mais connaissez enfin tous ses emportements :
Au moindre bruit qu'Oreste arrive en sa patrie,
Furieuse, elle accourt et m'assiège et s'écrie :
« C'est à toi que je dois mes éternels chagrins ;
« Oui, perfide, c'est toi dont les furtives mains
« Ont dérobé dans l'ombre Oreste à ma puissance :
« Tremble et de tes complots redoute la vengeance.»
Tels sont les hurlements que vomit sa fureur ;
Son digne époux encore endurcit sa rigueur,
Lâche qui se complaît aux plus honteuses trames
Et sait pour tout exploit faire la guerre aux femmes.
Hélas ! pour mettre un terme à mes longues douleurs,
J'attends Oreste en vain, malheureuse ! et je meurs ;
Oreste a trop de fois trompé ma confiance ;
Ses lenteurs dans mon sein ont glacé l'espérance.
Ah! quand tous ses projets, prompts à se démentir,
M'enlèvent le présent, me ferment l'avenir,
Faut-il qu'à nos tyrans ma douleur s'asservisse
Et respecte le ciel qui s'est fait leur complice?

Électre, vers 256, traduction de J. Anceau.

II. Électre, n'attendant plus rien d'Oreste, dont on publie la mort, conjure sa jeune sœur Chrysothemis de s'unir à elle, afin d'attaquer au moins ensemble Égisthe, le bourreau de leur famille.

Écoutez un dessein que la vertu m'inspire ;
Nous n'avons plus d'amis : le dieu du sombre empire
Les a tous entraînés dans la nuit des enfers ;
Nous sommes désormais seules dans l'univers.
Tant qu'un récit flatteur fit croire à ma tendresse
Que mon frère vivait, florissant de jeunesse,
Je pensai qu'il viendrait, levant enfin le bras,
Remplir le vœu d'un père et venger son trépas.

Aujourd'hui qu'il n'est plus, c'est en vous que j'espère :
Oui, j'attends que ma sœur partageant ma colère,
A mes pieux efforts associra sa main,
Et d'un père avec moi frappera l'assassin.
Qu'il meure! je le veux; ma juste impatience
Ne doit plus devant vous se forcer au silence.
Eh! quand s'éveillera votre molle langueur?
Quel espoir peut encor soutenir votre cœur?
Un tyran vous ravit votre antique héritage;
Les larmes, les soupirs sont votre seul partage,
Et dans un lit désert condamnée à vieillir,
L'hymen de ses doux fruits ne peut vous enrichir.
Non, n'espérez jamais le saint titre de mère :
Égisthe pourrait-il, à lui-même contraire,
Souffrir qu'à sa victime enfantant des vengeurs,
Notre couche pour lui fût fertile en malheurs!
Ah! suivez la vertu qui me parle et m'éclaire;
Vous honorez la cendre et d'un père et d'un frère,
Et leurs mânes sacrés, dans le sombre séjour,
Vous paîront un tribut de justice et d'amour.
La liberté, jadis votre noble apanage,
De vos heureux destins redeviendra le gage,
Et votre fière audace, attirant tous les yeux,
Vous assure un hymen digne de vos aïeux.
Quoi! ne voyez-vous pas quelle gloire sublime
Répand sur moi, sur vous, cet effort magnanime?
Partout, comme en ces lieux, quel homme à notre aspect
Ne fera point soudain éclater son respect?
« Voyez, amis, voyez ces deux sœurs dont le zèle
« Relève, sans appui, la maison paternelle;
« Prodigues de leurs jours, leur intrépide bras
« A des tyrans altiers sut donner le trépas.
« O vertueux élan du plus mâle courage!

« Le monde entier leur doit un éclatant hommage ;
« Oui, qu'en ces jours sacrés où fument les autels,
« On leur rende à genoux des honneurs solennels ! »
Ainsi tous les humains publîront notre gloire,
Et la mort ne pourra flétrir notre mémoire.
Chère sœur, entrez donc dans un projet si beau ;
Consolez votre père au fond de son tombeau ;
Vengez la mort d'Oreste : à sa misère extrême
Arrachez votre sœur : délivrez-vous vous-même ;
Et songez qu'une vie, en proie au déshonneur,
Est pour le sang des rois le plus affreux malheur.

Ibid, vers 953, traduction du même.

III. Plaintes d'Électre en embrassant l'urne où elle croit la cendre d'Oreste enfermée*.

O l'unique trésor qui me reste d'un frère,
Du plus cher des humains insensible poussière !....
Fils d'Atride, est-ce ainsi qu'il fallait te revoir ?
Combien en te quittant s'abusait mon espoir :
Mes mains n'embrassent rien en embrassant Oreste ;
Et quand je t'arrachai de ce palais funeste,
La jeunesse brillait sur ton front radieux.
O mort, que n'avais-tu déjà fermé mes yeux ?
Mon imprudent larcin n'eût point forcé mon frère
De gémir au milieu d'une terre étrangère ;
Mes bras ne l'auraient point soustrait aux assassins ;
Et ce jour, plein de sang, terminant ses destins,
L'aurait vu s'endormir dans la nuit éternelle
Et partager du moins la tombe paternelle.
Cher Oreste, les dieux t'enviaient ce bonheur ;
Oui, loin de ton pays, loin des bras de ta sœur

* *Voyez* plus haut, page 437, le même morceau traduit par La Harpe.
F.

Leur courroux te gardait une mort plus cruelle !
Tu n'es plus !... malheureuse !... et d'une onde fidèle
Je n'ai point arrosé ton corps inanimé ;
Et parmi le bûcher où tu fus consumé
Je n'ai point recueilli, d'une main attentive,
Tes ossements légers, ta cendre fugitive :
Une main étrangère a pris ces soins pour moi ;
Et lorsque dans mes bras enfin je te reçoi,
Tu n'es qu'un vain débris au fond d'une urne vaine.
Dieux cruels ! voilà donc tout le fruit de ma peine !
Où sont ces doux travaux qu'à mon heureux amour
Ton enfance jadis imposait chaque jour ?
Tu le sais : on ne peut se promettre, ô mon frère !
Une plus tendre ardeur de l'instinct d'une mère.
Je m'étais réservé le soin de te nourrir ;
A de serviles mains j'enviais ce plaisir.
Aimable enfant, déjà pour me payer mes veilles
Du nom charmant de sœur tu flattais mes oreilles.
Hélas ! en un seul jour tout se dérobe à moi,
Tout se flétrit, tout meurt et s'éclipse avec toi ;
Et m'enlevant soudain ces prestiges frivoles,
Tel qu'un souffle léger tu fuis et tu t'envoles.
Mon père a succombé sous un mortel couteau ;
Je ne vis plus pour toi, tu descends au tombeau,
O douleur ! et je vois nos ennemis sourire,
Et, ma profane mère, en son cruel délire,
Ma mère, dépouillant un titre si sacré,
Enivre de mes pleurs son œil dénaturé.
Par mille avis secrets flattant mon espérance,
Vainement tu promis à mon impatience
De paraître à ses yeux la vengeance à la main ;
Conjuré contre nous, un démon inhumain
Ravit cette douceur à mon âme flétrie.

Infortunée ! au lieu d'une image chérie,
Il ne présente, hélas ! à mon œil éperdu
Qu'une cendre inutile, une ombre sans vertu.
O débris douloureux ! ô misérable Oreste !
Tu m'es enfin rendu, mais quel retour funeste !
Cher et dernier espoir, tu viens finir mon sort ;
Oui, mon frère, c'est toi qui me donnes la mort.
Eh bien ! dans ton cercueil je veux être engloutie :
Reçois dans le néant ta sœur anéantie ;
Que ta sœur près de toi repose désormais.
Ton sort était le sien, lorsque tu respirais :
Avec toi dans la tombe elle aspire à descendre ;
La froide mort du moins protégera ma cendre !

Ibid, vers 1132, traduction du même.

SOTISE ou SOTIE. Espèce de drame, qui, sur la fin du XVe siècle et au commencement du XVIe, faisait chez nous la satire des mœurs. La sotise répondait à la comédie grecque du moyen âge ; non qu'elle fût une satire personnelle, mais elle attaquait les états, et plus expressément l'Église. La plus ingénieuse de ces pièces est, sans contredit, celle où l'*Ancien monde*, déjà vieux, s'étant endormi de fatigue, *Abus* s'avise d'en créer un nouveau, dans lequel il distribue à chaque vice et à chaque passion son domaine ; en sorte que la guerre s'allume entre eux, et détruit le monde qu'*Abus* a créé. Alors le *Vieux monde* se réveille et reprend son train.

Dans cette satire, le clergé n'est point épargné ; il l'est encore moins dans la sotie du *Nouveau monde*, dont les personnages sont *Pragmatique*, *Bénéfice grand*, *Bénéfice petit*, *Père saint*, *le Légat*, *l'Ambitieux*, etc. *Bénéfice grand*, à qui l'on fait violence pour se livrer à *Ambitieux*, se met à crier plaisamment : *Volens nolo*, *nolens volo*.

Mais la plus célèbre de toutes les soties est celle de *Mère sote*, composée et représentée par ordre exprès de Louis XII.

Marmontel, *Éléments de Littérature*.

———

SOUMET (Alexandre), poëte dramatique, membre de l'Académie-Française et des Jeux-Floraux, est né à Toulouse vers 1780. Auditeur sous le gouvernement impérial, il publia quelques poésies relatives aux circonstances, et remarquables déjà par la grace et la verve avec lesquelles elles étaient écrites. M. Soumet est trop jeune, pour qu'on le tienne quitte de tout ce qu'ont fait espérer ses premiers essais. Il a pris un rang distingué parmi nos poètes ; de nouvelles études mûriront son talent, éclaireront encore son goût, et nous pourrons espérer quelques bonnes tragédies de plus. Celles qu'a déjà données M. Soumet sont au nombre de quatre : *Saül*, *Clytemnestre*, *Cléopâtre* et *Jeanne d'Arc*. On a encore de lui : *L'Incrédulité*, poëme, 1810, in-18 ; *Les Embellissements de Paris*, 1812, in-8° ; *La Découverte de la Vaccine*, poëme couronné par l'Institut, 1815, in-8° ; *Les Derniers Moments du chevalier Bayard*, poëme couronné par l'Institut, 1815, in-8° ; *Oraison funèbre de Louis XVI*, 1817, in-8°. Ce poëte a en outre composé le troisième acte de l'opéra de *Pharamond*, représenté à l'occasion du sacre de Sa Majesté Charles X.

MORCEAUX CHOISIS.

I. La Vaccine, ou les Regrets et le Désespoir d'une Mère.

C'était l'heure où, lassé des longs travaux du jour,
Le laboureur revoit son rustique séjour.
Je visitai des morts la couche triste et sainte;
Une femme apparut vers la funèbre enceinte,
Et, d'un enfant suivie, avec l'ombre du soir,
Sous un jeune cyprès lentement vint s'asseoir.
Parmi les hauts gazons s'élevaient sans culture
Quelques sombres pavots, fleurs de la sépulture;
Son fils, pour les cueillir, un moment s'éloigna :
A toute sa douleur elle s'abandonna;
Mes pleurs interrogeaient sa tristesse mortelle.
« Mon époux n'était plus, j'avais deux fils, dit-elle;
« L'un d'eux, mon jeune Edgard, était le plus chéri ;
« C'était mon premier-né, mon lait l'avait nourri ;
« Plus souvent que son frère il cherchait mes caresses;
« Mais Dieu punit toujours d'inégales tendresses;
« Le fléau destructeur, aux mères si fatal,
« S'étendit par degrés sur le hameau natal ;
« Chaque mère implora le secours salutaire
« D'un art encor nouveau, présent de l'Angleterre;
« Le second de mes fils lui-même y fut soumis ;
« Prête à livrer Edgard, j'hésitai, je frémis ;
« Contre un fer douloureux, sa frayeur indocile
« Dans les bras de sa mère implorait un asyle :
« J'osai l'y recevoir ; j'oubliai ma raison ;
« Je l'offris sans défense au funeste poison.

« Edgard en respira la vapeur meurtrière ;
« Chaque élan de mon cœur était une prière ;
« Je le voyais souffrir, languir sur mes genoux,
« Et mon plus jeune fils jouait auprès de nous.
« Chaque jour, chaque instant redoublait mes alarmes,
« Je pleurais... Mon Edgard ne voyait point mes larmes ;
« Déjà le mal impur, sur ses yeux arrêté,
« Cachait à ses regards sa mère et la clarté ;
« Il mourut... et voilà sa pierre funéraire.
« Ce cyprès est le sien, cet enfant est son frère.
« Nous venons tous les soirs lui porter nos douleurs ;
« Nous regardons le ciel, et nous versons des pleurs.
« Toi, mon dernier enfant, souffre ma plainte amère ;
« Le ciel n'enferme pas tout l'amour de ta mère :
« A vivre loin d'Edgard je puis m'accoutumer ;
« Près du cercueil d'Edgard je puis encore aimer. »
Elle se tait... L'enfant la suit dans les ténèbres ;
Mais on dit que bientôt, sur les gazons funèbres,
Il revint pleurer seul, hélas ! et que ses pas
Vers le tombeau d'Edgard ne se dirigeaient pas.

Prévenez le malheur que ma muse déplore :
Votre jeune famille avec moi vous implore ;
Vous, simples villageois, d'éternels préjugés,
De fantômes, d'erreurs, d'ignorance assiégés,
Hâtez-vous, le temps fuit, et l'enfance succombe ;
De vos fils au berceau ne creusez pas la tombe ;
Et, s'il faut quelque jour que vous pleuriez leur mort,
Qu'au moins leur souvenir ne soit pas un remord.

Et vous qui des états portez le poids immense,
Monarques, achevez ce qu'un sage commence !
En veillant sur nos jours, faites chérir vos droits ;
Aux bienfaits du génie associez les rois ;

Que, dans chaque cité, le prévoyant hospice
Offre à l'art de Jenner un asyle propice;
Qu'instruit par vos leçons, le prêtre des hameaux
Décide enfin le pauvre à fuir un de ses maux;
Et que le monstre impur, comme la lèpre immonde,
Avec son masque affreux disparaisse du monde.
La Vaccine.

II. La Chevalerie.

Qu'ils étaient beaux ces jours de gloire et de bonheur,
Où les preux s'enflammaient à la voix de l'honneur,
Et recevaient des mains de la beauté sensible
L'écharpe favorite et la lance invincible!
Les rênes d'or flottaient sur les blancs destriers,
La lice des tournois s'ouvrait à nos guerriers.
Oh! qu'on aimait à voir ces fils de la patrie
Suspendre la bannière aux palmiers de Syrie,
Des arts, dans l'Orient, conquérir le flambeau,
Et, défenseurs du Christ, lui rendre son tombeau!
Qu'on aimait à les voir, bienfaiteurs de la terre,
Au frein de la clémence accoutumer la guerre!
Le faible, l'opprimé leur confiait ses droits,
Au serment d'être juste ils admettaient les rois.
Leurs vœux mystérieux, leurs amitiés constantes,
Les hymnes de Roland répétés sous leurs tentes,
Leurs défis proclamés aux sons bruyants du cor,
A leur vieux souvenir m'intéressent encor :
J'interroge leur cendre; et la chevalerie,
Avec ses paladins, ses couleurs, sa féerie,
Ses légers palefrois, ses ménestrels joyeux,
Merveilleuse et brillante apparaît à mes yeux.
Le casque orne son front, sa main porte une lance;
Aux rives du Tésin sur ses pas je m'élance:

La déité s'arrête, et fléchit les genoux.
Quel spectacle imposant s'est montré devant nous !
Quel enfant des combats et de la renommée
Suspend autour de lui la course d'une armée,
Et voit de fiers soldats couvrir de leurs drapeaux
Le chêne protecteur de son noble repos !
Est-ce un roi couronné des mains de la victoire ?
Est-ce un triomphateur, qui, fatigué de gloire,
S'assied quelques instants près de son bouclier ?
Non ; c'est Bayard mourant, c'est Bayard prisonnier...
A rejoindre Nemours déjà son âme aspire ;
Il meurt... Le nom du Christ sur ses lèvres expire.
A la patrie en pleurs les Français abattus
Vont raconter sa mort, digne de ses vertus ;
Et la chevalerie, inclinant sa bannière,
Pose sur le cercueil sa couronne dernière.
Les Derniers Moments de Bayard.

III. David appaise la colère de Saül.

JONATHAS *courant vers David.*

Garde-toi, garde-toi de réveiller mon père !

DAVID.

Celui qui du néant fit jaillir la lumière
Peut aussi, sur Saül à ma voix arrêté,
Changer sa nuit profonde en céleste clarté.
Peuple, adorez le Dieu que mon regard contemple,
Et prêtez à ma voix les harpes du saint temple.

(On entend le bruit des harpes.)

Hymne de prière.

Le voilà ce roi conquérant :
La terre devant lui semblait manquer d'espace ;

Le Seigneur le renverse, et passe.
Priez, peuple; Dieu seul est grand !

(La symphonie.)

« Le voilà sans appui, sans flatteurs, sans cortège,
« Sans que son glaive le protège ;
« Perdu dans la nuit du trépas ;
« De ses prospérités je cherche en vain le nombre ;
« Le char de son triomphe est passé comme une ombre.
« Il avait dit à Dieu : Je ne vous connais pas ! »

(La symphonie.)

Seigneur, viens séparer le pécheur de son crime :
Assez de ce géant tu courbas la hauteur ;
Tu frappas le triomphateur.
Relève, ô mon Dieu, la victime :
Elle a crié vers toi du fond de ses douleurs.
Même en nous punissant tu nous chéris encore.
Lève-toi sur Saül comme une douce aurore,
Et dis-lui : J'ai compté tes pleurs.
Que son âme renouvelée,
Du fond des tombeaux rappelée,
Se réveille en ton sein pour des jours de bonheur.
Grace, Dieu tout-puissant! que nos larmes l'obtiennent;
La colombe a besoin des airs qui la soutiennent :
Notre âme a besoin du Seigneur.

(La symphonie.)

SAÜL.

Quel réveil! L'ange affreux contre Saül armé
A me quitter ainsi n'est point accoutumé.
Une voix consolante, et du ciel descendue...
Autrefois dans Rama je l'avais entendue.

JONATHAS.

C'est un ange de paix que Dieu daigne envoyer.

SAUL.

Saül en ce moment pourrait presque prier.

JONATHAS.

O céleste clémence! ô bonté souveraine!

SAUL.

N'était-il dans mon cœur d'autre enfer que ma haine?
Pourrais-je encor prétendre... Ah, monarque insensé!
Quel pacte peux-tu faire avec le sang versé?

DAVID.

Hymne de réconciliation.

(On entend le bruit des harpes.)

Oui, ton Dieu veut ta délivrance,
Lorsque tu crains son abandon.
Au nombre des vertus il plaça l'espérance :
Sa justice toujours marche avec le pardon.
« A peine le remords commence
« Que de la céleste clémence
« Rayonne sur nos fronts le jour paisible et doux.
« Sors de tes ombres éternelles ;
« Aigle tombé, reprends tes ailes :
« Viens ; laissons en fuyant ton crime loin de nous.
« Viens, Saül ; l'Esprit-Saint qui m'enlève à la terre,
« Sur ta tête, à ma voix, ne descend pas en vain. »
Déjà ton cœur se désaltère
Aux sources de l'amour divin.
Cet amour, immortelle flamme,
Lumière de la vie, existence de l'âme;

Manquait à tes jours ténébreux.
J'ai brisé ta chaîne fatale :
Tu dormais dans l'ombre infernale ;
Tu te réveilles dans les cieux.

(La symphonie.)

JONATHAS.

Vous voyez le pasteur de la sainte colline...

SAUL.

Ah! ne me prive pas de cette voix divine!
Jamais, depuis le jour où Saül, jeune encor,
En Galilée, au pied du chêne du Thabor,
Vit passer dans les airs trois anges de lumière,
Jamais des pleurs si doux n'ont mouillé ma paupière ;
L'ineffable pardon vient d'être prononcé :
Mes maux ont disparu comme un songe effacé.
Dieu m'a cherché lui-même, et mon âme nouvelle
Semble se perdre en lui pour renaître immortelle.

JONATHAS.

Du géant philistin voilà l'heureux vainqueur ;
Il dompta Goliath...

SAUL.

Il a changé mon cœur.
A son divin pouvoir qu'Israël rende hommage.
Mais, David, ce bonheur dont tu nous peins l'image
Est-il fait pour Saül ?... dans l'ombre de l'oubli
Faudra-t-il que mon nom demeure enseveli ?
Ton Dieu m'a défendu la gloire, les conquêtes.

DAVID.

Hymne de triomphe.

Les exploits de Saül sont chantés dans ses fêtes.

Vainement contre lui ton grand cœur se débat ;
Saisis son étendard, viens diriger nos glaives ;
Chacun de tes tourments te prive d'un combat.
    Lève-toi, Saül...

(La symphonie.)

. . . . Tu te lèves...
        Contre vingt peuples menaçants
Ton nom seul a couvert nos villes alarmées ;
        Sur l'autel du Dieu des armées
L'ange exterminateur a porté ton encens.
        Tu viens de rentrer dans ta gloire.
        Ancien élu de la victoire,
        Elle a reconnu son guerrier ;
        Son prestige encor t'environne ;
        La foudre, en frappant ta couronne,
        Avait respecté ton laurier.

SAUL.

Tu l'emportes, David...; oui, ce chant de victoire
Achève le prodige et me force d'y croire.
Viens ; marchons au combat que ta voix m'a promis ;
Le réveil de Saül a besoin d'ennemis.

Saül, Act. II, Sc. 5.

FIN DU VINGT-SIXIÈME VOLUME.

Contraste insuffisant
NF Z 43-120-14

www.ingramcontent.com/pod-product-compliance
Lightning Source LLC
Chambersburg PA
CBHW050253230426
43664CB00012B/1935